Salomon Weinstein
Winniza, die reflektiert und nicht angezeigt wird

Соломон Вайнштейн

AF199489

Винница отражаемая и не отображаемая

Кёльн, 2017

В книгу включены опубликованные в интернете в 2017 г. исследовани
автора об оккупации Винницы нацистскими войсками (1941-1944), о
Холокосте в городе и на Украине, а также - ряд публицистических
статей.

Herstellung und Verlag:
BoD - Books on Demand, Norderstedt
ISDN 978-3-7460-0954-4

ВСТУПЛЕНИЕ

Как и в прошлом году, собрал я опубликованное в нынешнем 2017-м в одну книгу. Разъяснения требует её название. Его мне не придумали и не предложили. Нет, просто на его выбор оказали решающее влияние два фотографа.

Первый из них — мой давний приятель по переписке Сергей Бей. Он — фотограф-любитель, унаследовавший это увлечение от отца. И автор ряда отличных фотографий Винницы. Летом сего года Сергей Владимирович, по собственной инициативе, прислал мне две из них. На обеих — Винница реальная и Винница, отражённая в Южном Буге. С. В. любезно согласился, чтобы любая из этих фотографий была воспроизведена на обложке сей книги.

Второй «соавтор» заглавия книги — свадебный фотограф. Фотограф - профессионал. Не по образованию, но - по предпринимательской деятельности. О нём и об его специфически целеустремлённой кипучей активности я написал статью (см. в этой книге), которая, по слёзной просьбе героя «литературоведческого» произведения, модератором «Прозы. ру» была переведена в разряд «не отображаемых». От неё остались только «рожки да ножки» - название, литературный жанр, дата - в перечне моих публикаций («Не всё так файно...»). Статью за десять дней её пребывания в «отображаемом» состоянии успели прочитать примерно четыре сотни читателей.

Для не успевших ознакомиться со статьёй я выкладываю её ещё раз, дополнив прежде написанное рядом фактов, которые я ранее преднамеренно опустил, и новыми доказательствами оховасности (см. соответствующую статью) свадебного фотографа. Другими словами, я повторно воссоздал образ винницкого оховаса, отобразив, как и в первой публикации, то, что делает эту личность почти столь же хрестоматийной, как и - гоголевского Ивана Александровича Хлестакова. Только вот пьесу с подобным главным героем - оховасом следовало бы тогда назвать не «Ревизор», а - «Позёр».

Теперь о том, что будет (вернее, чего не будет) дальше.
Навряд ли я продолжу попытки привнести что-то общеевропейское в менталитет жителей Украины и их руководителей. Как показало время, «страшно далёк я от народа» (вспомните характеристику декабристов в статье В. И. Ленина «Памяти Герцена», 1912). И никого я за прошедшие годы так и не разбудил (я продолжаю сравнение в духе ленинской статьи) — никто с моей подачи - не начал реальную проевропейскую агитацию.

И посему приходится ещё раз напомнить уже упоминавшуюся мною цитату А. С. Пушкина (в статье «До конца не раскрытая история одной фотографии»). Гениальный поэт писал («Эхо», 1831 г.): «На всякий звук/ Свой отклик в воздухе пустом/ Родишь ты вдруг... /И шлешь ответ; /Тебе же нет отзыва... Таков/ И ты, поэт!».

Я откликался на события в Виннице, объяснял старые и добывал новые факты её истории, пр. отзывов, по сути, не было. Один-единственный раз: на статью «Но ведь я не пришёл с пистолетом…», однако дискуссия быстро увильнула в сторону и не привела ни к чему. Во всех остальных случаях — только любопытство (что', мол, ещё написал?) и последующее р а в н о д у ш и е. Впрочем, я уже жаловался на это не раз (в том числе, в последней статье, включённой в эту книгу). Больше не буду.

Просто — са'мое время «завязывать», тем более, что обвинять меня в безделье никто не будет. Как пророчествовал Александр Галич («Засыпая и просыпаясь», 1969 г.):

«Люди мне простят от равнодушия,
Я им - равнодушным - не прощу!».

Подписываюсь под этим лаконичным резюме.

ОГЛАВЛЕНИЕ

Но ведь я не пришёл с пистолетом...

Наверное, впервые пишу о том, о чём не имею твёрдого мнения. Хорошо понимаю, что время - не только писать, но и, наконец, предпринимать (кому именно?) что-то более ощутимое. Однако — где? В каком конкретно месте, каким образом, в каком виде? А готовы ли, как часто патетически выражаются в таких случаях, народные массы (что означает всего-навсего - население Винницы) к спокойному восприятию этого?

Тут уже не провернуть что-то типа маркетинга Ставки фюрера под лукавым предлогом чествования совсем противоположного.
Нет, здесь придётся прямо и правдиво называть всё-всё своими словами. По-другому — просто невозможно. Лицемеря — начинать не имеет смысла. Никакого.
И - в любом случае - так или иначе, на это надо решиться. Лучше — раньше.
Всё равно, придётся...

***

Никак не возникало в голове, с чего бы приступить к этому сообщению о захороненных военнослужащих вермахта, о «пропавших без вести» солдатах, останки которых находятся в глине или чернозёме, о сгинувших в плену интернированных немцах — обо всех, нагло пришедших или подневольно пригнанных на украинскую землю, чтобы рушить и убивать, насиловать и грабить, чтобы превратить в рабов и безропотных роботов оставшееся, избежавш смерти местное население, постепенно изживая его и заселяя плодородные территории арийцами из Рейха?

Тема статьи появилась в моих мыслях после публикации фотографии о захоронении у Народного дома в 1918-м году и сообщения о переносе останков из этого захоронения в сад им Козицкого (сайт «Історія Вінниці» от 16.02.2017 и далее - там же: http://www.proza.ru/2017/02/18/2082).
В раздумьях по этой теме возникали ассоциативные связи бессознательных и сознательных воспоминаний, ощущений. И прежде всего — из мира искусств.

Кто может так чётко и ёмко выразить мысль, как поэты? Примеров — бессчётное количество. Есть они и в теме «пропавших без вести». Евгений Михайлович Винокуров (1925 - 1993), воевавший с 1943-го года, сочинил в 1957-м году (кошмары виденного и пережитого в войну н покидали поэта до самой смерти) короткое стихотворение. Всего две строфы, всего восемь строчек, но в них — судьба сотен тысяч «пропавших без вести» на территории не только родн страны, но и - на чужбине! Обо всех ли из них помнят, знают? Все ли были должным образом захоронены? Конечно же — нет!

В шинельке драной, без обуток
Я помню в поле мертвеца.
Толпа кровавых незабудок
Стояла около лица.

Мертвец лежал недвижно, глядя,
Как медлил коршун в далеке...
И было выколото «Надя»
на обескровленной руке.

Другой поэт — Михаил Аркадьевич Светлов (1903 - 1964), в войну - корреспондент ряда фронтовых газет, написал стихотворение «Итальянец» (1943). Вторая строфа из него звучит в фильме «Подсолнухи» (1970). Не моя задача тут разбирать весь фильм, создателями которого были тогдашние звёзды мирового и европейского кино: режиссёр Витторио Де Сика, композит Генри Манчини, артисты Софи Лорен, Марчелло Мастроянни, Людмила Савельева, и другие. одном из эпизодов фильма весь экран занимает изображение раскинувшегося в открытом пол необозримого по размерам, уходящего за горизонт кладбища итальянцев, погибших на Восточном фронте. Море простых берёзовых крестов с бирками и небольшой каменный памятник с плитой, на которой выбиты четыре строки из этого стихотворения:

Молодой уроженец Неаполя!
Что оставил в России ты на поле?
Почему ты не мог быть счастливым
Над родным знаменитым заливом?

Название моей публикации — строка из того же стихотворения «Итальянец» М. Светлова.

Хотя речь далее пойдёт о немцах. Ведь дело-то — в общих принципах. И поэтому кинофильм «Подсолнухи», в котором многое подано более или менее неправдоподобно: я имею в виду эпизоды, рисующее происходящее в послевоенном СССР (кабы всё было бы правдоподобно, лента у нас не попала бы в прокат), всё же берёт, что называется, за душу. Кстати, часть съёмок состоялась в Украине, где-то вблизи Полтавы, если не ошибаюсь.

Для получения той степени эмоционального воздействия на читателя, которой достигли сценаристы фильма в отношении зрителей, мне не хватает страстных диалогов, великолепного озвучивания их великими артистами, зрительных образов, пронзительной музыки Г. Манчини (саундтрека, как сейчас говорят), поэтического таланта упомянутых выше Е. Винокурова и М. Светлова, и многого прочего.

А как хотелось бы, чтобы читатель невольно задумался над темой! Хотя бы только задумался. Потому что - сужу по своим колебаниям - мысленно голосовать твёрдой рукой «за» или «против» будут лишь единицы. Остальные - неуверенно поднимать и тут же одёргивать руку. А уж голосовать обеими руками, безоговорочно поддерживая то или иное мнение, по этому поводу как мне представляется, совсем невозможно. Всегда найдётся та или иная оговорка: «да, но только, если ...», «да, но не тут, а ...», «нет, ещё рано...», «нет, это противоречит ...», и тому подобное ...

***

Забота (попечительство) о захоронениях военнослужащих является в ФРГ непосредственной задачей государства, нашедшей отражение в ст. 74, абз. 1 Nr. 10 Основного закона (конституции страны (http://www.bundestag.de/). Конкретно такими захоронениями в н е   п р е д е л а х Германии занимается Министерство иностранных дел. Одним из элементов сего является разработка и заключение соглашений об указанных захоронениях с другими государствами.

В содружестве с правительственными организациями в Германии и их представительствами за рубежами страны эту же работу выполняют общественные объединения страны. В меньшей степени — VdK - Verband der Kriegsbeschädigten, Kriegshinterbliebenen und Sozialrentner Deutschlands e. V. (eingetragener Verein – зарегистрированное объединение) - «Союз инвалидов войны, членов семей (родных) убитых на войне и (государственных) пенсионеров Германии», который существует в ФРГ с 1950-го года.

К нему - с распространением интернета - присоединился Verein zur Klärung von Schiksalen

Vermisster und Gefallenen e. V. (VKSVG) – Объединение по выяснению судеб пропавших и погибших воинов. Таких, по данным Объединения, было даже на седьмом десятилетии после окончания 2-й мировой войны более 1 000 000 человек (http://www.vksvg.eu/wirueberuns/index.html).
До 2015 г. существовала ещё одна подобная общественная организация — Kirchlicher Suchdier (Церковная поисковая служба) - http://kirchlicher-suchdienst.de/offline/.

Основную же работу в этом направлении проводит Volksbund Deutsche Kriegsgräberfürsorge e.V («Народный союз по уходу за немецкими военными захоронениями», который впредь будет обозначаться как НС). Он был основан в 1919 г. для выявления, взятия на учёт и ухода за находящимися в Германии и за её рубежами могилами немцев, погибших не только в 1-й и 2-й мировых войнах, но и в немецко-французской войне 1870/1871 г. г. и немецко-датских войнах 1848/1851 и 1864 г. г.
С 1933-го года НС потерял свою собственную идеологию, приобщившись к нацизму. В 1946 г. деятельность НС возродилась на прежней (донацистской) основе сначала только на немецких землях, а в 1954 г. правительство ФРГ поручило НС указанную выше работу проводить и за рубежом. В ГДР восстановление аналогичного Союза было запрещено (несомненно, под давлением СССР).

НС — гуманитарная организация. К началу 2017 г. под его опекой находятся в 45 странах 832 кладбища с числом свыше 2,5 млн. там захороненных.
Для облегчения ухода за захоронениями небольшие кладбища ликвидируются, а останки погибших или умерших в плену переносятся на большие кладбища, организуемые так, что он хорошо вписываются в окружающий ландшафт.

Основные средства (70%) НС составляют поступления от пожертвований организаций и частных лиц. В настоящее время НС помогают 350 000 постоянных спонсоров, более миллион человек вносят пожертвования на его счёт спорадически. Около трети расходов НС покрываю средства, полученные от федеральных и земельных властей.
В распоряжении НС — 570 сотрудников и многие тысячи добровольных помощников.
Расходы по уходу за могилами, в частности, в Восточной Европе несёт немецкая сторона.

Деятельность НС в странах так называемого Восточного блока стала возможной лишь после изменения там политической ситуации в начале последнего десятилетия прошлого века. На территории означенных стран погибло и захоронено приблизительно три миллиона солдат вермахта — вдвое больше, чем в странах Западной Европы и Африки. Число захоронений (от единичных до массовых) превышает сотню тысяч, поэтому их поиск весьма затруднён. К тому же, многие захоронения разрушены, разграблены, на их месте возникли постройки, пр.
Тем не менее, с 1991 г. в Восточной, Средней и Юго-восточной Европе удалось обнаружить ил заложить наново 330 кладбищ 2-й и 188 захоронений 1-й мировых войн. Останки 830 000 погибших в войнах были перенесены на 82 кладбища.

Следует указать, что все служащие вермахта носили металлический (из алюминия или цинка) личный (опознавательный) знак (солдата) — Erkennungsmarke, что помогало быстро идентифицировать мёртвого. Впервые личные знаки в Германии были введены прусским королём Кайзером I ещё в 1870 году. В вермахте на знаке было указано военное подразделение, регистрационный номер, группа крови. Всё это — в идентичном двойном исполнении на верхней и нижней половинках знака. Посредине горизонтально-овального знака имелись прорези для лёгкого разлома его на две части. Верхняя (с двумя отверстиями для введения шнура, удерживающего знак, подвешенный на шее) оставалась на теле мёртвого, а нижняя (с одним отверстием для нанизывания на шнур вместе с другими подобными знаками) передавалась в подразделение, в котором мёртвый служил, а потом — в военное управление (https://de.wikipedia.org/wiki/Erkennungsmarke) – см. коллаж.

И в настоящее время эти знаки (жетоны) имеют не только важное, но почти всегда решающее значение при опознавании считавшихся до того «без вести пропавшими».

Девиз Народного союза - «Versöhnung über Gräber – Arbeit für Frieden.» («Примирение через могилы — Работа для мира.»). Его деятельность помогает сохранению исторической памяти, пацифистскому воспитанию молодого поколения. На неограниченное время заложенные, охраняемые законом военные кладбища, по мнению НС, могут быть местами интернациональных встреч, митингов памяти, напоминания и предостережения, свидетельств ужасных последствий войн … Это — и места индивидуального траура.

Эмблемой Volksbund Deutsche Kriegsgräberfürsorge e.V. является НЕЗАБУДКА — цветок-символ памяти о погибших в войнах (см. коллаж).

Управление НС находится в г. Кассель (Федеральная земля Хессен).

***

По оценкам Народного союза, в годы 2-й мировой войны на территории Украины погибло 400 000 немецких военнослужащих.

В 1994 г. немецко-украинская декларация заложила основы для ухода за захоронениями служащих вермахта на украинской земле. 29-го мая 1996-го года было подписано немецко-украинское Соглашение, касающееся указанных захоронений; оно вступило в силу 12 июля 1997-го года. Опубликовано: в ФРГ - Bundesgesetzblatt (1997 Teil II Seite 712 ff.), в Украине - (мною в интернете не найдено). Основные положения Соглашения касаются также захоронений граждан Украины в ФРГ, что не является предметом данной публикации (http://www.volksbund.de/kriegsgraeberstaette/kiew.html). Полный текст Соглашения, а также некоторых Законов ФРГ — Уголовного кодекса: параграфа 168 - Störung der Totenruhe (Осквернение могил — буквальный перевод: Нарушение покоя мёртвых), Закона о захоронениях — последняя редакция от 2005-го года и Административных предписаний к этому закону — 2007 г. см. здесь: http://www.kriegsgraeber-ukraine.info/. Тут же приведен текст Дополнительных протоколов (разных лет) к Женевскому соглашению (1949) о защите жертв международных вооружённых конфликтов.

В Дополнительном протоколе 1977-го года значится [мой перевод с «канцелярского» немецкого языка - С. В.]:

„Бренные останки лиц, которые в связи с оккупацией или во время пленения, как результат военных действий из-за оккупации, умерли, или лиц, которые не имели гражданства государства, в котором они в результате военных действий погибли, будут почитаться; также захоронения этих лиц будут, согласно статье 130 IV-го Соглашения, почитаться, содержаться и приводиться в порядок, обозначаться." (Zusatzprotokoll vom 8. Juni 1977 zu den Genfer Abkomm vom 12. August 1949 über den Schutz der Opfer internationaler bewaffneter Konflikte, Abschnitt III Vermisste und Tote (SR 0.518.521), bei den Bundesbehörden der Schweizerischen Eidgenosscha [28. Oktober 2007]).

Партнёром Народного союза в Украине является «Межведомственная государственная комисс по сохранению памяти о жертвах войны и политических репрессий» («Zwischenbehördliche Staatskommission des Gedenkens der Opfer von Krieg und politischer Repression»).

По сообщению НС (данные декабря 2014 г.), на Украине имеются следующие обустроенные захоронения служащих вермахта (в скобках — число погребённых):
Antrazit, Antrazit-Zent.-Bokowski, Berdytschew, Cherson (3 000), Donezk (750), Gorlowka (1 014) Kiew-Syrez (300), Kirowsk (1 000), Lviv (320), Nikolaew, Odessa (1 612), Sambor (1 170), Saporoshje, Slawuta, Wereschtschiza (http://www.volksbund.de/).

НС (данные лета 2015-го года) заложил и торжественно открыл (освятил) в разных регионах страны пять сборных кладбищ, рассчитанных каждый на 30 - 50 тысяч захоронений. Два друг кладбища, существующие ещё со времени 2-й мировой войны, остаются на прежних местах. I 500 зарегистрированных кладбищ, на которых были захоронены немецкие военнопленные (таких кладбищ, предположительно, было более 1 000) к 2007-му году пятнадцать были приведены в порядок. [15 из 500! - С. В.]

Под присмотром НС в Украине находятся кладбища в Антраците, Бердичеве, Бронниках (Ровенская область) - 190 захоронений, Верещице (Ивано-Франковская область), Горловке, Горохове (Волынская область), Донецке - 5 275, Житомире - 2 575, Запорожье - 5 314, Киеве - 304, Киеве-Сирце - 300, Кировограде - 20 502, Кировске (Луганская область), Львове, Одессе - 610, Полтаве - 496, Потеличе (Львовская область) - 14 230, Самборе - 1 164, Севастополе-Гончарном - 24 793, Славуте - 1 885, Успенке (Луганская обл.?: карта полиграфически весьма «размытая»), Харькове - 45 759 и Херсоне, причём в Донецке, Киеве, Одессе, Полтаве, Запорожье, Самборе и Славуте — кладбища военнопленных, в остальные местах — погибши во время боевых действий (число захоронений, как видите, приводится не всегда).

В последующие годы основные работы НС в Украине будут заключаться в розыске, эксгумаци и перенесении останков на сборные кладбища. Имена захороненных будут выбиты на каменн плитах, устанавливаемых на означенных кладбищах.

О находящихся на территории Украины 24-х обустроенных кладбищах подробные сведениях представлены здесь: http://www.volksbund.de/kriegsgraeberstaette.html.
К сожалению, данные отдельных сообщений иногда разительно отличаются между собой, но

нам важно другое: ни Винницы, ни иных населённых пунктов Винницкой области в этих сообщениях и списках НЕТ.

***

В конце 1945-го года в ГУПВИ - лагерях (лагерях Главного управление по делам военнопленны и интернированных НКВД/МВД СССР) находилось 1 103 233 немецких военнопленных, работавших на строительстве, угледобыче, лесоповале, восстановлении разрушенных городов. Часть из них была организована в так называемые ОРБ (отдельные рабочие батальоны) по 500-1000 человек каждый, которые подчинялись военному ведомству СССР. В этих батальонах в разное время, по данным Народного комиссариата обороны, находилось 140-180 тысяч немецких военнопленных (и около 70 000 японцев). Условия пребывания, питание, медицинска помощь, пр. в ОРБ были намного хуже, чем в лагерях ГУПВИ НКВД/МВД. В результате, смертность в ОРБ в пять раз (!) превышала таковую в обычных лагерях.

Всего же в СССР, по данным полковника Буланова - управляющего отделением тюрем МВД СССР - от 28.04.1956 г., находилось 2 388 443 немецких военнопленных (из них - 376 генерало Умерло, находясь в плену, 356 687 человек (из них - 99 генералов). Общая смертность - 14, 9%. [Karner, Stefan: Im Archipel GUPVI. Kriegsgefangenschaft und Internierung in der Sowjetunion 194 1956. Wien/München 1995. Band 1].

В Виннице находились как Управление лагерями немецких военнопленных 253, так и два подчинённых ему лагеря, в которых в различные периоды содержались от 2 000 до 3 000 человек.
Отдельные лагеря винницкого Управления 253 находились:
- 253/1, в Турбове (октябрь 1944 - июнь 1948), рассчитанный на 300 - 1 000 человек - передислоцирован в Литин,
- 253/2, в Гниване (октябрь 1944 - июнь 1948), на 250 - 1 000 человек, передислоцирован в Глуховцы (Козатинский район),
- 253/3, в Глуховцах (октябрь 1944 - июнь 1948), на 300 - 1 000 человек, передислоцирован в Полонное (Хмельницкая область),
- 253/4, в Виннице (май 1945 - июнь 1948), на 350 - 2 000 человек, передислоцированный в село Судилков (Шепетовский район, Хмельницкая область),
- 253/5, в Казатине (май 1945 - июнь 1948), на 500 - 1 000 человек, передислоцирован в Шепетовку,
- 253/6, в Литине + Удичеве (Uditschew) [не нашёл - С. В.] (июнь 1945 - ноябрь 1946), на 300 - 2 000 человек,
- 253/7, в Казатине (июнь 1945 - декабрь 1945), на 1 000 человек,
- 253/8, в Виннице (июнь 1945 - декабрь 1945), на 1 000 человек,
- 253/9, в Казатине (июнь 1945 - декабрь 1945), на 500 человек,
- 253/10, в Жмеринке (июнь 1945 - декабрь 1945), на 500 человек,
- 253/11, в Литине + Удичеве (июнь 1945 - декабрь 1945), на 300 человек.

[По некоторым данным, какая-то часть немецких военнопленных, умерших в винницком лагере 253/4, захоронена в Жидачеве (Львовская область).]

Смертность в винницком лагере 253 ([в скобках стои'т ещё один номер - С. В.] 7253) в 1945-19 годах, если учесть величину лагеря (как указывалось выше, 2-3 тысячи человек), была относительно низкой. Она возросла в зиму 1946/1947 годов и в лето 1947- го года. Это возрастание смертности объяснялось преимущественно тем, что многочисленные тяжелобольные из внешних лагерей, входящих - по структуре - в лагерь 253, в основном - из Глуховцев, в безнадёжном состоянии доставлялись в центральный лазарет, связанный с лагерем 253. В глуховецком лагере летом 1947-го года возникла эпидемия дизентерии, повлекшая большинство смертных исходов.

В Жмеринке с июня 1945-го года до февраля 1946-го года находился лагерь ОРБ (отдельный рабочий батальон) 2081 с числом пленных от 394 до 969; умерших из него хоронили как в Казатине (45 могил), так и в Жмеринке (216 могил).
Тяжело больных в Жмеринке переводили в госпиталь при лагере 2081. Один специальный госпиталь (№ 3641) находился в Гайсине (по немецким документам он почему-то числится как ОРБ) [возможно, находящиеся там пленные выполняли какую-то работу, не связанную с большими физическими нагрузками - С. В.].

Некоторые данные (список захороненных, пр.) о немецком солдатском кладбище в Виннице ("Heldenfriedhof Winniza" - дословный перевод: «Кладбище героев в Виннице» - обычно принятое название кладбищ погибших в боях или умерших от полученных в боях ранений, да отличить их от цивильных кладбищ) и прочих близких к Виннице местах представлены здесь: http://kriegsgraeber-ukraine.info/Friedhoefe/winniza.html. Кроме фамилии, имени, воинского звания, даты и места рождения, даты смерти, указывается (не всегда) расположение захоронения. Как видно, многие из сотни с четвертью захороненных лиц этого списка скончались в лазаретах. Места' могил указаны без особой точности: «по дороге на Луку (Стар город)», «лес на юго-востоке Старого города», и т. п.

***

Большинство захороненных в Виннице и её округе служащих вермахта расстались с жизнью н непосредственно во время боевых действий, а умерли от последствий ранений и от различных заболеваний, будучи уже пленёнными.
Привожу данные, обнародованные немецкой стороной.

В городе ГАЙСИНЕ находились спецгоспиталь 3641 для лагеря 253 (Винница) и к нему относящееся кладбище. Оно располагалось в северо-восточной части города на расстоянии 1,2 км в северном направлении от военного городка, в 500 метрах западней края леса. Оттуда был около 200 метров на запад до дороги Гайсин - Кисляк (Гайсинский район). Захоронения находятся северо-восточней трансформаторной станции, расположенной напротив них.
На кладбище должны находиться 74 могилы, 62 из которых значатся в именном списке. Многи

из захороненных — интернированные лица, предположительно, в основном — из народного ополчения.

Приводится список, переведенный (обратно) на немецкий язык с русского языка. Среди этих лиц, в основном, мужчины старше 45 лет. Годы смерти — 1945-1947-й.

В селе ГЛУХОВЦЫ находилось захоронение, так называемого, внешнего отделения винницког лагеря 253 (253/3). Оно располагалось один километр южнее предприятия по добыче каолина, глиняном карьере у края леса. Там покоятся предположительно тела 49 умерших, 30 из которых известны поимённо. Список, однако, отличается плохим обратным переводом на немецкий язы (в том числе - фамилий), большинство номеров захоронений разобрать не удалось. Годы смерти 1945-1947-й.

В ГНИВАНИ находился с 21.10.1944 по 22.06.1948 лагерь военнопленных 253/2. Лагерь имел кладбище, на котором с 08.12.1944 по апрель 1947 г. было захоронено 65 человек, из них 35 - немецкой национальности. Местоположение кладбища: район Тывров, примерно 800 метров на северо-восток от Гнивани, 80 метров на северо-восток от места строительства железнодорожнь путей станции Гнивань. Могилы — в 50-70 метрах юго-восточней края леса. Представлен список захороненных немцев (в обратном переводе с русского на немецкий язык, что, возможно привело к искажению написания фамилий). Даны: фамилия, имя, отчество, военное звание, дат и место рождения, дата смерти, место расположения могилы (ряд/номер).

В ЖМЕРИНКЕ находилось кладбище, на котором хоронили военнопленных из госпиталя ОРБ 2061. Кладбище располагалось в 100 метрах северо-восточней старого русского кладбища по у. Петровской, №6. Захоронения — на невозделанной земле, покрытой кустарником, у края леса, направлении личных дачных участков. Там похоронены 214 человек, имена 213 из них известн

По воспоминаниям бывшего солдата вермахта, массовое захоронение (более 1 000 брошенных тел убитых наступающими красноармейцами на сортировочной железнодорожной станции) состоялось 16-17. 03. 1944 в Жмеринке; этим занимались прибывшие туда на короткое время (перед отступлением) немецкие солдаты маршевой роты [красноармейцы, следует понимать, у продвинулись далее на запад, захоронения происходили как бы в их тылу] (http://kriegsgraeber-ukraine.info/Friedhoefe/Schmerinka.html, источник - U.S.National Archiv, Microcopy T78, Roll 880 Wehrmacht Cemetries/Roll 880/00303, WGO-Bezirke…: перечень районов, где, по данным офицера вермахта, ответственного за захоронения военнослужащих, находились немецкие кладбища).

В КОЗЯТИНЕ находились относящийся к винницкому Управлению лагерь военнопленных 253/ и ОРБ (военного ведомства) 2081.
Одно из немецких кладбищ было заложено в 800 метрах в восточном направлении от пересечения улиц Винниченко и Ленина, на спортплощадке школы №2. Там были захоронены 3 человека, имена 32 из них известны (список приводится, причём снова с неточностями вследствие обратного перевода с русского на немецкий язык).
Второе кладбище (для умерших пленных ОРБ 2081) — в 900 метрах западней железнодорожно

15

станции, недалеко от пересечения улиц Щорса и Пархоменко, в районе русского кладбища, южнее русской православной церкви. Там находятся в заброшенном состоянии могилы 25 человек, известных поимённо (список прилагается, с теми же неточностями).

В ЛИПОВЦЕ находилось заложенное в июле/августе, как значится в тексте, 1942 г. (скорее, в 1941 г., так как, за единичным исключением, все находящиеся в списке погибли как раз в июле-августе 1941-го года) кладбище полка пехоты 530 (есть фотографии: кладбище, крупный памятник, торжественное освящение — см. http://www.kriegsgraeber-ukraine.info/Friedhoefe/Lipowez.html).

В ТУРБОВЕ находился лагерь военнопленных 253/1 - ещё один внешний лагерь винницкого Управления. Предположительно, с конца 1946 г. лагерь был передислоцирован в Литин. Общее время существования лагеря - с 21.10.1944 г. по 22.06.1948 г. В лагере находилось от 300 до 1 человек.
В Турбове с декабря 1945 г. по август 1946 г. было захоронено шесть человек. Могилы находя южнее железнодорожной станции Турбов, 400 метров на юг от каолинового предприятия, 100 метров северней его склада, 40 метров западней края леса. Сейчас на месте захоронения находится станция по снабжению газом. Приводится список лежащих в земле — опять же с неточностями, обусловленными двойным переводом текста.

***

Выше были представлены все известные мне (опубликованные НС) данные по немецким захоронениям в Виннице и Винницкой области. По захоронениям, которые приведены в относительный порядок (таких, судя по спискам НС, в этих местах не было и нет), и по тем, которыми ещё придётся НС заняться (и не только в Виннице и области). Есть много неясносте даже несовпадений данных по одному и тому же объекту — всё весьма далеко от как бы присущей немцам пунктуальности. На самом деле, она отмечается и без того далеко не всегда тут — столько затрудняющих обстоятельств. И всё же местами заметна скрупулёзность описания, которая должна помочь в будущих поисках, эксгумации, пр.

Я привёл — и то не в полном объёме — эти, не исключено, без интереса воспринимаемые некоторыми читателями данные, чтобы показать возможность и в Виннице (в Винницкой области), если появится желание, организации ухоженных кладбищ, на которых будут собран останки погибших немецких военнослужащих.

Я не призываю этой статьёй что-либо предпринимать в этом направлении. Я просто собрал имеющуюся информацию о наличии по этой проблеме Женевского соглашения (1949, с Дополнительными протоколами последующих лет) и немецко-украинского Соглашения (1996 также - о проделанной в Украине работе и о планах на будущее, так как до завершения задуманного потребуются ещё десятилетия.

И пусть не удивляет никого эта публикация, учитывая мои прежние, весьма эмоциональные

16

статьи о совершенно иных захоронениях в Виннице, о неоправданных провалах исторической памяти у винничан. «Это» и «То» — совершенно разные темы, но они — одного корня, именуемого ч е л о в е ч н о с т ь ю. Той, по словам В. Г. Белинского, высшей добродетели, тог высшего достоинства человека, без которых «человек есть только животное».

Винничанам придётся сие всё-таки понять. И — принять. Как руководство к действию. Как ещ одно доказательство процесса европеизации морали и обусловленной ею деятельности, о чём постоянно, с гордостью за такой вектор городской жизни, напоминают местные власти.

Если ранее военные захоронения для многих считались местами памяти героев, то сегодня кладбища погибших в войнах большинством европейцев воспринимаются как места' призыва к миру и против войны, насилия. Европейцы на собственном опыте убедились, что как 1-я, так и 2-я мировые войны принесли им только миллионы смертей. Больше — ничего.

***

А теперь — немного о представленных в коллаже трёх фотографиях. Они взяты со сайта https://reibert.info/ («Винница во время войны»), фотографии из которого уже не раз появлялись на винницких страницах интернета, повествующих о различных событиях периода 2-й мирово войны в городе. Верхняя фотография подписана: «1944 г. 21-24 марта. Немецкое кладбище. Справа вверху - храм Воскресения Христова. Шагин И.», а нижняя - «1944 г. Немецкое кладбище в парке. Шагин И.» (обе — на стр. 12).

Место кладбища, представленного вверху, отображено на карте «Фрагменты немецкого плана Винницы 1943 г.», на 14-й странице этого же сайта (см. коллаж). Heldenfriedhof находился там, где через 15 лет был построен на Каличе «Универмаг», и на территории, что за ним (самая старая часть бывшего православного кладбища, существовавшая ещё в послевоенные годы и продолжавшаяся до Областной больницы им. Пирогова). Больничный двор и кладбище раздел (далеко не «герметично») забор из металлических прутьев. Один из проходов в заборе находил рядом с бараком, в котором располагался больничный клуб с залом (аудиторией). Это — если идти из центрального входа прямо, до самого конца.

Относительно второго кладбища: тут мне сориентироваться не удалось. Не припомню, чтобы недалеко от парка (какого - либо в городе) находились такие крупные дома. Снимок сделан в конце зимы 1943/1944, ещё лежит недавно выпавший снежок (изморозь?). Может быть, локализацию этого захоронения уже обсуждали, а я это пропустил?

Что касается третьей фотографии - одиночного памятника на могиле (стр. 13), то в каком месте он находился под Винницей — это не имеет никакого значения. Главное, что и такие «основательные» следы немецкого пребывания в городе были напрочь стёрты с лица земли. Название фотографии «Deutsches Heldengrab bei Winniza Ukraine Ostfront» лучше перевести не как «Могила немецкого героя возле Винницы», а как «Немецкое военное захоронение под Винницей». Дело в том, что военные захоронения в Германии всегда обозначались, в отличие о гражданских кладбищ, особо: Gefallenenfriedhof (кладбище погибших в боях), Ehrenfriedhof (почётное кладбище), Soldatenfriedhof (здесь «солдат» - не звание, а синоним слова «военный» Heldenfriedhof (здесь «кладбище героев» - буквально, а по смыслу — опять же «военное кладбище»).

***

Мнения по воссозданию и уходу за кладбищами вермахта как в России, так и в Украине и прочих местах боевых действий и нахождения лагерей военнопленных, конечно, разнородны, чаще — диаметрально противоположны. О дискуссиях по сему поводу можно прочитать на многих сайтах, например: http://www.yaplakal.com/forum2/topic992457.html.
Кто пожелает — может высказаться здесь.

Повторяю, у меня твёрдого мнения «за» или «против» не сложилось. В конце концов, я тяжело пережил ту проклятую войну, потерял в ней отца и ещё несколько близких родственников, которых мне даже ни разу увидеть не пришлось, родился и вырос до 15-летнего при тиране Сталине. Всё это не прошло бесследно, принуждает колебаться. О чём свидетельствует, среди прочего, и название статьи ...

Великий мастер лаконично выражать законченную мысль Георг Кристоф Лихтенберг (1742-1799) наставлял: «Приучи свой разум к сомнению, а сердце к терпимости».
Первому совету следую я уже давно, над вторым всё ещё работаю ...

Опубликовано 07.03.2017.

Таки - в Виннице!..

Прошло трое суток со времени публикации "Но ведь я не пришёл с пистолетом ...". Более 600 читателей, трое из них откликнулись. Но не на «Прозе.ру», а на сайте «Історія Вінниці» (https://www.facebook.com/groups/historyofvinnytsia), где — против моей воли! — появилось сообщение об этой статье. Ничего не поделаешь: administrare – от латинского «управлять». Посему подавляющее большинство в интернете — пассажиры, попутчики, которым рулить не дано.

Первым откликнулся Андрей Рыбалка. Тот, кто «время от времени удивляет и радует любителей винницкой истории фотографиями, ранее не известными. И всегда стремится ... выяснить, что' изображено (до малейших деталей), когда и где сделан снимок, кем, и так далее» (это я так писал о нём совсем недавно тут: http://www.proza.ru/2017/02/18/2082). Так вот, Андрей, с которым я иногда переписываюсь, заметил: «Очень похоже, что кладбище с нижнего фото находилось в парке, на том месте, где сейчас аттракционы. На аэрофотоснимке 1949 г. видна зона (красная рамка), где отсутствует трава (видимо, могильные холмики были

19

просто срыты). Дома на заднем плане существуют и сейчас.»

Рассматривал я представленный аэрофотоснимок снимок долго. В результате — Андрей Рыбалка получил следующий ответ: «Благодарю за Ваш интерес к последней публикации. Я уже писал, что на аэрофотоснимках вижу мало. Но тут ситуация попроще, чем с Кумбарами [речь идёт о нашем давнем обмене мнениями по поводу иного аэрофотоснимка — С. В.]. Наискосок напротив стадиона, на другой стороне б. Первомайской имеются шесть зданий: два - ближе к улице, четыре - более в отдалении. На фотографии - также три больших здания, но третье - ещё глубже. И нет следов от небольших домов. То большое (сгоревшее) здание, что видно хорошо, по размерам похоже на также выгоревшие здания 1-й и 3-й (нумерация - послевоенная) школ, которые я в том состоянии видел. Но на фото - не здания школ.
Вот причина, по которой я не определился с местом захоронения. Замостье я помню хуже - может быть там где-то?».

В этом тексте — не только сомнения в правильности предположения Андрея Рыбалка, тут и заброшенный, прошу прощения, «крючок» (упоминание выгоревших зданий школ №1 и №3). Думал, что Андрея это наведёт на ту же мысль, что терзала меня. «Наживка» оказалась ему не по вкусу. Не среагировал.
А тут ещё Стогуно Чевал, которого по точности сообщений и замечаний превзойти трудно, добавил: «Не похоже. 3-этажный дом на заднем плане совершенно в район не вписывается. Да и остальные дома не совпадают. Дома вдоль Магистратской/Первомайской хорошо видны на фото с парашютной вышкой. Они совсем другие.»

Для Андрея Рыбалка было предостаточно — он отступил, ретировался, как сказали бы французы или немцы. И заключил: «Возможно, что это кладбище и не в Виннице...».
Зря, зря, зря!!! Чутьё следопыта опытнейшего Андрея Рыбалка не подвело. Он был совсем рядом с искомым местом. На одной, в полном смысле слова, линии!

А меня, честно признаюсь, Андрей Рыбалка своим замечанием подстегнул искать дальше. Дело в том, что я смотрел на фотографию немецкого кладбища и при дневном, и при электрическом освещении, в будни и в выходные, даже в праздники. И видел - странно! - снова и снова выгоревшее здание послевоенной 2-й школы — надстроенное ещё до войны творение царских времён Гр. Гр. Артынова. Но вот прочие здания, попавшие в объектив, меня смущали, разочаровывали, так сказать. Посему я и жаждал получить подобную же версию от Андрея Рыбалка. Не дождался.

Пришлось идти мне в атаку в одиночку.
В чём, спро'сите, проблема?
В том, что никто из вас - читателей здание выгоревшей 2-й школы (3) не видел. Да ещё - с тыла, а не с фасада! Может быть, совсем не видел, если не считать фотографий. А если и когда-то видел, то не в таком состоянии и уже достроенную (крыло в сторону Каличи). А я - об этом рассказано в «Моей Виннице» - где-то 9-10-летним вместе со старшим братом со двора (то есть, с тыла) проникал в выгоревшее здание, чтобы там пострелять из

малокалиберной винтовки по оставшимся на стенах электрическим звонкам. Попадание в цель сопровождалось мелодичным, знакомым брату по довоенным временам, звоном. В этой школе он до войны учился.

Снимок сделан с совершенно непривычной стороны (1), поэтому я никак не узнавал двухэтажное здание (2), что на снимке — слева. А я ведь и его хорошо помню, но — с фасада. Оно было последним с левой стороны перед главным тогда входом в парк. Между ним и забором парка — очень густая зелень. На противоположной стороне Хлебной улицы находилось, в глубине большого двора-садика с цветочными клумбами, одноэтажное здание (о нём, помнится, писал Анатолий Секретарев в одном из рассказов о времени сразу же после Октябрьского переворота).
Эти здания, как и маленькие, что сзади двухэтажного, в войну не пострадали.

Камнем преткновения для меня было виднеющееся справа от школы вдалеке (в дымке) большое здание. Я, находясь в неведении, не зная конкретного места кладбища, им и не занимался. Снова и снова водил я моим длинным носом по карте. И - о, чудо! - слепой вдруг прозрел! Видите квадрат рядом с Летним театром? Обратите внимание: его обрамление необычно, больше такого вы на этой карте не сыщете. Это — ещё не освящённое кладбище! Карта-то 1943 г., а снимок — 1944-го.

Оставалось обозначить на карте линии треугольника, захваченного объективом фотоаппарата. И стало ясно: вдали - здание пожарного депо с надстройкой для наблюдательного поста. Оно находилось несколько выше - по улице Пирогова - построенной на Каличе в 60-е годы прошлого столетия гостиницы (после сноса рынка). Всё, что расположено было в 1944-м году между школой и пожарным депо, оставалось в низине — и не могло отобразиться на фотографии.

И — последнее. Первый раз на то место, где было это кладбище, я попал, как мне помнится, в 1949-м году. Разумеется, почти никто об этом кладбище ничего не знал. А кто знал, тот молчал. При восстановлении Летнего театра прямо на месте кладбища разбили садик. Там в антрактах прогуливалась, покуривала публика. Рядом (на аллее, что шла от бокового входа в парк) стоял киоск, где можно было купить пересохшее печенье, дешёвые конфетки и тёплый, очень сладкий лимонад. Курево, конечно, тоже.

Летом темнело очень поздно, а если что — загорались фонари. Кто себе представлял, ГДЕ находится?! А для артистов, которые тоже хотели в антракте покурить или, наоборот, глотнуть свежего воздуха (техническая вентиляция в театре, понятно, отсутствовала), была отделена часть прилегающей к Летнему театру территории (ближе к улице тогда ещё Первомайской). Там была небольшая лестница, по которой со сцены и театральных уборных можно было спуститься в парк. И охранник отгонял от этой «зоны отдыха» назойливых зрителей, пытавшихся увидеть артистов вблизи, послушать их разговоры. Артисты, развалившись на скамейках, были деланно беззаботны, веселы, острили. Словом, как положено, но … только не на кладбище.

Поле зрения фотографа - через объектив - я отметил линиями. Они не совсем совпадают как из-за моего неумения, так и из-за того, что карта 1943-го года напоминает как бы прикидку (эскиз), а современная — весьма точная. На карте 1943-го года «есть интересные данные, но далеко не точные» (это — цитата высказывания по иному поводу, но тут - к месту; а всё станет понятней, если хватит терпения дочитать до конца). «Интересные данные» - это наличие тех объектов, что присутствовали тогда, а потом были стёрты с лица земли. «Далеко не точные» - это масштаб, очертания объектов, ориентация их по сторонам света.

А теперь — о замечании Михаила Потупчика:
«В статье есть интересные данные, но далеко не точные (что касается Винницы и Винницкой области). У нас НС очень плотно работал. Начали с кладбища военнопленных в Виннице на Чехова, а затем все кладбища, которые были известны в немецких архивах и по воспоминаниях местных жителей, были раскопаны ПП "Военные мемориалы" г. Киев (на заказ НС) и перезахоронены в Славуте. В Славуте не только военнопленных перезахоранивали, а и погибших в боях. В Славуте два паралельных кладбища - для немцев и для наших. Наших военнопленных, которых так же ПП "Военные мемориалы" раскопали на Чехова так же в Славуте перезахоронили (правда часть для PR Ющенка несколько перезахоронили в Виннице на Мемориале на Киевской).»

Спасибо ему за сообщение. Но, как учила нас партия — «ум, честь и совесть нашей эпохи», критика должна быть конструктивной. Тем более, когда начинается она с таких, почти взаимоисключающих — «интересные, но далеко не точные», определений. Мне, например, не точные данные малоинтересны. Посему я осторожно спрашиваю: «Чем интересные?» Потом ещё, более настойчиво: «Далеко не точные — в чём?». Я ведь в статье предупреждал, что в материалах НС есть «много неясностей, даже несовпадений данных по одному и тому же объекту», пр. Хотелось бы, чтобы М. Потупчик эти данные уточнил или хотя бы сообщил, где с ними - точными - можно ознакомиться.

Напрашивается вопрос и об изображённых на фотографиях кладбищах. Вы пишете, глубокоуважаемый Михаил, что «все кладбища, которые были известны в немецких архивах и по воспоминаниях местных жителей, были раскопаны ПП "Военные мемориалы" г. Киев». Значит, вот об этих двух никто не ведал? Неужели представленные фотографии отсутствовали в ФРГ? Верится с трудом.
Вы не указываете время работ ПП (Православный приход, Постановление правительства, Похоронный полк, Похоронное предприятие, и т. д. - тоже требует расшифровки для таких незнаек, как я), а можно было бы найти первую публикацию фотографий или запросить НС, что я бы с охотой сделал. Словом, «все кладбища» - заявление слишком смелое.

Вопросов немало, но я Вам, тем не менее, весьма признателен. За многие годы моих публикаций Вы — первое официальное лицо, которое, хоть и в частном порядке, не побрезгало отреагировать на сообщение борзописца-критикана из далёкого зарубежья.

22

***

Если бы был на все сто процентов уверен, что локализацию кладбища я определил верно, то назвал бы статью «Эврика!». Это возглас, огласивший округу при рождении (открытии) первого закона гидростатики великим математиком и механиком Древней Греции Архимедом (287-212 до н. э.); с древнегреческого — Неигека! (Я нашёл!).

С тех древних времён возглас «Эврика!» служит для выражения радости от найденного решения проблемы, от неожиданной и удачной мысли.

Не знаю, много ли в сей публикации осталось воды, не вытесненной фактами. Чтобы остаться на плаву, надо было мне, по закону Архимеда, вытеснить воды больше, чем я в глазах читателей, вешу. Если же эта публикация полна воды — и вытесненная весит меньше, чем читатели предполагают во мне публицистического веса, то я пойду ко дну.

Теперь вам понятно, чем я рискую при своих попытках пробиваться вперёд новыми нехожеными тропами?

Опубликовано 11.03.2017.

ПРИЛОЖЕНИЕ к статье (http://www.proza.ru/2017/03/11/26 от 12.03.2017)

Михаил Потупчик:

Уважаемый Соломон Григорьевич, извините что не отвечаю Вам на Проза.ру, я просто не разобрался как там это можно сделать. ПП я написал по привычке - это украинская аббревиатура для Вас привычно будет ЧП - частное предприятие. ЧП "Военные мемориалы", теперь оно называется ЧП "Память и Слава", занимается поиском немецких захоронений периода Второй мировой войны на территории Винницкой области с 2007 года. Каждый год они раскапывают несколько кладбищ, эксгумируют и перезахоранивают немецких солдат на кладбище в Славуте Хмельницкой области. В самой Виннице ими были перезахоронены 97 умерших в лагере немецких военнопленных. У Немецкого Народного союза по уходу за немецкими военными захоронениями политика по территории Винницкой области не обустраивать кладбища, а переносить покойных на большие обустроенные кладбища. Для Винницкой области это Славута. У меня нет полных данных сегодня по другим кладбищам на территории области (честно говоря, не очень интересовался), но могу узнать если это интересно. Что касается "кладбища героев" в Виннице, они работали на местах указанных на карте и архивных немецких материалах, но могил не нашли. Скорее всего могилы были перенесены при строительстве домов или просто уничтожены. Я не исключаю возможности того, что ЧП могло их и не найти. С кладбищем военнопленных было проще, оно сохранилось, хотя и без табличек.

Мой ответ:

Глубокоуважаемый Михаил Валентинович!
Благодарю Вас за разъяснения. Попробуем договориться на этой странице.

ПП «Военные мемориалы» - смесь французского с нижегородским: не Вы первый автоматиче[...]
так пишете. Поверьте, кабы — ПП «Воєнні меморіали», я бы всё понял.

Что касается кладбища в Славуте, то оно на сайте НС представлено только фотографиями без[...]
какого-либо разъяснения. В другом месте сказано, что это - кладбище умерших военнопленн[...]
интернированных лиц. Умерших где и когда — ни слова.

О том, что НС считает невозможным надлежащий контроль (уход) за сотнями-тысячами
маленьких кладбищ и переносит останки на новые большие (огромные) мемориалы, я писал.
конечно, ещё масса нюансов. Например, небольшое (тем более, одиночное) захоронение - поч[...]
память конкретным лицам, огромный мемориал — напоминание, предупреждение, призыв не[...]
повторить такую же ошибку-трагедию.

А чем отличаются умершие военнопленные от погибших в бою: и первые были перед пленен[...]
такими же захватчиками и убийцами? По взаимному умолчанию, стороны всегда идут на
подобное лукавство при столь деликатных соглашениях.

Что касается Heldenfriedhof'а, то тут ясно: при строительстве универмага и большого дома, чт[...]
ним, кости просто отправили на свалку (кстати, как и при строительстве детского сада на
еврейском кладбище Винницы). А два кладбища в парке было решено не замечать: вести
раскопки на виду у тысяч винничан ЧаП не хотелось. Боялись ЧрП (это тоже по-русски, но —
смысл иной): народ бы узнал, что он «плясал на могилах». А кладбище захороненных немцев
Чехова было всем известно. Вы, кстати, также используете лексику дипломатов: «Скорее всег[...]
могилы были перенесены при строительстве домов ...», хотя еще скорее того первого «скорее[...]
уверены, что советская власть такими «мелочами» себя не утруждала, даже если это были
останки соотечественников.

Теперь, да ещё с дополнениями (представленными Вами фотографиями), участники винницки[...]
сайтов получат более-менее отчётливое представление об одном из сегментов того, что было [...]
Виннице в войну и после неё.

К сожалению, перенести фотографии на «Прозу».ру не представляется возможным: там
допускается лишь одна картинка, что заставляет меня делать коллажи. А было бы неплохо...

Кабы критика и замечания были такого (содержательного) плана, мы бы во всём продвигалис[...]
вперёд. А так — либо излишние комплименты, либо просто грязь. Самый последний образец:
зловонные испражнения безграмотного жовніра Жовнера после информации о публикации мо[...]
статьи «Дедушка, а маланцы — это кто такие?» (см. «Вінничани» -
https://www.facebook.com/groups/vinnichane/ - от 17.02.2017). Никто его, однако, не одёрнул —
он, вероятно, ощущал себя Матросовым, бросившимся на амбразуру ДОТ. Хотя на самом деле[...]
страдает хронической дезинтерией-дезистерией неудачника.

Всего Вам доброго, Михаил!

Транспортировка советских военнопленных в открытых товарных вагонах

Военнопленные в шталаге 329

Раздача хлеба в шталаге 329

Ernst Reuß

Wie Deutsche und Russen mit ihren Gegnern umgingen

KRIEGSGEFANGEN IM 2. WELTKRIEG

in offenen Güterwaggons

...angene im Stalag 329 in Winniza

edition ost

Stalag 329 Winniza: Brotausgabe an die Hungernden

Два лагеря одной войны. Часть I.

Эта книга (см. коллаж) — с необычной историей её создания и особым отношением её содержания как к периоду оккупации Винницы нацистами, так и к ближайшим послевоенным винницким годам — попалась мне на глаза намного раньше, чем я засел за работу над этой статьёй.

Я уже столько написал о винницких трагедиях различных лет и так много в том материале - о человеческих несчастьях и смерти, о подлости и предательстве! И так мало — о чести, благородстве, самоотдаче во имя других, что у читателя, как и ещё до того - у самого автора, могло сложиться или сложилось представление о несовершенстве человека как социального существа, о преобладании в человеке биологического, стадного над общественным, гуманным, человеколюбивым, о доминировании эгоизма над альтруизмом, и прочее. Увы, именно так оно получается, если оценить не только историю двух мировых войн, но и «послевоенные» (начавшиеся после Второй мировой войны) во'йны, по большей части, фактически религиозн (в том числе, и в пределах одной, общей для воюющих сторон мировой — и, по заверениям её высших лиц, миролюбивой — религии, но - её различных направлений).

А если добавить к этому редкие, но от этого не менее отвратительные и, конечно, не побуждающие к дальнейшей работе над изучением трагических событий в истории города, неофашистские реплики, следующие за подобными публикациями... И если проследить, как покорно вдыхают эти дурно пахнущие провокации сотни читателей, не реагируя на них ни отвращением, ни хотя бы своими растолковывающими (зомбированным ультра-патриотам) су проблемы комментариями. Так что, не удивительна была моя первая реакция: надо искать другие, более «мягкие» темы для публицистики.

Однако после моей статьи о немецких захоронениях в Виннице неожиданно задал мне Андреі Рыбалка в письме вопрос: знаком ли я с книгой (той, изображение которой дано на коллаже)? ответил, что знаком и даже кратко объяснил, почему о представленных Эрнстом Ройссом (Ern Reuss, 1962-го года рождения, по образованию - юрист, по нынешней деятельности - журнали материалах ничего не собираюсь писать.

Но недавно неожиданно пришлось срочно процитировать несколько страниц из этой книги в статье «Клинический случай, или низость в степени биквадрат», то есть, невольно сообщить о существовании как бы сравнительного описания судьбы советских и немецких военнопленны

И я подумал-передумал: ведь сим, приведенным выше как бы «только вопросом» известный знаток винницкой истории военных лет, наделённый немалым жизненным опытом Андрей Рыбалка осторожно намекал мне о желательности, даже больше — о необходимости осветить эту тему. И тут, понятно, ответственность лежит на мне, которому доступна и книга Э. Ройсса другая литература о военнопленных обеих насмерть сражавшихся сторон. Вот так.

***

Профессор Ханс Моммсен (Hans Mommsen, 1930-2015) - крупнейший историк ФРГ, один из ведущих специалистов по истории Германии периода от окончания 1-й до окончания 2-й мировой войны (1918-1945) писал: «Судьба советских военнопленных, находившихся во влас немцев, является одной из самых тёмных глав истории 2-й мировой войны.»

Почему же это так произошло?
Сначала — страшные цифры: всего вермахтом было захвачено в плен, по статистике немецко Верховного командования, 5 734 528 советских военнослужащих, из них в лагерях погибло до 3,3 миллионов, то есть, более половины. Причём, 2 миллиона погибли от голода или были уби уже к весне 1942-го года. (Немецких военнопленных находилось в СССР около 3 000 000, две трети из них возвратились в Германию.)

В 1-ю мировую войну смертность среди 1,4 миллиона российских военнопленных составляла

5,4%. Во 2-ю мировую войну смертность советских военнопленных оказалась в десять с лишним раз более высокой. Причиной её был голод, полностью не подходящее размещение, транспортировка в нечеловеческих условиях, жестокое отношение к пленным и систематически казни определённых групп среди них.

В приговоре Нюрнбергского трибунала отмечено, что «… обращение с советскими военнопленными… характеризуется особой бесчеловечностью.» В начале войны сдававшиеся раненые советские солдаты просто расстреливались на месте. Огромное количество было расстреляно после взятия в плен. Если военнопленный был уже зарегистрирован, то в актах стояла стандартная фраза «Расстрелян при попытке к бегству».

«Счастье» многих, переживших плен, состояло в том, что они использовались на принудительных работах, то есть, немцы были заинтересованы в них как рабочей силе. Высшее командование вермахта сообщило, что из 1 053 000 зарегистрированных выживших советских военнопленных 875 000 выполняли разные функции на производствах. Следовательно, тут преобладали не гуманитарные, а чисто народно-хозяйственные соображени сделавшие возможным выживание этой части военнопленных.

Казалось бы, в советской исторической литературе трагическая судьба большей части советски военнопленных должна была найти достойное отражение. Но этого не случилось по многим причинам. Главная из них — политика советского государства: не сообщать народу и миру о многом, зарыть сведения в архивах, покрыть всё негативное тайной, извратить факты и - лгать, лгать, лгать.

Признаться в том, что уже в лето 1941-го года советские вооружённые силы потеряли пять миллионов солдат и офицеров, взятых в плен, руководство страны во главе с «великим полководцем», будущим генералиссимусом никак не могло. Тем более, было ясно, что причино сего, кроме прочего, стал бессмысленный террор конца 30-х годов, коснувшийся в немалой степени и армейского командования. А также — дипломатические просчёты, стратегические ошибки в подготовке к возможной войне. У истоков всего — «великий вождь» и его выдвиженцы на решающие должности в государстве.

Очень важно также вспомнить, что, согласно доктрине кремлёвского деспота (Приказ № 270 от 16-го августа 1941-го года), советский военнослужащий, попавший в плен к немцам, a priori считался дезертиром и предателем родины, совершившим наказуемое преступление. Советская пропагандистская машина призывала никогда не сдаваться в плен, а в безвыходных случаях — лишать себя жизни. Такова была «забота» вождя о народе.

Более того, карались семьи попавших в плен. Даже невестка Сталина - жена его сына Якова, попавшего в июле 1941 г. в немецкий плен, была заключена в тюрьму, из которой вышла только в 1943 г., когда стали известны подробности смерти Якова, застреленного в апреле того же года лагере Заксенхаузен.

Все выжившие советские военнопленные находились под подозрением в сотрудничестве с

27

гитлеровцами, проходили после окончания войны через так называемые лагеря фильтрации (депортации), допрашивались — и во многих случаях приговаривались к долголетнему заключению уже в советских лагерях. Страшное время, страшное руководство страны, страш исполнители его иезуитских решений …

О том, что творилось в немецких или советских (депортационных) и далее — сибирских лагерях, мы знали немного: правду рассказывать никто не решался. В «Моей Виннице», в разделе «Винницкие врачи» я привёл свои воспоминания о профессоре Р. Д. Габовиче, три с лишним года (!) проведшим в немецком лагере. Наше хорошее знакомство началось ещё в мо студенческие годы, потом мы несколько раз встречались в Киеве, где он жил и работал. О многом он мне рассказывал, но о Слуцком транзитном лагере советских военнопленных — ни слова. Его воспоминания «Командировка в лабиринты смерти» была издана друзьями и учениками профессора только в 2002-м году (в год смерти Рафаила Давидовича) во Львове. Книгу эту я не видел.

Что касается ФРГ, то в первые годы после капитуляции всё ещё присутствующее ложное сознание своего превосходства над «славянскими недочеловеками» приводило к ликвидации памятников, всяких следов о лагерях пленённых красноармейцев. Такие памятники и даже мемориальные комплексы возникли позднее: после образования ГДР (на востоке страны), при изменении общественного климата в ФРГ (на западе). Но популярной в среде учёных-истори эта тема всё равно не стала. В ГДР нельзя было упоминать о зверствах немцев (пусть и нацистов) по отношению к народам братской теперь страны, в ФРГ — на фоне Холодной войн Запада и СССР — такие исследования не могли спонсироваться властями.

Как и запущенный нацистами Холокост, систематические массовые убийства, скалькулированные голодные смерти советских военнопленных не имеют подобного в истори человечества. Лагеря содержания советских военнопленных были превращены в лагеря уничтожения — и в этом утверждении нет никакого преувеличения.
И ранее, и даже теперь в ФРГ распространено мнение, что все ужасы, сотворённые на оккупированной территории СССР и в Германии по отношению к советским военнопленным, это — дела' только эсэсовцев [SS - военизированные формирования Национал-социалистичес немецкой рабочей партии (НСДАП)] . И лишь — в ответ на чудовищные преступления советских войск. Как говорится, круг замкнулся …

Эрнст Ройсс, прослеживая судьбу своих дедов, один из которых служил в комендатуре лагеря советских военнопленных в Виннице, а другой оказался заключённым уже лагеря немецких военнопленных в той же Виннице, пытается дать в книге взвешенное представление о том, ка что там и там действительно было. Импульсом же к проведению собственного исследования и написания книги явилась всему миру известная фотография расстрела «Последнего еврея Винницы» (я её приводил не раз), увиденная Э. Ройссом в 1999-м году на одной из выставок о Холокосте.
Результаты: книга «Пленён!» («Gefangen!», 2005) и её дополненное издание (256 стр.) - «Как немцы и русские обходились с их противниками ВОЕННОПЛЕННЫЕ ВО 2-Й МИРОВОЙ

ВОЙНЕ» (название по-немецки — на фото), 2010 edition ost im Verlag Das Neue Berlin, Berlin.

***

Эрнст Ройсс (старший) — дед автора, названного в честь его, 1908 года рождения, отец трёх сыновей — происходил из баварской Франконии, из семьи столяра. Получил образование торговца, работал в конторе машиностроительного завода. В 1933 г. вступил в нацистскую партию, с 1935 г. возглавлял молодёжную организацию Гитлер-Югенд в небольшом городке в той же Нижней Франконии. В 1940 г. добровольно вступил в вермахт. Благодаря своему профессиональному образованию на фронт не попал, а начал служить в одном из огромных лагерей военнопленных (до 31-й тысячи бельгийских, французских, польских, югославских, американских, советских — с июля 1941-го года, английских и итальянских солдат). В этих лагерях заключенные содержались в барачных помещениях, но только - не советские военнопленные, которые, согласно приказу, находились за колючей проволокой под открытым небом. Отсюда, в частности - такой высокий процент смертности среди пленённых красноармейцев. Другой причиной гибели являлись непереносимые для многих пленных изнурительные марши из одного промежуточного лагеря в другой.

В Германию подстриженные наголо (борьба с завшивленностью) советские военнопленные транспортировались в невероятно переполненных товарных вагонах. Переезд, например, из Винницы длился примерно одну неделю — это время многие не переживали. В зимнее время смертность колебалась между 25 и 70 (в открытых товарных вагонах) процентами. Поначалу в вагонах не было никакой подстилки, потом были даны указания с этой целью использовать солому, опилки, мелкие ветви деревьев, а также выставлять в вагоне ёмкость для сбора нечисто

В самих лагерях гигиенические условия были не лучше: скученность, отсутствие организации удаления экскрементов, никакой возможности для помывки. Отсюда — вспышки инфекций, больше всего - дизентерии, причём часто со смертельным исходом. С холодами почти исчезала дизентерия, но возникали эпидемии сыпного тифа, переносимого от больного к здоровому вшами (в больших лагерях - до 500 смертных случаев ежедневно).
В сухие ли, в дождливые ли дни лишь днём разрешалось находиться в лагере стоя; ночью по тем, кто не лежал, стреляли.

Питание в лагерях выглядело примерно следующим образом.
Утром — то, что называлось чаем или эрзац-кофе, не обязательно имеющее вкус этих напитков но, по крайней мере, горячее.
В обед — баланда: жиденький супчик, состоящий из неочищенных брюквы, кормовой свеклы и небольшого количества картофеля.
На ужин — так называемый «Русский хлеб», выпекаемый специально для советских военнопленных из примерно 50% ржаных отрубей, 20% измельчённой сахарной свёклы, целлюлозы, измельчённых соломы или листьев. На 5 - 10 человек полагалась одна 1,5 - килограммовая буханка такого хлеба.
Посуда не выдавалась. Она должна была быть у пленных или они обязаны были изготовить её

сами.

Приведенное выше сведения — в основном о лагере в городке Zeithaim (Цайтхайм) в Саксони[и], в котором поначалу служил Э. Ройсс (старший). Там теперь — мемориал: см. https://ru.stsg.de/cms/node/765 (текст на русском языке).

В 1941-м году Э. Ройсс был переведен в Центральный лагерь (Stammlager, сокращённо – Stala[g] 329, который получил с августа 1941-го года статус фронтового лагеря. С 20-го августа по 2-е октября 1941 г. лагерь находился в Жмеринке, далее, по ноябрь 1943-го года, в Виннице. В Жмеринке, Гайсине и Бердичеве имелись дополнительные лагеря шталага 329.
Лагерь состоял из прежней казармы и 10 - 15 деревянных бараков. Он был рассчитан на пребывание в нём до 50 000 пленных. Точное количество заключённых в лагере не известно; [по] одной из официальных сводок, там находилось около 19 000 человек (см. далее).

Э. Ройсс - старший умер вскоре после войны, задолго до рождения автора книги. Посему от н[его] не дошли никакие детали лагерной жизни. Отсутствуют какие-либо акты о лагере в немецких архивах. Либо они сгорели в пекле войны, либо были преднамеренно уничтожены. Единственное свидетельство (немецкого повара: «на 60 000 пленных — 10 полевых кухонь») вызывает сомнения. Он сообщил также о голоде среди заключённых лагеря, но это было ясно без него.

[Согласно Генеральному плану «Восток», намечалась германизация европейской части Советского Союза вплоть до Урала, искоренение азиатского влияния на европейскую культуру[,] как писал в своих дневниках генерал-фельдмаршал фон Райхенау (Walter von Reichenau, 1884[-] 1942, на счету которого и расстрелы еврейских детей в Белой Церкви, и Бабий Яр, пр.). Для этого нацисты намеревались освободить европейскую территорию от не-арийского населения. Так как снабжение продуктами питания вермахта предполагалось исключительно из российск[их] ресурсов, местное население в этом случае являлось бы, по мнению гитлеровцев, только лишними едоками. Хотя считается не доказанной разработка фашистской верхушкой хорошо продуманного плана организации голода на захваченной территории, массовая смерть от истощения населения СССР воспринималась руководством Рейха как «вынужденная необходимость» для достижения более важных, чем мероприятия против голода, целей.]

Недалеко от шталага 329 (район Тяжиловского шоссе) проводились расстрелы еврейского населения. Позднее советскими военнопленными там были вырыты ямы, в которые «спрятали» трупы.
О расстрелах мирных жителей немецким военнослужащим запрещалось беседовать между собой, писать в письмах на родину и, тем более, - пересылать туда соответствующие фотоматериалы. Э. Ройсс придерживался запрета: в его письмах, как сообщает внук, шла речь [о] хороших впечатлениях — и земля, и местное население ему нравились в такой степени, что он намеревался после победоносной войны сюда перебраться. Среди высланных им в Германию фотографий имеются такие, где он заснят в кругу украинской семьи.
Между тем, его жильё было недалеко от шталага 329, а значит — и мест расстрела. Не слыша[л]

выстрелов, не знать, кого убивают — он не мог.

И после войны Э. Ройсс никогда об этом он не говорил. Считалось, что он служил в Виннице, далеко от фронтовых действий, в канцелярии. А после войны, как и другие бывшие простые солдаты, покалеченные или заболевшие, был полон забот повседневной жизни, борьбы с последствиями потери здоровья. Душевные раны и вопросы причастности к преступлениям вермахта были табуизированы.

Автор сообщает лишь о единственной семейной фотографии, из которой следует, что в шталаге 329 также речь шла о жизни и смерти, однако в подробности изображённого не вдаётся.

Автор специально останавливается на допросах, свидетелем которых был его дед. В лагере Цайтхайн в день проходило до 20 - 30 допросов, целью которых было выявление комиссаров и евреев. Набиралось таковых в Цайтхайме 40 - 50 человек — их транспортировали в ближайший концентрационный лагерь.

Уже при прибытии в лагерь военнопленных служащий SS визуально отделял некоторых пленных: определённые черты лица иногда были достаточны для смертного приговора. Заключённых, имеющих еврейскую внешность, перед убийством пытали, требуя назвать имена других евреев или «подозрительных элементов». Убивали также мусульман, так как они, подобно евреям, перенесли обрезание крайней плоти и поэтому считались подозрительными (н евреи ли?). Отделяли также носителей очков как «интеллигентов». Немного более длинные волосы, чем у остальных, могли быть достаточным основанием для причисления к комиссарам

Часто такая сортировка выполнялась совершенно произвольно, чтобы набрать определённое число: считалось, что из общего числа военнопленных около 10 - 15 процентов пленных должн быть, как выражались, «нетерпимыми». Один из свидетелей сообщал о совершенно бесплановс сортировке, при которой главным было выделить «нетерпимых» не менее, чем их выявили в соседнем лагере, где отсортировали 15 - 20 процентов военнопленных.

Отделённых военнопленных умерщвляли различными способами. Кроме выстрела в затылок, в сентябре 1941-го года было впервые на 900 советских военнопленных опробовано умерщвляющее действие циклона Б.

Проводились над ними и другие «научные эксперименты»: сравнение поражающих свойств различного стрелкового оружия, губительного действия холода. При последнем «эксперименте мученика выставляли ночью на мороз и ежечасно обливали холодной водой. Так «экспериментаторы» пытались выявить влияние охлаждения на пилотов, упавших вместе с самолётом в море.

Других заражали туберкулёзом и, умертвив - после вспышки болезни - на виселице, вскрывали для определения хода развития этой инфекции.

Поначалу описанная выше сортировка военнопленных нередко вызывала конфликты между вермахтом и SS. Я уже писал об удивительном случае, когда комендант лагеря военнопленных Виннице написал рапорт на своего заместителя, обвинив того в передаче 362 красноармейцевевреев в распоряжение айнзацгруппы (разумеется, для уничтожения).

В 1969-м году в западногерманском Центре против преступлений нацистов велось предварительное расследование, касающееся действий бывших служащих шталага 329. В СССР, разумеется, об этом никто не должен был знать, потому что в ГДР подобные дела уж давным-давно были закрыты. Бывшие нацисты, «по всей очевидности», оставались только в ФРГ.

Э. Ройсс - старший, служивший в канцелярии винницкого лагеря, был повышен в ранге: из унтер-офицера (1941) в фельдфебели, то есть, старшие сержанты (1942). Его начальник, при расследовании сортировок в лагере, отрицал всякое участие в них. Как и в опрошенные по этому делу, никаких убийств он не видел и даже ничего о подобном не слыша Следовали уперлись в широкую стену молчания…

Только единичные из опрошенных признались в том, что об этом знали. Среди них — один из служащих комендатуры лагеря, с которым Э. Ройсс дружил. Сам Э. Ройсс ко времени расследований уже умер (см. далее). Хотя канцелярия, где друзья служили, находилась предположительно в 15 километрах от основного лагеря, знали они и о сортировках, и о части расстрелах. Во что-то иное поверить было невозможно. Своей семье Э. Ройсс об этой стороне службы никогда не рассказывал. Возможно, пишет его внук, он что-то поведал жене, но и она свои предполагаемые сведения о шталаге 329 унесла с собой в могилу.

Управление лагеря, хотя и не принимало непосредственного участия в селекции пленных и расстрелах «нетерпимых», своими действиями облегчало работу преступников. Один из руководителей управления лагеря (Oberzahlmeister) описал при допросах в 1969-м году подробности селекции в шталаге 329 : «Внутри лагеря стоял домик, в котором находился допрашивающий офицер. С помощью переводчика он вёл допросы доставляемых ему солдат. Из находившихся в лагере постоянно снова и снова выделялись пленные, которые с помощью ложных показаний желали считаться простыми солдатами. Речь шла о функционерах, комиссарах, евреях, и других.»

Словно животные, отобранные вынуждены были в специальной клетке из проволочной сетки дожидаться расстрела. Клетка стояла рядом с домиком для допросов. Когда собиралось там 5 10 пленных, они отводились солдатами службы безопасности (SD) к месту расстрела за лагер Солдаты SD находились вне лагеря и прибывали по вызову из центра города, где у них было управление (с тюрьмой). В массовом захоронении убитые пленные находились вместе с умершими в лагере. Перед расстрелом пленные должны были раздеться. Их одежда собиралась для дальнейшего пользования ею другими военнопленными.

Другой солдат шталага 329, отвечая на вопрос о казнях в Виннице, рассказал: «Расстреляно было приблизительно 1 000 военнопленных. Я не могу определённо утверждать, что это были настоящие военнопленные. Однако я могу определённо утверждать, что это были граждански лица еврейского происхождения. Место, где происходили казни, не было местом моей службы. Однажды я, будучи свободным от службы, осмотрел место казней, что означает: я хотел хоть один раз увидеть такой расстрел. Мне было известно, что много евреев были заперты в одном и бараков. Шесть этих захваченных евреев должны были сами спрыгнуть в их могилу. SS - фельдфебель стрелял по их затылкам. Этот фельдфебель не относился к нашей роте…

В остальном захваченные евреи — главным образом, гражданские лица — всегда доставлялись сюда приблизительно 20 грузовиками, расстреливались и закапывались. Я видел собственными глазами, как сюда прибывали грузовики с евреями.

При расстрелах я не присутствовал.

Я только незаметно посмотрел на еврейские могилы. Как я уже сообщил, лично я видел расстре только шести евреев.»

При опросах служащих шталага 329 бросалось в глаза, что они случайно «были в отпуске» или свободными от службы в те дни, когда бывали расстрелы. Лишь некоторые сознались в присутствии при таких акциях, но никто не ответил положительно на вопрос об их личном участии в расстрелах.

Третий служащий шталага 329 сообщил: «Расстрелы русских военнопленных, включая партизан, выполнялись айнзацкомандой приблизительно в 300 метрах за лагерем, вблизи массовых захоронений. Нашим заданием было посыпать мёртвых хлорной известью и покрывать землёй…

Во время расстрелов не было разрешено никому другому, кроме служащих айнзацкоманды, при этом присутствовать.»

Судебное преследование против главного обвиняемого Макса Р. - SD-офицера шталага 329, производившего селекцию военнопленных, было приостановлено. В прокурорском заключении от 3-го июля 1970-го года значится:

«Свидетель М. лично наблюдал тогдашнего капитана Р. при сортировке военнопленных. Также Х. свидетельствовал, что ему известно про отбор Р. еврейских военнопленных, комиссаров и других функционеров, направление их в особые бараки. Айнзацкоманды SD уводили отобранных и расстреливали вне территории лагеря. Р. и комендант лагеря присутствовали при этом.

Обвиняемый Р. слышал эти свидетельства. Он отрицал своё участие в сортировке военнопленных. Или он свидетельскими показаниями был изобличён — может быть, но у Р. ра и он не является, по состоянию здоровья, способным участвовать в судебном заседании. Дело против него поэтому не будет продолжено. Рассчитывать на улучшение состояния Р., учитывая его возраст (почти 78 лет), не приходится… Дальнейшие расследования против других персон имеют никаких видов на успех.»

Между прочим, больной раком обвиняемый Р. во время предыдущего допроса 9-го октября 196 го года заявил - для протокола - следующее: «Я тяжело болен (рак). Поэтому я уже был оперирован. Я потерял 25 кг веса. Врачи не говорят мне всю правду о том, насколько я болен. Я в состоянии сидеть только на мягком, не в состоянии больше совершать поездки. Только в

Suderburg, в полицию.

Я был в лагере ангелом-защитником пленных. Я спас жизнь многим заключённым. Я должен был, собственно, быть в лагере офицером почты. Я не могу, учитывая мою болезнь, долго подвергаться допросам… Я не выдержу их.»

Вот почему ушёл из жизни Р. не признавшимся, не покаявшимся, не наказанным.

В шталаге 329, подчинённом вермахту, согласно данным Управления лагерями военнопленны; максимальное число бывших советских военнослужащих достигало 19 379 человек. Комендантами лагеря были офицеры, оставившие службу ещё в 20-е - 30-е годы (и вновь призванные). Означенное выше Управление требовало ежемесячного подсчёта числа заключённых в лагере. Сохранились только единичные данные об этом: на 1-е сентября 1941- года в лагере находились 13 491 человек, а через 13 месяцев (1-го октября 1942 г.) означенное выше самое высокое число военнопленных.

В первые месяцы нерусских военнопленных, особенно украинцев, отпускали, поскольку до'ма на захваченной украинской территории они могли быть задействованы в немецких интересах. Как следует из письма начальнику канцелярии рейха Мартину Борманну, всего освобождено ? 117 украинцев (им выдавалось специальное удостоверение). Но уже в ноябре 1941-го года Герман Гёринг, опасаясь роста партизанского движения, отменил особый статус военнопленн? - украинцев.

В последующие (после сентября 1941-го года) месяцы число военнопленных в шталаге 329 колебалось от 12 497 до 15 941-го. Состояние пленённых было очень тяжёлое: из уже указанн? максимально числа (19 379) только 4 877 были пригодными для выполнения каких-либо работ То есть, 14 с половиной тысяч военнопленных оставались в лагере, когда другие отправлялис? на работу. Один месяц перед тем из 13 812 заключённых 11 347 ещё были работоспособными.

Что это означает? Почему вдруг всего один месяц позднее (1-го ноября 1942-го года) в лагере насчитывалось всего 7 403 военнопленных? Куда исчезли без малого 12 000 заключённых? Умерли они внезапно от голода и инфекций, убиты или освобождены?

Освобождены они не были. К этому времени рейхсфюрер SS Химмлер предупредил шефа Высшего командования Кайтеля об опасности перехода освобождённых в ряды «банд», а такж? об использовании имеющих у них свидетельств об освобождении шпионами, разведчиками, агентами и саботажниками противника. И Кайтель принял решение о приостановлении практики освобождения из лагерей.

О массовых расстрелах военнопленных в это время не имеется никаких сведений. Скорее все? военнопленные были транспортированы в Германию, где наступила острая нехватка рабочей силы. Провалившаяся скоротечная война («блиц-криг»), потери в живой силе потребовали мобилизации лиц, прежде освобождённых от военной повинности. И минимум два миллиона свободных рабочих мест надо было кем-то заполнить. Условия транспортировки, о чём уже упоминалось, были страшные.

34

Хотя позднее лагерь военнопленных в Гайсине, который был создан из расформированного шталага 348, причислили к шталагу 329, а 19-го октября 1943-го года в шталаг 329 влился (из-з отступления немецких войск) также шталаг 328, число военнопленных в шталаге 329 постоянн уменьшалось. В марте 1943-го года — 9 533, а при последнем подсчёте (1-го октября 1943-го года) — только 1 959 (без прибывающих из шталага 328).

Фельдфебель Эрнст Ройсс, в связи с изложенным выше, был ограниченно загружен — и получ на Рождество 1942-го года отпуск. На обратном пути с родины в Винницу он сильно простудился, в результате чего - с левосторонним воспалением лёгких и эмболией - попал в лазарет. В марте 1943-го года возник рецидив воспаления — и он был переправлен в Германию в военный госпиталь в городе Швайнфурт. Несмотря на возникшее к тому времени и поражени сердца, Э. Ройсс вынужден был ещё раз вернуться на Украину и был свидетелем закрытия там шталага 329.

Шталаг 329 в ноябре 1943-го года перевели в Восточную Пруссию. Что произошло с заключёнными шталага 329 — не известно. В конце 1943-го года шталаг 329 был передислоцирован в район Люнебургской пустоши (земля Нижняя Саксония), а 21-го февраля 1944-го года был переименован в офлаг (лагерь военнопленных офицеров) 83.

Как уже указывалось, комендантами лагерей были пожилые военные, вышедшие в отставку за многие годы до начала 2-й мировой войны. Первый — 1874-го года рождения (служил в штала до мая 1942-го года), второй — 1880-го года рождения. Оба остались после окончания войны в Восточной Германии. Сведения о расследовании их деятельности в Виннице, материалы судебных процессов против них отсутствуют. Судопроизводство против третьего коменданта, рождённого в 1885-м году в Граце, было приостановлено, так как, по австрийским законам, он оказался неподсудным из-за давности срока возможного преступления.

Первый офицер контрразведки, служивший в лагере, 1885-го года рождения, умер в 1965-м год ещё до начала расследования против служащих шталага 329. Другой офицер контрразведки, уж упоминавшийся Макс Р., 1892-го года рождения, имел злокачественное заболевание.
Э. Ройсс, после переформирования шталага 329 в офлаг 83 служил - до окончания войны - на хорватском полуострове Истрия в штабе пехотного полка. Снова заболел, попал в госпиталь, потом в плен к англичанам, снова в лазарет (уже английский). В январе 1946-го года Э. Ройсс был освобождён, возвратился домой. Снова — больница, в 1947-м году — левосторонний паралич после эмболии мозгового сосуда. Работать Э. Ройсс был не в состоянии.
В июле 1949-го года — новая тромбоэмболия мозга, а в апреле 1950-го года Э. Ройсс - дед автор книги - скончался.
Вдова Э. Ройсса добилась признания его болезней следствием войны — и получила пенсию, чт помогло ей с тремя сыновьями пережить тяжёлое послевоенное время.

Опубликовано 28.04.17.

Слева- Э. Ройсс в Виннице - на обороте написано: "Стоит только 3 рубля". Справа - с местными женщинами в В-це. Внизу справа - на кладбище около шталага 329: "Там тоже можно "погибнуть". Слева внизу - почтовая карточка Красного Креста. В центре: Л. Герхард с женой и дочкой (после войны).

Ernst Reuß mit zwei einheimischen Frauen in Winniza

Ernst Reuß in Winniza. Bemerkung auf der Fotorückseite: «Kostet nur 3 Rubel!»

Gerhards erste Karte aus dem Kriegsgefangenenlager in Winniza

Lorenz Gerhard vor dem Krieg (r.) u ... schaft mit Frau Anna und Tochter G...

Stalag 329 in Winniza: auch dort konnte man »fallen«

Два лагеря одной войны. Часть II .

Второй дед автора - Эрнста Ройсса — отец его матери — звался Лорец Герхард (Lorenz Gerhar... Родился десятым ребёнком в крестьянской семье в 1913-м году. Там же - в Нижней Франкони... на севере Баварии. В недалеко расположенном Вюрцбурге Лоренц получил специальность парикмахера. Работал на одной из фабрик в Швайнфурте. В 1939-м году Лоренц женился на однолетке - экономке Анне, которую знал ещё со школьных времён. В том же году родилась у них дочь Гертруд.

Лоренц был аполитичен, сторонился военной службы, но, как и большинство молодых парней был в январе 1942-го года мобилизован и направлен в пехоту.

Лоренц, ранее не отдалявшийся от места своего рождения более, чем на 50 километров, очутился на далёкой Кубани. Кое-как обученный военному делу он в звании ефрейтора уже с марта 1942-го года участвовал в боях. Жара до 40 градусов, плохое снабжение, артиллерийски...

и воздушные бомбардировки Красной армии привели к тому, что в роте Лоренца осталось лишь три унтер-офицера и 25 солдат (обычно — не менее 100). Такой ценой был взят Краснодар. В августе Лоренц был в краткосрочном отпуске на родине, затем последовали новые бои и - в сентябре - взятие Новороссийска. И снова Лоренц - в отпуске. До'ма, в близком кругу, он высказывает мнение о том, что «нас ждёт расплата за то, что мы творим».

Так называемые «чистки»: убийство еврейского населения, раненых, военнопленных — всё это видел Лоренц. Широко применялись во время «чисток» специальные автомобили с газовыми камерами, в которые заталкивали до 60 человек. Там — невидимыми для немецких военнослужащих (официальная мотивация такого средства уничтожения людей: щажение нервов немецких солдат, ранее вынужденных расстреливать свои жертвы) — погибали, в основном, евреи, психические больные и дети-инвалиды. Ответственные за умерщвление газом даже говорили о «гуманности» метода: быстрая и без боли смерть.

В начале июля 1943-го года Лоренц Герхард был тяжело ранен под Курском и транспортирован в лазарет воздушных сил — люфтваффе, расположенный в Крыму. В письме жене от 18-го июля 1943-го года он отмечает, что ранен в бедро, плечо и в шею. Последняя рана — до соска, в ней ещё находятся осколки поразившей его гранаты. Перебит нерв на левой руке — и она неподвижна, но осколки из плеча извлечены. Осколки из бедра тоже уже удалены, но рана там гноится. (В день написания письма родился у него второй ребёнок — сын, о чём он узнал значительно позже.)

Затем Лоренца перевезли на долечивание в Германию, где перед Рождеством 1943-го года его выписали из военного госпиталя. Тогда же он впервые увидел сына, уже больного дифтерией, от которой грудной ребёнок умер в январе 1944-го года.
Через несколько месяцев Лоренца снова призвали — и поначалу он служил на территории рейха. Но в начале февраля 1945-го года он писал жене уже из Потсдама, куда его вместе с сорока такими же простыми солдатами доставили за три дня товарным вагоном.

Рейх готовился к последнему сражению. Перед этим «Gröste Feldherr aller Zeiten» («величайший полководец всех времён», как называла пропаганда фюрера; в народе же эта похвальба теперь была укорочена до насмешливого «GröFaZ») отдал приказ «Сожжённая земля», очень напоминающий приказ кремлёвского деспота во время отступлении Красной Армии в 1941-м году: всё, что врагом может быть использовано для дальнейшего ведения войны, должно быть уничтожено. (Кстати, и этого советская пропаганда называла «величайшим полководцем всех времён».)

Лоренц Герхард - уже в звании унтер-офицера - 16 апреля 1945-го года вблизи города Котбус (Cottbus, земля Бранденбург) был пленён.

***

Красноармейцы пленных не расстреливали — такое, случавшееся редко, каралось, согласно приказу от июля 1941-го года. Среди прочих причин иного, чем с немецкой стороны, обращения с военнопленными было (кроме соблюдения международных правил) понимание того, что немедленная расплата с немецкими солдатами только ожесточит их сопротивление, ибо иного выхода у тех не будет.

В приказе Верховного главнокомандующего от 20-го апреля 1945-го года от командующих 1-м Белорусским и 1-м Украинским фронтами требовалось изменение отношения красноармейцев как к солдатам вермахта, так и к гражданскому немецкому населению. Что означало: отказаться от мести, назначать бургомистров из немцев, лояльных новым властям рядовых членов нацистской партии не преследовать, но не терять при этом бдительность и с немецким населением не брататься.

Конечно, на полностью разрушенной территории, при плохом снабжении, отсутствии самого необходимого (и в Германии, и на бывших оккупированных советских землях) немецким военнопленным приходилось не сладко. Голода среди немецких военнопленных избежать не удалось. Вот, что я писал ранее, не зная о книге Э. Ройсса, в «Моей Виннице» (глава «Большой костёльный двор и его многочисленные обитатели») о работавших там немецких военнопленных: «Кормили немцев, наверное, очень плохо. За деревянным забором гаражей, в самой глубине двора, где уже высилась высокая каменная стена … обильно рос бурьян. И вот немцы после работы выискивали нужные им травы (возможно, крапиву или ещё что-то съедобное) и в котелках на костре варили себе из этих трав дополнение к их скудному рациону.

На территории СССР службами НКВД/МВД были организованы 267 лагерей (с 2 112 отделениями таковых), 392 особых рабочих батальона и 178 специальных лазаретов немецких военнопленных. У военнопленных официально не изымали одежду, постельное бельё, посуду, табак, деньги, часы, кольца, письма с фотографиями, религиозные принадлежности, ордена, предметы личного туалета, очки и средства для письма. Неофициально всё было, разумеется, по-другому. Например, ни у кого из пленных не было часов — желанного для советских солдат предмета.

В свободное время немецким военнопленным разрешалось читать газеты, играть в шахматы, прочее. Запрещались только азартные игры.
Военнопленные получали бельё, одежду, обувь, прочее необходимое и заработную плату. С января 1948-го года разрешалось посылать заработанные деньги семьям на родину. Некоторым военнопленным позволялось свободное передвижение. Заботясь о военнопленных, советская сторона пыталась максимально использовать их силы и умение в восстановлении разрушенного войной.
Официальные нормы снабжения военнопленных продуктами питания (в день) в августе 1942-го года: 400 грамм чёрного хлеба, 100 г манной крупы, 100 г рыбы, 20 г сахара, 500 г овощей и картофеля.
[Что касается военнопленных в специальных лагерях, расположенных на немецкой земле в подконтрольной СССР зоне, то там ситуация была несравненно хуже.]

Смертность среди немецких военнопленных (особенно, когда хлынул поток таковых после поражения под Сталинградом) была поначалу высокой. Долго находившиеся в «котле», изголодавшиеся, в рваной одежде и обуви, обмороженные - они не переносили транспортировк в далеко расположенные лагеря.

Да и советская сторона к такому количеству военнопленных не была подготовлена. Не хватало всего: мест расквартирования, продуктов питания и одежды, медикаментов, медперсонала.

В октябре 1944-го года нормы питания для военнопленных были следующими: 600 г чёрного хлеба, 70 г манной крупы, по 50 г рыбы и мяса, 10 г сала, 17 г сахара, 400 г картофеля и 200 г капусты. Это — значительно выше того, что получали советские военнопленные у немцев.

В октябре 1944-го года каждому военнопленному выдали меховую шапку, шинель или фуфайку два комплекса нижнего белья, два полотенца, три пары портянок, две пары рабочей обуви, а в холодных районах - дополнительно - варежки и валенки. Многим немецким военнопленным было ясно, что их положение в лагерях было лучше, чем населения районов, через которые прошла - наступая и отступая - нацистская армада.

Во время второй волны пленений (только с 9-го про 11-го мая 1945-го года в плен попали 697 000 немцев) ещё раз ухудшилось обеспечение их довольствием и резко возросла среди них смертность. Множество истощённых немцев погибли во время транспортировки: от голода, дизентерии, воспаления лёгких, туберкулёза, сыпного тифа и других болезней.

Напряжение начало несколько спадать с апреля 1946-го года — число работоспособных среди немецких военнопленных возросло к концу этого года с 66,5 до 88,5 процентов.

В голодную зиму 1946/1947 годов положение немецких военнопленных снова стало катастрофическим. Уже в октябре было отменены приёмы горячей пищи, снижен рацион картофеля. С одеждой и обувью было также очень плохо.

Участилось воровство администрации лагерей, что объяснялось, прежде всего, критической ситуацией, в которой находилось население многих районов СССР. Траву и кору деревьев употребляли в пищу не только немецкие военнопленные. Опухшие от голода люди бродили по местности, выпрашивая что-то съестное. И это осталось в памяти, что отражено в «Моей Виннице».

Ещё в мае 1946-го года МВД, которому были подчинены лагеря военнопленных, поставило перед руководством страны вопрос о необходимости отправки части пленных домой, в Германию. В июне и июле первые больные и нетрудоспособные военнопленные поехали в товарных вагонах в сторону их родины.

На конференции министров иностранных дел союзных стран в Москве (март-апрель 1947-го года) было решено всех немецких военнопленных репатриировать к концу 1948-го года. К тому времени под контролем США находилось около 40 тысяч пленных, англичан — 430 тысяч, французов — около 700 тысяч и 890 532 (по другим данным - 1 003 974) немецких военнопленных — в СССР.

В 1947-м году, по данным МВД, был репатриирован 584 861 (среди них — 247 325 больных и н работоспособных) пленный, в 1948-м году — 647 256 (337 694 больных и не работоспособны военнопленных. Как видите, цифры военнопленных не всегда сопоставимы одни с другими, так стоит у автора книги — и я перепроверкой их не занимался. Концы с концами было бы вс равно не связать: учёт немецких военнопленных не отличался особой чёткостью. К тому же, то время публиковались не истинные, а н у ж н ы е цифры.

Снабжение продуктами питания оставшихся военнопленных увеличили на десять процентов. Работающим в шахтах военнопленным рацион приравняли к таковому других шахтёров. Смертность среди военнопленных пошла на убыль: 1946-й год — 2,72%, 1947-й — 0,61% и 1948-й — 0, 16%. Это — статистика МВД. И о ней можно повторить сказанное нескольким строками выше, хотя и правдивость этих цифр не исключается: остались самые крепкие военнопленные и рацион их питания улучшился.

***

Возвратимся к Лоренцу Герхарду. Через три недели после пленения он уже находился в Советском Союзе, в том, по воле судьбы, лагере, в котором отец его будущего зятя - Эрнст Рой незадолго перед этим служил в комендатуре. Советская армия использовала покинутые немцами лагеря, в том числе и лагерь в Виннице, для своих целей.
Лагерь — автор этого не указывает — располагался за железнодорожным вокзалом, по улице Чехова. Нет от него давно, по сообщениям винничан, уже никаких следов, а несколько лет том назад было ликвидировано и располагавшееся рядом с лагерем кладбище. Останки похороненных там немецких военнопленных перенесены на большое кладбище в Славуте.

Лоренц Герхард, конечно, не знал тогда ничего о Эрнсте Ройссе. Не предполагал он и то, что последующие два года и два с половиной месяца проведёт он в этом лагере: от 10-го мая 1945 го года до конца июля 1947-го года.
28-го июля 1945-го года на специальной «почтовой карточке военнопленного», выдаваемой Красным крестом (см. коллаж), он послал домой первую весточку — жене и дочери Гертруде (будущей матери автора книги). На этих карточках было не много места для письма, но сообщить, что у него всё в порядке, что он надеется на скорое возвращение — места хватало. советским военнопленным немцы работников Красного Креста не допускали.) В письмах военнопленных не должно было быть двусмысленных выражений, никаких сведений о месте пребывания, о характере работы, никаких имён советских людей, ничего отрицательного о СССР — все карты проходили цензуру. Но по окончании войны цензура была не строгой — и письмам Л. Герхарда можно было знать и местоположение лагеря, и характер работы Лоренца

Во втором письме от октября того же года Лоренц Герхард сообщил, что работает по специальности, которой он обучился в Германии, то есть, парикмахером. Он называл себя, намекая на «Севильского цирюльника» - пьесу Бомарше и оперу Россини, «Винницким цирюльником». В лагере (около одной тысячи пленных) — пять парикмахеров. Рабочие услов для него совершенно приемлемые. Никаких жалоб у него нет.

Жена Лоренца Герхарда получила также письмо от уже освобождённого и возвратившегося в Германию знакомого мужа по лагерю. Он подтверждал сообщённое её мужем, что было, понятно, для семьи очень важно. Такое «дублирование» известий о военнопленных случалось весьма часто, так как пленные не очень доверяли советской почте (дойдёт ли письмо до адресата?), а родственники сомневались, что написанное — правда, а не результат указания или принуждения лагерного руководства.

Судя по письмам Лоренца Герхарда, вестей из дома он сначала не получал. Поэтому все его вопросы оставались безответными - и он их повторял. А сам он писал регулярно - дважды в месяц, хотя каждый военнопленный мог отсылать ежемесячно лишь по одной карточке. Это официальное правило выполнялось, однако, в лагерях совершенно по-разному. В одних письмо ограничивали 25 словами, в других не было никакого лимита. Были лагеря, где писать на родину военнопленным воспрещалось, а вот в Виннице парикмахер получил разрешение на как бы «двойную норму почты». Правда, письма его были стандартные: приветствие «из русского плена» (как будто жена не знала, где он и почему), самочувствие хорошее, работает по специальности, с работой - в порядке; как у вас дела? хватает ли еды?; надежда на скорую встречу; поцелуй.

В марте 1947-го года Лоренц Герхард получил первые фотокарточки из дома. Жена, дочь, мать (он спрашивал в письмах, жива ли она). В ответе — огромная радость!
1-го августа 1947-го года Лоренца Герхарда перевели в Киевский лагерь. На Рождество того же года написал он семье два (!) письма, полные надежды на скорое освобождение. Но наступило оно лишь 27-го мая 1949-го года.
В начале июня 1949-го года, через семь с половиной лет после призыва в вермахт, после более, чем четырёхлетнего пленения Лоренц Герхард возвратился домой. В этот раз — навсегда.

Лоренц Герхард после возвращения в Германию работал шлифовщиком в Швайнфурте. Через три с половиной года после возвращения умерла - от внематочной беременности - его жена. В 1954-м году Л. Герхард женился вторично — и стал отцом ещё троих детей.

Как следствие ранений, одна его нога была укорочена, появились изменения в тазобедренном суставе. Остававшиеся в теле осколки «блуждали», причиняя боли. Он был признан инвалидом. На вопросы своей старшей дочери - матери автора - убивал ли он в войну, Л. Герхард смущённо и многозначительно молчал.
Через короткое время после выхода на пенсию, в октябре 1981-го года Лоренц Герхард умер от инфаркта миокарда.

Это всё, что автор мог написать о жизни и работе немецких военнопленных, заключённых в винницкий лагерь. Совсем, как видите, немного. На мой взгляд, род деятельности Л. Герхарда - парикмахер - никак не разнообразил его лагерную жизнь. Другие заключённые либо пешком, либо трамваями или грузовиками доставлялись к разным местам работы в городе и окрестностях. Напомню, что и здание обкома-облисполкома, и городской театр, и железнодорожный вокзал, и ещё многое было отстроено немецкими военнопленными. Когда немецких военнопленных вели к месту работы мимо нашего двора, мы выбегали посмотреть них. Худющие, в обуви из крепкой ткани с деревянными подошвами, но я не помню, чтобы - с особо печальными лицами. Они выжили, у них есть шанс скоро возвратиться домой. А сколь видели они смертей их фронтовых камерадов! Каждый выход в город для них был своеобразным развлечением, по крайней мере — сменой серой лагерной обстановки.

Я ещё вернусь к немецким военнопленным «нашего двора», то есть, к тем, кто работал в гаражах костёльного двора, с которыми мы общались и даже … заключали гешефты.

Второй причиной скудности сведений о винницком лагере немецких военнопленных было молчание Лоренца Герхарда и об его военной службе, и о пленении. Распространятся об этом было не принято, да и не рекомендовалось: всё-таки немецкая юстиция, пусть не очень рьяно, продолжала розыск военных преступников. Вот автор пишет, что дочь Лоренца (мать автора книги) пыталась хоть что-то выяснить об его действиях на фронте, но тот отмалчивался. Сам автор при жизни деда ещё не созрел до таких расспросов, хотя в год смерти деда ему было уж 19 лет. Но кто в этом возрасте интересовался войной, закончившейся более полутора десятилетия до их рождения? И у меня в этом возрасте были совершенно иные интересы: а ве было кому задать вопросы, было что спросить — какой-либо ответ был бы во всяком случае получен. И о дореволюционном времени, и о довоенном, и о войне …

***

Как указывалось выше, на конференции министров иностранных дел союзных государств (СССР, Франции, Великобритании и США), состоявшейся в Москве весной 1947-го года, был решено репатриировать всех военнопленных к концу следующего, то есть, 1948-го года.

Между тем, на 1-е января 1949-го года в Советском Союзе находилось ещё 544 047 военнопленных, среди которых 421 221 были гражданами Германии. Из указанных полумиллиона военнопленных примерно 120 000 работали в шахтах и по 90 000 — в тяжёлой индустрии, на строительстве автомобильных или железных дорог.

В мае 1950-го года репатриация немецких военнопленных из СССР была в основном заверше Оставались только 13 532, приговорённые, в связи с тяжёлыми военными преступлениями, к длительным срокам заключения. Постепенно и их - одного за другим - амнистировали и отпускали в Германию.

Последние заключённые-немецкие военнопленные покинули СССР в 1955-м году, после того, как канцлер ФРГ Конрад Аденауэр прилетел в Москву и согласился установить с СССР дипломатические отношения. Их возвращение в ФРГ превратилось в празднество, как будто о были героями, а не военными преступниками.

Не амнистированными оставались в СССР поначалу 749 немецких военнопленных, из которы в январе 1956-го года 469 были отпущены в ФРГ. Предполагалось, что они там отбудут до кон свой срок наказания. Но немецкое правосудие признало вынесенные в СССР приговоры недействительными на территории ФРГ. Только в единичных случаях против возвратившихся было возбуждено новое судебное преследование, они были приговорены к долгосрочному лишению свободы, но — с учётом (вычетом) времени, проведенного в тюрьмах СССР.

***

Какой вывод для себя мог я сделать из представленных в книге Э. Ройсса материалов? Никакой иной, кроме как следующий: человечество уже второе столетие позволяет себе обольщаться наличием международных договоров о военнопленных и вводить себя в заблуждение относительно их действенности. Почитайте тексты «старинных» Гаагских конвенций 1889-го и 1907-го годов о законах и обычаях войны (само словосочетание - «законах и обычаях» - мне представляется комичным, ибо речь идёт не о правилах спортивных соревнований, а о борьбе на у н и ч т о ж е н и е противника). Ознакомьтесь с Женевской конвенцией об обращении с военнопленными, иначе называемой Женевской конвенцией 1929 года, и с Женевской конвенцией об обращении с военнопленными от 12 августа 1949 года — и вы увидите всю наивность составителей этих документов. Один-единственный пример: конвенции предопределяют снабжение военнопленных продуктами питания в той же мере, в какой находится снабжение военнослужащих армии, захвативших этих пленных. Пусть это звучит глумлением по отношению к указанным выше конвенциям и к лицам, их составлявшим и принимавшим от имени своих правительств с добрыми намерениями, но подобное зафиксированное в договорах гуманитарное положение, даже при желании (а оно никогда не возникает), оказывается в подавляющем большинстве ситуаций просто невыполнимым. Мне это ясно, почему же дипломатам — нет? Увы, и им ясно, причём - лучше меня, но так им хочется продемонстрировать миру своё стремление к «гуманным методам ведения войны», хотя понятие «гуманная война» равнозначно «горячему льду», и тому подобному…

Девиз войны между нацистским рейхом и Советским Союзом был примитивен и одинаков по обеим сторонам фронта: «Убей его!». Это был, как сейчас бы выразились, слоган, выражающий установки руководства Германии и СССР. Только вот убийцы и убиенные на повсюду вывешенных плакатах такого типа, в зависимости от страны, менялись местами. О возможном попадании на скамью подсудимых международного трибунала если кто-то и думал, то только — находящиеся на самом верху. Так оно и случилось и тогда, и недавно, после страшных преступлений в войнах на территории распавшейся Югославии. Об африканских мясорубках, о войнах на Ближнем востоке, в Юго - Восточной Азии, и так далее — говорить уже не приходится.

Не конвенции, а понимание того, что любая война (включая так называемые «освободительные войны») — не выход из тупиковой ситуации, что немедленное и строгое пресечение разжигания страстей, каковые предшествуют войнам — один из важнейших способов предупредить появление и будущих войн, и военнопленных. Тогда и конвенции не понадобятся.
Не исключено, правда, что конвенции будут излишними в связи с изменениями типов вооружений и характера войн. И о «законах и обычаях» вспоминать будет бессмысленно. Пленных потому что н е б у д е т.

Возвращаясь к войне между национал-социалистическим и социалистическим государствами, хочется добавить ещё ряд курьёзных по сути заявлений правительств этих стран. Немцы объясняли своё варварское обращение с военнопленными тем, что СССР не ратифицировал

Женевскую конвенцию 1929-го года. Немецкий рейх сделал это ещё в 1934-м году, но Верховное командование вермахта посчитало положения Женевской конвенции не распространяемыми на советских военнопленных, так как конвенция, по мнению немцев, становится обязательной для исполнения только при ратификации её обеими (всеми) воюющими сторонами.

Советский Союз считал себя, однако, подписавшим Гаагскую конвенцию и подчёркивал, что й параграф Женевской конвенции постулировал не замещение, а дополнение ею Гаагской конвенции. Это заявление немцы парировали тем, что Советский Союз объявил себя свободн от выполнения договоров, заключённых царским правительством (а именно оно подписало Гаагскую конвенцию). Советское руководство в ответ на это послало немцам ноту, гарантирующую соблюдение принципов Гаагской конвенции, но лишь в том случае, если и немецкая сторона будет придерживаться декларированных там «законов и обычаев войны». Немцы советскую ноту просто оставили без ответа.

Думаю, что на этом примеров ничтожного значения подобных «законов и обычаев войны», пустословия и смехотворной изворотливости дипломатии — вполне достаточно.

***

В заключение, ещё один отрывок из «Моей Винницы», где речь идёт о немецких военнопленных. Но сначала — то, что сообщается в книге Э. Ройсса.

Советские военнопленные в Германии часто пытались улучшить своё скудное пропитание, та сказать, обменными операциями с местным населением. Руководство SS и полиции, например VI-го военного округа (Вестфалия) посчитало необходимым в этот «товарообмен» вмешаться и разослало 8-го августа 1944-го года всем местным управлениям следующий циркуляр:

«Прибывшие к нам с востока (с захваченных территорий — С. В.) рабочие и военнопленные начали вне рабочего времени изготовлять различные предметы: корзины, игрушки, среди которых подвижные бабочки, павлины, маленькие автомобили и прочее. Сырой материал — жесть, дерево и частично ценные краски, без сомнения, крадут они на рабочих местах. Восточные рабочие и военнопленные пытаются эти предметы на улицах и площадях городов предлагать немецкому народу и обменивать их на продукты питания или продуктовые карточ Особенно среди женщин часто наблюдается определённая готовность к таким обменам. Подобного рода отношения между немецким народом и восточными рабочими и военнопленными, с одной стороны, в высшей степени нежелательны, с другой — могут грози государственной безопасности. Поэтому просим немедленно информировать об этом всех служащих полиции общественного порядка и указать им на необходимость предупреждения означенного обмена. В случае необходимости — сообщать об этом в местное отделение государственной полиции.»

Ничего похожего в послевоенном СССР не было. После работы в гараже (место былой огороженной территории обкомовских гаражей теперь — в глубине, за зданием польского консульства) немцы занимались каждый своими делами. Почему их не увозили в лагерь сразу же — я не могу сказать. Возможно, в какие-то дни транспорт запаздывал: таких небольших групп военнопленных (в гаражах работало человек 20 - 25) было много. Кто-то - я повторяюсь искал съедобные травы, кто-то чинил свою одежду или обувь, кто-то сидел на пригорке у бывшего и нынешнего здания детской библиотеки, играя на губной гармошке или занимаясь, можно сказать, ремесленничеством (см. ниже). Летом 2015-го я пытался определиться в костёльном дворе — и могу сказать, что это место - где-то у нынешнего входа в библиотеку со двора. Там, несколько далее, был один из въездов во двор (сейчас застроенный наглухо) и ещё чуточку далее остался, наверное, последний не разрушенный или не перестроенный до неузнаваемости дом времён моего детства. Во всём огромном костёльном дворе… Если я не ошибся, то сохранилась на втором этаже и наша квартира.

Из окна, выходящего в сторону двора, было хорошо видно в 10-15-ти метрах то место, которое занимали светлыми летними вечерами немецкие военнопленные.

Да, обедали немецкие военнопленные на территории гаражей. Что-то варилось на костре, конкретнее — не могу сказать.

А теперь, наконец, цитата из «Моей Винницы».

«Был у них ещё один источник довольствия – наши завтраки, которые мы носили в школу (бутерброды со смальцем – вытопленным свиным салом или со сливовым повидлом, домашняя выпечка, яблоко, груша). Среди немцев было немало умельцев, которые из деревянных чурок, кусочков проволоки, куриных перьев и прочего валявшегося под ногами мусора с помощью перочинного ножичка выстругивали и сооружали различных птичек, распускающих крылья, другие забавные фигурки. И мы меняли наши завтраки на них.

Отношение к пленным было как бы несколько высокомерным (мы их совсем не боялись), но вполне достойным. И если мы и обращались к ним со словами «Эй, фриц!», то только потому, что другого обращения просто не знали. А «фрицами» они были для нас в той же степени, что мы для них – «иванами». Конечно, в нашем обращении – чего идеализировать – была какая-то интонация превосходства победителей над побеждёнными, но издевок и насмешек над пленными я не помню. Как и не припомню, однако, и того, чтобы кто-то из взрослых подавал им что-то из еды.

Время было, правда, очень голодное. Постоянно приходилось видеть нищих с отёками от белкового голодания. Были отёчные и среди немцев. Кто знал тогда о сбалансированном питании, о том, что при недоедании относительный избыток углеводов (то есть, не подкреплённый белками) смертельно опасен? Мы, дети, понимали бесправие немцев, видели и нищету в одежде и еде, а сотворённые армией Гитлера злодеяния воспринимались нами не так глубоко, как взрослыми. Да, к тому же, немцы хорошо играли на губных гармошках, всегда как бы тянулись к нам, детям. Теперь-то я понимаю, что это была тоска по оставленным там, в пок ещё недоступной для них Германии, собственным детям. Никто из них не знал, когда им будет позволено возвратиться из плена. И доживут ли они до этого времени… »

Закончу я эту публикацию совсем личным.

Я упоминал в «Моей Виннице», что моя няня Хыма — юная девушка из-под Хмельника, родители которой погибли в Голодомор, умерла от туберкулёза буквально через пару месяцев после нашего возвращения из Западной Сибири в Винницу. Там, в Шадринске Курганской области, нашими соседями была эвакуировавшаяся из Ленинграда семья, глава которой болел тяжёлым туберкулёзом. Мама и её сестра, тоже врач, помогали этой семье продуктами, Хыма по хозяйству. По всей вероятности, и заразилась Хыма в той семье.

Когда в Виннице Хыме, плохо почувствовавшей себя ещё во время нашего медленного перемещения в товарном вагоне из Сибири домой, был установлен диагноз, мама водила меня на разные исследования, но, кроме туберкулёзного, мало выраженного воспаления желёзок на шее, ничего не было найдено. Мама, в связи с моим прошлым постоянным контактом с умершей от туберкулёза Хымой, особо следила за моим здоровьем, питанием. Отец погиб, мы были вдвоём — всё понятно.

Обменяв у немецкого военнопленного свой завтрак на, как сейчас помню, очень цветастую птичку, я не удержался и похвастался маме удачным обменом (ранее выменянное я утаивал). Маме стало ясно, что заботливо вкладываемые в мой школьный портфель завтраки съедали немецкие военнопленные. Она начала меня ругать, но вдруг — совершенно неожиданно для меня — замолкла. И — всё. Об этом случае я вспомнил впервые сейчас, через семьдесят лет. Я могу только предполагать, какое столкновение мыслей произошло в голове моей матери: с одной стороны, нацисты, убившие её мужа - отца единственного ребёнка, с другой, желание воспитать сына неравнодушным к чужой беде, чем мама — я об этом не раз писал — мне, в частности, запомнилась, особенно в военные и очень тяжёлые первые послевоенные годы.

P. S. Хорошо иллюстрированный материал по шталагу 329 представлен в ЖЖ: komariv.livejournal.com/34842.html (Мемориал казненных военнопленных. Винница. - Komariv Я его не использовал лишь потому, что старался ограничиваться в статье только содержанием книги Э. Росса (с небольшими моими комментариями).
Есть о шталаге 329 и тут: 21 Январь 2017, 14.32.13 - Форумы Авиации СГВ . И так далее.
Но я готовил не обзорную публикацию о пленных в войне между Третьим рейхом и СССР, а - статью о двух лагерях военнопленных. Причём — в изложении внука деда по отцовской линии - службиста в комендатуре одного и - одновременно - внука деда по материнской линии - заключённого другого лагеря (оба лагеря находились в Виннице на одном и том же месте). В этом - и не в чём другом - особенности книги Э. Росса и моего рассказа о ней.

Опубликовано 28.04.2017.

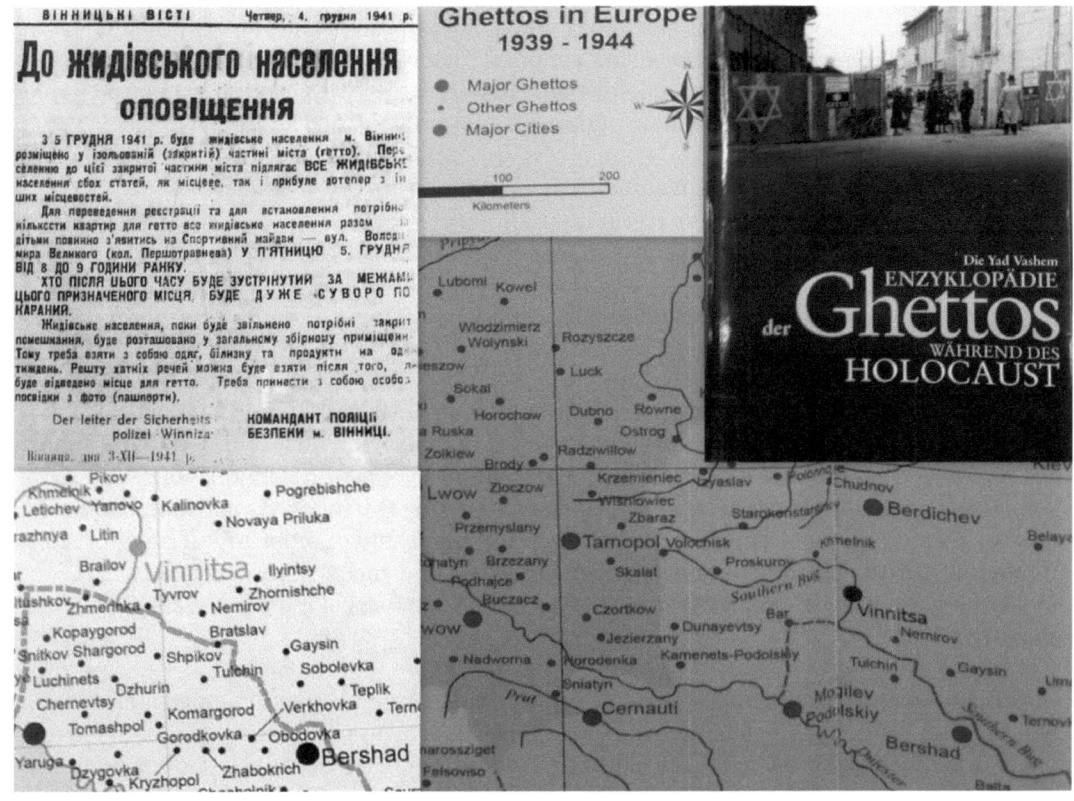

Было ли в оккупированной нацистами Виннице гетто?

29 сентября 2016 г. Зорий Файн опубликовал на сайте «Історія Вінниці» копию Оповещения из газеты «Вінницькі вісті» от 4-го декабря 1941-го года (см. коллаж). Сделано это было с целью обратить внимание на открывшуюся 23.09.2016 в помещении Винницкого областного краеведческого музея выставку «Холокост глазами документов», приуроченную к 75-летию трагедии в Бабьем Яру г. Киева.

Как видно, на газетной странице оповещается о том, что «с 5-го декабря еврейское население г. Винницы будет размещено в изолированной (закрытой) части города (гетто).» Следовательно, Зорий Файн этой иллюстрацией как бы подтвердил факт организации и существования в оккупированной нацистами Виннице гетто: никаких комментариев к этому «Оповещению городского Коменданта полиции безопасности от 03.12.1941» дано не было.

Сайт «Історія Вінниці» информирует об известном специалистам и интересующимся историей города, сообщает о выявленных в недавнее время, ранее не ведомых документах и фотографиях, разъясняет, отвечает на вопросы участников, то есть, занимается весьма полезной просветительской деятельностью. Почему же в этот раз ни публикатор Зорий Файн, ни знатоки истории города не обратили внимание на особенности этого Оповещения? — мне не понятно. Дело в том, что представленное Оповещение «повисло в воздухе», то есть, не имело предполагаемых, судя по тексту, последствий.

ГЕТТО в Виннице, по основным имеющимся данным, создано НЕ БЫЛО.
Или всё же - БЫЛО?
А если существовало, то - где именно и как долго?
Попробуем в этом разобраться.

Начнём с определения понятия «гетто». Заглянем в русскоязычную ВикипедиЮ:
«Ге'тто (от итал. ghetto nuovo «новая литейная») — части крупных городов, отведенные для принудительного поселения людей, дискриминируемых по национальному, расовому или религиозному признакам (первоначально евреи)… В период Второй мировой войны словом «гетто» стали называть жилые зоны оккупированных территорий фашистской Германии, которые были созданы в целях уничтожения еврейского населения. Эта изоляция была частью политики так называемого "окончательного решения еврейского вопроса".»

Обращаю ваше внимание на важный признак: «жилые зоны». Гетто, добавлю к этому, всегда герметически ограждалось и охранялось вооружёнными захватчиками. Иначе терялся бы главный смысл организации гетто: иметь возможность в любой момент начать транспортировку всех обитателей гетто в лагеря уничтожения. Временный выход из гетто происходил только организованным путём и опять же под строгой охраной: для перемещения трудоспособных, по мнению немцев, жителей гетто к месту принудительных работ (и обратно). Рабочие участки существовали также и в самих гетто. И, наконец, ещё одна важная особенность гетто: вход туда «посторонним», то есть, например, не-евреям даже из местного населения строго запрещался.

Довольно часто евреев для принудительного труда сгоняли в так называемые р а б о ч и е   л а г е р я различного профиля (по роду деятельности). Но там находились только сами работающие (без семьи). Об адских условиях принудительного труда евреев существует весьма обстоятельное исследование Семёна Швейбиша «Принудительный труд евреев во время Шоа (Холокоста) на Украине (1941-1944)» (http://berkovich-zametki.com/2013/Zametki/Nomer5/Shvejbish1.php).

Гетто находились под гражданским управлением (полиции SS), то есть, Райхскомиссариата Украины, а не - боевых соединений. Городские управы (так называемое, местное самоуправление) к гетто не имели никакого отношения, да и иметь не могли: у них не было для этого ни средств, ни организационных структур.

Образование гетто было для нацистов вынужденной мерой. С одной стороны, количества палачей, участвующих в расстрелах евреев (служащих айнзац-групп, или -команд, пр.) не хватало, чтобы до наступления зимы завершить эту адскую операцию на всей оккупированной территории - в Прибалтике, Белоруссии и Украине. С другой, захватчикам необходимы были, хотя бы на какое-то ограниченное время, евреи в качестве рабочей силы. И тогда, когда нацисты это поняли, они начали создавать, нередко в спешном порядке, гетто, сгоняя и запирая в ограждённые и охраняемые участки городов еврейское население. Некоторые гетто просуществовали всего несколько недель или месяцев, другие — значительно дольше.

Вот что сказано в Предписании (от 3-го сентября 1941 г.) командующего тыловым районом сухопутных войск Север о создании гетто:
«Согласно приказу Главного командования сухопутными войсками, в больших населённых пунктах со значительным содержанием еврейского населения могут создаваться гетто, если для связанных с этим работ имеется достаточно времени и персонала. В качестве первоочередной задачи образование гетто ни при каких обстоятельствах рассматриваться не должно.» (Zentr. Staatsarchiv Potsdam, Fall 12, Bd. 181, Bl. 42. - Dok. NOKW - 2204).

Население оккупированных городов не вдавалось в тонкости определения понятия «гетто», поэтому и места', где скученно существовали еврейские женщины, дети, старики, инвалиды, больные, и также упомянутые рабочие лагеря называли тем же словом — гетто. Правда, рабочие лагеря кое-где именовали «гетто жизни», а истинные гетто — «гетто мёртвых». Бывало, что гетто просто разделяли на две соответствующие части (Leni Yahil – Die Shoa: Überlebenskampf und Vernichtung der europäischen Juden - München: Lichterhand 1998; перевод с американского.). Такое гетто существовало, к примеру, около года во Владимире-Волынском, где нацисты уничтожили 13 500 из 15 000 евреев города, а всего (с учётом евреев, прибывших из Польши) — около 25 тысяч человек.

Райхскомиссариатом Украины приказ о создании гетто был издан 28-го августа 1941 г. В гетто евреев либо сгоняли силой, либо различным путём заманивали туда (нередко - как бы для защиты от погромов, инициированных с этой целью самими немцами).

В Памятной записке (от 20-го августа 1941-го года) 454-го дивизиона безопасности о срочных заданиях местных командиров при захвате советских территорий (командующий дивизионом — генерал-лейтенант Rudolf Krantz, 1874 -1941) сказано, в частности, следующее:

«… 5) Обозначение евреев (белая повязка с голубой Звездой Давида на правом плече). Еврей есть или таковым считается: 1. кто произошёл минимум от трёх еврейской расы дедушек (бабушек); 2. кто произошёл от двух еврейских дедушек (бабушек) и признаёт себя иудеем…

6) Введение именных списков, особенно касающихся евреев...»

Что касается пункта 5), то он пригоден был для Германии, где издавна велись и ведутся до сих пор так называемые Семейные книги, по которым можно определить не только родителей, но и прародителей, причём на несколько поколений назад. В СССР немцам в выявлении евреев невольно помог Сталин.

В 1932 году, по постановлению «Об установлении единой паспортной системы по Союзу ССР и обязательной прописки паспортов», в единственном документе, удостоверяющем личность граждан, впервые появилась графа «национальность». Граждане СССР в возрасте от шестнадцати лет, постоянно проживающие в городах, рабочих поселках, работающие на транспорте, в совхозах и на новостройках, обязаны были иметь паспорта. Колхозники, а их в ту пору было 50 миллионов, паспорта не получали.

Это было сделано, с одной стороны, для закрепления места жительства сельского населения, с другой — для «очистки» городов от «лишних элементов», а потом — и для борьбы с лицами «подозрительной» национальности (немцами, поляками, финнами, пр.). Появились целые «неблагонадёжные» народы.

В 1938 году НКВД разослал секретный циркуляр во все отделы записи актов гражданского состояния (загсы). В документе, в частности, говорилось: «Если родители - немцы, поляки и т. д., вне зависимости от их места рождения, давности проживания в СССР или перемены подданства, нельзя записывать регистрирующегося русским, белорусом и т. д. … графа о национальности не заполняется до предоставления заявителями документальных доказательств».

Очень многие евреи после Октябрьского переворота 1917-го года сменили свои фамилии (нередко, неблагозвучные, чтобы не сказать хуже, навязанные им в Царской России) на более приемлемые. Но о смене национальности, после отмены всех ограничений для евреев, никто не думал. Вот и расплатились евреи за отметку в паспорте национальности: сначала, в период оккупации, жизнями, а потом — в послевоенные четыре десятилетия государственного антисемитизма — притеснениями и ограничениями, более жёсткими, чем были при царизме (например, закрытие синагог, еврейских учебных заведений, ниже установленного до 1917-го года допустимый процент при поступлении в вузы, пр.).

***

А теперь — конкретные факты, касающиеся Винницы в годы оккупации её вермахтом. Здесь — много не согласующихся друг с другом сведений, которые привести к общему знаменателю не так-то просто. Начнём опять же с Википедии, теперь - её немецкого издания.

В статье о Виннице (https://de.wikipedia.org/wiki/Winnyzja) сообщается, что в апреле 1942 г. из собранных на стадионе евреев [вероятнее всего, имелось в виду — перед вторым массовым расстрелом — С. В.] были отобраны ремесленники, которым разрешили возвратиться в небольшой концентрационный лагерь, расположенный рядом с их мастерскими. [Такой лагерь мог, по логике вещей, находиться в районе Старой Иерусалимки (около городской электростанции) — С. В.].

Далее уточняется, что в Виннице было три лагеря. Было гетто для еврейского гражданского населения, существование которого ограничивалось периодом от июля до сентября 1941-го года [в сентябре был проведен первый массовый расстрел евреев — С. В.]. В гетто было приблизительно 7 000 жителей, из которых минимум 2 000 были расстреляны.

Определять описанную концентрацию еврейского населения, существовавшую, в принципе, и до оккупации, как гетто, на мой взгляд, допустимо лишь с большой натяжкой. Наконец, упоминавшийся Приказ Райхскомиссариата Украины датирован концом августа 1941-го года, Оповещение о н а м е ч а ю щ е м с я создании гетто появилось ещё позднее (в декабре 1941-го года). А предполагаемое гетто как бы существовало д о т о г о (в июле-сентябре 1941 г.).

Второй лагерь был создан для евреев-мужчин, собранных для принудительных работ на строительстве железнодорожных путей. Этот лагерь существовал с декабря 1941-го по апрель 1944-го года и управлялся отрядами охраны (SS). Когда в рабочих этого лагеря нужды уже не было, их расстреляли. Этот лагерь, по моим представлениям, находился на Замостье, на территории 1-го военного городка.

Ф. А. Винокурова пишет об этом весьма подробно: « Были созданы лагеря принудительного труда, именуемые в обиходе еврейскими рабочими лагерями, носившие, как и остальные лагеря и гетто в немецкой зоне оккупации, «трамплинный» характер. Здесь еврею сохраняли жизнь до тех пор, пока нуждались в выполняемой им работе или пока не находили замену из специалистов-евреев. Подобные лагеря были в 1 военном городке (по Красноармейской), на мебельных (по ул. Киевской, 2; Фрунзе, 22; Островского, 43; Кузнечной, 11) и швейной (по проспекту Коцюбинского) фабриках, на плодоконсервном (по ул. Энгельса) заводе. Евреи-специалисты, рабочие были заняты также на лесопильных заводах, размещавшихся по ул. Симона Петлюры, 22 (в советское время Краснознаменная, теперь Острожского), Некрасова, 65 и Немецкой (Фрунзе), 6; в мастерских по изготовлению и ремонту повозок и бондарной по улице Фастовской (Островского), №№43 и 1. Евреи работали на гидроэлектростанции, на мясокомбинате. А линотипистов, верстальщиков и других специалистов в центральную типографию приводили из тюрьмы.» (Евреи Винницы в период нацистской оккупации 1941-1944 гг. Матеріали науково-практичної конференції "Євреї України: історія і сучасність". Збірник наукових праць — Житомир: Вид-во ЖДУ ім. І. Франка, 2009. - сс. 401- 414 — интернетовский адрес статьи дан ниже.).

На одном из немецких сайтов (Reinhard Tenhumberg - http://www.tenhumbergreinhard.de/05aaff9bee0b3e050/index.html) сказано, что заключённые в лагерь работали на фирмы Bunz, Mehlmach, Pack и Senk (входили в ОТ - Organisation Todt, парамилитаристический строительный концерн): конкретнее, на строительстве железнодорожных путей к Ставке фюрера, а также строений и бункера в ней. Когда строительство было завершено, 20 000 участвовавших в нём украинцев были отправлены на работы в Германию, евреев же решено было уничтожить. Командиры полицейских служб SD и SS (служб безопасности и охраны) на одном из совещаний 14 июля 1942 г. возражали против этого, так как в самой Виннице была острая необходимость в рабочей силе. Их доводы отсрочили гибель евреев-мужчин — и они были возвращены в лагерь. Никто из них, однако, не выжил: либо умерли в лагере, либо были расстреляны.

Третий лагерь — лагерь военнопленных (Stalag 329 – Stammlager, основной, в смысле — крупный лагерь) существовал со 2-го октября 1941-го по сентябрь 1943 г. Там находилось до 19 373 пленённых советских военнослужащих. Местоположение лагеря — тот же 1-й военный городок, заложенный на Замостье ещё в царские времена.

Итак, вроде бы, веских оснований для утверждения о существовании в оккупированной Виннице гетто нет. Тем не менее, Еврейская электронная энциклопедия (ЕЭЭ) информирует: «...В городе был создан юденрат. Еврейское население было заключено в гетто.» (http://www.eleven.co.il/article/10929). Эта версия слово в слово перепечатывается в статье: «Винница (еврейская община)» (Материал из ЕЖЕВИКИ - EJWiki.org - Академической Вики-энциклопедии по еврейским и израильским темам).

А дальше ЕЭЭ сообщает следующее: «28 июля 1941 г. в городе были расстреляны 146 евреев. В августе расстрелы возобновились. 22 сентября 1941 г. большинство заключенных винницкого гетто были уничтожены (около 28 000 евреев). Были оставлены в живых ремесленники, рабочие и техники, труд которых был необходим германским оккупационным властям. Вопрос об использовании еврейских специалистов обсуждался на специальном заседании в Виннице в начале 1942 г. Участники совещания отмечали, что в городе находится пять тысяч евреев, в их руках «все промыслы... они работают также во всех имеющих жизненное значение предприятиях». Начальник полиции города заявил, что наличие евреев в городе его очень беспокоит, «так как строящееся здесь сооружение [ставка А. Гитлера] находится в опасности благодаря присутствию здесь евреев». 16 апреля 1942 г. почти все евреи были расстреляны (оставлены в живых только 150 евреев-специалистов). Последние 150 евреев были расстреляны 25 августа 1942 г.» (http://www.eleven.co.il/article/10929).

Не знаю даже, как подступиться к цитированному выше. Сначала сообщу, что в следующей моей статье будут анализироваться сообщения о количестве расстрелянных винничан-евреев (или — не только винничан?), о датах массовых расстрелов. Сейчас же идёт речь о гетто, в котором находилось, если судить по данным, приводимым ЕЭЭ, более

28 000 человек. Евреев-винничан в таком количестве к моменту захвата города вермахтом не было (об этом подробнее - ниже). Значит, откуда-то в Винницу должны были в течение примерно двух месяцев доставить (пригнать) многие тысячи евреев из других мест, где-то их разместить (пусть даже под открытым небом), пр. А в Виннице как-то до сих пор об этом никто не знает… То есть, совершенно ясно, что эта версия не соответствует действительности.

Поразмыслим трезво. Немецкие войска вошли в город. Солдаты вермахта, предположим, были расквартированы в казармах, которых в Виннице ещё с царских времён было немало. Да в советский период дополнительно понастроили, особенно перед описываемой войной: в Виннице - бывшем (до "присоединения в 1939 г. к СССР Западной Украины") приграничном районе было сконцентрировано много войск.

Но офицерскому составу необходимо было предоставить иное, не казарменное жильё. И начальству из фельдкомендатуры, из полиции, пр. - тоже. А куда деть различные службы, связанные с переместившимся в Винницу Главным управлением сухопутными войсками вермахта?

Не следует предполагать, что захватчиков для заселения «поджидали» многие сотни квартир, в спешке покинутых эвакуировавшимися. Нет, эти квартиры молниеносно самовольно заселили оставшиеся в городе их прежние соседи, улучшившие - безо всяких на то ордеров - свои жилищные условия. И мебель им приобретать не надо было. И постельные принадлежности — тоже. И кухонную утварь, и ещё многое, что оставалось в брошенных квартирах. Люди в Виннице жили скученно, в коммуналках, в подвальных помещениях, на чердаках. Население города в советские годы возросло почти вдвое, а жилищное строительство, можно сказать, ограничивалось домами для партийно-советского, энкаведистского, военного начальства (в центре города) и бараками для всех прочих (на Замостье). Да и возводились новые здания очень медленно. Например, дом для работников суперфосфатного завода (напротив рынка и кинотеатра на Замостье) - по тогдашним меркам, огромный и благоустроенный - за немало лет так и не довели до кондиции — пришлось немцам во время оккупации проводить водяное отопление, пр.

Несколько посвободнее с жильём на какой-то срок стало после первого расстрела евреев: и их квартиры были тут же заселены. И опять же ничего приобретать не надо было: евреям совсем немного разрешалось взять с собой при «переселении в гетто». Въехал после этой акции айнзацкоманды в домик на Пушкинской улице, №3 доктор В. Я. Куликов, как-то забывший рассказать о том, в силу каких обстоятельств сие жильё освободилось. И за какие заслуги ему досталось. Не забыл упомянуть только об аварийном состоянии дома, в котором проживал ранее (его объяснение смены жилья). И который был заселён — по моей памяти — ещё какое-то время (несколько лет) после войны. (Недаром говорят, что полуправда хуже лжи.)

Я немного отвлёкся от темы. Просто читая реплики, касающиеся оккупации, удивляюсь той до максимума упрощённой, можно сказать, одноцветной картине, которая представляется почти всем ныне живущим и комментирующим события оккупационного времени. В эти три года преобладали в городе, тут нет предмета спора, цвета' нацистского флага: цвет крови — красный и цвет скорби — чёрный. Но были и, чаще — кратковременные, вспышки радости, зависти, разочарования, надежды, любви, предательства, самопожертвования, геройства и многого иного, окрашивавшие жизнь в иные цвета', гамма которых в какие-то моменты почти не отличалась от таковой в мирное время. Вспомним, что это «мирное время» было отмечено так называемой «классовой борьбой», «раскулачиванием», принудительной коллективизацией, Голодомором, «Большим террором»… Народ попал - в буквальном смысле этого выражения - из огня да в полымя.

Так вот, разумеется, всех жильцов района от Каличи до Пироговки и прилегающих к ним улиц, где располагались структуры военного командования, выселили. Проживавших там евреев - не исключено - на Иерусалимку. В то самое будто бы гетто. Но, как пишет В. Я. Куликов в книге «Оккупация Винницы (18.07.1941 — 20.03.1944). Свидетельства очевидца. Публикация Е. Г. Педаченко. Киев, 2012», его сосед М. А. Абрамович с женой 19 сентября 1941-го года отправились на сборный пункт (на погибель) из дома по Ленина, 51, где Абрамовичи проживали более двух десятилетий. Дом стоял там, где сейчас находятся лёгкие конструкции (наискосок напротив гостиницы «Савой»). В этой части города уж точно гетто не было!

О существовании гетто на военном городке упоминается также в «Энциклопедии Холокоста» (Encyclopedia of the Holocaust. Macmillan Publishing Company N-Y, 1990, s. 1575.), хотя, как указывалось выше, там был рабочий лагерь. В этой энциклопедии - правда, без ссылки на источник - указывается цифра эвакуировавшихся евреев — 17 500. Количество оставшихся, по данным этой же энциклопедии — 7 500. Итого — 25 000. Всего было в Виннице перед войной, по данным Ф. А. Винокуровой (ссылка — ниже) 33 150 лиц еврейской национальности (по переписи 1939-го года; летом 1941-го года — на несколько тысяч больше из-за переселения евреев из присоединённой Западной Украины). Следовательно, можно предполагать, что в армию из Винницы ушли восемь-десять тысяч евреев.

Из оставшихся 7 500 - я цитирую дальше эту энциклопедию - около 5 000 квалифицированных рабочих и специалистов направили в конце сентября 1941 г. в гетто (на военном городке), остальных убили. Опять — сомнительные данные: две трети — квалифицированные рабочие и специалисты и - так получается - только одна треть — женщины, старики, больные, инвалиды, дети? Маловероятно. По И. Финкельштейну (ссылка — ниже), в начале 1942 г. , «как свидетельствуют статистические данные Винницкой городской управы, в городе проживало 5505 евреев, из них мужчин - 1352 человека, женщин - 2741 человек, детей - 1412 человек». Соотношение мужчин (все ли из них были работоспособными специалистами?) и женщин с детьми здесь приблизительно один к четырём, а не два к одному, как указывает энциклопедия. Не следует забывать, что в армию мобилизовали в основном мужчин, женщин — несравнимо меньше.

Иосиф Финкельштейн, который, как и Ф. А. Винокурова, принадлежит к первым (постсоветским) исследователям трагической судьбы евреев оккупированной Винницы, пишет следующее: «Даже находясь на территории гетто, его обитатель не был гарантирован от побоев, издевательств, убийства. Вот некоторые факты из жизни Винницкого гетто. Соломон Хазинс проходил мимо электростанции. Ему навстречу шла группа эсэсовцев. Они, потехи ради, схватили Хазинса за руки и ноги, раскачали и бросили в топку, где он сгорел.»
(http://www.jewish.ru/history/press/2010/05/news994285740.php).

Что можно заключить из этой цитаты? Первое: гетто было. Второе: именно - на Старой Иерусалимке («Даже находясь на ТЕРРИТОРИИ ГЕТТО … проходил мимо ЭЛЕКТРОСТАНЦИИ...»). Но когда читаешь далее, когда знаешь, где (не на улице же!) и какие были эти топки — возникает сомнение (я на винницкой электростанции в послевоенные годы бывал). И не упрекайте меня в том, что я посягаю на святое. И не указывайте мне на то, что И. Финкельштейн многое (ранее неизвестное) о времени оккупации изучил и обнародовал. Всё это так, но на первом месте должна стоять неоспоримая правдивость всех приводимых фактов и утверждений. Для образных описаний, метафор и прочего в этом роде существует художественная литература, особенно — поэзия.

Ф. А. Винокурова в статье «Евреи Винницы в период нацистской оккупации 1941-1944 гг.» (http://www.netzulim.org/R/Research/Vinokurova_Evrei_Vinnitsy_ v_period_nats_okkupatsii.pdf) отмечает (я возвращаюсь к означенному Оповещению от 4-го декабря 1941 г.), что «В действительности людей собрали, чтобы произвести их регистрацию. Гетто в Виннице создавать не собирались, евреев учли в предвидении весенней массовой акции уничтожения. А район Иерусалимки, издавна заселенный евреями, люди стали между собой называть "гетто".» Тут с Ф. А. Винокуровой можно в основном согласиться. Не исключается, что именно так и появился миф о наличии в оккупированной Виннице еврейского гетто. И его повторяют из издания в издание, не вдаваясь в подробности.

Лишь замечание о том, что евреев переписывали «в предвидении весенней массовой акции уничтожения», представляется мне не совсем точным. Скорее всего, лучше было бы: «в предвидении будущей акции уничтожения», так как — весной или позже — никто не знал. Планы варваров постоянно — по различным причинам — менялись: об этом можно судить по хаотической передислокации айнзацгрупп.

[Айнзацкоманды постоянно перемещались. Например, та, что была под номером 4b, вступила 30-го июня 1941 г. во Львов, затем через Тернополь и Проскуров достигла Винницы, где располагалась во вторую половину июля. В августе она появилась в Кировограде, в начале сентября — в Кременчуге и в конце того же месяца — в Полтаве.

В начале декабря команда 4b достигла Краматорска, в марте 1942 г. - Горловки. Наступление немцев летом 1942 г. позволило команде добраться до Ростова-на-Дону, после чего — отступление на Запад вместе с Южным фронтом - G. Robel (стр. 517) в книге «Dimension des Völkermords. Die Zahl der jüdischen Opfer des Nationalsozialismus, hg. v. Wolfgang Benz, R. Oldenbourg Verlag München 1991.]

Приведу ещё один пример заимствования непроверенных данных. В упоминавшемся выше немецком сайте (сайт Райнхарда Тенхумберга - жителя Дюссельдорфа посвящен исключительно преступлениям нацистского вермахта) указывается, что с июля по сентябрь 1941 г. в Виннице существовало гетто (Reinhard Tenhumberg). В гетто находилось 7 500 человек, из которых минимум 2 000 были убиты. Судя по тексту, можно предположить, что Reinhard Tenhumberg, с которым я имел переписку, почерпнул эти сведения из ВикипедиИ либо является (со)автором статьи там; не исключено также, что оба эти утверждения имеют общий источник. Но тогда — какой? И тут, как и во многих других сообщениях, касающихся оккупированной Винницы, до ПЕРВОисточников добраться оказалось практически невозможно. Неужели все эти сведения получены из чьих-то воспоминаний или сотворены «на глазок»? Во всяком случае, Р. Тенхумберг ушёл от ответа на мой вопрос о д о к у м е н т а л ь н о й ссылке (Haben Sie eine Kopie des Dokumentes, welches die Existenz des Ghettos in Winniza bestätigen kann? Обладаете ли Вы каким-либо документом, подтверждающим существование в Виннице гетто?).

Там же, у Р. Тенхумберга приводится краткая выписка из показаний Бориса Забарко (Zabarko Boris) : «Они расстреливали евреев в их домах, бросали их в колодцы, замуровывали их в угольных складах, загоняли в свинарники и сараи, где сжигали их живьём.» Это — правда, но к доказательству существования винницкого гетто никакого отношения не имеет.

Последнее, чем я располагаю — книгой, обложка которой представлена в коллаже. Ни в тексте этой «Энциклопедии гетто», ни на имеющихся в ней картах, копии которых также включены мною в коллаж, гетто в Виннице не значится (Enzyklopädie der Ghettos während des Holocaust. Wallstein Verlag, Göttingen 2014).

Заключение: мне не удалось найти убедительных доказательств существования в оккупированной немцами Виннице гетто, хотя об этом и сообщается в самых различных изданиях. Возможно, кто-либо может что-то по этой теме дополнить...

Опубликовано 27.01.2017.

Bundesarchiv, Bild Y 01-3861
Foto: o.Ang. | 4. Juli 1941

Bundesarchiv, Bild 183-A0706-0018-029
Foto: o.Ang. | 4. Juli 1941

Bundesarchiv, Bild 183-A0706-0018-030
Foto: o.Ang. | 5. Juli 1941

О числе винничан - жертв Холокоста

«Борьба против большевизма требует беспощадных и энергичных решительных действий прежде всего против евреев - главных носителей большевизма.»
Из «Приказа Главного командования вермахта от 12-го сентября 1941 г. о запрете любой совместной деятельности с еврейским населением на оккупированных советских территориях» (Militärarchiv der DDR, W 31.00/5, Bl. 1452 – цит. по «Deutsche Besatzungspolitik in der UdSSR 1941-1944 - Norbert Müller, Hrsg. Pahl-Rugenstein Verlag,
Köln, 1980, S. 72»)

Фотографии, представленные в коллаже — из собрания Фотоархива ФРГ (Bundesarchiv). Три из них сделаны не в Виннице, а в городе Зборов (Зборів) Тернопольской области 4-5-го июля 1941 г.

В 1913 г. в Зборове проживало 2 400 украинцев, 2 300 евреев и 1 300 поляков (всего — 6 000). Около 30 лет спустя - перед войной - соотношение этих наций в Зборове почти не изменилось. Сейчас в Зборове проживают в основном украинцы; общее число населения за 100 лет возросло мало — всего до 7 018 человек (на начало 2012-го года).

На фотографии вверху справа евреи копают себе могильную яму под надзором вооружённых немецких солдат. На ещё одной подобной фотографии (вверху слева) надсмотрщики — из местного населения, с металлическими прутьями в руках. На фотографии внизу слева — расстрелянная еврейская семья; подросток из этой семьи пытался скрыться, но был пойман, приведен к месту расстрела его семьи — и через мгновение рядом стоящим офицером будет, о чём свидетельствует разъяснение под фотографией, убит выстрелом в затылок. Как и в Виннице, в Зборове в результате нескольких акций было уничтожено всё еврейское население.
О четвёртой фотографии - «Последний еврей Винницы» - пойдёт речь ниже.

Я в Зборове, работая в Тернополе, бывал. Как мне рассказывали, в предвоенные годы украинцы занимались, большей частью, сельским хозяйством, поляки (в 1919-1939 г. г. город был в составе Польши) — управленческими делами, а среди евреев преобладали ремесленники, торговцы. Врачи были тоже из евреев. Это, в общем, типичное «распределение ролей», существовавшее в довоенной Западной Украине, о чём я узнал при посещении с консультационными целями многих районных больниц Тернопольской области. После объявления гитлеровской Германией войны организованной, да и вообще какой-либо эвакуации гражданского населения практически не было. С одной стороны, немцы захватили Западную Украину уже в первые дни войны, с другой, те же евреи не могли себе представить того, что сотворят с ними «белокурые бестии». Ведь евреи с немцами жили ещё всего четверть века перед этим совместно и относительно мирно в Австро-венгерской монархии. Пережили войну лишь мобилизованные в Советскую армию, да небольшое количество евреев, которым удалось скрываться всё время оккупации.

Хочу также объяснить, почему отсутствуют фотографии расстрелов евреев в Виннице. Они были — тут сомнений нет. Кто фотографировал — не ясно. Врач В. Я. Куликов, работавший на НКВД и друживший с захватчиками, в своих «Свидетельствах очевидца», если говорить откровенно, заврался. Сначала такие фотографии у него были (о т к у д а ?!), потом « ... погибли фотоматериалы о первом расстреле евреев (19 сентября 1941 г.)». Он, получается, от страха перед возможными обысками, фотографии уничтожил. Я об этом уже писал в рецензии на воспоминания В. Я. Куликова. Не будет удивительным, если эти фотографии когда-нибудь обнаружатся в запасниках нынешней службы безопасности России или Украины.

Что касается немецкой стороны, то она не выставляет для обозрения фотографии с обнажёнными жертвами. А в Виннице евреев перед расстрелом заставляли раздеваться догола.

***

Прежде всего, хочу подчеркнуть, что я пишу о частном случае, о городе Виннице.

Но Холокост — явление общеевропейское: его трагические последствия и по сей день ощущаются во многих странах, на всех территориях, временно попавших в период 2-й мировой войны под власть гитлеровцев.

Холокост вызвал не только коренные демографические сдвиги (Польша, Украина, Белоруссия, Литва, Россия, Венгрия, ряд других стран), но и — радикальное изменение образа жизни, менталитета коренного населения. Результаты полного или близкого к этому исчезновения еврейства во всех его проявлениях оказались долговременными. Они чувствуются и сейчас, через три четверти века после кровавых деяний нацистов по «окончательному решению еврейского вопроса». Никто не может заглянуть в будущее, но то, что уничтожение миллионов европейских евреев, а затем массовая эмиграция ещё остававшихся их соплеменников в разные концы мира будет очень долго осязаться, вольно или невольно отражаться на многом в «освобождённых от евреев» нацистами, на покинутых евреями в результате социального давления огромных пространствах Европы, мне представляется весьма вероятным. Тут уж ничего не изменить, не вернуть: пять столетий интенсивной жизни евреев на центрально - и восточно - европейском пространстве остались историей. Возрождающиеся очажки еврейской религиозной и культурной деятельности не идут ни в какое сравнение с тем, что было до 2-й мировой войны.

Наша задача: сохранить правдивые факты о том, как реализовалась национал-социалистическая доктрина внешней политики Третьего Рейха, её главная цель: искоренение «еврейского большевизма» (https://de.wikipedia.org/wiki/Holocaust).

***

Я много раз использовал в своих публикациях взятые из казалось бы надёжных источников данные о числе расстрелянных евреев в оккупированной Виннице. Постепенно, сопоставляя приведенные в различных изданиях цифры убитых, я начал в некоторых из них сомневаться. Потом мне стало ясно, что в казавшиеся мне надёжными источники эти данные были просто переписаны из публикаций, которые надёжными источниками, уж точно, никак не являются.

Среди последних самое видное место занимают отчёты «Чрезвычайной государственной комиссии по установлению и расследованию злодеяний немецко-фашистских захватчиков и их сообщников и причинённого ими ущерба гражданам, колхозам, общественным организациям, государственным предприятиям и учреждениям СССР» (Комиссия была образована 2 ноября 1942 г.).

Я уже отмечал, эта комиссия работала под руководством спецслужб (НКВД, пр.), что её заключения далеко не всегда соответствуют истине, что в ней много банального вранья (http://www.proza.ru/2016/09/27/1500). Не вызывают доверия и ряд других сообщений, опубликованных учреждениями или отдельными авторами, которые сами эту тему не разрабатывали. Важно отметить, что все цифровые данные по поводу людских потерь и материальных разрушений впервые были обнародованы ещё в советское время, где такого рода публикации, прежде всего, должны были быть «идеологически и политически правильными», ф а к т о л о г и ч е с к и ж е   в е р н ы м и — не обязательно. По-другому, у авторов сообщений того периода страха завысить причинённый врагом ущерб не было, скорее - наоборот.

Вы чувствуете, что я вступаю на весьма опасную стезю — и обвинений со всех сторон, возможно, мне не избежать. Хотя того, к чему я в своих изысканиях пришёл, я и сам нисколько даже не предощущал. И никаких целей, кроме как приблизиться к истине, себе не ставил. К тому же, природная скромность не позволяет мне хотя бы в малой степени отнести на свой счёт эту строфу из «Медвежьей охоты» нашего земляка Н. А. Некрасова: «В те дни, как всё коснело на Руси,/ Дремля и раболепствуя позорно,/ Твой ум кипел - и новые стези/ Прокладывал, работая упорно.»

Документированного доказательства той или иной цифры, хотя таковое и отсутствовало, я, повторяю, прежде особо не искал. И в своих работах приводил данные, ссылаясь, как было указано выше, на наличествующие в, казалось мне, заслуживающей доверие литературе. Я только выразил однажды сожаление по поводу того, что никто не попытался исследовать и опубликовать пофамильный список всех расстрелянных винницких евреев, хотя, с большой долей вероятности, необходимые материалы для этого имеются (http://www.proza.ru/2015/01/27/96).

***

Недавно я обнаружил относительно детализированные таблицы в книге Wila Orbach „The Destruction of the Jews in the Nazi-Occupied Territories of the USSR“, in: Soviet Jewisch Affairs 6 (1976). Согласно с о в е т с к и м (объективным? -С. В.) источникам, помесячно с июля по декабрь 1941 г.

айнзацгруппами были уничтожены 6 254, 53 770, 192 663, 74 998, 72 099, 40 042 человек (всего в 1941 г. - 439 826 человек). В 1942 г. - с января по ноябрь (в октябре и декабре расстрелов евреев не было), соответственно: 47 057, 27 840, 22 086, 4 480, 12 740, 1 660, 46 021, 1 086, 338, -, 80, -. (всего - 163 388 человек). В 1943 г. - 1 815 человек и ещё (точные даты установить не далось) - 13 060. Итого — 618 089 лиц еврейского гражданского населения (249 акций). И всё же Wila Orbach отмечает, что приведенная статистика не охватывает действительное общее число жертв айнзацгрупп: оно оценивается в один миллион человек.

[Подсчитаем - нам эта цифра далее понадобится - суммарно в среднем — 2 482 убитых человека за акцию. Однако в сентябре 1941 г. айнзацгруппы в 40 акциях уничтожили 192 663 человека, то есть, в среднем — 4 816 за одну акцию, а в июле 1942 г. - 46 021 в ходе только пяти акций, то есть, в среднем - 9 204 человека за акцию. Были ли эти акции многодневными или нацисты успевали убить столь многих евреев за один день? - ответа на этот вопрос найти мне не удалось.]

Но айнзацгрупп для исполнения установки фюрера не хватало, поэтому уничтожение евреев проводилось и другими способами: от отравления газом в специально оборудованных грузовых автомобилях до доводящих до полного обессиливания и смерти принудительных работ. Общее число жертв Холокоста на Украине Wila Orbach оценивает в 1 533 000, в Белоруссии — 375 000, в Крыму — 50 000 и в других частях СССР - 200 000 (всего - 2 158 000) — см. упомянутую выше книгу, стр. 14-51.

Несколько иной подход к числам жертв Холокоста представлен немецким историком Prof. Dr. Gert Robel (1927-2015) см. - „Sowjetunion“, in: Dimension des Völkermords. Die Zahl der jüdischen Opfer des Nationalsozialismus, hg. v. Wolfgang Benz, R. Oldenbourg Verlag München 1991, S. 499-560.
В переводе на русский язык книга называется «Масштаб геноцида. Число еврейских жертв национал-социализма.» В ней приводятся данные по Германскому Рейху, Австрии, Люксембургу, Франции и Бельгии, Нидерландам, Дании, Норвегии, Италии, Албании, Греции, Болгарии, Югославии, Венгрии, Чехословакии, Румынии, Польши и Советскому Союзу. Последняя глава — об СССР — написана автором (Герт Робель - см. выше), который являлся научным сотрудником Института Восточной Европы в баварской столице Мюнхене (ФРГ) и профессором университета в тирольской столице Инсбруке (Innsbruck, Австрия).

Редактор тома — W. Benz (род. в 1941 г.) – до 1990 г. работал в Институте современной истории в Мюнхене, а с 1990 по 2011 г. возглавлял Центр исследования антисемитизма при Техническом университете Берлина. Под его руководством было в 2008-2015 г.г. издано восьмитомное Справочное издание по антисемитизму «Handbuch des Antisemitismus» (в украинском издании Вікіпедії есть статья о В. Бенце, правда, с устаревшими сведениями; в русскоязычной ВикипедиИ подобная статья отсутствует). Почему я об этом так подробно пишу? Во-первых, потому что Вольфганг Бенц — историк с мировым именем. Во-вторых, чтобы показать критическое отношение немцев к своему прошлому (обязательное условие предупреждения повторения ошибок). В-третьих, чтобы задать риторический вопрос: а неужто на территории СССР и бывшего СССР создание подобных исследовательских центров (Россия, Украина, Белоруссия, Молдавия, страны Прибалтики) не имело в прошлом, не имеет в настоящем и не имело бы в будущем оснований?

Обращаю ваше внимание на научное кредо авторов и редактора книги «Масштаб геноцида. Число еврейских жертв национал-социализма.», являющейся 33-м томом серии «Источники и изложения современной истории», изданной Институтом современной истории. Сжато оно представлено на суперобложке — и я даю его полный перевод:
«О числе убитых евреев идут дискуссии со времени конца государства национал-социализма. И масштаб геноцида, при апологетической тенденции заинтересованных кругов, всё ещё находится под вопросом. Для какого-либо математически-точного приведения доказательств, которое бы завершилось получением достоверных цифр, существуют значительные методические, как обычно, недооцениваемые трудности. Но зато как аргументы для подозрений в политических умыслах или же для утверждения о неспособности учёных они охотно используются.
Намерением авторов этого тома поэтому является не только строго научное и возможно точное исследование и определение числа еврейских жертв национал-социалистического господства, но и, прежде всего, указание на проблемы, стоящие на пути выявления абсолютно точного числа таких жертв. Представленный здесь по различным регионам и гарантированным сведениям итог выявляет масштаб геноцида вне всяких умозрительных заключений.»

(Выражаясь кратко и более понятней: даже незаинтересованная позиция не гарантирует, из-за всевозможных объективных трудностей, абсолютно точное определение числа еврейских жертв национал-социализма. Но представляется реальным выявление минимума и максимума таких жертв и, тем самым, масштабов Холокоста в разных странах и в Европе в целом. - С. В.)

Собственно говоря, этим текстом и открывается «Введение», написанное, кстати, тем же В. Бенцем. Он отмечает, что первая оценка числа уничтоженных нацистами евреев была дана Адольфом Эйхманом (правильнее — Айхманом), заведующим отделом гестапо, отвечавшим за «окончательное решение еврейского вопроса». Эйхман указал цифру шесть миллионов (четыре миллиона - в лагерях уничтожения, два миллиона - на оккупированной территории СССР айнзацкомандами). Хайнрих Гиммлер — Рейхсфюрер СС считал эту цифру заниженной. Позже Эйхман говорил уже о пяти миллионах убитых в лагерях уничтожения евреев.

И тут, если задуматься, неизбежно возникает вопрос: а на основании каких данных подсчитаны эти миллионы? Ладно, в лагерях уничтожения велись специальные журналы, которые каратели, большей частью, не успели сжечь. Поэтому по всей Германии у домов, где проживали погибшие в лагерях смерти евреи, находятся специальные металлические таблички с указанием имени, фамилии, дат рождения и гибели. (Возможно, я когда-нибудь напишу о памятниках Холокоста в Кёльне).

При расстрелах, проводимых накачанными алкоголем айнзацкомандами и их подручными из местного населения, это точно, никакие именные списки не велись. А если бы и велись: можно ли было бы верить «отчётам» полупьяной братии изуверов?
Списки взятых на учёт евреев - при так называемых местных самоуправлениях (управах) - кем-то изучались, анализировались в СССР? Никем: государственной антисемитской системе это было не к чему.
А с 1991-го года возникло такое количество новых проблем, что, конечно, стало совсем не до этого. Да и заглянуть в сии материалы, как я убедился летом 2015-го года в Виннице, до сих пор не всем дано. А, может быть, и никому, вообще. Ну, руководителю областного архива, его заместительнице по научной работе … Всё.

И только вот из рассматриваемой книги я узнал, что в нацистской Германии в Главном управлении СС существовал Статистический отдел — и ему был поручен учёт уничтоженных евреев не только в самой Германии, но и на оккупированных территориях. Руководил отделом Richard Korherr — Рихард Корхер (1903-1989), издавший в 1943 г. так называемый «Отчёт Корхера» («Korherr-Bericht») — собрание строго секретных данных по «окончательному решению еврейского вопроса». Отчёт этот нам в поисках достоверных сведений по Виннице помочь не может, так как расстрелы евреев на территории СССР отображены там весьма неполно. Только в июле 1942 г. Главная служба безопасности Рейха потребовала от айнзацкоманд ежемесячные отчёты об экзекуциях. А массовые расстрелы евреев в Виннице состоялись за многие месяцы до этой даты.

В. Бенц, подводя итог имеющимся данным по разным странам, считает что минимум 5, 29 миллионов евреев Европы (максимум — немного более шести миллионов) были убиты нацистами (стр. 17).

Значительным явлением, что касается интересующей нас проблемы, явился выход книги немецких историков Helmut Krausnick (1905 – 1990) и Hans-Heinrich Wilhelm «Die Truppe des Weltanschauugskrieges. Die Einsatzgruppen der Sicherheitspolizei und des SD 1938-1942, Stuttgart 1981» (Войска мировоззренческой войны. Айнзацгруппы полиции и службы безопасности 1938-1942). Книга основана на материалах 194 оставшихся (из общего количества - 195) «Сообщений о событиях СССР» Шефа Полиции безопасности и службы безопасности с 23 июня 1941 г. до 24 апреля 1942 г., а также - 55 сообщений из оккупированных Восточных территорий (1 мая 1942 г. - 21 мая 1943 г) и 11 обобщённых сообщений о деятельности айнзацкоманд в СССР (22 июня 1941 - 31 марта 1942 г.). В этих документах значатся данные о минимум 535 000 убитых евреях. Сопоставление с другими данными позволило Хансу-Хайнриху Вильхельму считать, что не менее, чем 700 000 - 750 000 евреев уже в первые три четверти года оккупации части СССР стали жертвами преследовавших их нацистов.

***

При анализе немецкой и англоязычной литературы обращает на себя внимание, что Винница в подобных сообщениях упоминается, как мне показалось, чаще других городов. Конечно, по числу жертв еврейского гражданского населения Винница уступает не только Киеву с его печально известным всему миру Бабьим Яром. И всё же — нередко сообщается именно о винницких евреях. Мне представляется, что тут сыграли роль три обстоятельства.

Первое: Винница стала широко известной в Европе после опубликования немцами массы материалов о жертвах террора конца 30-х годов в Виннице (подробнее — в моих публикациях: http://www.proza.ru/2014/08/19/1249 и http://www.proza.ru/2016/03/20/1938).

Второе: весь мир облетела фотография мужчины, находящегося на краю расстрельной ямы, окружённой нацистами, один из которых навёл на голову жертвы дуло пистолета (см. коллаж и тут - https://en.wikipedia.org/wiki/File:Einsatzgruppen_Killing.jpg).Надпись на обороте фотографии гласила: «Последний еврей Винницы».

[На сайте Reinhard Tenhumberg (его адрес дан в предыдущей статье) рядом с этой фотографией находится следующий текст (по-немецки): «Фрайдкис (можно перевести и как Фрейдкис — С. В.) Лайб (Лейб) из украинского Хмельницкого, западней от Киева; женат на Фрайдкис Фане. Вероятно, Лайб Фрайдкис в сентябре или октябре 1941-го вместе с 10 000 других евреев был расстрелян около Винницы одной из айнзацкоманд. Его возраст — 31 год.» Уточним только, что Хмельницкий появился в 1954 г., до этого город назывался Проскуров.]

Третье: в Виннице была Ставка фюрера — и евреев тут уничтожали как бы из-за возможной угрозы жизни главы нацистского государства. Удивительно, что эту «сказочку» всерьёз повторяют даже те, кто знает, что в других местах нацисты уничтожали еврейское гражданское население с той же поспешностью и — до последнего человека. Примеров — достаточно по всей Украине (тот же Зборов, Тернополь, Проскуров, Умань, Житомир, Николаев, и так далее).

Мало кто ведает, что никакого приказа об уничтожении евреев на оккупированных территориях СССР не было: ни документов такого рода не было выявлено, ни свидетельских показаний о наличии письменных указаний проводить экзекуции только по причинам принадлежности к еврейской национальности не получено. На этот факт обращает внимание G. Robel (стр. 512). Нацисты старались как можно более плотно замаскировать геноцид, расстреливая еврейское население будто бы за поджоги, антигерманскую пропаганду, нарушение распоряжений немецких властей, противодействие геттоизированию, грабежи, пр. Иногда было достаточным только подозрения в описанной выше деятельности. Повторяю — это были примитивные камуфляжные предлоги для расстрелов, истинной причиной которых являлась паранойя фюрера о Всемирном еврейско-большевистском заговоре, и тому подобное.
Поразительно, но даже на пресловутой конференции в Ваннзее 20 января 1942 г., когда решалась судьба евреев Европы, не использовались термины типа «уничтожение», а вместо этого говорилось, например, о «переселении».

Мне встретился необычный факт, обусловленный, как я предполагаю, указанным выше безмерным лицемерием нацистов. В выписке из одного из упоминавшихся выше «Сообщений о событиях СССР» (№ 128 от 3-го ноября 1941 г.) «О совместной деятельности службы безопасности айнзацгруппы С и вермахта» шеф полиции безопасности и службы безопасности отмечает - после перечисления успехов - следующее: « … Только по еврейскому вопросу до последнего времени не было полного понимания со стороны подчинённых служб вермахта. Это проявилось прежде всего при проверке лагеря военнопленных. Особенно вопиющим примером, достойным упоминания, является поведение командира лагеря в Виннице. Последний распоряжение своего заместителя о дальнейшем предании суду (на самом деле, уничтожении — С. В.) 362 еврейских военнопленных аннулировал и даже против этого заместителя и ещё двух офицеров возбудил дело в военном суде.» (Zent. Staatsarchiv Potsdam, Fall 12, Bd. 147, Bl. 211-213 – Dok. NO-3157).
Хотя я и оценил этот факт как неприятие командиром лагеря действий, не имеющих приказного обоснования (с учётом, к тому же, действовавшей в то

время Гаагской конвенции 1907 г. о положении военнопленных), исключить не совпадающие с нацистской моралью человеческие качества командира лагеря (даже при формальных основаниях отказа отправить на смерть еврейских военнопленных) тоже нельзя.

Конечно, чем больше таяла уверенность нацистов в блицкриге на Востоке, тем меньше маскировки было в приказах. В «Приказе командующего 6-й армией от 10-го октября 1941-го года о мероприятиях по уничтожению и истреблению (поведение войск на Восточных территориях)» главное сказано уже без обиняков. Приказ начинается со следующих слов:
«Относительно поведения войск по противостоянию большевистской системе имеют место всё ещё многочисленные неясные представления.
Существенная цель кампании против еврейско-большевистской системы — полное разрушение средств власти и уничтожение азиатского влияния на европейские культурные круги.»
А, в завершение, сказано, что солдат обязан «… выполнять два условия:
1) полное уничтожение большевистского лжеучения, советского государства и его вооружённых сил.
2) беспощадное искоренение инородного коварства и жестокости и тем самым обеспечение безопасности жизни немецкого вермахта в России.
Только так выполним мы наше историческое задание — раз и навсегда освободить немецкий народ от азиатско-еврейской опасности.»
Приказ подписан генерал-фельдмаршалом Вальтером фон Райхенау (1884-1942).
(Zent. Staatsarchiv Potsdam, Fall 12, Bd. 135, Bl. 15-18 – Dok. NOKW-663).

И всё же даже в 1943 г. в «Инструкции 281-го Sicherungsdivision (дивизиона внутренних войск, оперирующего в тыловом районе; такие дивизионы были подчинены коменданту тылового района, в последние годы войны часть из них - вермахту — С. В.) о совместной работе со Службой безопасности при обращении с цыганами и евреями (от 24.03.43)» сказано:
«… Обработка дел, связанных с евреями, относится к компетенции службы безопасности… Войсковые службы (вермахт — С. В.) уполномочены только «доставлять» ... евреев службе безопасности, которая предпримет дальнейшее, согласно действующим положениям. Содействие военных служб в проведении службой безопасности ликвидации … евреев как политическое мероприятие нигде не предусмотрено и отвергается.» (Zent. Staatsarchiv Potsdam, Fall 12, Bd. 149, Bl. 56 – Dok. NOKW-2022).

***

Теперь займёмся цифрами. Начнём с интернетовской Электронной Еврейской Энциклопедии (ЭЕЭ):

«В 1939 г. еврейское население Винницы составляло 33 150 человек. (В 1941-м - немного больше — С. В.) 19 июля 1941 г. Винница была оккупирована германскими войсками. Часть еврейского населения (какая часть? — С. В.) успела эвакуироваться. Около 9500 евреев Винницкой области (или — Винницы?, как указывалось прежде — С. В.) были призваны в армию.»… «Еврейское население было заключено в гетто.» Всё оставшееся в городе еврейское население? (быть этого не могло! — С. В.)

[Что касается количества эвакуировавшихся, то только в «Энциклопедии Холокоста» (Encyclopedia of the Holocaust. Macmillan Publishing Company N-Y, 1990, s. 1575.), правда, без ссылки на первоисточник этой цифры, прочитал я о количестве евреев, покинувших город после начала войны — 17 500. Цифра сия — весьма сомнительна. Если её принять за факт, то на ушедших в армию и оставшихся в городе евреев приходится суммарно ещё такое количество. Тогда надо пересмотреть цифры мобилизованных и погибших от рук захватчиков евреев. Но никто этого не сделал, исходя именно из этой цифры эвакуировавшихся.
Думаю, что никто и не отнёсся серьёзно к этой цифре эвакуировавшихся, так как в сей «Энциклопедии Холокоста» приводится неверная цифра общего количества евреев в городе перед войной — приблизительно 25 000. И при расчёте оставшихся евреев совершенно игнорируется то, что тысячи евреев были мобилизованы в армию. Отсюда — все дальнейшие показатели исходят из числа оставшихся в городе — 7 500. (Приведенные выше данные будто бы взяты из книги M. Gilbert. The Holocaust, N-Y, 1985, которую мне раздобыть не удалось.)]

Итак, ЭЕЭ оставляет совершенно открытым вопрос о количестве еврейского населения, оставшегося в городе к приходу немцев. А далее — совсем непонятное: «28 июля 1941 г. в городе были расстреляны 146 евреев. В августе расстрелы возобновились. 22 сентября 1941 г. большинство заключенных винницкого гетто были уничтожены (около 28 000 евреев). Были оставлены в живых ремесленники, рабочие и техники, труд которых был необходим германским оккупационным властям. Вопрос об использовании еврейских специалистов обсуждался на специальном заседании в Виннице в начале 1942 г. Участники совещания отмечали, что в городе находится пять тысяч евреев, в их руках «все промыслы... они работают также во всех имеющих жизненное значение предприятиях.»»

Выше я подсчитал среднее количество убитых разными айнзацкомандами в разное время, в разных местах за один день — нигде даже максимальные количества не достигали и половины от указанных ЭЕЭ двадцати восьми тысяч. Цифра сия абсолютно не соответствует ни количеству оставшихся в Виннице евреев, ни возможностям убийц.

[По Сообщению - Ereignismeldung № 80 от 11.9.1941, «в Каменец-Подольском в течение трёх дней было расстреляно 23 600 евреев». По Сообщению № 143 от 8.12.1941, «6-го и 7-го ноября 1941 г. в Ровно была проведена уже давно запланированная еврейская акция, при которой могло быть расстреляно примерно 15 000 человек.» (Данные взяты из статьи G. Robel, стр. 545.) Можно привести ещё немало примеров массовых расстрелов еврейского населения, но за один день и в одном месте - 28 000 человек? Судя по Сообщениям, такое не встречалось.]

Наконец, 19-го (по данным всех прочих публикаций) или 22-го сентября? Возможно, расстрелы проводились с 19-го по 22-го сентября? Двадцати восьми тысяч евреев-винничан, я повторяю, в городе - это точно - не было: ушедших в армию и эвакуировавшихся было много, очень много (см. выше). А ещё пять тысяч оставшихся после расстрела — почему никто не попытается дать этому объяснение. Я высказывал предположение, что в Винницу, где «нашли и обустроили» места' для расстрелов, свозили евреев из области. Как показывает разъяснение личности «последнего еврея Винницы», он был из Проскурова (Хмельницкого). Значит, даже из другой области свозили евреев для уничтожения их в Виннице? Но в таком огромном количестве? Каким транспортом? Нет объяснения — и всё тут!

Можно было бы упрекнуть авторов этой информации в ЭЕЭ и в других неточностях. Например, отмечается: «16 апреля 1942 г. почти все евреи были расстреляны (оставлены в живых только 150 евреев-специалистов). Последние 150 евреев были расстреляны 25 августа 1942 г.» Но есть свидетельство того, что «довольно многочисленная еврейская община» работала на немцев в июле 1943 г. (моя ссылка на книгу М. Селешко — см. http://www.proza.ru/2015/01/27/96). Но не это главное, а то, что так небрежно обращаются с цифровым материалом. И это — в Энциклопедии! Если нет данных, то надо прямо об этом писать. Или представить аргументированные предположения. Но указывать абсолютно необъяснённые и явно необъяснимые цифры не положено. Точка.

А ещё ничем не подкреплённые цифры приводит бывший винничанин (родился в 1978 г.) Александр Роджерс (http://aleksandrrodzhers105153.odnako.org/). К чему такие «сенсационные материалы»? Разве и без них всё свершившееся в Виннице и других местах не безгранично трагично?

А вот что пишется в немецкой ВикипедиИ (https://de.wikipedia.org/wiki/Winnyzja). В апреле 1942 г. евреи на местном стадионе были немецкими военными разделены на две группы. Ремесленники смогли возвратиться к своим рабочим местам в небольшом концентрационном лагере. Около 5 000 стариков, женщин и детей, в противоположность этому, украинской вспомогательной группой, под немецким присмотром, были пригнаны в садовое хозяйство в северной части города, где семь месяцев перед этим были убиты 10 000. Кроме этих 5 000 расстрелянных евреев, в другом месте лишили жизни еврейских женщин из родильного дома и их новорожденных детей. А далее сообщается о ориентировочно 15 000 - 30 000 погибших в Виннице (включая советских военнопленных из лагеря, вмещавшего до 20 000 человек).

Англоязычная ВикипедиЯ https://en.wikipedia.org/wiki/Vinnytsia) сообщает о более 28 000 жертв. Упоминание тут же айнзацгруппы С, большой еврейской общины города, разрушения немцами в 1942 г. почти всей Иерусалимки наводит вроде бы на мысль, что речь идёт только о винницких евреях (то есть, в это число не включены погибшие советские военнопленные). Но далее говорится об айнзацгруппе D, в доказательство приводится фото «Последнего еврея Винницы», хотя изображён там, по всей вероятности, житель г. Проскурова (см. выше). Словом, окончательного вывода — кого имеют в виду авторы сообщения о 28 000 жертв — из этих разрозненных данных сделать нельзя.

***

Теперь слово лицам, специально занимавшимся темой Холокоста в Виннице. Приступим к подсчётам, выполненным по представленным ими данными. Закавыченные отрывки взяты из текста публикаций Ф. А. Винокуровой и Иосифа Финкельштейна.

Начнём с диссертационной работы Ф. А. Винокуровой, сжато изложенной здесь: http://www.netzulim.org/R/Research/Vinokurova _Evrei_Vinnitsy_v_p eriod_nats_okkupatsii.pdf.

Указано количество проживавших перед войной в Виннице евреев — 33150 человек. Далее сообщается, что сначала были уничтожены 146 человек из среды еврейской интеллигенции города; вскоре после этого — раввин Эль Кардонский с супругой (даты не указаны, дана ссылка на материал из немецкого архива). И т о г о — 148 человек.
«29 июля 1941 года в карьере кирпичного завода (пер. Кирпичный, 13) расстреляли 25 заложников. В августе там же по приказу начальника фельдкомендатуры расстреляны 350 человек. 13 сентября за селом Шереметкой (теперь Пирогово) по его же приказу убиты 1200 человек.» Ссылки не приведены. И т о г о — 1 575 человек.
19-го сентября 1941-го года «По свидетельским показаниям, в тот день на Литинском шоссе убили более 3,5 евреев.» (тут опечатка: правильно — более

3,5 тысяч). И т о г о — 3 500 человек.

В тот же день «В районе Тяжиловского кирпичного завода...», « По свидетельству очевидца Якова Спивака … нацисты и их пособники уничтожили более 3000 человек. Однако, по данным Чрезвычайной государственной комиссии по установлению и расследованию преступлений фашистов и их пособников (ЧГК), 19 сентября было убито около 15 тыс. человек.» (многие данные ЧГК не выдерживают критики, о чём немало писалось в России, Украине и на Западе — С. В.) «Тогда же... убили... рожениц-евреек с младенцами.» Тут я затрудняюсь даже ориентировочно указать и т о г о в у ю цифру, потому ограничусь только указанием: более 3 000 — 15 000, по различным сведениям.

5-го декабря 1941 г. всех евреев города собрали на стадионе в городском парке. «Согласно проведенному тогда учету в городе оставалось около 5 000 лиц еврейского происхождения.»

[Ещё несколько слов о ЧГК. В украинской Вікіпедії отмечено: «На жаль, достовірність кількісних показників часто виглядає сумнівною. Це пояснюється як об'єктивними (неможливість рівномірного збору інформації, приблизні розрахунки відсутніх даних), так і суб'єктивними (свідоме фальшування винуватців злочинів, приписування всіх руйнувань нацистам та ін.) причинами. При зіставленні даних комісій різного рівня чітко простежується тенденція до округлення і збільшення даних.» (см. Надзвичайна державна комісія зі встановлення і розслідування злодіянь німецько-фашистських загарбників та їхніх спільників і заподіяних ними збитків громадянам, колгоспам, громадським організаціям, державним підприємствам СРСР). Вот цитата из «Бо Польсен Н. Розслідування воєнних злочинів «по-совєтськи»: «… можна стверджувати, що загалом Комісія мала тенденцію до завищення кількості жертв нацистів у кожному окремому випадку.» (Poulsen.pdf: Голокост і сучасність, № 1 (5) 2009, стор. 27-45).]

Если принять сообщение Якова Спивака, а не ЧГК, то к этому времени было убито примерно восемь с четвертью тысяч евреев. Следовательно, оставалось в Виннице при вторжении нацистов в город где-то 13 с четвертью тысяч евреев (из бывших до начала войны 33 150 евреев). Остальные были призваны в Советскую Армию или эвакуировались.

16-го апреля 1942 г. в Пятничанском лесу «В течение акции, по свидетельству Я. Спивака, было убито около 4 000 человек.» «По данным ЧГК, во время второй акции уничтожения евреев погибло 10 000 человек. Однако согласно немецкой статистике, тайной переписке лиц, проводивших «очищение» Винницы от евреев для безопасного пребывания здесь Гитлера и высших нацистских чинов, после первой акции в сентябре 1941-го года в городе оставалось около 5 тысяч евреев. Так что, скорее всего, более достоверны данные, приведенные Спиваком.» Тут Ф. А. Винокурова уже чётко становится на сторону Я. Спивака, а не раструбившей по всему миру фальсифицированные данные ЧКГ. Следовательно, и т о г о — 4 000 человек.

«По статистическим данным городской управы, на 1 июня 1942 года в Виннице оставалось в живых около 1700 евреев-ремесленников, чей труд использовался оккупантами. Но в это число входили не только винничане: для разнообразных работ привозили евреев из других рабочих лагерей, в частности из Луцка, из румынской зоны оккупации – для дорожных работ на ставке Гитлера.» И тут — всё логично и цифрам можно верить. «На 1 апреля 1944 года в городе осталось всего 76 евреев.» Следовательно, и винницкие евреи-ремесленники погибли от рук нацистов. И т о г сей последней акции уничтожения евреев Винницы — 1 000 человек.

Если суммировать все данные, приведенные Ф. А. Винокуровой, то в конечном и т о г е получается цифра 13 с четвертью тысяч человек, соответствующая всем оставшимся в оккупированной Виннице евреям (из 33 150 проживавших до войны). Значит, в Виннице погибло в годы оккупации 40% довоенного еврейского населения.

Теперь рассмотрим данные Иосифа Финкельштейна: «Хроника убийства винницких евреев» от от 31.05.2010 (статья представлена на сайте Глобального еврейского on-line центра jewish.ru – http://www.jewish.ru/history/press/2010/05/news994285740.php.)

Эта публикация, насколько мне известно — единственная, в которой большое число жертв указано пофамильно. Кстати, И. Финкельштейн сообщает, что «В настоящее время мы располагаем более или менее точными сведениями о 5353 убиенных из 2899 семей. Назовем некоторые из них: Беркович (13 чел.), Белграй (12 чел.), Брусиловские (12 чел.), Бурштейн (29 чел.), Вайнер (21 чел), Гуральник (13 чел.), Духно (11 чел.), Кац (47 чел.), Лумер (17 чел.), Мандель (13 чел.), Медвежер (9 чел.), Негинес (10 чел.), Нудель (12 чел.). Окопник (12 чел.). Рысис (7 чел.), Ройтман (25 чел.), Рубинштейн (21 чел.), Солодарь (13 чел.), Юсим (13 чел.). Ямпольские (23 чел.)…». Мне, правда, детальное изложение этих данных нигде не встретилось.

Итак, «29 июля 1941 г. арестовали в качестве заложников 25 человек. Все они были зверски замучены в гестапо.»
«Первый расстрел евреев в Виннице полицией безопасности имел место не позднее 29 июля. Об этом говорят немецкие источники. В донесении о событиях в СССР за номером 38 от 30 июля 1941 г., направленном в канцелярию Гиммлера, сообщается о расстреле 146 винницких евреев.»
«В первой половине августа 1941 г. в Винницу прибыла оперативная группа,

которая провела в городе массовые облавы, в ходе которых были схвачены и расстреляны более 600 еврейских парней от 13 до 17 лет.» И т о г о (до сентября 1941- го года) — более 771 человек.

«С 3 по 9 сентября несколько раз объявлялась регистрация еврейского населения Винницы. Евреям предписывалось немедленно явиться на сборные пункты с вещами, но каждый раз их отпускали, по всей видимости, полагая, что собралось недостаточное количество, чтобы провести "должным образом" акцию по уничтожению еврейского населения.

13 сентября нацисты всё-таки провели пробную акцию. В этот день по приказу начальника фельдкомендатуры Маркуля собрали более тысячи человек, прогнали через весь город и за селом Шереметка расстреляли. Самый массовый расстрел на Винничине произошёл через несколько дней, 19 сентября 1941 г., за городом, в Пятничанском лесу.»

«В этот кровавый день, 19 сентября 1941 г., по данным Винницкой городской комиссии по расследованию злодеяний немецко-фашистских захватчиков, было уничтожено 15 тысяч евреев. Значительная часть, примерно 12 тысяч человек, нашли свою смерть в Пятничанском лесу.» «В этот день пулемётные и автоматные очереди раздавались и на противоположном конце города, в районе Тяжилова, где нашли свою смерть более трёх тысяч евреев.»

Здесь ссылка на данные ЧГК, к которым, как уже указывалось выше, относится надо весьма осторожно и даже скептически. И т о г о: более 16 000 человек.

«Зверства оккупантов продолжались и в последующие месяцы. Особенно кровавым выдался день 10 октября 1941 г. В ходе облав, во время которых использовались специально обученные немецкие овчарки, были схвачены и расстреляны по улице Коцюбинского 100 человек ...» «Кровавая статистика этого дня: ул. Ширшова - 100 человек, ул. Депутатская - 15 человек, ул. Ф.Меринга - 50 человек... Но самый большой "улов" ожидал людоловов на улице, носящей имя украинского композитора Лысенко. Было схвачено и расстреляно более 400 евреев...» И т о г о: 665 человек.

«10 января 1942 г. в село Стрижавка Винницкого района в 8 часов утра ворвался отряд гестаповцев. В этот же день в селе было уничтожено 227 евреев.» (отнесём условно Стрижавку к Виннице). «Как свидетельствуют статистические данные Винницкой городской управы, в городе к этому времени проживало 5505 евреев, из них мужчин - 1352 человека, женщин - 2741 человек, детей - 1412 человек. Нам представляются эти данные достоверными.»

Проведём предварительный подсчёт: уничтожено более 17 с половиной тысяч евреев. Осталось — пять с половиной тысяч. Следовательно, к захвату города вермахтом в Виннице находилось ещё 23 тысячи евреев. Значит, ушло в армию и покинуло город суммарно только десять тысяч евреев.

«В апреле 1942 г. настали чёрные дни для оставшихся в живых евреев Винницы. 15 апреля в городе был распространён приказ, в котором гебитскомиссар Маргифельд [правильно: штадткомиссар (городской комиссар) Маргенфельд — С. В.] предписывал всем евреям собраться на стадионе утром 16 апреля, каждый обязан был захватить собой продуктов на несколько дней, по два одеяла и все ценности. На стадионе было собрано более 5 тысяч человек. Стали отбирать специалистов...»

«Спустя месяц, 15 мая 1942 г., городская управа в своём очередном отчёте оккупационным властям раболепно и с большим удовлетворением докладывала о том, что на её "попечении" "уже не мае жидів": "Жидівського населення залишилось 801 чол., картки яких знаходятся в штадткомісара". Здесь речь шла о специалистах, которых нацисты и их слуги оставили на некоторое время в живых. Какова же судьба этих людей? В тот же день их погнали в тюрьму. Через несколько дней более 500 еврейских специалистов были отправлены в Житомир, где их каторжный труд был использован на строительстве дорог и мостов. Спустя несколько месяцев их постигла участь земляков: они нашли свою смерть на окраине Житомира. Оставшиеся специалисты в Виннице были расстреляны в сентябре 1942 г. Поэтому в документах городской управы за ноябрь 1942 г. мы уже не находим сведений о еврейских специалистах.»

«В начале 1943 г. в Виннице устроили несколько облав. Попавших в гестаповские сети (евреев — С. В.) волокли в городскую тюрьму, на четвёртый этаж, в камеру смертников, где жестоко избивали, многих просто выбрасывали в мусорную яму напротив тюрьмы и живыми засыпали. В живых осталось не более двадцати человек, которым чудом удалось спастись и уйти из Винницы.» И т о г о: 5 000 человек.

Суммарный и т о г: около 23 000 человек. Отсюда — заключение И. Филькенштейна: «Всего за годы нацистской оккупации в городе, по разным оценкам, было уничтожено от 20 до 25 тысяч винницких евреев.»

Для сравнения что ли, И. Финкельштейн приводит следующие сведения: «Согласно сообщению городской управы от 1 января 1944 г., в городе проживало 42444 человек, из них украинцев - 32351 чел., русских - 6315 чел., поляков -2567 чел. И если говорить о национальном составе, то в Виннице проживали представители ещё тридцати национальностей (белорусы, греки, татары, грузины, армяне и т. д.), наличие евреев, то бишь жидов, по терминологии в то время власти предержащих, не отмечалось. Возникает риторический вопрос: так против кого было направлено острие нацистского геноцида?»

Тут, во-первых, имеет место ненужное «педалирование» (подчёркивание, акцентирование, выпячивание) Холокоста: разве без этого кому-то не ясно? На отрицающих же Холокост эти и подобные цифры не произведут никакого впечатления — им тоже, по их представлениям, «всё ясно». Сейчас и навсегда. Помните, что писал один подлец: «Почему ВСЕ евреи не пошли на фронт и не воевали, чтоб защитить своих, а отсиживались в эвакуации?» (http://www.proza.ru/2016/09/13/413)? "ВСЕ" ... "своих" ...

И, во-вторых, нам не известно, сколько лиц какой национальности было в Виннице к м о м е н т у з а х в а т а г о р о д а. И украинцев, и русских, и поляков, пр. мобилизовали в Советскую Армию. Лица этих же национальностей были среди планово или хаотично эвакуировавшихся. Конкретные цифры отсутствуют (во всяком случае, я их не обнаружил и считаю, что их и быть не может). И. Финкельштейн тоже таковыми, я в этом уверен, не располагает. Посему данные переписи 1939-го года (распределение винничан по национальностям) тут неприменимы.

Хочу также напомнить, что моя работа - не о сопоставлении жертв Холокоста с потерями среди гражданского населения других национальностей, а об отсутствии точных данных и наличии многих далёких от истинных цифровых сведений, касающихся жертв среди винничан-евреев во время нацистской оккупации города.

***

Я понимаю, что на территориях бывшего СССР забыть Холокост «проще», чем, положим, в Нидерландах. И не только потому, что в процентном отношении в этой стране было уничтожено евреев более, чем где-либо (106 тыс. из 140 тыс. - более 75%). А и потому что ни Нидерланды, ни прочие страны Европы, где нацисты оставили свой кровавый антисемитский след, не имели такой, как в Советском Союзе, предыстории массовых убийств. И евреев уничтожали только в западной части СССР, находившейся под сапогом нацистов, а не по всей территории, как в иных, оккупированных полностью странах.

Холокосту на территориях бывшего СССР предшествовали массовые убийства иного рода. Через ГУЛАГ с 1929 г. по середину 50-х прошло по фальсифицированным политическим обвинениям около 15 млн. человек. Точное число жертв ГУЛАГ'а не подсчитано, но оно, без сомнения, превышает число жертв Освенцима — ужасающего символа Холокоста.
В начале 30-х годов в советской деревне преднамеренно был организован голод. Число жертв Голодомора по всему Союзу колеблется ориентировочно от трёх до девяти миллионов человек (как видно, тоже отсутствуют более-менее надёжные цифры).
В 1937-1938 г. г., в годы «Большого террора» было осуждено около 2 млн. человек, 750 тыс. из них были немедленно после приговора расстреляны. Жертв насильственной депортации ряда народностей в Казахстан, Сибирь, Среднюю Азию — тоже несколько миллионов человек.

Приведенные выше цифры жертв ГУЛАГа, Голодомора, «Большого террора», депортаций - я это ещё раз подчёркиваю - приблизительны и достоверными могут считаться только с определённым допуском. Как и данные о погибших воинах и гражданского населения СССР во 2-й мировой войне.

Но как бы там ни было, никому не позволено отрицать злодеяния коммунистов и нацистов.
Необходимо знать всем, что советские коммунисты и германские национал-социалисты сотворили многие страшные преступления, в частности, на территории Украины.
Ни одно из них,
        включая Холокост,
                не должно быть забыто!
Иначе повторения
        подобного Холокосту —
                не избежать!
И жертвами будут уже не столько евреи, в огромной массе покинувшие эту страну после полтысячи лет, скажем так, не всегда спокойного в ней пребывания …

P. S.

Осознание возможного повторения геноцида, в случае потери исторической памяти, приходит медленно. И тревожные сообщения о геноциде из бывшей Югославии, из ближневосточных стран, из Африки мало кого волновали и волнуют: это, мол, далеко от нас.
Однако сейчас — в век скоростных транспортных сообщений и мгновенной всемирной информации — ничто не «далеко от нас». И необходимо прививать новым поколениям «с младых ногтей» отрицание национальной и религиозной нетерпимости.

Приведу всего-навсего два примера.

Первый — из Украины, с соседней для винничан области. Почитайте тут об «Украинском "субботнике" на еврейском кладбище»: http://grimnir74.livejournal.com/6938553.html . О том, как умные руководители небольшого городка воспитывают у детей интерес и толерантность к иной культуре, понимание важности сохранения памяти о тех, кто там прежде проживал. Уверен, что родители этих школьников тоже кое о чём задумаются.

Второй — из Литвы. Интернетовская ссылка: http://hautboy.livejournal.com/71840.html . Почитайте, посмотрите фотографии.

А затем перейдите по этой ссылке: http://www.eajc.org/page16/news55234.html . И если наберёте в поиске «Молетай, 29 августа», вы получите ещё очень много ссылок на событие 29-го августа 2016-го года в Молетае .

А потом подумайте, почему в Виннице, где, как минимум, две таких даты — 19-го сентября и 16-е апреля — ничего подобного не происходит? И это не только позорно, это — страшно!

В относительно недавно обнародованном Ватиканом документе «Дары (то есть, дары евреям) и призвание Б-жье безвозвратны» сказано, что «христиане не могут быть антисемитами, поскольку их религия уходит корнями в иудаизм».

Если же вы обратитесь к ватиканскому сайту http://it.radiovaticana.va/news/2016/01/18/ , то в выступлении Франциска - Папы Римского вы услышите (начиная с 1 мин. 45 сек.) слова о том, что христиане и евреи — одна семья, что Холокост — совершенно бесчеловечное варварство, что прошлое должно послужить уроком для настоящего и для будущего. «Холокост учит нас быть всегда максимально бдительным, чтобы своевременно принимать меры в защиту человеческого достоинства и мира», - сказал Франциск, продолжающий в этом направлении линию Иоанна Павла II, назвавшего евреев «старшими братьями» христиан.

Благодаря деятельности трёх последних понтификов, уже три десятилетия происходит процесс переосмысливания отношения католической церкви к евреям.

Протестантская церковь Германии (о положении в других странах я плохо информирован) уже в первое послевоенное время искала контакты с обескровленными еврейскими общинами — и находится сейчас с ними в добрых отношениях. Протестантские монастыри (знаю это по Лейпцигу) опекали еврейских эмигрантов из СССР в 90-е годы, в том числе - и меня. Протестанты организуют Марши памяти 9 ноября («Хрустальная ночь» в 1938 году — еврейские погромы по всему Рейху, положившие начало Холокосту) и 27 января (Международный день против фашизма, расизма и антисемитизма — День памяти жертв Холокоста).

Одно из главных направлений немецкого протестантизма было основано ровно 500 лет тому назад Мартином Лютером — оголтелым антисемитом, не уступавшим в своей слепой ненависти к евреям фюреру и его подельникам. Но XX-й кровавый век (особенно 2-я мировая война) изменил мировоззрение и отношение к евреям как теологов лютеранства, так и рядовых приверженцев современных течений этого учения.

В православной церкви антисемитизм, вероятней всего, тоже не имеет будущего (http://www.jcrelations.net/.2685.0.html?L=7).

Как мирный (не воинствующий) атеист констатирую всё это с удовлетворением, но тревога меня не покидает. Это, прежде всего — из-за того, что я наблюдаю во всё ещё близкой мне Виннице. И о чём я — последний еврей в нашей семье — многократно писал. И вот сейчас не могу об этом не напомнить ...

Опубликовано 30.01.2017.

Памятники жертвам Холокоста

Я ещё в начале сего года обещал написать статью о памятниках жертвам Холокоста в Кёльне (http://www.proza.ru/2017/01/30/842), однако всё медлил, не желая снова читать на сайте «Історія Вінниці» (https://www.facebook.com/groups/historyofvinnytsia) и на сайте «Винничане» (https://www.facebook.com/groups/vinnichane/) б е з о т в е т н ы е (отсутствие реакции читателей — вот главное!) мерзкие реплики, подобные тем, что изрыгнулись после означенной выше публикации о жертвах Холокоста в Виннице (см. оба сайта от 31-го января 2017 и за первые дни февраля, а также раздел «Рецензии» к статье).

Наконец, статья была почти готова — я ждал подходящего повода для публикации. И вот ряд недавних событий на Украине показал, что следует напомнить читателям о Холокосте, ибо забывать о нём — не избежать новых подобных трагедий.

Этих событий было не мало: перечислю только попавшие в моё поле зрения. Прежде всего —

осквернение памятника жертв Холокоста в Тернополе (сообщение от 24-го марта с. г.): http://m.newsru.co.il/world/24mar2017/ternopol_117.html и http://data.ua/splanirovannaya-provokaciya-mid-osudilo. Незадолго перед этим был уничтожен мемориал жертвам Холокоста в Одесской области: https://www.obozrevatel.com/crime/07432-razbit-vdrebezg .

Теперь о событиях, связанных с Бабьим Яром. Неплохо было бы, чтобы вы хотя бы взглянули на приведенные страницы, прочтение их (даже только на украинском и русских языках) — весьма желательно. Адреса следующие:
https://uk.wikipedia.org/wiki/Бабин_Яр — украинское издание ВікіпедіЯ,
https://ru.wikipedia.org/wiki/Бабий_Яр — российское издание ВикипедиЯ,
https://de.wikipedia.org/wiki/Babyn_Jar — немецкое издание WikipediA.

Обратили ли вы внимание, что эти страницы отличаются не только размерами (украинская — наименьшая: около 2/3 российской или немецкой, хотя Бабий Яр расположен как раз, что всему миру известно, на Украине), но и - это особенно важно - тональностью приведенной там информации?
Больше от меня по сему поводу — никаких комментарий, а то опять нарвусь на негодяев. Или они, обнаружив мою новую публикацию, уже замерли - по команде «Внимание» - у стартовых колодок?

Далее — новости, которые я приведу с небольшими цитатами.
«Декларацію про створення меморіального центру підписали в Києві 29 вересня 2016 року, на 75-ту річницю розстрілів в Бабиному Яру. Серед ініціаторів створення музею – бізнесмени Віктор Пінчук, Павло Фукс і Михайло Фрідман, музикант Святослав Вакарчук, головний равин України Яков Дов Блайх, голова виконавчої ради «Сохнут» Натан Щаранський та інші» (http://www.radiosvoboda.org/a/news/28378697.html). Среди "інших" (других), замечу от себя, - бывший министр иностранных дел и вице-канцлер ФРГ Йошка Фишер (не еврей — из венгров, католик).

02.10.16 - "РОЗСТРІЛИ У БАБИНОМУ ЯРУ – ЦЕ НЕ ЛИШЕ ІСТОРІЯ ГОЛОКОСТУ", - ІСТОРИК ВІТАЛІЙ НАХМАНОВИЧ (http://ua.censor.net.ua/resonance/408622/).

Віталій Кличко: «Створення у Києві Меморіалу «Бабин Яр» – це важлива місія не тільки для столиці й України, а й для всього світу». «Чому за останніх 75 років було зроблено так мало? Тому що коли ти хочеш щось змінити, завжди знайдуться противники цього. Після 75 років і багатьох спроб, які були зроблені до нас, ми повинні довести проект до фіналу і реалізувати його. Це наша мета. І нам потрібні союзники. Лише спільними зусиллями ми зможемо його реалізувати. Цей Меморіал буде однією з візитівок Києва», – зазначив Володимир Кличко (19.02.2017 — http://kievcity.gov.ua/news/48765.html).

Мемориал планируется завершить к 80-летию трагических событий. Это будет, как указывается в сообщении, первый и единственный м у з е й Холокоста на постсоветском пространстве (п а м я т н и к и жертвам Холокоста существуют, например: http://www.etovidel.net/sights/city/saint-petersburg/id/).

Я уже писал о том, что в мире имеется множество музеев Холокоста (неполный, как мне представляется, список их — тут: https://ru.wikipedia.org/wiki/Музеи_Холокоста ; приведена ссылка из русскоязычной ВикипедиИ, потому что в украинско-язычной такая статья отсутствует). Конечно, самый впечатляющий из всех музеев и мемориалов — «Мемориал памяти убитых евреев Европы» в Берлине (https://ru.wikipedia.org/wiki/Мемориал_жертвам_холокоста). И здесь я тоже не могу дать ссылку на украинскую ВікіпедіЮ: такой статьи там просто нет!
Мемориал расположен «в сердце» бывшей столицы III-го Рейха: «между Бранденбургскими воротами и элементами бункера бывшего руководства нацистской Германии. Представляет собой огромное поле из более чем 2 700 серых плит.» Разумеется, подробнее всего об этом Мемориале написано на немецком языке: https://de.wikipedia.org/wiki/Denkmal_f .

Я уже проживал к тому времени в ФРГ и мог следить за всеми перипетиями планировки и строительства Мемориала. Спорных, противоречивых мнений было предостаточно. Но с 2005-го года Мемориал стои'т и уже в первый год его посетили более 3,5 миллионов человек. Тем не менее, дискуссии по поводу «Мемориала памяти убитых евреев Европы» не утихают. Иногда они выходят за рамки допустимого в истинно демократической стране. Пример тому — ниже.

С 2013-го года существует в ФРГ политическая партия AfD (Alternative für Deutschland) — партия евроскептиков, национал-консерваторов, пр. в том же роде. Партия невелика — всего около 25 тысяч членов партии (ведущие партии страны - SPD и CDU - имеют по нескольку сотен тысяч членов партии), но - по прогнозам - может войти на выборах этого года в состав общегерманского парламента (в десяти из шестнадцати Земельных парламентах ФРГ партия AfD уже присутствует), то есть, за неё проголосуют более 5% принявших участие в выборах Бундестага.

Правоэкстремистские и антисемитские тенденции партии «Альтернатива для Германии» также не чужды. Об этом известно всем, хотя партийная верхушка не перестаёт сие отрицать. Но когда один из лидеров партии, руководитель её в Тюрингии публично назвал берлинский Мемориал «памятником позора» немецкого народа, немедленно была начата процедура исключения его из партии: AfD не захотела терять голоса избирателей. Кстати, этому члену парламента Тюрингии было отказано в возможности возложения венка в бывшем концлагере Бухенвальд (расположен в Тюрингии), ему было запрещено вообще вступать на территорию этого мемориального комплекса (Hausverbot – так это тут называется).

Возвратимся к Бабьему Яру.

Музей "Бабин Яр". Відкритий лист-застереження українських істориків 28.03.2017: "Ми

80

вважаємо хибним намагання поєднати Бабин Яр лише з історією Голокосту, ігноруючи інші жертви та інші драматичні моменти його історії. Такий підхід лише загострить війну пам'ятей, що вже багато років точиться на теренах Бабиного Яру" (http://www.istpravda.com.ua/articles/2017/03/28/149652/).

Офіційна відповідь директора Меморіалу "Бабин Яр" на Лист істориків: «Спираючись на свій досвід та знання, можу запевнити, що ми дуже уважно віднеслися до Вашої заяви та наразі знаходимося в контакті з відповідними українськими державними установами з цього приводу." (http://www.istpravda.com.ua/articles/2017/03/30/149659/).

Оба письма написаны в выдержанном тоне, стороны явно стремятся избежать конфронтации. Это обнадёживает. А решение тут, по моим представлениям, находится на поверхности: Мемориал НЕ СЛЕДУЕТ сооружать на месте или рядом с Бабьим Яром. Если хотя бы учесть только это: иудейские правила запрещают всякое строительство на месте кладбища (а Бабий Яр — кладбище, массовое захоронение, границы которого, в связи с преднамеренными действиями советских властей и - с Куреневской трагедией 1961-го года, точно определить, как мне кажется, невозможно). Да к тому же, Мемориал — не простое надгробие, а наглядный показ, доказательство живой памяти о невинно убиенных предках и предупреждение-предостережение-призыв, обращённые к нынешним и будущим их потомкам.

Прочитайте об этом тут: https://uk.wikipedia.org/wiki/Куренівська_трагедія — и вам станет понятно, на основании чего я пишу о размытых ныне границах массовых захоронений в Бабьем Яру 1941-го года. От себя добавлю к этой статье, что по каким-то каналам весть о катастрофе, случившейся утром 13-го марта, дошла до винничан уже через несколько часов. Пассажиры прибывших из Киева поездов добавляли ужасающие детали (частью правдивые, частью, как это всегда бывает, вымышленные) — и тысячи винничан, имеющих родственников и друзей в столице Украины, ринулись на переговорный пункт. Советская власть - это известно всем - заботилась о народе, о его бодром духе. Случавшиеся всяческие «неприятности» (падение самолётов, столкновение пароходов, крушение поездов, пр. — и всё, учтите, с человеческими жертвами) старалась замалчивать. Поэтому телефонная связь с Киевом была - для пользы народа же - отключена. И взять билет на поезд, идущий до Киева, тоже не представлялось возможным. А официальная информация сначала отсутствовала, потом была спущена на тормозах, да к тому же — извращённой. Это случилось в мою последнюю винницкую весну. Я хорошо помню растерянные лица находившихся в состоянии тревоги винничан.

Что-то подобное было в начале октября 1948 года, когда до Винницы дошли некоторые подробности страшного землетрясения в Ашхабаде. Но сколько винничан имело родственников и знакомых в Ашхабаде?

И снова — к Холокосту. Зорий Файн - известный винничанин - опубликовал на своём weblog'e 29 марта с. г. статью «Память Холокоста» (http://zoriy.blogspot.de/2017/03/blog-post_29.html), которая тут же появилась и на странице сайта «Історія Вінниці» (https://www.facebook.com/groups/historyofvinnytsia). Сообщил, что 9-13 апреля проведёт в Берлине, в Доме Ванзейской конференции, на семинаре для украинских журналистов на тему "Геноцид европейских евреев и обхождение с историей на примере культуры памяти в Берлине". Вернётся домой и, я не сомневаюсь, сообщит всем об увиденном и услышанном.

А пока, не дожидаясь его возвращения, подготовлю вас к лучшему восприятию этой темы. Но прежде всего не премину процитировать один абзац из сообщения Зория Файна:
«Я давно предупреждал сотрудников музея Яд Вашем в Иерусалиме, музея Нюрнбергского процесса в Германии, музея Освенцима в Польше о том, что запущена машина, чтобы стереть память о Холокосте.»

Как видите, причин и поводов для публикации собственной оценки ситуации хватает — и отмалчиваться было бы просто некрасиво, тем более, что меня эта тема волновала многие годы и не отпускает до сих пор.

В городской библиотеке Кёльна (!) я неожиданно для себя обнаружил книгу «Живыми остались только мы. Свидетельства и документы. Д-р Борис Забарко, редактор-составитель… Киев, Задруга, 2000, 578 стр.».
Борис Забарко во вступительной статье подчёркивает: «То, что сделали фашисты и их пособники с 1,5 миллионами евреев в Украине и 4,5 миллионами евреев в Германии и Австрии, Франции и Голландии, Польше и Венгрии, Румынии и Югославии, Чехословакии и Бельгии, Норвегии и Дании, Литве и Эстонии, Латвии и Белоруссии, России, названо Катастрофой, равной которой не было в истории человечества. Невозможно преувеличить трагические последствия для мирового еврейства. Был уничтожен его демографический и культурный центр, существовавший в Центральной и Восточной Европе около тысячи лет, исчезли с лица земли бесчисленное количество семей и общин, наиболее известные центры еврейской культуры и учёности, погибла целая общность с особым красочным укладом жизни, и процесс количественного и психологического восстановления еврейства до сих пор не завершился. Это было поражением европейской цивилизации, трагедией общечеловеческого значения.
Страшна была судьба всех народов захваченной Европы, но Катастрофа евреев по своим ужасным последствиям не сопоставима с их судьбой: еврейский народ был обречён на исчезновение.»

«… Холокост не только часть еврейской истории. Это феномен мировой истории.»
«Холокост — явление не только еврейское, в осознании и преодолении его последствий участвуют представители многих стран и народов, особенно немцы.
Во время встречи украинских и польских бывших узников концлагерей и гетто с активистами немецкой благотворительной организации Максимиллиан - Колбе - Верке Маргрет и Вернером Мюллерами в Варшаве — городе-символе трагизма и величия еврейского Сопротивления и Героизма — Мюллеры говорили нам о чувствах, которые они испытывают

при этом: «Между нами стоят 6 000 000 убитых евреев. Мы лично не виноваты в этом убийстве — мы в то время были детьми, — но это непостижимое для нас преступление наполняет нас чувством глубокой горечи и стыда. И хотя очень не легко для нас сталкиваться с преступлением, которое совершили немцы, мы считаем своим долгом не забывать совершённое. Это часть нашей истории, и существует обязанность её признать. Вместе с домом своих родителей мы наследуем историю этого дома.»

А теперь переместимся в Кёльн. Об еврействе Кёльна я немного упоминал ранее (http://www.proza.ru/2016/10/23/2157). III-й Рейх уничтожил около 11 000 из 19 500 кёльнских евреев. Холокост для еврейской общины Кёльна — трагедия не только общееврейская (всемирная), но и местная, приносящая непрерывную душевную боль все прошедшие с того времени три четверти столетия. Памятники Холокоста в Кёльне — это одновременно и памятники жертвам небывалого в истории проявления геноцида, и памятники убиенным евреям - гражданам города с более, чем двухтысячной историей.

Не могу сказать, что мне все памятники нравятся, что они, на мой взгляд, расположены в подходящих местах. Но я могу не знать деталей предыстории планирования и создания памятников, что-то недопонимать в искусстве... Поэтому мои рассуждения весьма субъективны.

Вот, например, памятник, который я считаю - по месту сооружения и занимаемой им площади - главным (фото 1). И расположен он в весьма многолюдном месте, и выглядит   в р о д е б ы недвусмысленно. Но никто из тех, кому я показывал город и этот памятник, не разгадал его! А памятник в р о д е б ы   так нагляден! И вместе с тем что-то важное, как мне это видится, при его создании не продумано.

Я вернусь ещё к этому памятнику. Но вспомню перед этим о памятнике, на который я совершенно случайно наткнулся, бродя в середине 90-х по Майами. У меня есть сделанные мною там фотографии памятника, но ме'ста для иллюстраций на Прозе.ру предоставляется не много. Поэтому оставлю его для кёльнских памятников, а вас отошлю к интернету: http://ru-monument.livejournal.com/705829.html, http://www.nikak.net/mama/Miami/Memorial/index.htm. Даже фотографии Мемориала потрясают. А когда это всё видится объёмно, в истинных красках!..

 - Памятник в Кёльне находится на высоком левом берегу Рейна, недалеко от во всех частях света известного Кёльнского собора, на широкой пешеходной дорожке, по обеим сторонам которой — музейные здания, прямо на пути к пешеходному мосту через Рейн и (вниз) — на Рейнскую набережную. Официально это место называется Heinrich – Böll - Platz (площадь, названная в честь уроженца Кёльна, Нобелевского лауреата писателя Генриха Бёлля, 1917-1985). По размерам, повторяю, памятник — совсем немалый. Но, поверьте, его замечают, на него реагируют лишь е д и н и ч н ы е присутствующие в этом очень людном месте.

А памятник символизирует рельс узкоколейки, которая доставляла обречённых на погибель к газовым камерам (на фото 1 - полоса из больших гранитных плит серого, бетонного цвета с вмонтированным по центру полосы' рельсом). А далее — крематорий: выложенная из чёрных и светлых блоков высокая башня (почему-то, правда, с окном?).
ТАК МНЕ КАЗАЛОСЬ.
Увы, совсем-то не так. Вернее, так — но в очень малой степени. А пояснений нигде нет, только слева, на одной из стен музея — имя, фамилия, год и место рождения израильского автора (см. ниже) этой композиции, включающей ещё ряд компонентов: красного цвета кирпичную кладку дороги по сторонам полосы, 6 деревьев, траву, упоминавшуюся - тоже красного оттенка - стену музея, 6 ступеней с тыльной стороны вышки, цифры на металлических пластинах в начале полосы (выделяется цифра 6)...

Дани Караван (Dani Karavan), 1930 г. рождения — скульптор и архитектор с мировым именем (https://ru.wikipedia.org/wiki/Караван,_Дани). В немецкой ВикипедиИ (https://de.wikipedia.org/wiki/Dani_Karavan) есть фотография памятника, о котором идёт речь, причём - крупным планом. Называется он Ma'alot, что в переводе с иврита может обозначать ступени, восхождение, паломничество. Сооружение навеяно псалмом 121-м (так стоит в немецком тексте, но в Псалтыре на русском языке он значится как 120-й) — «Песней восхождения»:

« 1. Возвожу очи мои к горам, откуда придёт помощь моя.
  2. Помощь моя от Господа, сотворившего небо и землю.
  3. Не даст Он поколебаться ноге твоей, не воздремлет хранящий тебя;
  4. не дремлет и не спит хранящий Израиля.
  5. Господь — хранитель твой; Господь — сень твоя с правой руки твоей.
  6. Днём солнце не поразит тебя, ни луна ночью.
  7. Господь сохранит тебя от всякого зла; сохранит душу твою (Господь).
  8. Господь будет охранять выхождение твоё и вхождение твоё отныне и вовек. »

Связать видимое с этим Псалмом (как и с Псалмами 119, 121 - 133, тоже озаглавленными как «Песнь восхождения») для меня не только трудно, но и абсолютно невозможно. Либо я не понимаю библейские тексты, либо — то же, касающееся современной скульптуры. Скорее всего, — и то, и другое. Сколько я не вчитывался в текст, растолковывающий идеи архитектора (это — в книге «Das jüdische Köln» - Becker-Ja'kli, Barbara - 2012, Verlag Emons), так и не уразумел его до такой степени, чтобы просто и доходчиво изложить его вам.

Кое-что из самых простых примеров. «Мистическое», в данном случае, число 6 имеет несколько значений, в том числе «6 ступеней восхождения», 6 миллионов погибших евреев Европы, а башня — это сторожевая вышка (опять же - ш е с т и этажная) охраны концентрационных лагерей. И окно — потому что сквозь его просвет виден (окно — на четвёртом «этаже», прорезь — на шестом, но к обоим доступа с подножья нет) противоположный берег Рейна, ареал Кёльнской ярмарки. Там в нацистское время находились лагеря, в которые собирали евреев, оттуда (железнодорожная станция Deutz) отправляли евреев в различные гетто или прямиком — в лагеря смерти.

Согласитесь, что даже доступные для понимания разделы объяснения вызывают всё-таки некоторое н е д о понимание: такими ли должны быть монументальные сооружения, рассчитанные на массы? Какая часть христиан или иудеев знакома с Библией столь подробно, чтобы породить у них, при осмотре этого памятника, соответствующие ассоциации? Без сомнения, самая что ни есть малая часть. А как донести творческие мотивы Дани Каравана до китайцев и японцев, толпами бродящих по историческому Кёльну? Что поймут из рассказываемого гидом мусульмане? Все честные ответы на эти и похожие на них вопросы будут не в пользу благородной и высокой задумки Дани Каравана и властей города середины 80-х прошлого века, когда проект создавался, рассматривался, был принят и воплощён в жизнь.

- Другой памятник жертвам Холокоста замечают, вероятно, все посетители города. Этот уникальный памятник «рассыпан» по очень многим местам и является, так сказать, децентрализованным напоминанием о трагедии не только немецкого, но и всего европейского еврейства (фото 2 - 6). Проект «Stolpersteine» («Камені спотикання», «Камни преткновения») был впервые показан в Кёльне в 1994 г. и начал воплощаться там же в 1995 г. Теперь многие десятки тысяч таких камней уложены у домов, из которых в концлагеря смерти были угнаны евреи не только Германии, но и двух десятков европейских стран. После очень горячих дискуссий (некоторые еврейские общины считали и считают до сих пор неуважительным по отношению к погибшим то, что по «камням» с именами жертв Холокоста будут ходить, пр.) пожертвовать на такой «камень преткновения» стало не так-то просто.

Я ожидал около трёх лет и, признаюсь, прибегнул к «блату»: одна из моих пациенток (директор театра) оказалась близкой к комиссии, управляющей этой очередью. И вот уже более четырёх лет два «камня» (фото 3) с фамилиями мне до того совершенно неизвестных людей (Sophie Meier, 1890-1943 и Isidor Meier, 1881-1943) находятся на тротуаре у места, где располагался их дом (сейчас там иное строение) по адресу: Wiethasestr. 37. Супругам Майер сначала удалось в 1939 г. бегство в Нидерланды, но 04.05.1943 они были оттуда депортированы в лагерь смерти Собибор (Sobibor), располагавшийся в небольшом селе на польско-украинской границе. 07.05.1943 Майеры были умерщвлены в газовой камере лагеря. А всего в Собиборе было убито около 250 000 евреев (https://uk.wikipedia.org/wiki/Концентраційний_табір_Собібор).

Собибор особо известен тем, что там произошло единственное - за всё время Второй мировой войны - удавшееся восстание заключённых концентрационного лагеря. Восстание возглавлял родившийся в 1909 году в Кременчуге офицер Советской Армии А. Печерский (https://uk.wikipedia.org/wiki/Печерський_Олександр_Аронович). Я упоминаю об этом по причине того, как встречали подобных героев проклятые, садистские НКВД-истские службы. Этот герой Сопротивления не только не стал Героем, он был превращён в изгоя. В приведенной интернетовской ссылке и в других материалах можно немало о типичной подлости того времени прочитать, что особенно полезно сделать тем, кто всё ещё питает иллюзии о «государстве рабочих и крестьян» и его вождях. Тем, кто не хочет понять, почему сотни тысяч - миллионы покинули Родину, опасаясь очередного витка мракобесия диктатуры доселе так и не разогнанной ко всем чертям партии, бывшие функционеры которой занимают весомые государственные должности не только в России.

Если задуматься, глядя на «камни преткновения», что это — память о безвинных, удушенных газом и сожжённых, то становится страшно. Особенно, когда видишь, что погибла многочисленная семья, то есть, «камней» в одном месте много (фото 2, 4). И фамилии одинаковые, и совсем малые дети …

Гунтер Демниг (Gunter Demnig) - автор проекта указывал, что большие памятники можно обойти, а его «камни преткновения» - нет. И «спотыкаются» о них пешеходы только в переносном смысле — головой и сердцем.

Я не останавливаюсь на многих небезынтересных подробностях проекта, так как, набрав эти два слова на украинском или русском языке, вы получите в интернете полную информацию. Обращаю ваше внимание, что «камни (или пороги) преткновения» уложены не только в память об убиенных евреях, но и — о синти и рома, членах секты «Свидетелей Иеговы», гомосексуалистах, пр. Я привёл фото (14) только «порога преткновения», касающегося цыган эти памятные знаки имеют особую форму и уложены в местах (чаще, у железнодорожных станций) принудительного сбора цыган для последующей транспортировки их в концлагеря смерти. У кочующего народа мест постоянного жительства, как правило, не было. Но всё это отдельная тема, хотя и Холокосту близкая.

 - На небольшой площади, две стороны которой ограничены зданиями Архиепископства Кёльн (Исторический архив и Семинария священников), совсем недалеко от Кёльнского собора находится скульптурная композиция (фото 7- 9), установленная в 1999-м году и посвящённая Эдит Штайн (Edit Stein, 1891-1942). Об Эдит Штайн сообщается в интернете на 45 языках мира весьма подробно (украинское издание — https://uk.wikipedia.org/wiki/Едіт_Штайн; русское издание — https://ru.wikipedia.org/wiki/Штайн_Эдит), там же имеются об Эдит Штайн и другие материалы, поэтому ограничусь лишь самой краткой справкой. Эдит Штайн (монашеское имя - Тереза Бенедикта Креста) — католическая святая, одна из покровительниц Европы (провозглашена папой Иоанном Павлом II в 2000 г.) , мученица, философ еврейского происхождения, жертва нацизма (концлагерь Освенцим). Скульптуры Эдит Штайн, улицы, названные её именем, Памятные доски, прочие свидетельства почтения расположены не только в Польше, где она родилась, и в Германии, где она преподавала в университетах, служила (после запрета на преподавание из-за еврейского происхождения) монахиней-кармелиткой в Кёльне в 1933-1938 г. г. , но и — на Украине (http://www.karmel.org.ua/ua/saints/edith-stein , http://dc.lviv.ua/zitya-svyatix/page,5,2136-edtshteyn , https://gloria.tv/video/4YErEpvBnEhjBATD7UiVscJUL , и т. д.).

Первый - вообще - «камень преткновения» в Польше был уложен во Вроцлаве в 2008 г. и посвящён Эдит Штайн. На фото 5 - «камень преткновения» у монастыря в Кёльне, где Эдит Штайн служила как Konventualin, то есть, как авторитетная, высокоуважаемая монашка с правом голоса при решении монастырских дел.

Памятник изображает гонимую в газовую камеру Эдит Штайн и двух других женщин. Рядом — куча обуви уже убиенных. Словом, изображённое на монументе разгадать не сложно. Сделан памятник из бронзы, требующей постоянного ухода: посему памятник выглядит чрезмерно потемневшим. Но это ещё не всё, что уменьшает воздействие его на горожан и туристов.

Расположен памятник Эдит Штайн, повторяю, в самом что ни есть центре Кёльна, его ничто не заслоняет со стороны улицы от, увы, весьма редких там пешеходов. Правда, часто те, кто случайно проходит мимо, останавливаются, обходят памятник, фотографируют, читают написанное на металлической доске об Эдит Штайн. На фото 10 — три последние записи на этой доске: гибель 09.08.1942 в газовой камере лагеря Освенцим-Биркенау, 01.05.1987 - причисление к лику блаженных (беатификация) в Кёльне папой Иоанном Павлом II и 11.10.1998 - причисление к лику святых (канонизация) тем же папой Иоанном Павлом II . Читают, однако, только в том случае, если замечают тёмную, мало выделяющуюся на общем фоне и находящуюся на достаточном (чтобы её НЕ заметить) расстоянии от монумента указанную доску. Стандартные экскурсии по историческому Кёльну это место обходят: надо делать крюк, а время поджимает.

 - В Кёльне имеется специальный Центр документации периода национал-социализма (NSDOK), причём в интернете он представлен на нескольких языках. По этому адресу - https://museenkoeln.de/ns-dokumentationszentrum/ - вы выйдете на русскоязычные страницы. Это, можно сказать — также памятник жертвам Холокоста. Описываемый Центр — явление почти уникальное. Он расположен в большом доме, взятом в 1935 г. нацистами в наём у владельца ещё недостроенным и превращённым (соответственно, перестроенным) ими в штаб кёльнской тайной государственной полиции (гестапо) с тюремными камерами, приспособленными для пыток. Во внутреннем дворе этого здания заключённых расстреливали. В войну здание не пострадало — и сейчас там все помещения доступны для осмотра. По центру можно совершить виртуальную экскурсию: https://museenkoeln.de/ns-dokumentationszentrum/medien/rundgang (сопровождение на русском языке).

Можете ли вы себе представить «Центр документации террора НКВД в Виннице», да ещё именно там, где пытали и расстреливали жертв террора 30-х годов? Сколько десятилетий нужно ждать открытия подобных Центров в Украине? Восемьдесят лет прошло — ещё столько же?

- Теперь о других памятных знаках жертв Холокоста. На фото 12 — указатель «Эрих-Клибански-Платц». А ниже — пояснение: «Д-р Эрих Клебански родился во Франкфурте-на-Майне 28.11.1900 г., убит СС-командой около Минска 24.07.1942 г. Директор еврейской реформаторской гимназии Явнэ, Кёльн улица Сант-Аперн 29-31. Спаситель более 130 детей.» Само здание гимназии в войну было разрушено.

А ниже — табличка: « - Львиный фонтан - место предостережения и памяти о депортированных и убитых жителях Кёльна, среди которых 1 100 еврейских детей.» Сам фонтан с фигурой льва на высоком постаменте — метрах в двадцати (фото 13). На цоколе его - по всему кругу - вылитые в металле имена убитых детей.

- В ФРГ не считается необычным, когда улице присваивается имя совсем не выдающегося, а просто высоко чтимого жителями какого-то района города человека. Особенно в тех случаях, когда жизнь этого человека оборвалась по злой воле преступников. Я уже писал об этом (http://www.proza.ru/2016/10/23/2157). Вот ещё один пример (фото 11): «улица Виктора-Шпайера-Хольштейна. Д-р мед. Виктор Шпайер-Хольштейн, родился в Кёльне в 1890 г., пользующийся уважением и любовью врач в Кёльне - Мюльхайме в результате национал-социалистического насилия в 1941 г. изгнан, депортирован и погиб.» Фото сделано в связи с обновлением этой таблички 8-го мая 2009-го года. Как всё просто: не организовывали никаких комиссий, не устраивали опросы населения, решение принято коммунальными политиками Мюльхайма - одного из районов Кёльна. Было и без того ясно, что это — долг выживших и их потомков.

- Я мог бы продолжить тему. К примеру, сообщить, что ещё в 1995 году издан массивный двухтомник (суммарно - более 1 100 страниц) с перечнем кёльнских жертв Холокоста. На то время удалось выявить данные о 7 000 человек, сейчас таких сведений больше. Мог бы задать очередной вопрос: а пытался ли кто-либо в Виннице хотя бы начать сбор материала для подобной книги?.. Но — не буду. Задавал уже не раз. И получил в ответ «недоуменный» встречный вопрос: а к кому, мол, собственно, я обращаюсь? нельзя ли, мол, конкретнее?

***

О Холокосте написано тысячи книг, поставлено немало удостоенных наград кинофильмов. Но доходят ли они до школьников, молодых людей? Включены ли в программы образования? Кто видел, например, глубоко впечатляющий фильм «Во мраке» («В темноте», польск. - W ciemnosci) — польско-немецко-канадскую драму режиссёра Агнешки Холланд, вышедшую на экраны в 2011 году: https://ru.wikipedia.org/wiki/В_темноте_(фильм,_2011)? Подробнее о фильме — здесь: http://russiahousenews.info/art-story/film-holokost. Хотя бы это прочитайте…

1-го апреля сего года на 85-м году жизни умер поэт Евгений Евтушенко — автор стихотворения «Бабий Яр». Вот что сказано об этом стихотворении в русском издании ВикипедиИ (в украинском издании такой статьи нет):
"«Бабий Яр» — поэма, написанная в 1961 году в Киеве Евгением Евтушенко по мотивам

88

дискриминации и геноцида евреев. На основе данной поэмы композитор Дмитрий Шостакович сочинил симфонию. Поэма была переведена на 72 языка и сделала Евтушенко всемирно известным": https://ru.wikipedia.org/wiki/Бабий_Яр_(поэма).

Нигде почему-то не отмечено, что показ исполнения этой 13-й симфонии Дм. Шостаковича в Концертном зале имени П. И. Чайковского в Москве стоял в программе Центрального телевидения, но буквально в последний момент трансляцию отменили. Хорошо это помню, как и реакцию интеллигенции на сей трусливый запрет, наложенный партийным руководством страны. Знаменитый дирижёр Кирилл Кондрашин и оркестр Московской филармонии 13-ю симфонию всё-таки в тот день (19-го декабря 1962 года) исполнили. Разрешали её исполнять иногда и после, но с изменённой партитурой (переделанными стихами, которых в поэме Е. Евтушенко не было). Например, вместо строк:

И сам я как сплошной беззвучный крик
над тысячами тысяч убиенных,
я каждый здесь расстрелянный старик,
я каждый здесь расстрелянный ребенок.

исполнитель - бас пел:

Я думаю о подвиге России,
фашизму преградившей путь собой,
до самой наикрохотной росинки
мне близкой всею сутью и судьбой.
(http://libelli.narod.ru/music/shostakovich/symph13.html) .
Интересные детали обо всей этой позорной истории можете почитать и здесь:
http://www.proza.ru/2013/11/20/927 .

Евгений Александрович Евтушенко отмечал: «Бабий Яр был преступлением фашизма. Но наше многолетнее замалчивание чужого преступления стало преступлением собственным. Замалчивание — это тоже убийство, убийство памяти.»
(http://urokiistorii.ru/memory/place/2009/05/babii-yar) .
Как лаконично заметил по другому поводу Александр Трифонович Твардовский (1910 - 1971) в поэме «За далью даль» (1960): «Тут ни убавить, Ни прибавить, Так это было на земле.» Необходимо только уточнить, что — на земле советской… На той, где, как пелось в гимне, «нас вырастил Сталин...».

P. S. Прошу прощения за иногда укороченные интернетовские адреса: Проза.ру не пропечатывает их в полном размере. И я их тут не восстанавливал, так как они «работают».

Опубликовано 10.04.2017.

Девять сосен - свидетельниц гибели

Девять сосен - свидетельниц гибели
не расскажут, что слышали - видели:

Рвущих душу
       мольбы и плача.
              Палачей довольного кряча.
Измывательств, зверства карателей,
       отрывавших детей от матери.
Ухмыленья фашистской скверны,
       малолеток пинавших в цистерны.
Охраной натравленных догов

на старцев,
> взывавших к Б-гу …

Как сгребала
> подельников группа
>> одежду убитых в купу.
И, загасивши страх самогоном,
> убывала в казармы
>> фургоном.

Сетевой проект "Історія Вінниці" общественной организации «Винницкое историческое общество» (https://vk.com/historyofvinnytsia), с открытием которого 23-го августа 2011-го года как раз и пробудился массовый интерес к истории города и края, обладает огромным богатством — 52-мя альбомами фотографий (всего - 3491 фото). Не беда, что альбомы не всегда содержат исключительно тематические фотографии, что последние, бывает, дублируются. Главное: кто ищет - всегда там что-то найдёт. И я перелистываю время от времени эти альбомы, пытаясь обнаружить в фотографиях то, что заметить может только живший в отражённые на фото годы. Или хотя бы — в ближайшие после того. Когда изображённых на фотографиях людей и строения, сам дух фотографий ещё не стёрло и не развеяло неумолимое время.

Под номером 29 в запасниках иллюстраций «Истории Винницы» значится «Технический альбом», в котором находятся 10 фотографий ме'ста расстрела евреев Винницы во время оккупации города нацистами. Почему эти фотографии находятся в «Техническом альбоме», а не в альбоме «Места' Холокоста» - не ясно. Кто их в фотохранилище «Истории Винницы» передал - не указано, как и ничего - о прочем, касающемся этих фотографий. Комментарии и обсуждение фотографий отсутствуют. Единственные пояснения — подписи на самих фотографиях. Публикаций этих фотографий на странице «Истории Винницы» я не припомню. Конечно, вроде бы и без этого главное — ясно. Но многое всё же остаётся за кадрами этой уникальной фотоновеллы.

Весна 1944-го года. Винница освобождена от захватчиков и убийц. В город приехал худощавый мужчина возраста 40 - 50 лет в надежде хоть что-то узнать о судьбе своих близких. Ему объяснили, где - за городом - расположено место расстрела многих тысяч евреев. Он добрался туда вместе с кем-то, имеющим фотоаппарат. Увидел - без единого дерева или хотя бы куста - местами изрытую, кочковатую, до сих пор - вот уже три года - не разровненную поляну, кое-где заросшую травой. Начал медленно, рассеянно ходить по ней туда-сюда, всматриваясь в трещины почвы, как бы пытаясь что-то там обнаружить. По крайней мере, какие-нибудь следы от распластанных под грудами земли телами своих родственников. Жены' и детей, родителей, братьев и сестёр?

Кто он сам? Мы об этом не ведаем, но - не исключено - можем когда-нибудь узнать, как это случилось с прежде безымянным Лейбом Фрейдкисом - «Последним евреем Винницы» (http://www.proza.ru/2017/01/30/842). Мне этот неизвестный, одним из первых посетивших место трагедии, чем-то напоминает бывшего заведующего библиотекой медицинского института Исаака Лазаревича Слепака, о котором я писал ранее в «Моей Виннице» (http://www.proza.ru/2009/08/14/42 — глава «Улица моего младенчества и кое о чём вокруг неё»).

Поиски, предпринятые мужчиной, оказались тщетными. Походив - под конец, наверное, в состоянии, близком к трансу, - по безмолвной поляне, мужчина отошёл к ближнему леску', снял кепку (по еврейской традиции, на кладбище следует всегда покрывать голову), пиджак, присел в изнеможении на ещё сыроватую землю ... И замер в состоянии отрешённости. Что' всплывало в его памяти, какие картины прошлой жизни вспоминались ему? Что' за мысли исходили из подсознания: о бессмысленности дальнейшей жизни или о необходимости почти всё начинать заново? Об этом можно только предполагать.

Кто подписал фотографии? Кто использовал слова' «Братское кладбище» по отношению к массовому захоронению, причём тайному? Таковым его намеревались сделать палачи, подобным — потаенным, неизвестным почти никому в городе оно оставалось десятилетия при коммунистическом режиме. «Братскими» кладбища именуются в знак равенства всех перед смертью, в знак равной памяти живущих о мёртвых. Но этих мёртвых старались вытеснить из памяти их родных, сослуживцев, знакомых, изгладить из памяти города. Любые видимые проявления памяти о погребённых на этом месте кагебистами тут же нарекались «сионистскими сборищами». За участие в коллективных встречах на этом месте (по случаю дней памяти массовых расстрелов 1941-го и 1942-го годов) карали. Этого не надо забывать, такое не следует ни за что' прощать так и не покаявшимся коммунистическим божкам!

Вот на мою предыдущую статью о «Памятниках жертвам Холокоста» (http://www.proza.ru/2017/04/10/95) огрызнулся некто. Я такие реплики никогда не удаляю (чт' на Прозе.ру сделать было бы просто) — пусть читатели видят, какое поколение воспитано шлейфом, всё ещё тянущимся из преступных коммунистических времён. Потому что многоголовую гидру диктатуры единственной партии не пожелали, не стремились, не смогли полностью обезглавить, потому что … (тут есть ещё много чего сказать, но что' от этого изменится?).

Интернет полон подобными проявлениями завуалированной или даже не пытающейся чем-нибудь прикрыться фашистской идеологии. Можно было понять главных военных преступников, судимых на Нюрнбергском процессе - они пытались сохранить свои подлые жизни: поэтому никто из них «не знал» о массовых убийствах евреев, о газовых камерах, о крематориях. Но современные подлецы, проповедующие безбожное враньё: и Холокост, и Нюрнбергский процесс, и то и сё — всё выдумки и происки евреев с целью достижения ими мирового господства! Ужаснее всего, что это никак не осуждается, не штрафуется на многих территориях бывшего СССР.

Кстати, членом Международного трибунала (судьёй) от СССР в Нюрнберге был заместитель председателя Верховного Суда Советского Союза генерал-майор юстиции Иона Тимофеевич Никитченко, а главным обвинителем от СССР - Главный прокурор УССР Роман Андреевич Руденко. Видно невооружённым глазом — евреи!

В то же самое время — 1945-1946 годы и позднее — фюрер-генералиссимус сочинял сценарии преследования «евреев-космополитов», «евреев-сионистов», «евреев-западных шпионов», «Де'ла кремлёвских врачей-убийц» и, в завершении этого, - переселения всех евреев в Сибирь. Началось физическое уничтожение деятелей еврейской культуры. Очень многих, по выражению Б. Л. Пастернака, «замученных живьём», лишили работы, возможности творчества. Собирались составы из товарных вагонов для транспортировки...

Очередная грань хронического психоза «вождя всех народов», начавшая проявляться после поражения гитлеровцев у Волги, прогрессировала. Но кто мог отважиться заявить об этом, помня печальную историю академика В. М. Бехтерева, внезапно скончавшегося «от отравления консервами» на следующий день после осмотра будущего «корифея науки, гения всего человечества»? С 1927-го года прошло два десятилетия — и за это время возросла не только «тяжёлая паранойя» (психиатрический диагноз, поставленный В. М. Бехтеревым), но и стала абсолютно неограниченной власть коммунистического диктатора-деспота.

Евгению Евтушенко эти неофашисты не могут простить поэму «Бабий Яр» - и в своих пасквилях пишут о нём только как о Евтушенко-Гангнусе, еврее. А между тем отец Евгения Евтушенко - Александр Рудольфович Гангнус - был прибалтийским (остзейским) немцем, а мать - Зинаида Ермолаевна Евтушенко - из белорусов. Но что этим ультра-антисемитам истина, если она не укладывается в их ложные построения?!

Для них (и не только) — выдержки из книги Константина Горшенина «Нюрнбергский процесс, сборник материалов», изд. «Юридическая литература», М., 1955 - http://royallib.com/read/gorshenin_konstantin/ (полностью адрес, к сожалению, не пропечатывается):

МЕЖДУНАРОДНЫЙ ВОЕННЫЙ ТРИБУНАЛ №1, ОБВИНИТЕЛЬНОЕ ЗАКЛЮЧЕНИЕ (стр. 8 книги)

«... (d) Следуя своей политике «расы господ», заговорщики руководствовались программой беспощадного истребления евреев. Истребление евреев стало официальной государственной политикой, проводимой как в официальном порядке, так и путем подстрекательства к массовым и индивидуальным насилиям. Заговорщики открыто заявляли о своих целях. Например, обвиняемый Розенберг заявил: «Антисемитизм является объединяющим фактором реконструкции Германии». В другом случае он также заявил: «Германия будет считать еврейский вопрос разрешенным только после того, как ни одного еврея не останется на жизненном пространстве великой Германии... Европа будет считать еврейский вопрос разрешенным только после того, как последний еврей покинет континент». Обвиняемый Лей заявил: «Мы клянемся, что мы не оставим борьбы до тех пор, пока не будет истреблен последний еврей и пока он не будет умерщвлен. Недостаточно изолировать еврейских врагов от человечества — еврей должен быть уничтожен». В другом случае он заявил: «Вторым секретным оружием Германии является антисемитизм, потому что, если он будет упорно проводиться Германией, то он станет всеобщей проблемой, которую вынуждены будут разрешить все нации». Обвиняемый Штрейхер заявил: «На земле не будет светить солнце до тех пор, пока не умрет последний еврей». Эти признания и подстрекательства были типичными декларациями нацистских заговорщиков в течение всего периода их заговорщической деятельности. Программа действий против евреев включала лишение избирательных прав, клеймение, лишение гражданских прав и прав собственности, причем эти люди подвергались насилию, ссылке, рабству, подневольному труду, голоду, убийствам и массовому истреблению. Итоги, достигнутые заговорщиками в осуществлении этих целей, могут быть определены лишь приблизительно. Но истребление евреев в основном было доведено до конца во многих местностях Европы. Из 9 600 000 евреев, живших в частях Европы, находившихся под властью нацистов, по осторожным подсчетам, 5 700 000 исчезло и большинство из них было умышленно умерщвлено фашистскими заговорщиками. В Европе существуют только остатки еврейского населения.»

ВСТУПИТЕЛЬНАЯ РЕЧЬ ГЛАВНОГО ОБВИНИТЕЛЯ ОТ СССР Р. А. РУДЕНКО, 8 ФЕВРАЛЯ 1946 г. (стр. 65 книги)

« … В своих планах фашистские заговорщики наметили поголовное уничтожение еврейского населения мира, и они проводили это уничтожение на всем протяжении заговорщической деятельности, начиная с 1933 года.
Мой американский коллега цитировал уже заявление Гитлера от 24 февраля 1942 г. о том, что «евреи будут уничтожены».
В речи подсудимого Франка, опубликованной в «Краковской газете» 18 августа 1942 г., говорилось:
«Тот, кто пройдет сегодня по Кракову, Львову, Варшаве, Радому или Люблину, должен по справедливости признать, что усилия немецкого управления увенчались реальными успехами — евреев больше почти не видать».
Зверское уничтожение еврейского населения имело место на Украине, в Белоруссии, в Прибалтике.
В г. Риге проживало до немецкой оккупации около 80 000 евреев. К моменту освобождения Риги Красной Армией там осталось 140 евреев ...»

НОТА НАРОДНОГО КОМИССАРА ИНОСТРАННЫХ ДЕЛ СССР ТОВ. В. М. МОЛОТОВА ОТ 6 ЯНВАРЯ 1942 г. О ПОВСЕМЕСТНЫХ ГРАБЕЖАХ, РАЗОРЕНИИ НАСЕЛЕНИЯ И ЧУДОВИЩНЫХ ЗВЕРСТВАХ ГЕРМАНСКИХ ВЛАСТЕЙ НА ЗАХВАЧЕННЫХ ИМИ СОВЕТСКИХ ТЕРРИТОРИЯХ (стр. 135 книги)

Народный Комиссар Иностранных Дел товарищ В. М. Молотов направил всем послам и посланникам стран, с которыми СССР имеет дипломатические отношения, ноту следующего содержания:

«По поручению Правительства Союза Советских Социалистических Республик имею честь довести до Вашего сведения следующее:

… Вырвавшиеся из Киева советские граждане описывают потрясающую картину одной из этих массовых казней: на еврейском кладбище г. Киева было собрано большое количество евреев, включая женщин и детей всех возрастов; перед расстрелом всех раздели догола и избивали; первую отобранную для расстрела группу заставили лечь на дно рва, вниз лицом, и расстреливали из автоматов; затем расстрелянных немцы слегка засыпали землей, на их место вторым ярусом укладывали следующую партию казнимых и вновь расстреливали из автоматов.

Много массовых убийств совершено германскими оккупантами и в других украинских городах, причем эти кровавые казни особенно направлялись против безоружных и беззащитных евреев из трудящихся. По неполным данным, в г. Львове расстреляно не менее 6 000 человек, в Одессе — свыше 8 000 человек, в Каменец-Подольске расстреляно и повешено около 8 500 человек, в Днепропетровске расстреляно из пулеметов свыше 10 500 человек, в Мариуполе расстреляно более 3 000 местных жителей, включая многих стариков, женщин и детей, поголовно ограбленных и раздетых донага перед казнью. В Керчи, по предварительным данным, немецко-фашистскими разбойниками было убито около 7 000 человек...»

***

Сегодня, 16-го апреля 2017-го года исполняется 75 лет со дня второго массового расстрела еврейского гражданского населения в Виннице. Точные данные отсутствуют, но, по разным источникам, было убито около 4 000 человек (http://www.proza.ru/2017/01/30/842).

Опубликовано 14.04.2017.

Клинический случай, или низость в биквадрате

Александр Жовнер:
"Я был на нескольких местах захоронения растерянных евреев и везде свято храниться память невинных жертв, На все эти места с разных стран приезжают люди, возлагают цветы...... А в Виннице такого места нет и соответственно нет и памятника. Да, евреи из города пропали, как вариант, их могли вывезти в лагеря смерти. НО В ВИННИЦЕ И РЯДОМ ЕВРЕЕВ НЕ УНИЧТОЖАЛИ.
Ещё одна ваша бездоказательная статья по этому поводу."
(https://www.facebook.com/groups/vinnichane/ от 19.04.2017 — реплика по поводу моей публикации в Прозе.ру «Девять сосен — свидетельниц гибели»)

***

Ниже приводятся выдержки из книги «Ernst Reuss - Wie Deutsche und Russen mit ihren Gegnern umgingen ... - 2010, edition ost im Verlag Das Neue Berlin, Berlin: Как немцы и русские обходились с их противниками… ». Саму книгу — о лагерях военнопленных — я разберу в другой раз. А тут — только факты о том, чего, по выше упомянутому фальсификатору, совсем и не было.

Итак, я начинаю цитировать книгу (строку за строкой, со стр. 40, без купюр):

«… Также в районе Винницы, где располагался с августа 1941-го года Stalag 329 (лагерь советских военнопленных — С. В.), часто происходили подобные события (перед этим автор перечислял данные о массовых расстрелах евреев в других местах — С. В.). Многократно свидетели приводили сведения об убийствах от 5 до 50 человек. Это случалось прежде всего после прибытия айнзацкоманды 6 в июле 1941-го года, то есть ещё до развёртывания лагеря военнопленных.

Одна из этих — продолжающая три часа — акция убийств в Виннице была преступником из батальона полиции 45 позже описана следующим образом: «Евреи должны были подходить по одному к колодезной шахте. У каждой шахты находился один из солдат 2-й роты… Жертвы должны были - лицом к шахте - слегка наклониться через ограничительную стенку шахты и выстрелом из пистолета в затылок убивались стрелком. В результате жертвы падали в шахту вниз головой. Это происходило без промедления, то есть, в среднем каждую минуту у каждой шахты убивалось по одному человеку. Так я это воспринимал. Не верю, что требовалось больше времени.»

Согласно "Сообщению о мероприятиях" (своеобразным отчётам — С. В.) № 38 от 30-го июля 1941 года и № 47 от 9-го августа 1941-го года, в Виннице было уничтожено 146 евреев. 30 из них — у стены занятого айнзацкомандой бывшего здания НКВД и другая группа — у песчаного карьера у городской черты членами айнзацкоманды 6.

21 год после окончания войны во время процесса над членами айнзацкоманд по этим случаям были опрошены свидетели. Один из участников экзекуций так описал происходившее: «Следующим местом действия могу назвать я Винницу… Мы находились в здании НКВД. Однажды во дворе провалился автомобиль нашего соединения. Было установлено, что там были захоронены трупы, оставленные русскими. Для извлечения этих трупов были согнаны только евреи. В конце работы эти евреи, 30 - 40 человек, были расстреляны… А потом и других евреев расстреляли.
Расстрел происходил у песчаного карьера на краю города.»

Айнзацкоманды оставляли широкий кровавый след в основном среди еврейского населения, о чём слухи дошли до Винницы. Евреи пытались убежать из города, что привело, при вступлении в город айнзацкоманд, к настоящей охоте на евреев.
Служащий айнзацкоманды 6 рассказывает: «Из нашего подразделения была сформирована небольшая команда, состоящая из служащих SD (службы безопасности — С. В.) и SS (охрана гитлеровской партии — С. В.). Лично я с ними не поехал. Небольшая команда выехала из Винницы в сторону румынской границы. По пути все встретившиеся им евреи были

расстреляны. По рассказам, в результате этой охоты были убиты тысячи евреев. Из Винницы мы двинулись в сторону Киева.»

После этих «Основных чисток», выполненных айнзацкомандой 6, последующее подразделение ещё имело чем заняться. Служащий этого отряда сообщил о непрерывно проводившихся экзекуциях: «Наш отряд имел то же задание, что и айнзацкоманда. И при мне состоялись расстрелы евреев. Возможно, это были не только евреи, которых рано утром, чтобы население не видело, погружали на грузовики и увозили. Было ясно, что их уже не освободят.»

Официально, с помощью айнзацкоманд должны были с самого начала предупреждаться беспорядки. Потенциальных зачинщиков волнений следовало беспощадно уничтожать. В Виннице было, очевидно, два таких предупредительных мероприятия. При первой акции 22-го сентября 1941-го года шла речь о 28 000 расстрелянных. По высказываниям стационированных в Виннице солдат, в тот день были убиты в основном старые и больные евреи.
Старые и больные как «потенциальные подстрекатели»?

Один из членов Резервного полицейского батальона - служащий банка Хельмут Б. - сообщает о первой акции против евреев: «Это было в сентябре 1941-го года, когда я в свободное время с товарищами прогуливался по Виннице. Так попали мы на спортплощадку (стадион в парке — С. В.). Там увидели мы скопление евреев, согнанных под охраной SS - и SD - солдат в тесный круг. Я припоминаю, что толстый, крепкий служащий SD так ударял евреев карабином, что те падали. Я слышал, как этот солдат сказал: «Что, ты свинья, хочешь не быть евреем?»…
Через несколько минут мы отошли от этого места, потому что нам не хотелось это наблюдать. Я знаю, однако, что среди евреев было много очень старых людей. Это были дряхлые мужчины и женщины.»

Были эти люди опасными врагами? Явно — нет. Война Гитлера на востоке была, по меньшей мере, также расистски мотивированной войной на уничтожение народов.

Один член соединения SS из отделения всадников сообщает о - вероятно - том же (таком же) расстреле: «Нас доставили на грузовиках к расположенному около Винницы участку леса. Там была выкопана яма, у которой находились служащие SD… На отрезках от 10 до 20 метров занимал пост один из наших служащих. После прибыли грузовики, в кузове каждого из которых было приблизительно по 40 человек. Эти люди — женщины, мужчины и дети — должны были после того, как они покинули автомашины, снять с себя всю одежду, а затем по образованному солдатами коридору достичь ямы. Там стояли SD - служащие, из коих было по два с пистолетами. Они и расстреливали людей, которые перед этим должны были спрыгнуть в яму…
Как я узнал из слухов, расстрелянные были пациентами одной из больниц города, а также взятыми из квартир, где они проживали.»

Уже в апреле 1942-го года, по рассказам солдат, произошёл в Виннице очередной массовый расстрел, при котором, по высказыванию свидетелей и прокурорской оценке, было убито минимум 15 000 лиц еврейской веры. В 1960-м году по этому поводу проводилось прокурорское расследование.

Об этой акции сообщает прокурору другой служащий Резервного батальона 69: « В это время у меня на вещевом складе работали две еврейских девушки… Я был также в квартире этих девушек, они были сёстрами. Там разговаривал я с матерью этих девушек…

Через короткое время после нашего прибытия в Россию (фактически речь идёт о захваченной территории СССР, об Украине — С. В.) приходит ко мне старшина Радершатт и говорит, что в Виннице будет проведена акция против евреев. Он дал мне поручение в пустых домах, в которых проживали евреи, посмотреть, нет ли там подходящей мебели для наших служебных помещений…

Я предполагаю, что к этому времени все евреи, которые не были в состоянии работать, были расстреляны. Я основываюсь на том, что позднее только способные к труду евреи работали у нас.

В апреле 1942-го года была проведена вторая акция против еврейского населения Винницы… в то время я был как раз в отпуске. Когда я возвратился, моим первым вопросом был, где мои еврейские девушки? Я вспоминаю точно, мне было сказано, что винницкие евреи были расстреляны.»

Ещё один служащий Резервного батальона полиции 69 - официант Карл Х. - сообщил во время допросов: «Я с другими товарищами оцеплял спортивную площадку. Еврейские семьи уже явились на площадку, плакали и кричали. Спереди прозвучал приказ «Проходить!». Мы вынуждены были постоянно сзади подгонять. Евреи шли в направлении леса…

После акции сотоварищи были разбитые. Но никто не говорил охотно по сути. Так я узнал, что евреи были расстреляны, детали я не могу добавить, так я свидетелем собственно расстрелов не был.»

Полицейский-мастер Петер Г. из Резервного полицейского батальона высказался о второй акции так: «Я был… включён в оцепление. Я был сначала очень удивлён, в чём собственно дело. Мой пост был примерно в 120 метрах от большой ямы и я мог чётко видеть, как служащий SD с автоматом с края ямы в эту яму стрелял…

Вместе с другими… я должен был следить за тем, чтобы евреи не могли сбежать… По одной из размытых дорог евреи проходили мимо нас. Я наблюдал, как они разрывали деньги и другие вещи бросали в грязь.

Около 30 метров от места экзекуции жертвы должны были раздеться и сложить одежду в кучу. Голыми шли они к яме и были… расстреляны. Я точно видел, что это были мужчины, женщины, дети. Евреи вели себя дисциплинированно. Так я видел, как семьи прощались и женщины целовали своих детей. Одни евреи громко молились, другие громко кричали.»

Герберт Х. сообщает также о выше цитированной второй «акции» против евреев Винницы. Он сопровождал в качестве ординарца капитана, который, на основании загрузки на машины в районе базара, полюбопытствовал и со словами «Сейчас мы увидим игру» поехал вслед за грузовиками с людьми. Он не желал отказаться от возможности увидеть расстрелы. Ужасная «игра» происходила следующим образом: «Мы видим, что евреи должны спрыгнуть с грузовика на землю. Это были мужчины, женщины, дети. SD - солдат указывал в направлении разрушенного здания…

И мы тоже двинулись в сторону этого здания. Там должны были евреи раздеться… Этот барак имел сзади выход, через который голые евреи шли по растоптанной дороге около 300 метров. Там стояли SD - солдаты и полицейские, снова с собаками. Группами шли евреи по этому пути, постоянно подгоняемые SD - служащими.

И мы пошли этой дорогой и дошли до большой ямы размером примерно 30 x 40 метров и глубиной около 4 метров. В этой яме уже лежали в 4 - 5 слоёв голые люди, которые были расстреляны.

Люди, выполняющие расстрелы, были в голубых комбинезонах, которые обычно носили слесари, и имели русские автоматы. У одного из них был пистолет 08 мм и он добивал евреев, которые ещё не были мёртвыми.

Я видел, как эти люди бежали по мёртвым к тем евреям, которые, упав на колени, ожидали выстрела в затылок. Иногда стоящие на коленях евреи расстреливались из автоматов. Я также наблюдал, как одному еврею пуля попала в артерию, потому что он обернулся. Я считаю, что это был офицер, который подошёл и убил этого еврея выстрелом в голову. У края ямы стояли некоторые SD - служащие в накидках от дождя, заставляя подходящих евреев прыгать в яму. Если те не желали прыгать, их туда сталкивали…
Я знаю, что в этом месте экзекуций были ещё две ямы. Я слышал стрельбу около них.

Одна история даже на закалённого капитана произвела сильное впечатление: «Капитан М. и я стояли у края ямы, когда молодые еврейские супруги с двумя детьми должны были спрыгнуть в яму. Мужчина увидел капитана М., подошёл с двумя детьми на руках к нему и сказал: «Почему всё это, я ведь ничего не сделал.»
Капитан М. отвернулся и сказал мне, что он тут не исполняет никакой функции. Я видел, что капитан М. был глубоко взволнован. Мужчина с женой и детьми прыгнули в яму и были расстреляны так, как я уже это описал.» Расстрелы продолжались от 9-ти до 16.30 часов.

За массовый расстрел в Виннице никто из 1-й роты Резервного полицейского батальона не был обвинён, так как те «только» проводили оцепление. Убийцы остаются во многом в темноте. Обвинения против служащих айнзацкоманды 6 привели к некоторым приговорам, но не за массовое убийство в Виннице.»

Представленный выше текст — дословный перевод со страниц 40 - 47 книги Э. Ройсса. Я не выбросил из текста ни единого слова, не правил его, хотя слог некоторых свидетельств весьма корявый.

Э. Ройсс - юрист по образованию - использовал сведения из документальных книг, материалы архивов (в основном Федерального архива в Людвигсбурге), протоколы судебных процессов, пр.

Смысл этой публикации в самой меньшей мере — в опровержении выделенных современным преступным фальсификатором слов («… В ВИННИЦЕ И РЯДОМ ЕВРЕЕВ НЕ УНИЧТОЖАЛИ») [обратите внимание - «растерянных евреев», как указывает эта нечисть - Ж.]. О массовых расстрелах еврейского населения написано достаточно - и убийство многих тысяч нельзя опровергнуть. И в моих прежних публикациях (http://www.proza.ru/2015/01/27/96 , http://www.proza.ru/2016/09/27/1500 , http://www.proza.ru/2017/01/30/842 , http://www.proza.ru/2017/04/16/40), и в воспоминаниях остававшегося в оккупированной Виннице врача В. Я. Куликова, и так далее приведено достаточно неоспоримых фактов. Я просто решил, коль уж такой повод представился, добавить немецкие материалы, о которых в Виннице ничего или мало известно.

28-го апреля сего года на месте второго массового расстрела винницких евреев (улица Максимовича, территория «Зеленостроя») состоится городской траурный митинг, приуроченный к 75-летию этого трагического события. Провокатор, пробравшийся в еврейскую общину «вольнослушателем», отрицающий всё и вся, может увидеть там два памятника, послушать выступления представителей городских властей, членов еврейской общины и родственников тех, кто погиб в оккупированной нацистами Виннице.

Опубликовано 20.04.2017.

Преступления и безнаказанность

Я уже писал об этом, я уже пытался объяснить это по отношению к военным преступникам II -го Рейха (http://www.proza.ru/2015/01/27/96).

Слишком высоким было отношение числа виновных нацистов («потенциально или фактически подсудных») к числу невиновных («потенциальных или фактических судей») граждан Германии. Провести через следствие и трибуналы дела всех подозреваемых (обвиняемых) было невозможно, а специальные судебные органы, созданные для этой цели, имели нередко, как сейчас представляется, не совсем верную ориентировку.

Несомненно, безнаказанность - состояние, при котором преступления, совершенные гражданами, остаются без наказания, справедливого возмездия - не была тотальной. И о полной бескарности - оставлении без наказания за вину - можно в отношении преступлений нацистов говорить только в сильно преувеличенной, гиперболической форме. И кто, вообще, состоянии определить тот уровень наказуемости, применимости наказания к поражению в правах, к тюремному заключению на различные сроки, к лишению жизни, если речь идёт о сотнях тысячах преступников и о многих миллионах их жертв?

Но я всё-таки назвал эту публикацию именно так, употребив слово «безнаказанность» для большей выразительности, ибо речь тут — о преступлении, которого человечество до того ещё не знало, не пережило и всё ещё - через три четверти столетия - не в состоянии до конца осмыслить.

***

Количество изданных и издаваемых в Германии книг о Второй мировой войне не поддаётся воображению. Понять происходившее перед той войной, в ту войну и в первые десятилетия после неё в стране, подарившей миру огромное количество великих учёных, мыслителей, литераторов — трудно, почти невозможно! Хотя в каждой из книг об означенном времени предпринималась очередная попытка приблизиться к постижению происшедшей с немецким народом гибельной для него самого и для населения Европы метаморфозы.

Среди необъяснимых феноменов нацистской Германии одним из наиболее загадочных мне представляется неискоренимая вера до последнего в фюрера, болезненные проявления психики которого стали проявляться задолго до решения о самоубийстве в апреле 1945-го года.
Ещё осенью 1942-го года фюрер - полководец-дилетант, не имевший никакого военного образования, лишил большинство из высшего командования подразделениями вермахта возможности самостоятельного принятия решений. Диктатор вступил в клинч с Генеральным штабом, уволил, в частности, в сентябре 1942-го года шефа ГШ сухопутных войск генерал-полковника Франца Хальдера (Franz Halder, 1884 – 1972).
Атмосфера в Ставке под Винницей была накалена до предела. Фюрер не мог видеть никого, одетого в серую полевую форму. Он уединился в своём, не имеющем окон, бараке, который покидал только с наступлением темноты. Фюрер начал избегать совместных, с приближёнными к нему обитателями Ставки, обедов и ужинов. Обсуждение ситуаций на фронтах было перенесено в его личный барак и проходили в ледяной атмосфере.

И вот такая, лишившаяся во многом разума, деградирующая личность вершила судьбами миллионов, прежде всего, своих соотечественников. Но кроме редких и неудачных попыток свергнуть это чудовище, ничего против нацистского главаря не предпринималось. Его образ сверхчеловека продолжал витать над массами, всё ещё не понимающих, к какой пропасти они, ведомые безумным фюрером, сползают.

При каждом посещении городской библиотеки Кёльна я теряюсь среди многочисленных высоких стеллажей с книгами, но всё же стараюсь хоть что-то выудить об оккупированной нацистами Виннице, потому что не только в моё далёкое винницкое время, но и сейчас винничанам о периоде захвата города известно весьма мало. Украина, как я убедился на своём опыте, всё ещё далека до необходимой открытости архивных материалов.
Вот и в этот раз я выбрал два массивных тома, в которых обнаружил упоминания о городе моего рождения и юности.

Название книги, изображённой выше, - «Nicht ermittelt» - можно перевести как «не разыскивался (кто-то), не выяснено (не установлено, не обнаружено что-то)», «не добыты» (сведения о ком-то), а, если выражаться юридическим языком, то и - «не велось (следствие по делу кого-либо)». Подзаголовок книги - «Polizeibataillone und die Nachkriegsjustiz» («Полицейские батальоны и послевоенная юстиция») - смысл её названия во многом разъясняет. Автор книги — доктор исторических наук Штефан Клемп (Stefan Klemp, 1964) долгие годы занимался изучением профиля Ordnungspolizei (полиции порядка) и Polizeibataillone (полицейских батальонов) в Третьем рейхе. Шт. Клемп тщательно, словно детектив, проверил и оценил следственную работу юстиции ФРГ против полицейских батальонов, обнаружив при этом значительные упущения.

Книга вышла вторым изданием в «Klartext Verlag – Essen» в 2011-м году (первое издание - в 2005-м году). В книге — 603 страницы. Оба издания книги получили весьма высокую оценку в прессе.

Замечу сразу: в этой статье нет никаких сенсационных материалов, но она, выполненная ПО НЕМЕЦКИМ ИСТОЧНИКАМ (!), подтверждает и уточняет известные факты массовых убийств гражданского населения на захваченных нацистами территориях (в данном случае, в основном — в Виннице). К моему великому сожалению и презрению, всё еще существуют особи, отрицающие факты подобных убийств (Холокост). Ознакомиться с дальнейшим текстом статьи им было бы не лишне. Но неонацистов по мировоззрению подобные публикации не интересуют — и тут уж ничего не поделать.

Я обратился к материалам этой книги, вернее, к уже прежде отражённой мною теме в статье «Ди йидн фын Вінниця та йих дойче мёрдер» - http://www.proza.ru/2015/01/27/96, где есть небольшой раздел «Послевоенные судебные процессы (против участников айнзатцгрупп)», ещё и по другой причине.

В указанной выше публикации рассматривались в основном айнзатцгруппы — далеко не единственные формирования, принимавшие участие в карательных операциях, прежде всего, против мирного еврейского населения. Структура нацистских военных (полицейских) формирований и поставленные перед ними задачи мне, вообще, представляются мозаичными и хаотичными. Это хорошо видно на примере тех же полицейских батальонов (ПБ), которым посвящена книга Шт. Клемпа.

Вот как описываются ПБ (Polizeibataillone) в немецкой исторической прессе.
ПБ на оккупированных восточных территориях частично выполняли задания по обеспечению безопасности. К таковым относились, среди прочих, защита объектов и другие охранные действия. ПБ отвечали, например, за защиту мостов, общественных зданий, путей снабжения. Эти задания значились в служебных предписаниях как наиболее важные (первоочередные), что касалось роли полиции порядка (Ordnungspolizei) в войне. В немецких газетах военного времени писали же более точно: «ПБ проводят чистку на Востоке». И в них шла уже речь также о борьбе с засадами (партизан), иными опасностями. В процессе войны ПБ (и их объединения - полицейские полки) использовались не только в тылу, но и на линии фронта.

[Полицейские полки включали по три батальона и особые подразделения, в том числе - айнзатцкоманды, или айнзатцгруппы.]

О чём немецкая пресса, прославляющая в войну ПБ, совсем не писала, так это — о постепенном вовлечении ПБ в национал-социалистические массовые убийства мирного населения. Среди заданий, стоящих перед ПБ, всё чаще были акции по уничтожению населения. К тому же им была передана охрана мест убийств — концентрационных лагерей и гетто. ПБ сопровождали поезда с депортированными в концентрационные лагеря, проводили эвакуацию (зачистку) гетто и участвовали в массовых расстрелах гражданского населения на территории Польши и Советского Союза. Подобные расстрелы происходили как в рамках уничтожения евреев, так и — искоренения славянского населения. Приказы о проведении подобных акций поступали сверху, но нередко командиры ПБ проявляли собственную инициативу (http://www.gbg-koeln.de/denkmal/jg10/ent_pol.htm).

Zentrale Stelle der Landesjustizverwaltungen zur Aufklärung nationalsozialistischer Verbrechen — Центральная служба Земельного управления юстиции по выяснению национал - социалистических преступлений (таких служб было организовано в разных федеральных Землях несколько, например, в Земле Баден - Вюртемберг - в городе Людвигсбург), как и ряд аналогичных организаций в иных федеральных Землях, имели и имеют задание проводить (пред)расследования актов насилия над гражданским населением в период 1939 - 1945-го годов, особенно касающихся концентрационных лагерей.

Конференция министров юстиции Земель ФРГ в 2015-м году пришла к заключению, что конец подобных расследований «в настоящее время предвидеть нельзя». Сейчас увеличивается количество дел, передаваемых в прокуратуру, против охранного персонала концентрационных лагерей (http://www.zentrale-stelle.de/pb/,Lde/Startseite).

Теперь рассмотрим роль ПБ, действовавших в оккупированной Виннице.

Полицейский батальон 45.

Летом 1941-го года этот ПБ из тогда немецкого городка Aussig (ныне - Usti nad Labem в чешской Северной Богемии) был направлен на Украину. Командиром батальона в то время являлся майор Martin Besser. Жертвы ПБ 45 (июль - ноябрь 1941-го года): 70 евреев в Шепетовке, не менее 100 евреев — в Славуте, не менее 1000 евреев на территории одного из аэродромов, не менее 80 евреев — в Судилкове, не менее 1000 евреев в Виннице (сентябрь) и не менее 50 евреев — в Хороле.
Участие ПБ 45 в этих убийствах было доказано прокуратурой городов Регенсбург и Дортмунд. Были ещё массовые расстрелы в Бабьем Яру, Бердичеве…
Общее число жертв — минимум 2300.

5-го августа 1971-го года Земельный суд Регенсбурга приговорил старшего лейтенанта ПБ 45 Engelbert Kreuzer к семи годам тюремного заключения.

23-го октября 1975-го года тот же суд постановил считать Fritz Forberg - другого служащего ПБ 45 - участником массовых расстрелов минимум 2400 евреев Украины. Но от наказания су[д] воздержался, то есть, в тюрьму Fritz Forberg заключён не был (причина не указана).

В отношение Martin Besser судебное преследование было приостановлено из-за его неспособности участвовать (по состоянию здоровья) в судебном процессе.

Полицейский батальон 69.

Сформирован в Кёльне из служащих ПБ 62 и ПБ 66 (в небольшом числе - из ПБ 64) 18.08.1941-го года. В сентябре того же года ПБ 69 был передислоцирован на оккупированные территории СССР. Командир — майор Richard Sonnenberg. ПБ 69 состоял в подчинении вермахта. Штаб ПБ 69 находился в Вильно.

1-я рота ПБ 69 была размещена на территории Винница - Николаев. Многие служащие ПБ 69 участвовали в массовых расстрелах гражданского населения.

В сентябре 1941-го года 1-я рота в течение трёх недель находилась в Виннице. Свидетели на судебном процессе рассказывали о том, что в период «акций эвакуации» (на языке нацистов, фактически - акций уничтожения) евреев служащие роты оцепляли улицы во время захвата службой безопасности еврейского населения, которое погружалось на грузовики и увозилось за город на расстрел, осуществлявшийся той же службой безопасности.

Вторая подобная акция осуществлялась в январе 1942-го года в Литине, где всех евреев согнали на площадь, чтобы потом увезти на расстрел. Один из водителей грузовика из служащих ПБ 69, откомандированный в помощь службе безопасности, наблюдал расстрелы. По его словам, расстрельная яма была около 100 метров в длину и 10 метров в ширину. Жертвы должны были полностью раздеться, группами по десять человек ложиться на уже расстрелянных, после чего по ним стреляли из автоматов. Акция продолжалась до позднего вечера.

Всего в акциях (Винница, Литин) 1-й ротой ПБ 69 было уничтожено несколько тысяч евреев [и] 50 цыган (в Новоукраинке, Кировоградской области).

Расследования прокуратурой города Дортмунд первоначально велись против 500 служащих ПБ 69, которым было предъявлено обвинение в участии в массовых убийствах гражданского населения. Но я тут останавливаюсь только на 1-й роте этого батальона. Всего в ПБ 69 было четыре роты: 3-я и 4-я творили зверства в Белоруссии. Особо известны акции ПБ 69 в местечке Лахва Брестской области — месте одного из первых восстаний в еврейском гетто в период Второй мировой войны (https://uk.wikipedia.org/wiki/).

Участие в акциях массовых убийств осталось для служащих 1-й роты без последствий. Судебное преследование против них было в 1968-м году приостановлено: они, мол, не знали конечной цели акций, в которых принимали участие (по их словам, выполняя только оцепление улиц). Так утверждали все, без исключения, обвиняемые.

Полицейский батальон 304

ПБ 304 относится к особо примечательным своего рода. Его командир Kurt Deckert был непреклонным ненавистником евреев, возможно, даже превосходящим в этом самого' Хайнриха Гиммлера. Посему ПБ 304 относится к соединениям, отличавшимся самым высоким числом жертв среди гражданского населения.

Организован в начале 1940-го года в саксонском Хемнице как полицейский батальон обучения, с 16-го сентября того же года переименован в ПБ 304. Сначала батальон участвовал в убийстве польских евреев, а с августа по декабрь 1941-го года — украинских. Кровавый след ПБ 304 тянулся, в частности, через Староконстантинов, Винницу, Ладыжин, Умань, Гайсин, Кировоград, Знаменку, Киев. Среди убитых ПБ 304 были также военнопленные и коммунисты.

По данным следователей СССР, государственной безопасности и юстиции Восточной Германии прямое участие ПБ 304 отмечено в убийствах примерно 17 000 человек. В тоже время прокуратура западногерманского города Дортмунда в 1968-м году заключила, что никакой констатации прямого участия ПБ 304 в акциях против евреев не получено (расследование велось против 64 человек). Хотя позднее была доказана фальшивость этого заключения, возобновление прекращённого расследования не последовало.

В ГДР в 1975-м году восемь бывших служащих ПБ 304 были приговорены к тюремному заключению на сроки от 13-ти лет до (пятеро из них) пожизненного . Вообще же, судебные процессы против служащих ПБ 304 начались в советской зоне оккупации Германии ещё в 1945-м году. До 1948-го года были осуждены 56 человек на сроки от 8 до 25 лет. 15 служащих ПБ 304 были приговорены к смерти. В 1955 - 1956-х годах, в процессе широкой амнистии, получившие сроки были освобождены.

В 1970 - 1980-е годы преступления ПБ 304 расследовала также прокуратура города Мюнхен. Результат (1982-й год) по убийствам в районе Гайсина: приостановление следствия, так как командир батальона Декерт уже умер, а против других обвиняемых не нашлось конкретных доказательств их непосредственного участия в массовых расстрелах гражданского населения.

В 1990-е годы — повторное расследование в Мюнхене (после объединения Германии прокуратура получила неограниченный доступ к материалам, собранным в ГДР против служащих ПБ 304). Но и оно не привело ни к чему: главные обвиняемые к этому времени уже умерли.

Полицейское кавалерийское отделение I.

Организовано в июле 1941-го года в польском городе Ясло. Включало штаб отделения и три эскадрона. Командир — майор Adolf Hahn.

В Виннице находился 1-й эскадрон (командир — капитан Günther Bock) с апреля - мая 1942-г года (прибыл из Проскурова). Часть эскадрона уже из Винницы была послана в белорусский Брагин для борьбы с партизанами в Припятских болотах. После возвращения её в Винницу весь эскадрон переместился во Владимир-Волынский.

Данных об участии 1-го эскадрона в массовых убийствах гражданского населения в Виннице и её округе нет. Зато «прославился» этот эскадрон массовыми убийствами евреев в Проскурове, 2-й эскадрон — в Каменец-Подольском, и так далее.

Всего кавалерийский батальон повинен в гибели 4 900 человек.

Когда прокуратурой города Дортмунд началось расследование преступлений Полицейского кавалерийского отделения I против гражданского населения, умерли уже и Bock (1970), и Hahn (1971). Никто не был осуждён.

***

Весьма непростым является вопрос о былой возможности уклонения от операций по уничтожению еврейского населения. Прокуратура города Мюнстер, расследовавшая означенные преступления, считает, что доказательств невозможности отказаться от содействия в этих преступлениях нет. Конечно, отмечает прокуратура, нет сомнения в том, чт служащие оказывались под определённым давлением, однако до сих пор не известно ни одного-единственного случая, когда военнослужащий, отказавшийся от участия в операциях по уничтожению гражданского населения, попадал в серьёзную, опасную для него ситуацию.

Известны подробности уклонения от выполнения приказа Хайнрихом Ханнибалом (Heinrich Hannibal), описанные в книге Heinz Artzt «Убийцы в униформе». Майор Schutzpolizei (дословный перевод - полиции защиты: при наци-режиме объединившей полицию безопасности и полицию охраны порядка) отказывался выполнять приказы высших чинов Службы безопасности и полиции, в том числе SS - Obergruppenführer Jeckeln, требующих участия подчинённого ему полицейского батальона 303 в расстрелах еврейского населения. Jeckeln обругал его, назвав «дряблым псом», и заявил, чтобы Ханнибал больше ему не попадался на глаза. Ханнибал и его батальон в наказание были направлены на фронт, где, несмотря на уклонение от выполнения выше означенных приказов, бывший майор дослужился к концу войны до звания генерал-майора Schutzpolizei. Свидетели на судебном процессе против Ханнибала отмечали, что Ханнибал - давний борец национал-социалистического движения - уклонялся от участия своего батальона 303 во всех акциях по уничтожению евреев. Правда, неизвестным образом в расстрельной команде в Бабьем Яру оказалось 11 служащих полицейского батальона 303.

Категорически отказался Ханнибал, несмотря на переданный ему лично командиром полка Rene' Rosenbauer приказ, и от расстрелов евреев в Виннице. Rene' Rosenbauer вынужден был уступить — и ввёл в эту акцию полицейский батальон 45 под командованием майора Besser.

Но судебное расследование всё-таки доказало, что в Польше и Украине ПБ 305 под командованием Ханнибала выполнял приказы по выполнению далеко не военных заданий. К концу войны Ханнибал достиг, как уже указывалось, воинского звания руководителя бригады СС (нижний генеральский чин). В 1945 - 1947-х годах Ханнибал находился в плену у американцев (описанный выше судебный процесс происходил в конце 60-х - начале 70-х годов).

Рассказал я именно о Ханнибале, так как его уклонение от убийств гражданского населения касалось, в частности, евреев Винницы. Судьба винницких евреев от этого не изменилась, но всё же, как видите, слепое выполнение приказов свыше немецкими военнослужащими наблюдалось не всегда.

Известны случаи самоубийств в немецкой полиции и армии, когда служащие, принуждаемые к массовым убийствам гражданского населения, не находили другого выхода избежать участия в уничтожении невинных людей. Бывали даже небольшие мятежи, дезертирство (полицейский батальон 72) на почве отказа принимать участия в акциях по ликвидации гражданского населения. Понятно, что вермахт старался предупредить подобное и жестоко карал (заключением в концентрационные лагеря) непослушных военнослужащих.

***

Изображённая в коллаже вторая книга на примере айнзатцгруппы D, оперировавшей в южных районах Советского Союза, повествует об оккупационной политике и массовых убийствах гражданского населения. 800 - страничная книга доктора философии Андрея Ангрика (Andrej Angrick, 1962) издана в Гамбурге (Hamburger Edition HIS Verlagsges. mbH – 2003): «Besatzungspolitik und Massenmord. Die Einsatzgruppe D in südlichen Sowjetunion 1941-1943». В ней о Виннице — немного, но всё-таки — ещё какая-то малая часть из того необъятного, о котором на Украине мало или совсем не пишут.

Многим известно, что южная часть Винницкой области во время оккупации находилась (в результате договора в Бендерах от 30-го сентября 1941-го года) под временным управлением Румынии, в так называемой Транснистрии (между Южным Бугом и Днестром), означающей - по-румынски - Приднестровье. И что румынские власти по отношению к евреям были не столь кровожадны, как нацисты. Однако не следует забывать, что Румыния даже на контролируемой ею территории была всё-таки подвластна Германии.

Многостороннее влияние немецкой стороны на политику в отношении евреев доказывается на примере Sonderführer Johann Maiterth (зондерфюрер Йоханн Майтерт). Последний воспользовался возможностями своей должности советника по народно-хозяйственным вопросам румынского Управления Транснистрией, стоившими жизни примерно 3000 - 4000 евреям в Копайгороде Барского района, Винницкой области. Как экономический советник Майтерт не имел никакого отношения к «еврейскому вопросу», но, тем не менее, в избытке принимал решения, которые, по заявлению Земельного суда в городе Нюрнберг - Фюрт (1974), могли бы быть основанием для пожизненного тюремного заключения (судебные акты: LG Nürnberg-Fürth 730824, место преступления - Kopaigorod). Я читал только сообщение о приговоре, но самого текста не видел: отсюда — не могу объяснить, почему о возможном приговоре сказано в сослагательном наклонении. Не исключено, что Й. Майтерт к тому времени умер.

[В Копайгороде проживала примерно одна тысяча евреев, но на станции Копай в июле 1941-го года нацисты организовали концентрационный лагерь, куда поместили несколько тысяч евреев из Румынии. Вообще, из румынских Губернаторств Бессарабии и Северной Буковины Транснистрию к концу 1941-го года было переправлено около 110 - 150 тысяч евреев (по немецким данным, 185 000), большинство из которых погибли. Одновременно с евреями изгонялись в Транснистрию и цыгане. Советские войска вошли в Транснистрию в марте 1944-го года, а в апреле вся территория Транснистрии стала свободной от нацистов.

Всего на территории созданной Транснистрии перед войной проживала 331 000 евреев (в одной Одессе с 350-тысячным населением - будущей столице Транснистрии — 32% всего населения города).

Евреи Транснистрии с начала 1942-го года начали получать помощь от еврейских общин Румынии, с 1943-го года - от международных еврейских организаций. Поэтому, хотя и погибли в Транснистрии примерно 200 000 советских и румынских евреев, 70 процентов от общего количества советских евреев, переживших оккупацию, были именно евреями Транснистрии (Альтман И. А. Холокост и еврейское сопротивление на оккупированной территории СССР / Под ред. проф. А. Г. Асмолова. — М.: Фонд «Холокост», 2002. — 320 с.)].

Коль речь зашла о Транснистрии, то у её границ у Южного Буга скопились тысячи согнанных туда в начале войны с СССР румынских евреев, отчасти используемых на сельскохозяйственных работах, а в основном — заключённых в лагеря, где они массово умирали от голода. Румынские власти отказывались расстреливать евреев, на чём настаивали немцы.

От Винницы до границы с Транснистрией было всего 35 км, а под Винницей — ставка фюрера. Посему майор полиции СС Помме (Pomme) - руководитель винницкой полиции представил ситуацию следующим образом: евреи — не только наиболее подходящие для шпионажа и саботажа, но и — распространители эпидемий и заразных болезней. Посему потребовал он либо расстрела евреев румынами, либо отдаления скоплений евреев от границ Рейхскомиссариата Украина. Расстреляны были перемещённые от границы Транснистрии с Рейхскомиссариатом Украина евреи солдатами зондеркоманды R (Russland) и - в местах существовавших тогда немецких поселений - так называемыми командами самозащиты (Selbstschutzkommando). По данным Министерства по оккупированным восточным территориям, командами самозащиты «ликвидированы» 28 000 евреев. Причём, во многих случаях ретивые служащие Selbstschutzkommando массово расстреливали евреев по собственной инициативе, не дожидаясь приказов немецкого начальства.

Именем Украинской советской социалистической республики от 06.09.1967- го года девять

фольксдойче и два украинца были осуждены как участники массовых расстрелов евреев [Подробности процесса мне не известны: о нём сообщено в книге Buchsweiler, Meir – «Volksdeutsche in der Ukraine am Vorabend und Beginn des Zweiten Weltkrieges — ein Fall doppelter Loyalität?», Gerlingen 1984 («Фольксдойче в Украине в преддверии и в начале Второй мировой войны — случай двойной лояльности?»).
Есть ли сведения об этом процессе в украинской литературе?].

Напомню, что министр внутренних дел фашистской Германии Heinrich Himmler (Хайнрих Гиммлер) планировал создать в районе Винницы и Житомира многочисленные немецкие поселения. Он обещал каждой немецкой семье по 15-20 (после окончания войны - даже по 30-35) гектаров земли — и фольксдойче заранее таким зверским образом старались выслужиться.

∗∗∗

В большинстве моих публикаций я что-либо о с п а р и в а ю или д о к а з ы в а ю, но в этой — строго придерживаюсь наставления Марка Фабиа Квинтилиана (Marcus Fabius Quintilianus, ок. 35 - ок. 96) о различении задач историка и оратора:
Scribitur ad narrandum - non ad probandum (Пишут для того, чтобы рассказать, а не для того, чтобы доказать).

Опубликовано 22.05.2017.

Ай, Моська! Знать она сильна!

Слева вверху коллажа — не иллюстрация к басне И. А. Крылова. Нет: таким представляется в facebook'e мой оппонент, которому, по словам Ивана Андреевича, духу придала надежда совсем без драки попасть в большие забияки.

Для этого, бегло ознакомившись с моей статьёй «Преступления и безнаказанность» (http://www.proza.ru/2017/05/22/2134) о том, что убийцы многих тысяч винницких евреев в 1941-1942-м годах остались в послевоенное время почти все безнаказанными, он сделал попытку 26.05.2017 (https://www.facebook.com/groups/historyofvinnytsia) меня закусать «наглядными доказательствами». С этой целью он опубликовал три фотографии (см. коллаж), сопровождая каждую из них кусачими, на его взгляд, вопросами:
- Интересно узнать... а вот эти... - тоже понесли наказание?!
- ...и вот эти...
- ...или они просто вышли погулять, стояли рядом, смотрели и вообще - не при чем?

Завершаются сии три «укуса» выбросом со слюной вируса бешенства:
- Как насчет сурового наказания для служащих юденраттов, еврейской охраны гетто, активно гнобивших своих единокровников? Кого-то повесили, или может посадили лет на 15? Что может нам сообщить уважаемый Нил Маркович по данному вопросу?
(Ну, сами понимаете, Нил МАРКОВИЧ — совершенно смертельный намёк. Ну, почти типа

Игорь - имя оппонента - АДОЛЬФОВИЧ…)

Не понял д о с и х п о р мой оппонент, что я многими принудительными контактами с коммунистическо-кагэбистской псарней надёжно иммунизирован против подобных инфицированных злобой царапин, исходящих от лиц с комплексом неполноценности, вызванным повторяющимися собственными ошибками и неудачами.

Конечно, он действует как бы осторожно, вроде бы деликатно, но, как и ряд прочих, не понимает абсурдность его утверждений и аргументации, завёрнутых в «вежливые» вопросики.

***

Но оставим моего оппонента на какое-то время в покое. Поговорим о более важном.
На мои публикации о времени оккупации Винницы нацистами нет ни одной дельной рецензии. Появляются только время от времени реплики малообразованных в целом и некомпетентных по этой тематике личностей, не подкреплённые хотя бы одной-двумя ссылками на оригинальные источники.

В Виннице, по ряду причин, лишь несколько сотрудников Областного госархива и Педагогического университета отважились на разработку тематики времени оккупации, но комментировать публикации неспециалиста (любителя) они, видимо, считают недостойной для них-профессионалов, более того - даже унижающей их - учёных и остепенённых дам и господ - деятельностью. Да, я по образованию далёк от вопросов истории, от архивной работы, но — считайте меня фанфароном, похвальбишкой, бахвалом — я не только описал ранее никем не опубликованное о годах оккупации Винницы, но и впервые глубоко проанализировал прежде известную либо впервые выявленную мной информацию. Я - единственный, как это громко не звучит, отважился на критику того, что было воспринято, как откровение, того, что и у меня поначалу вызвало положительный отклик, но с накоплением других сведений оказалось во многом, выражаясь языком неспециалиста-любителя, туфтой. Кто хоть немного в курсе дела, тот поймёт, что речь идёт об опубликованном «Свидетельстве очевидца» - врача В. Я. Куликова.

Я уже писал и повторяю в который раз, что отсутствующая реакция на мои публикации, показное равнодушие по отношению к ним специалистов-историков меня нисколько не задевают. Я ведь не стремлюсь ни к каким-то дополнительным научным степеням и учёным званиям (например, Почётного профессора указанного университета), ни к медалям Лауреата каких-то местных премий, ни (уже) даже к издательству моих трудов в столице Подолья. Я продолжаю работать в этом направлении дальше и не собираюсь прекращать поиск отгадок массы ребусов оккупационного времени.

Ну уж если станет сие, учитывая мой возраст, невозможным — угомонюсь.
Помните, у нашего земляка Н. А. Некрасова (Убогая и нарядная, 1859): «Но как ни буен был отец, угомонился наконец …» Но не радуйтесь — далее следует: «И стало без него им хуже.» Прошу прощения за поэтическое отклонение, но я чувствую, что вы у ж е устали, а вам ещё

113

читать и читать далеко не развлекательную прозу.

Я был бы глубоко опечален лишь в том случае, если бы обычные читатели обходили стороной мою страницу на Прозе.ру. Но всё происходит как раз наоборот - и кабы счётчик читателей моих произведений не давал странных сбоев … Но, опять же, сто тысяч читателей или более - это дело второстепенное. Как популяризатор знаний о Виннице и винничанах я замечен и оценён читателями.

Всё остальное оставим для истории. Никуда не денетесь, профессора, доктора и кандидаты наук: будете меня цитировать, если не захотите выглядеть - на посмешку - плагиаторами. (Такое уже случалось — и я об этом собираюсь вскоре поведать.) Я-то все ваши труды упоминаю открыто, вы мои — читаете под одеялом. А ведь мне они даются не легче, чем вам, да и собираю материал, пишу и публикуюсь я не по служебной обязанности.

Упоминаю я об этом снобистском отношении к моим публикациям только лишь потому, что нуждаюсь в замечаниях профессиональных историков, знатоков прошлого Винницы. Мои публикации не могут быть совершенны, учитывая отсутствие у меня специального образования. Но они должны быть, как минимум, неуязвимы в достоверности. И тут критика и помощь не были бы помехой. Но - по всем статьям! - ждать мне её — не дождаться.
Низкий поклон вам, дамы и господа!
Ваше место, однако, не пустует: вот возникают из ничего такие вот оппоненты. Они уверены: от вас они возражений не услышат, а я, возможно, когда-нибудь и сломаюсь.

Достоверных фактов украинской истории не хватало всегда. И сейчас их всё ещё недостаёт. И так же, как в лицемерные советские времена, продолжатели дел сторожевых псов коммунистического режима не допускают «чужаков» в свои подвалы, полные свидетельств страшных преступлений службистов времён, как говорилось, «диктатуры пролетариата». На самом же деле — времён кровожадных упырей ленинско-сталинской тирании.
А у входа в другие архивы — свои «собаки на сене»: сами ими не пользуется и других к ним не подпускают.

Вот и не разумеет нынешнее поколение, как и два предшествующих, «прелестей» жизни под деспотами, особенно в оккупационное время, когда страна и её народы были зажаты между двумя во многом схожими диктатурами. Молодые люди не в состоянии объективно оценить поведение своих предков и считают его субъективно почти всегда образцовым (лишь из-за родственных чувств), не обращая внимание на чрезвычайные трудности решения «к какому берегу пристать», когда оба — слизки, болотисты, а рядом — топи.
Была, признаюсь, и попытка, движимая родственными чувствами, обвинить меня в искажении данных о «свидетеле оккупации» - В. Я. Куликове, но опровергнуть упрёки наследника оказалось совсем просто — и он тут же ретировался (смотался, как говорили в моё винницкое время).

***

Вернёмся, однако, к моему оппоненту. И посмотрим, какими фотографиями решил он меня отхлестать.

Вот фотография еврейского полицейского в страшном лагере Саласпилс, что в 18 км от Риги. На нарукавной повязке надпись «Начальник еврейской полиции лагеря». В ВикипедиИ есть подробная статья «Саласпилсский концлагерь» на 12-ти языках (немецком, русском, белорусском и так далее, но — не на украинском). Евреев из этого лагеря перевели в Рижское гетто, о котором в ВикипедиИ тоже не мало написано на 12-ти языках (на немецком, русском, польском и пр., но — не на украинском). Объяснить, почему в Вікіпедії нет статей об указанных лагере и гетто — невозможно, потому что эти места смерти многих тысяч заключённых известны всему миру, как и страдания народов Украины в те же 1941-1944-е годы.

Две других фотографии — групповые фотографии еврейских полицейских. Верхняя — в Варшавском гетто, нижняя — не знаю, где.

Тему Варшавского гетто (статьи в ВикипедиИ на 45 языках) от его создания в октябре 1940-го года до известного любому образованному жителю планеты вооружённого восстания и ликвидации гетто весной 1943-го года тут развивать не место. Но напомнить моему оппоненту, что население гетто доходило до 450 000 человек, надо. Может быть, до него тогда дойдёт, что в мире не было и нет ни одного даже намного меньшего города, где отсутствует полиция, городской совет (в гетто - юденрат). Немцы в «карантинной зоне», как они обозначали это гетто, обнесенное высокой стеной, не появлялись. Они только контролировали юденрат, давали ему задания, пр.

Число полицейских в Варшавском гетто доходило до 2 500 человек, во Львове — 500 чел. Что касается еврейской полиции в целом, то в ВикипедиИ статья «Еврейская полиция» представлена на 19 языках, включая украинский - «Єврейська поліція».

Поведение членов Еврейской полиции называть в целом идеальным никто и не пытался: при такой массовости этих соединений в них встречались люди с совершенно разными жизненными установками.

Были ли члены Еврейской полиции наказаны? - об этом может спросить только полный профан: практически все евреи, находившиеся в лагерях и гетто в должности полицейских, были, наряду с прочими там заключёнными, уничтожены нацистами.

Ещё раз: наличие в лагерях и гетто евреев, сотрудничавших с нацистами, никто и нигде не оспаривал — и фото, представленные как «убийственное доказательство» (чего — только?), хорошо известны, как и тысячи других подобных средств нацистской пропаганды. Почему — пропаганды, да потому, что сделаны они были с целью сокрытия истинного положения в лагерях и гетто.

Что стало с еврейскими полицейскими — указывается в ВикипедиИ на различных языках. Вот выдержка из ВикипедиИ на украинском языке:

"Попри первинні обіцянки залишити живими поліцаїв та їх родини, згодом нацисти перестали дотримуватись попередніх угод. Більшість членів єврейської поліції та їх сім'ї зрештою спіткала доля інших жертв Голокосту. Саме це, зокрема, стало причиною приєднання частини поліцаїв до повстання у Варшавському гетто — завершуючи ліквідацію гетто, нацисти почали масово заарештовувати осіб, які з ними співпрацювали... Також відомі факти участі поліції у русі опору в Ризькому гетто."

В ВикипедиИ на русском языке сказано об этом же: «В один из последних дней ликвидации Варшавского гетто немцы арестовали сначала всех членов семей полицаев, а вскоре отправили в концлагеря и их самих. Некоторые бывшие полицаи участвовали в восстании в Варшавском гетто. Также известны факты участия еврейской полиции в движении сопротивления в Рижском гетто.»
И дополнительно — следующее: «Несмотря на то, что еврейская полиция активно помогала немцам в преследовании других евреев, в том числе в их отправке в концлагеря, многие её члены в конечном счёте разделили судьбу других жертв Холокоста, но не все. Часть бывших членов еврейской полиции Вильнюса, Каунаса и Шяуляя летом 1944 года были арестованы НКВД и осуждены за коллаборационизм с немцами.»

Сомневаться в тяжести приговоров не приходится. Так что на вопросы, поставленные моим оппонентом, ответ известен уже давно. Сама постановка указанных вопросов вслед за моей публикацией, прямо скажем, глупа. В статье шла речь о массовых расстрелах мирного гражданского населения (в основном, евреев) в Виннице и её округе ПО МАТЕРИАЛАМ НЕМЕЦКОЙ ПРЕССЫ и о наказании исполнителей этих акций НЕМЕЦКИМИ СУДАМИ.

Еврейская полиция в лагерях и гетто, даже при её самом жёстком обращении с заключёнными евреями, убийствами не занималась, не говоря уже о массовых бойнях, подобных сотворённым нацистами и их подельниками с винницкими евреями.

Словом, решаясь оппонировать мне, надо запастись хотя бы минимумом определённых знаний и трезвого мышления. То, что мой оппонент в закостенелости его мировоззрения не одинок, подтверждает дискуссия, опубликованная тут: http://waralbum.ru/154624/. Поводом для неё послужило как раз «Групповое фото еврейских полицейских в Варшавском гетто» (19.08.2013). Почитайте аргументацию всех участников дискуссии, что, конечно, мой оппонент не потрудился сделать. В противном случае, он бы задумался: стоит ли задавать эти скудоумные вопросы?

Опубликовано 27.05.2017.

До конца не раскрытая история одной фотографии

Начнём с опубликованного на винницком информационном портале VежА сообщения Дарьи Гоц от 28-го апреля 2017-го года «В Виннице чествовали память о тысячах замученных нацистами евреев» [здесь и далее - мой перевод с украинского языка — С. В.]. Есть об этом событии такое же сообщение на сайте Агентства «Крымские новости».
Что обращает на себя внимание?

Первое — в целом, по сравнению с прошлым годом, число собравшихся на этот митинг значительно возросло. И даже кое-кто из местного руководства пришёл: кто - с венком, кто - с цветами. Заметно большое количество детей — и это хорошо. Но всё же…

В Виннице проживает четыре тысячи евреев (данные, правда, 2008-го года: http://www.portal-credo.ru/site/?act=news&id=65401 и www.christusimperat.org/uk/node/2281). И двух процентов этого числа, судя по фотографиям, на митинге не было (включая представителей других национальностей). Тут комментарии излишни. Суммарное количество членов трёх еврейских общин Винницы — почему-то тайна за семью печатями. Но ясно, что оно превышает

117

количество присутствовавших на митинге.

Напомню, что в сентябре 1945-го года, по данным Управления Министерства государственной безопасности по Винницкой области, в подобном митинге участвовало 2 000 человек (подробности — в моей статье «Ди йидн фын Вінниця та йих дойче мёрдер» - http://www.proza.ru/2015/01/27/96). Пусть даже эта цифра проклятыми гэбистами от страха преувеличена, пусть евреев в Виннице тогда уже было значительно больше, чем сейчас (ещё продолжалось возвращение из армии и эвакуации), но ведь, во-первых, там были т о л ь к о евреи и, во-вторых, уже во всю бушевал государственный антисемитизм! Однако почтить память невинно убиенных не поленились и не п о б о я л и с ь многие сотни человек. Хотя и добираться до мест расстрелов тогда было не просто...

Сейчас же и смелости не надо было иметь, одно лишь желание. Только понимание того, о какой трагедии вспоминается, какому огромному количеству погибших винничан воздаётся память...

Второе — приводимая в репортажах цитата из выступления главного раввина Винницы и Винницкой области Шауля Горовица:

«Страшно бути на цьому місці, де загинули багато людей ні за що. Я нещодавно отримав фотографію, на якій було написано: "Останній єврей, якого вбили у Вінниці", але у них задумане не вдалося. Сьогодні ми зібралися тут для того, щоб згадати невинних дітей, жінок, чоловіків, які загинули 75 років тому. Це не повинно повторитися і у світі має бути мир.» (Страшно быть на этом месте, где погибло много людей ни за что. Я недавно получил фотографию, на которой было написано «Последний еврей, которого убили в Виннице», но им задуманное не удалось. Сегодня мы собрались тут для того, чтобы вспомнить невинных детей, женщин, мужчин, которые погибли 75 лет тому назад. Это не должно повториться и в мире должен быть мир.)

***

Итак, фотографию, которую уже давно знает весь мир, главному раввину показали только н е д а в н о. Я понимаю, что ни украинским, ни русским языками раввин в необходимой мере для знакомства с литературой на них не владеет. Но эта фотография хорошо известна в прессе и на английском языке, и на иврите. И почему, вообще, уважаемого ребе никто намного ранее не ознакомил с этой фотографией, не говоря уже - об информации о том, что сообщены имя, фамилия, возраст и место проживания изображённого на ней «последнего еврея Винницы» из ... Проскурова?

"Massenerschiessung in Winniza 1941
Freidkis Leib
* im ukrainischen Chmelnickij westlich von Kiew verheiratet mit Freidkis Fanya
Wahrscheinlich wurde Leib Freidkis im September oder Oktober 1941 zusammen mit 10 000

anderen Juden von einem Einsatzkommando bei Winniza erschossen.
Er war 31 Jahre alt." (http://www.tenhumbergreinhard.de/).

Этот текст находится рядом с обсуждаемой фотографией на сайте одного из любителей - исследователей преступлений нацизма; вот - перевод:
«Массовый расстрел в Виннице 1941
Фрайдкис (можно перевести и как Фрейдкис — С. В.) Лайб (Лейб) из украинского Хмельницкого, западней от Киева; женат на Фрайдкис Фане. Вероятно, Лайб Фрайдкис в сентябре или октябре 1941-го вместе с 10 000 других евреев был расстрелян около Винницы одной из айнзатцкоманд. Его возраст — 31 год.»
Уточним только, что Хмельницкий появился в 1954 г., до этого город назывался Проскуров.

[В ответ на мой вопрос г-ну Райнхарду Тенхумбергу (Дюссельдорф) о первоисточнике этих данных, последний ответил ссылками, которые ничего, увы, не проясняли. Подобное «разъяснение» я получил у него уже второй раз: первый раз — о гетто в Виннице, о чём я писал (http://www.proza.ru/2017/01/27/2389). Он, увы, не единственный, кто поступает так. - С. В.]

И подчеркнём, что приведенные выше данные о расстреливаемом БОЛЕЕ НИГДЕ не встречаются. То есть, опубликованная мною (http://www.proza.ru/2017/01/30/842) ссылка со сайта Р. Тенхумберга — вообще только вторая детализация (и первая — на русском языке) изображённого на фотографии «Последний еврей Винницы». Возможно, я просто в своих поисках не добрался до других аналогичных (или — подобных) разъяснений, так что, кто знает больше — не затруднитесь об этом известить.

Напоминаю, что фотография за рубежом была известна со времени Нюрнбергского процесса, на территории бывшего СССР, как минимум, - с первого десятилетия 2000-х, а для Шауля Горовица слово «Винница» уже лет десять (!) — понятие не абстрактное, не отвлечённое. Как совместить это с «недавно получил… »?

***

Почему я так заострил внимание на этой фотографии? Да потому что она уже давно — не просто фотография, а символ. То есть, образ или объект, имеющий собственное содержание и одновременно представляющий в обобщенной, неразвернутой форме некоторое иное содержание. По-другому говоря, эта фотография - картинное изображение с дополнительным, переносным иносказательным значением. В ней — основное содержание Холокоста, осуществлённого, как сейчас в Германии - с подтекстом - выражаются, «добровольными, послушными исполнителями Гитлера» или - «совершенно нормальными мужчинами».

Фотографий массовых расстрелов еврейского гражданского населения Украины есть немало, ещё намного больше их скрыто в архивах, так как, например, ФРГ не публикует фотографий обнажённых расстреливаемых. Факты наличия таких фотографий приводились мною в уже упоминавшейся статье «Ди йидн фын Вінниця та йих дойче мёрдер». Но все другие фотографии, скорее всего, не так выразительны и не дают такое глубокое представление именно об исполнителях Холокоста.

***

Фотография, представленная выше, повторяю, известна миру по материалам Нюрнбергского процесса (1945-1946). В Советском Союзе о ней знали только единицы: коммунистические власти скрывали, по разным причинам, очень многое о войне с нацистами, в том числе — и добровольное участие местного населения и военнопленных - бывших красноармейцев в карательных действиях гитлеровцев против мирного населения.

Но с распадом СССР, крахом «первого в мире государства рабочих и крестьян» правда о самой этой коммунистической империи, об истинной, страшной цене победы в войне с фашистами, а также очень многое прочее постепенно переставало быть тайной. И вот, наконец, и эта фотография попала на страницы русскоязычных сайтов. Но относительно долго не находила должного, на мой взгляд, отклика. И до сих пор символическое значение этой фотографии не оценено. Почему же? Попытаюсь объяснить.

Помните, у А. С. Пушкина есть стихотворение «Эхо»?

… На всякий звук
Свой отклик в воздухе пустом
Родишь ты вдруг.
… И шлёшь ответ;
Тебе же нет отзыва… Таков
И ты, поэт!

В отличие от эха, общественная реакция (отклик - отзывчивое, сочувственное отношение) возникает не «на всякий звук». «В воздухе пустом» советского - разрежённого господствующей идеологией и, соответственно, запретами - информационного пространства адекватный отзыв просто не всегда был возможен. В постсоветский же период внезапно продырявленная пустота всосала в себя столько пыли, что разглядеть в ней что-то действительно сто'ящее внимания оказалось не так-то просто. И пыль эта до сих пор не осела, потому что её постоянно и преднамеренно взбивают - всколыхивают.
В результате — почти по Афанасию Фету: «Облаком волнистым пыль встаёт вдали; конный или пеший — не видать в пыли … »

А если кто-то пытается привлечь внимание к чему-то поистине важному, указать на неоправданное отсутствие «эха», то ему не очень-то и верят. Средства массовой информации - в эпоху молниеносно разлетающейся по миру лжи любого формата - приобрели во многом свойства средств массовой «дезинформации» (с весьма осторожным отношением к ним общества). За правду теперь таковым, как мы, «поэтам» приходится бороться с удесятерённой энергией.

***

Вот - навскидку - адреса' в русскоязычном интернете, по которым можно обнаружить фотографию «Последний еврей Винницы» (в скобках указаны даты публикации и, если наличествуют, приписки к ней:
- https://www.obozrevatel.com/news/2007/7/4/178359.htm (4-го июля 2007-го года): «обнаружена в фотоальбоме солдата айнзатцгруппы Вальтера Шелленберга»,
- http://waralbum.ru/5714/ (13-го декабря 2009-го года),
- https://reibert.info/threads/foto-poslednij-evrej-vinnicy.
(начало обсуждения темы — 8 -го января 2011-го года, окончание — 10-го января того же года),
- http://konan-vesti.blogspot.de/2012/03/blog-post_6285.html (20-го марта 2012-го года),
- http://jkaliningrad.ru/2014/04/poslednij-evrej-vinnitsy (15-го апреля 2014-го года),
- http://historicaldis.ru/photos/20553818509 (26-го апреля 2014-го года),
- http://mirvkartinkah.ru/vtoray-mirovaya-vojna (26-го ноября 2016-го года).

Ниже представлены фрагменты дискуссий по этой фотографии.

По публикации от 13.10.2009:
«… сзади толпа военных самых разных родов войск, подразделений и специальностей (есть даже танкист и музыкант)»,
«У расстреливающего фашиста бравада очень опытного человека, показывающего зрителям, как надо стрелять и в какое место.»

По публикации от 08.01.2011:
«… на фото солдаты Вермахта, чины шутцманншафта [Schutzmannschaft - см. ниже — С. В.] и сотрудник полиции безопасности. Судя по тому, что на фото запечатлен музыкант Вермахта, носящий на своих плечах отличительный знак музыканта — т. н. кры'льца, можно сделать вывод о том, что дело происходит в глубоком тылу немецкой армии. На фото изображены чины шумы [Schutzmannschaft, SchuMa – шутцманншафт, шу'ма — С. В.] в черной форме, значит фото сделано не ранее весны 1942 г. (только тогда эту форму стали поставлять в шуму)».

[Schutzmannschaft (Hilfspolizei - HiPo) - вспомогательная полиция из местного населения на оккупированных нацистами восточных территориях в период 2-й мировой войны. В отличие от подобной Ordnungspolizei (Orpo) - полиции порядка, вспомогательная полиция существовала только в районах с гражданским (не военным) управлением, хотя и была структурно связана с SS/Orpo — СС/полицией порядка. К концу 1942-го года вспомогательная полиция в Польше, Прибалтике, Советском Союзе насчитывала 300 000, включая в себя формирования от единичных постов до батальонов (численностью до 500 человек каждый). Вспомогательная полиция была задействована при охране концентрационных лагерей и лагерей уничтожения, при массовых расстрелах еврейского населения, при борьбе с партизанами.

На территории Рейхскомиссариата Украина шутцманншафт включала 35 000 человек. Основная масса шутцманнов состояла из украинцев, но командовали ими исключительно фольксдойче, родившиеся на Украине. Среди полицаев было немало бывших советских милиционеров, советских военнопленных, а также — этнических русских и поляков.

Вспомогательная полиция носила взятую с немецких складов довоенных времён чёрную униформу, которая немцами вообще не использовалась. С бывшей чёрной униформы Общих СС сняли все знаки различия и отдали шутцманншафту, чтобы там прикрепили свои знаки различия. Мобильным подразделениям предлагали полевую униформу серого цвета.

На территории Рейхскомиссариата Украина полиция носила чёрную форму со светлыми воротниками и галстуками. Головным убором была пилотка или кепи летом, меховая шапка—зимой. Рядовой состав имел нарукавные нашивки, сержанты и командиры (не выше гауптмана)— на воротнике. На Украине полицаи нередко носили жёлто-голубые ленточки и/или трезубцы на головных уборах, однако их ношение периодически то запрещалось, то вновь разрешалось.

Получить чёткое представление о вспомогательной полиции не легко. Прочитайте о ней на немецком языке — языке войска, её породившего (https://de.wikipedia.org/wiki/Ukrainische_Hilfspolizei), а затем перейдите на эту же страницу на английском, русском, украинском и польском языках — и вы убедитесь в этом сами: где - подробности, где - совсем кратко, где - ясно, где - весьма туманно, а ведь это - об одном и том же! — С. В.]

Продолжаем читать прерванную мною - для некоторых разъяснений - дискуссию.

"Дело в том, что в конце января 1942 г. айнзацкоманда 5 была расформирована.
Но ее ТК [Technisches Kommando - техническая команда — С. В.] в Виннице была преобразована в отделение ЗИПО и СД [Sicherungspolizei и Sicherheitsdienst - полиция и служба безопасности — С. В.], там и осталась. Возможно, что на фото с пистолетом сотрудник этого отделения.
"Преемница" АК 5 - «Команда Плата» - в Винницу не ходила." [АК - айнзатцкоманда — С. В.

"… руководил расстрелом начальник СС и полиции штандартфюрер Вильгельм Блюм (дал команду). Расстреляли 29 тысяч, привозили на машинах и [пригоняли] пешком, расстрелы производили с 18 сентября 41 г., производилась зачистка для 20-км зоны безопасности вокруг ставки. Исполнители - не зондера [Sonderpolizei — полицейские соединения, сформированные для выполнения определённых заданий — С. В.], зондера организовали и керували [укр. - руководили]. СБУ закрыло архив при Юще[нко — С. В.], щас открыли, обещали в середине января допустить, но некоторые материала Вятрович … вывез…"

"В книге Ф. Маклина фото датировано 1942 годом, район Винницы, айнзатцгруппа "Д". Оригинал хранится в библиотеке Конгресса США." [Признаюсь: этого автора, как и его книгу, о которой идёт речь, я не нашёл — С. В.]

"АГ Д [айнзатцгруппа D — С. В.] в Виннице полностью исключается.
В 1942 г. АГ Д орудовала в основном в Крыму, на Дону и на Кубани.
Винница входила в округ "Житомир", а это - вотчина АГ Ц [айнзатцгруппы С — С. В.] и БДС РК "Украина"." [РК — рейхскомиссариат, а вот БДС — это начальные буквы немецких, русских или украинских слов? - С. В.]

Как видно, каждый высказывал своё мнение, но к общему заключению не пришли. Не всё тут верно, но главное: фотография в 2009-2011 годах была уже хорошо известна на русскоязычных сайтах. Разбирать тут неточности, противоречия — потерять нить повествования, поэтому оставим это другим, а терминологию я разъяснил (за единственным исключением).

***

Посмотрим, что писали про эту фотографию на англо-язычных страницах интернета. Вот на этой, которую можно посмотреть и на других языках - немецком и русском - под заглавием «Редкие исторические фотографии», «Последний еврей в Виннице, 1941» (http://rarehistoricalphotos.com/last-jew-vinnitsa-1941/). Фото опубликовано 20-го ноября 2013-го года. (Перевод - см. ниже - с оригинала выполнен мною.)

«Фотография из личного альбома солдата айнзатцгруппы, на обороте которой написано «Last Jew of Vinnitsa» [то есть, «Последний еврей Винницы» немецкий (!) солдат (или кто-то другой — кто же?!) написал по - английски; странно, что на это никто не обращает внимание; упоминания о надписи на н е м е ц к о м языке я нигде не встречал — С. В.]. На фотографии запечатлён член айнзатцгруппы D, готовящийся стрелять в еврейского мужчину, стоящего на коленях у заполненной массовой могилы в Виннице, в 1941-м году. Все 28 000 евреев Винницы и её округи были тогда убиты.

В Виннице состоялись два массовых расстрела — 16-го и 22-го сентября. Более поздний массовый расстрел касается, вероятно, евреев, собранных с прилегающих территорий. Это доказывается датой фотографии. Имелся свидетель этой акции. Им был офицер вермахта — лейтенант Эрвин Бингель (Erwin Bingel). Ему было приказано поддержать солдатами комендантов района Умани в защите железнодорожных линий и территории вокруг аэродрома. Ему же было известно, что около аэродрома были вырыты ямы и самолётом прибыл ряд специалистов. Всем евреям окрестности было велено собраться для «подсчёта населения».

Ниже приводится извлечение из «Эрвин Бингель: свидетель массовых убийств в Умани и

Виннице на Украине». Я уже приводил эти свидетельства ранее (из другого источника): «Ди йийдн фын Вінниця та йих дойче мёрдер» - http://www.proza.ru/2015/01/27/96 . Но тут они изложены несколько иначе. И посему, хотя я считаю свидетельства Э. Бингеля, прежде всего, попыткой выгородиться, противопоставляя себя (сочувствующего) прочим (бездушным палачам), приведу их так, как они изложены в этот раз. Я уже указывал, что в показаниях Э. Бингеля, на мой взгляд, смешаны (суммированы?) чи'сла жертв в Умани и Виннице, что тоже прошу учитывать.

Одновременно прошу прощения за корявый перевод: я старался ориентироваться как на английский, так и на немецкий тексты, ибо оба представлены далеко не в лучших вариантах, причём кусками, провал между которыми пришлось заполнить мне самому (см. ниже). Здесь вроде бы и слова самого Бингеля, и как бы п е р е с к а з его показаний, повторяю, во многом искорёженных (неправдой) им самим, а также переводчиками следствия и, не исключено, что дополнительно — и переписчиками этих свидетельств - полуправды. Свидетельств лицемерных, рассказа-исповеди (в кавычках) б у д т о б ы совершенно постороннего человека, чуть ли - заметим с едкой иронией - не представителя международного Красного Креста, а не - офицера вермахта, командовавшего соучастниками убийств тысяч лиц гражданского населения.

«22-го сентября 1941-го года пережили лейтенант Бингель и его люди второе массовое убийство в Виннице. После него последовало третье, также в Виннице, проведенное украинской милицией, обученной служащими СС, под командой небольшой группы офицеров и унтер-офицеров. Во время первых двух массовых убийств число жертв было двадцать четыре тысячи и двадцать восемь тысяч жертв. Украинской милицией было убито шесть тысяч человек.

Утром в 10.15 мы услышали беспорядочную стрельбу и ужасные человеческие крики. Сначала я не понял, что происходит, но когда я подошёл к окну, из которого был широкий вид на городской парк, раскрылся перед моими глазами и глазами солдат, которые из-за столпотворения в парке собрались в моей комнате, следующий спектакль. Украинская милиция на конях, вооружённая пистолетами, ружьями и длинными прямыми кавалерийскими мечами бешено скакала в парке и вокруг него. Всадники гнали впереди лошадей мужчин, женщин, детей. Затем по этой массе была выпущена масса пуль. Тех, кто не упал, добивали мечами. Словно призрачное явление, эта орда украинцев, направленных офицерами СС, растаптывала человеческие тела, не обращая внимание на невинных детей, матерей и старых людей, единственное преступление которых было в том, что они избежали массового убийства, за что они, словно скот и дикие звери, были расстреляны или добиты.»

Далее — без какого-либо разъяснения — переход к последующим событиям. Поэтому я позволю себе тут вставить другое свидетельство, поясняющее, о чём надо было прежде сообщить, предваряя этим дальнейшее изложение лицемерных свидетельств Э. Бингеля.

***

Вот что поведал о Виннице один из бывших участников айнзатцкоманд: из книги Alexandre, Michel. Der Judenmord. Deutsche und Oesterreicher berichten. Koeln, vgs, 1998 (Убийство евреев. Немцы и австрийцы сообщают.).

«В Виннице на обычный призыв явиться для регистрации явилось поначалу мало евреев.

- Для чего они должны были регистрироваться?

Для переселения, как об этом говорилось. Но переселение означало убийство путём расстрела. И потому что зарегистрировались немногие, пришлось прибегнуть к хитрости: обратились к местному раввину и потребовали список интеллигентных евреев, необходимых для регистрации, трудной регистрации. Раввин воспринял это повеление без подозрений и подал требуемый список. Люди зарегистрировались, чтобы работать для немцев. Но их отправили обратно, объясняя недостаточным числом зарегистрированных. И сказали, чтобы они привели друзей и знакомых, пригодных для работы по регистрации. И они привели ещё знакомых. Так хитростью удалось выявить всю еврейскую интеллигенцию города.

- И потом их всех арестовали, забрали у них украшения, ценные вещи, деньги и — расстреляли?

Так. И потому что такой метод сбора оказался удачным, он был продолжен в других местах.»

***

Продолжаю приводить показания Э. Бингеля:
«Результатом этого заявления было то, что все, кого оно касалось, явились на пункт сбора. Это относительно безобидное приглашение, как казалось, могло быть связано каким-то образом с подготовкой, которую мы наблюдали. То, что мы пережили в следующие часы, было для нас ужасающим.

Одному ряду евреев было приказано идти вперёд. Затем они были распределены между различными столами, где они должны были полностью раздеться и всё, что они на себе и с собой носили, передать охране. Украшения, остававшиеся на теле, надо было выложить на стол. Полностью оголившись, они выставлялись перед ямой, независимо от их пола. Команда маршировала тогда за линию евреев и выполняла нечеловеческие действия, ставшие с ужасом известными всему миру. Автоматами и пистолетами 0,8 они с таким рвением уменьшали эту линию, что можно было подумать: эта активность могла бы считаться делом их жизни.

После того, как люди из первого ряда столь нечеловеческим способом были убиты, второму ряду евреев приказывали продвинуться вперёд. Мужчинам из этого ряда надо было лопатами разбрасывать известковый хлорид на ещё частично двигающиеся тела в могиле. Затем они возвращались обратно к столам и раздевались догола. После чего они совершали свой последний путь, как и их убитые братья.»

В конце указанной статьи приводится высказывание Ханны Арендт — немецкой еврейки, чудом спасшейся от нацистских убийств. Hannah Arendt, родившаяся в 1906-м году в Linden (ныне - часть города Hannover) и умершая в Нью-Йорке (1975) — выдающийся политический философ, специалист по тоталитаризму (на Украине издана её книга «Антисемітизм як виклик здоровому глуздові» - http://www.ji.lviv.ua/n16texts/arendt.htm). Вот эта цитата о «банальности зла»:
«Нейтральные выражения [лиц — С. В.] стреляющего и его публики в униформе олицетворяют эту концепцию относительно хорошо: они могли бы наблюдать надрез, сделанный парикмахером, а не бессердечное уничтожение невинных. Люди могут приспосабливаться, чтобы всё вынести, но при этом они иногда увековечивают невероятное зло. Смерть человеческой эмпатии [осознанного сопереживания эмоциональному состоянию другого человека — С. В.] есть ранний и наиболее значимый признак культуры, которая должна впасть в варварство.»

А что сказано в процессе обсуждения этого сообщения (на немецком языке)? Разное — посмотрите сами (есть «гугловский» перевод на русский язык, на украинский, увы — нет): ссылки даны в начале этого раздела (выше).

Дискуссия по этой статье продолжается уже четвёртый год и в ней — самые различные взгляды на фотографию и всё вокруг неё. Они не проясняют происхождение фотографии, точное время и место расстрела, принадлежность «стрелка» и ротозеев вокруг места расстрела к тем или иным родам войск или полицейским образованиям, скорее даже — ещё более всё это запутывают. Но я и тут акцентирую внимание на то, что фотография широко известна уже немало лет.

***

Есть даже эта фотография на (англоязычном) youtube, созданном - в принципе - не для статических изображений. Но тут фотография постоянно смещается и представляется по частям в движении в течение двух минут и 22-х секунд (https://www.youtube.com/watch?v=SdvJF8I3tWo). Дата загрузки фотографии - 31-е мая 2010-го года. В дискуссии (27 откликов, последний - в мае 2017-го) — опять же диаметрально противоположные взгляды на изображение, есть даже утверждение, что это — постановочная фотография. Отстранимся и от этих мнений малосведущих, но не забудем, что со времени публикации прошло уже семь лет.

- http://www.forum-der-wehrmacht.de/index.php/Thread/23188 - это ссылка на ту часть «Форума вермахта», где речь идёт о Виннице (ссылки внутри форума, увы, открыть не получилось).

- https://en.wikipedia.org/wiki/The_last_Jew_in_Vinnitsa (25.12.2016) — статья в англ.

WikipediA, раздел «Подробности» в моём переводе:
«Палач является членом Einsatzgruppe D, полувоенного эскадрона смерти нацистской СС. Картина была сделана во время третьей и последней резни в Виннице в 1942 году, в которой в большой степени участвовала украинская милиция. Это фото часто ошибочно датируется 1941 годом, в котором произошли два предыдущие массовые убийства, в которых были значительно большие потери, по словам лейтенанта вермахта Эрвина Бингеля. В отличие от предложенной надписи, не все евреи Винницы погибли в результате массовых убийств: некоторые выжили, присоединившись к партизанам или скрывшись. Фотография была найдена в фотоальбоме, принадлежащем немецкому солдату.»

- https://en.wikipedia.org/wiki/File:Einsatzgruppen_Killing.jpg (08.01.2017) — англ. WikipediA. Страница, посвящённая истории публикации фотографии «Последний еврей Винницы» в ВикипедиИ (с 2008-го года), техническим деталям и пр., в чём я до конца не разобрался. «Последний еврей в Виннице. Фотография предстоящей казни еврейского мужчины, стоящего на коленях перед заполненным массовым захоронением в Виннице, Украина, во время резни, совершенной айнзатцгруппой D и украинской милицией в 1942 году.» (Указывается, что фотография находится в библиотеке Конгресса США, в Вашингтоне, округе Колумбия.)

- Из Мемориального музея Холокоста (США), последняя модификация — 06.03.2017 — англ. (фото датируется 1941 — 1943) — https://collections.ushmm.org/search/catalog/pa5355. Здесь эта фотография приводится как одна из иллюстраций книги Michael Barenbaum -The World Must Know: The History of the Holocaust as Told in the United States Holocaust Memorial Museum (Мир должен знать. История Холокоста как она рассказана в Мемориальном музее Холокоста Соединённых Штатов).

Фотография 64407: German soldiers of the Waffen-SS and the Reich Labor Service look on as a member of an Einsatzgruppe prepares to shoot a Ukrainian Jew kneeling on the edge of a mass grave filled with corpses. [Немецкие солдаты Ваффен-СС и Трудовой службы Рейха (речь идет, скорее всего, о вспомогательной полиции) наблюдают, как член айнзатцгруппы готовится расстрелять украинского еврея, стоящего на краю братской могилы, заполненной трупами. - С. В.] Удивляет, что фотография датируется (расплывчато) 1941-1943 годами, хотя место съёмки определено точно: Винница (Подолье), Украина. Кем сделан снимок — не указывается.

- http://www.pitria.com/tag/;;;;;;-;;;;;;-;;;;;;; — в издании на иврите (15.07.2016).

***

Наряду с обширной литературой, освещающей различные аспекты Холокоста, есть и — необходимо признать — немалая литература, оспаривающая либо какие-то частности, либо отрицающая свершившийся Холокост в целом. Например, сборник «Dissecting the Holocaust» (я перевёл это как «Вскрытие Холокоста», имея в виду патологоанатомическое вскрытие, проясняющее суть болезни, причины смерти, пр., то есть, как метафорическое название) - http://www.vho.org/GB/Books/dth/. Тут не место разбирать приведенные там аргументы ревизионистов, но я, читая таковые, вспоминаю утверждения «специалистов» о том, что американцы на луне не были, а известные фотографии — fake [feik], по-иному, подделки, фальшивки: то американский флаг на луне странной формы, то тени не такие … Кого интересуют такого рода издания — ссылка на этот 600-страничный сборник дана тремя строками выше.

Обсуждение на ревизионистском форуме [The Committee for Open Debate on the Holocaust — Комиссия по открытым дебатам о Холокосте — С. В.] представлено мною в более-менее упорядоченном виде (на форуме пишут и выражаются нередко малопонятно, односложно, пр.). Ссылка - https://forum.codoh.com/viewtopic.php?t=4247 (07.05.2007). И тут также всё обсуждение — вокруг фотографии.

Название её в USHMM [United States Holocaust Memorial Museum — Музей Холокоста Соединённых Штатов в Вашингтоне — С. В.]: «Немецкие солдаты Ваффен-СС и Рейхской службы труда наблюдают, как член айнзатцгруппы готовится расстрелять украинского еврея, стоящего на коленях на краю братской могилы, заполненной трупами».

Прошу обратить особое внимание на нижеследующее примечание к фотографии: «USHMM предоставляет любезно предоставленную Библиотекой Конгресса информацию, но никакой другой информации о ее происхождении или открытии не предоставляется.» То есть, выражаясь по-русски, музей может вам передать то, что ему сообщила Библиотека Конгресса США, где находится оригинал этой фотографии, но по поводу получения другой информации о фотографии — даже не заикайтесь.
Значит, если и искать сведения о точном происхождении этой фотографии: дате, месте съёмки, фотографе, прочее — обращаться надо в Библиотеку Конгресса США, на что я так не решился, хотя с германскими архивами, официальными учреждениями и любителями-историками ФРГ корреспондирую.

Привожу замечания на форуме (в моём переводе на русский язык):

- Кто-нибудь знает происхождение этой фотографии? Наиболее подробно, что я прочитал, является то, что она сделана в 1942 или 1941- 43 годах? В Виннице, Украина. В другом месте я читал, что это был отдельный альбом, но какие еще фотографии есть на этом альбоме? Также другие источники утверждают, что на обратной стороне фотографии написано «Последний еврей в Виннице».

 - Также эта фотография, кажется, обрезана, поскольку другие версии имеют несколько больше фигур в левом краю.

1. Молодой человек, стоящий прямо слева от стрелка, в темной униформе - некоторые предполагают, что он является молодым членом рейхской рабочей службы

(Reichsarbeitsdienst), но, учитывая его форму, на самом деле он выглядит иным. Черная униформа, надеваемая танковыми экипажами, а также его фуражка, штаны танковых экипажей …

2. Солдаты должны быть Waffen SS, но на них нет эмблем ошейника в стиле SS, хотя трудно сказать из-за плохого качества изображения, они выглядят больше как знаки отличия вермахта на их воротниках, а также стрелок, похоже, не имеет видимых знаков отличия в форме …

3. Один человек около левого края фотографии, кажется, одет в белый свитер какого-то типа, он не похож на какую-либо униформу, и поскольку область выглядит снежной, я сомневаюсь, что это нижняя рубашка …

4. Если вы увеличиваете прицел стрелкового оружия, окажется, что это маленький пистолет по сравнению с его рукой, когда его пальцы проходят мимо ствола, мне интересно, что это за оружие, хотя это могут быть артефакты на фотографии …?

Если у кого-то есть более качественное воспроизведение этой фотографии или больше информации о ее происхождении, напишите сообщение.

- Изображение известно, возможно, является более фальшивым, чем 3 доллара [такой купюры нет — С. В.].

- Я думаю, забавно, что кто-то добавил цифры ниже вашего изображения, чтобы заставить его выглядеть «официальным».

- Группа иллюстраций 15 (а, б, в, следующая страница), как говорят, документирует казнь польских евреев на краю открытой могилы. Иногда стреляющий солдат носит очки, иногда - нет; иногда его воротник имеет белые края, иногда нет. Особенно на рисунке 15с он выглядит так, как будто его вырезали и вклеили. На его мундире белые контуры, и ему не хватает тени. Мужчины на переходе в фон также выглядят вырезанными и наклеенными. Постарайтесь подобрать ноги к их телу! Возможно, это в лучшем случае фотомонтаж, но, определенно, по крайней мере, подделка с нарисованными секциями. Опять же, это не доказывает, что немцы не расстреливали людей, особенно партизан, после того, как их приговорили к смертной казни, и похоронили их в братских могилах. Это, конечно, произошло и было задокументировано самими немцами, поскольку это не было ни незаконным, ни необычным во время войны.

Заметьте, что на вставных мужчинах в фоновом режиме нет ног.

- разные контрасты и модификации кажутся подозрительными, но, к сожалению, это не является убедительным доказательством, поскольку некоторые из них, вероятно, сканируются из книг, в то время как перепечатка с оригинала или негатива была бы более качественной; более подозрительной является то, что даже версия USHMM на своем веб-сайте обрезана …

- Сравните с этой версией, которую я обнаружил, у которой есть 3 дополнительных человека слева.

А также об огнестрельном оружии, пистолете, который настолько мал, что пальцы могут растянуться ...

И как получилось, что у этого «еврея, который должен быть расстрелян» нет ног, почему глыбы для рук? И что это за добавленный в кадр на его коленях пытается скрывать?

- На самом деле это может выглядеть так, потому что ноги за спиной мужчины и кулаки сжаты.

- Пистолет, показанный на ВСЕХ фотографиях, кажется, сильно изменён.

- Это определенно не Р-08 или Р-38, стандартные германские во время Второй мировой войны.

- Кажется, он слишком мал даже для Sauer Hsc или Walther PP или PPC.

- В обороте среди сотрудников вермахта и офицеров СС находились пистолеты маузера малого калибра (6,35-7,62).

- но вряд ли таким пистолетом обладал смиренный «палач»...

- Оружие также может быть русским макаровым, и они довольно маленькие...

- Они еще не были изобретены. Они не были доступны до 1951. Более крупные ТТ30 и ТТ33 были стандартными, хотя полиция обычно носила револьвер Nagant M1895 (который маленький, хотя, как я говорю, револьвер)

- Ну, как говорится в суде, вне разумных сомнений, и я говорю, что здесь достаточно сомнений, чтобы заклеймить это подделкой...

Вот такая, с позволения сказать, дискуссия. Что касается разных фотографий (даже развёрнутых в другую сторону), то их, действительно, предостаточно. Нынешняя техника позволяет легко фальсифицировать любые снимки, а потом ... обвинять во лжи других.

ВЫВОД:

По неясно каким соображениям, эта фотография, как и другие снимки того дня, остаются как бы частично (отсутствие чёткого комментария) либо, на самом деле, полностью (о них нет даже упоминания) скрытыми в архивах США.
Другие фотографии даны в очень плохом разрешении, не позволяющем рассмотреть детали (например, форму охранников на фотографии 6. в коллаже).

Но наличие фотографии «Последний еврей Винницы» и её аутентичность (подлинность) не вызывают сомнения уже более 70 лет.

К сожалению, никого из винницких историков выяснение всех обстоятельств происхождения этой фотографии не заинтересовало. Запрос в Библиотеку Конгресса США можно было бы сделать официально через Посольство США в Киеве.

Пояснение к фотографиям:

1 — фотография «Последний еврей Винницы».

2 — фрагмент фотографии «Последний еврей Винницы».

3 — фотография называется «Deutsche Ordnungspolizei und ukrainische Schutzmannschaft, Dezember 1942» (немецкая полиция порядка и украинская вспомогательная полиция, декабрь 1942). Под фотографией напечатано на немецком языке: «Хауптвахтмайстер [высший фельдфебель — С. В.] жандармерии Volkmann - руководитель районного поста Зариг показывает своему командиру хауптвахтмайстеру жандармерии Grosch возникшие по инициативе Volkmann как бы из ничего строения указанного районного поста» (Фотография из Федерального архива фотографий 121 - 1500 - Украина, Полиция порядка, Районный пост, Зариг).

4 — Винница: разлагающиеся тела евреев, убитых на улицах города (фотографии 4 - 6 взяты из статьи на английском языке, датированной 2009-2010-ми годами: http://www.holocaustresearchproject.org/einsatz/bingel.html).

5 — Винница: перед массовым расстрелом еврейского населения города.

6 — Винница: после массового расстрела еврейского населения города.

7 — картина переснята мною из книги Hoffmann - Curtis, Katrin: Bilder zum Judenmord, 2014, Jonas Verlag, Marburg (Картины к убийству евреев). Сама же картина „Massaker II“ (Бойня II) выполнена маслом на твёрдом волокне художником из ГДР Willi Sitte в 1959-м году. Размеры картины — 160 х 207 см. Она выставлена в Willi Sitte Galerie Merseburg (Федеральная земля Саксония - Анхальт). Обратите внимание: расстрел фотографируется.

Кстати, есть ли хоть одна-единственная картина какого-либо художника из Винницы, на которой изображаются массовые расстрелы винницких евреев в 1941-м - 1942-м годах? Или — умерщвление многих сотен пациентов психиатрической больницы? Заинтересовало ли живописцев хоть что-либо из жизни и из обстоятельств смерти многих тысяч винничан во время оккупации города вермахтом?
При советской власти эта тема была табуирована, сейчас, что ли — не до неё.
Когда же?!

P. S.

01.06.2017 Андрей Рыбалка опубликовал (https://www.facebook.com/groups/historyofvinnytsia) следующее замечание.

« Я вже про це писав: ЦЕ – НЕ ВІННИЦЯ, ДРУЗІ!
Інша версія щодо фото: 4: — Винница: разлагающиеся тела евреев, убитых на улицах города (фотографии 4 - 6 взяты из статьи на английском языке, датированной 2009-2010-ми годами: http://www.holocaustresearchproject.org/einsatz/bingel.html).
Порівняйте це фото з наступним з серії, наведеної тут:
http://www.xxwiek.karta.org.pl/.../Egzekucja.../m20701 - Dziedziniec zamku w Z;oczowie (wi;zienia podczas okupacji sowieckiej) z cia;ami wi;;ni;w pomordowanych przez NKWD podczas niemieckiej ofensywy i wycofywania si; oddzia;;w Armii Czerwonej. Fot. NN, udost;pni;a Helena Burzykowska), на яких зображений внутрішній двір замку в Золочеві (в'язниця під час радянської окупації) з тілами в'язнів, вбитих НКВС під час німецького наступу і виведення військ Червоної Армії і стане ясно, що до Вінниці це фото не має відношення… »

То есть, эта фотография (4) сделана 30.06.1941-го года (Винница была оккупирована только 18.07.1941) в городе Золочеве, Львовской области. На ней — убитые, п е р е д отступлением Красной Армии, заключённые тюрьмы НКВД.

Что касается фотографии 5, то Андрей Рыбалка указывает «По фото 5 пошук за картинкою у ГУГЛі дає 25 270 000 000(!!!) посилань… до різних місць.» То есть, и эта фотография, сделанная неизвестно где, привязывается к неимоверно большому количеству различных мест. Как и, вероятно, фотография 6. Обе не имеют отношение к Виннице: никто не описывал скопление людей в овраге, трупы тут же (послойно) засыпали землёй.

Что сказать? Вроде бы, я сослался на материалы Центра исследований архивов Холокоста — и так ошибиться! Хорошо, что хоть дал ссылку на публикацию этого заведения, вероятно, не очень озабоченного проверкой имеющихся в их распоряжении материалов.
Означенный ляпсус лишний раз подчёркивает обоснованность моих сомнений, высказанных по отношению опубликованных подробностей, касающихся фотографии «Последний еврей Винницы».

Опубликовано 30.05.2017.

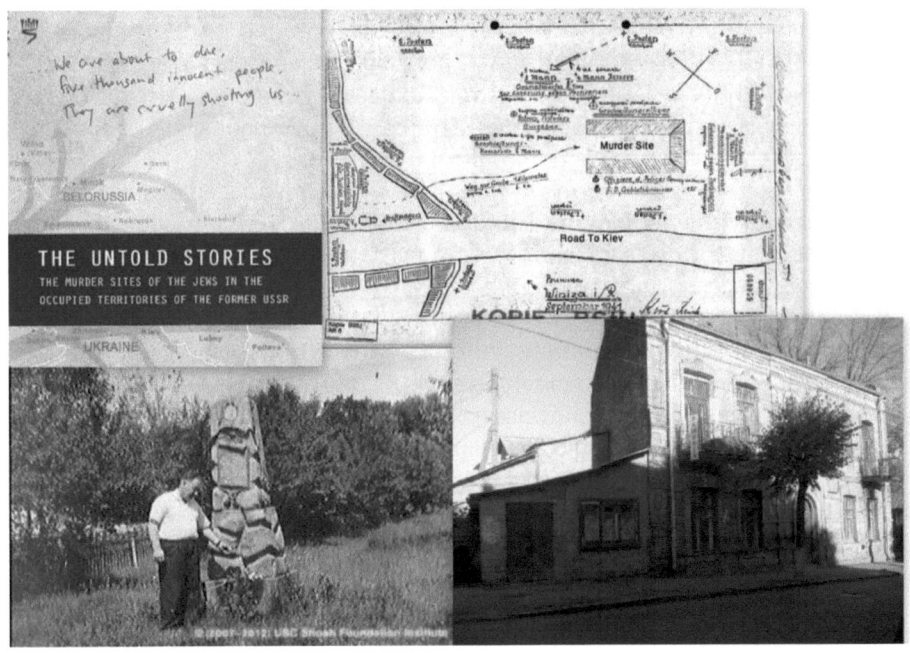

Взгляд с Горы Памяти на Винницу 1941-42-х гг — I.

THE UNTOLD STORIES
The murder sites of the jews in the occupied territories of the former USSR
НЕИСЧИСЛИМЫЕ (бессчётные) ИСТОРИИ
Места' убийств евреев на оккупированной территории бывшего СССР
(см. коллаж)

Яд ва-Шем (в переводе с библейского иврита - память и имя) - израильский национальный мемориал Катастрофы (Холокоста) и Героизма. Находится в Иерусалиме на Хар ха-Зикарон (Горе Памяти). Более шестидесяти лет Яд ва-Шем собирает имена жертв, документы и свидетельства, связанные с Шоа (Катастрофой, Холокостом).
[Этими несколькими строками я объяснил как название статьи, так и попытку

133

обратиться к материалам Мемориала, являющегося одновременно н а у ч н ы м центром по изучению Холокоста.]

Как видно из перечня моих публикаций на Прозе.ру, выяснение того, что происходило в Виннице во время её оккупации нацистами, попытки разобраться в деталях тех страшных без малого трёх лет занимают не последнее место в просветительской работе, которую я веду уже почти десять лет. Причём, я стремлюсь во всех случаях достичь ясности, основываясь на д о с т о в е р н ы х фактах.
А фактов этих не так уж и много, потому что, не исключено, бо'льшая часть из них просто всё ещё недоступна либо постепенно п р е д н а м е р е н н о уничтожается (со ссылкой на соответствие этого варварства будто бы законным срокам, позволяющим его творить).

Сначала я вставлял в свои публикации (начиная с «Моей Винницы») все данные о Холокосте в Виннице, которые находил в литературе и интернете. Потом, обнаружив разнобой в фактах, пытался их «фильтровать», ссылаться только на научные учреждения… Но и тут меня ожидало разочарование. В одной из последних работ (http://www.proza.ru/2017/05/30/1284) я привёл фотографии, будто бы сделанные в Виннице, хотя сам в этом сильно сомневался. И мои подозрения в том, что эти фотографии к Виннице не имеют никакого отношения, подтвердил, в частности, в отношении одной из них, причём - фактическим материалом, А. Рыбалка. Что касается двух других фотографий, то они тоже сделаны где-то в ином месте, так как ни один свидетель расстрелов (как с советской, так и с немецкой сторон) не упоминает об изображённом на фото глубоком овраге: для захоронения расстрелянных винничан во всех местах копали ямы. А ведь фотографии и подписи к ним представлены - ни мало ни много! - Центром исследований архивов Холокоста (США).

Обожжешься на молоке, станешь дуть и на воду — вот я и привожу ниже - с некоторой долей опасения - данные, достовернее которых, по логике вещей, найти невозможно. Но они - вы убедитесь в этом сами - весьма неполные, во многом - ориентировочные (то есть, не подкреплённые неопровержимыми фактами). И это — в Международной школе/институте исследований Холокоста (Иерусалим), в учреждении, безоговорочно винить которое было бы, однако, несправедливо.

Я не могу знать всех причин сложившейся ситуации, что касается данных о Холокосте (в частности, в Виннице). Среди них есть, несомненно, и объективные, и субъективные. Я о них писал не раз, например, тут: http://www.proza.ru/2017/01/30/842. Перечислю их снова.

Начинать надо, вероятно, с того, что с момента Ванзейской конференции и принятия решения об «окончательном решении еврейского вопроса» (20.01.1942) тема эта гитлеровцами была строго засекречена. Далее: в огне войны многие архивы (в частности, Райхскомиссариата Украины) были уничтожены. Другие же были немцами преданы огню преднамеренно или их удалось позже изъять из архивов и, опять же, развеять в прах.

Не исключаю, что какие-то архивы, конфискованные победителями (коалицией США, Великобритании, Франции и СССР), либо пропали при транспортировке (больше всего вывезли к себе американцы), либо до сих пор находятся под запретом их разглашения в этих странах. Известно, например, что в России огромное количество архивных материалов 2-й мировой войны (ВОВ) до сих пор засекречено.

Необозримая масса архивных материалов, основанных на показаниях служащих специальных команд - непосредственных исполнителей убийств, немецкой полиции, её подельников из местного населения, на рассказах спасшихся из фашистского ада, борцов против вермахта, на воспоминаниях случайных свидетелей массовых убийств и прочих злодеяний нацистов содержит н е д о с т о в е р н у ю информацию. Последняя возникла из попыток спасти свою шкуру, с одной стороны, и желания прослыть знаменитым, героем, получить какие-то из этого выгоды, с другой. Примеры неправды, опровергаемой другими фактами, как и примеры не желаемой, но невольно (косвенно) высказанной правды — всё это есть в воспоминаниях винницкого врача В. Я. Куликова, опубликованных его внуком.

Иногда в недостоверности была виновата ослабевшая с годами память, неадекватное восприятие обстановки в опасной (вплоть до смертельной) того времени ситуации. Либо, положим, детские размытые впечатления, обросли (незаметно и не осознаваемо самим свидетелем) последующей информацией, полученной из прочитанного, увиденного в документальных и художественных фильмах об этом времени. Психологам такая не намеренная и не ощущаемая самим рассказчиком выдумка хорошо известна.

С особой осторожностью следует относиться к свидетельствам, приводимым в документах Чрезвычайной государственной комиссии (ЧГК), находившейся под полным контролем НКВД (предшественника КГБ). Очень похоже, что свидетелей перед тем, как они садились за письменную фиксацию воспоминаний, как начинали рассказ, инструктировали: что' надо акцентировать, что' «не важно» (не следует «упоминать», «разглашать», и тому подобное). Писать или, наоборот, не писать о чём-то - вопреки требованиям «стражей революции» - было в то время, как говорится, на свою беду. Это понимал каждый.

Ещё раз: я не считаю все такие воспоминания ложными, но уверен, что, не будь контроля НКВД, они выглядели бы во многом иначе. Это касается не только используемой лексики, композиции предложений, но и - гарантировано - определения числа жертв в тот или иной день. Ну как может никогда этим не занимавшийся, находившийся в огромном психическом и физическом напряжении свидетель определить количество человек в многотысячной толпе? Или — в расстрельной яме?

135

Поэтому и возникли «круглые» цифры — 5 000, 10 000, 15 000. Известно, что, например, нынешняя полиция при оценке количества собравшихся на митинг, демонстрацию использует специальные методы (приёмы), которые свидетели массовых убийств иметь (знать) не могли. Отсюда — неизбежные ошибки в обе стороны. И вставлялись в Свидетельства цифры, указанные «контролёрами». Хорошо заметно, если анализировать текст, «вмешательство» чекистов в Свидетельства 11-летней девочки (см. во второй части этой серии публикаций).

Следует помнить и о тех потоках неправды, явно сфабрикованных «фактов», которые выплёскивались в средствах информации ранее и не иссякают до сих. Притом (не надо бояться упоминать об этом), не только со стороны отрицающих Холокост, но и — эту ложь опровергающих. Я не настолько компетентен, чтобы углубляться в означенный вопрос. Поэтому укажу в связи с этим лишь на книгу Norman G. Finkelstein „The Holocaust Industry“ („Die Holokaust – Industrie“), вышедшую в 2000-м году в Лондоне и в последующем году - в Мюнхене. Я не раз обращался к этой книге, занимающей особое место в моей личной библиотеке, но - повторяю - до сих пор не считаю себя достаточно осведомлённым, чтобы высказаться с определённостью по поводу приведенных там фактов.
Да что - я?! Книга вызвала в ФРГ настолько беспримерные дебаты (вплоть до призывов запретить книгу!), что в результате таковых появилась 160-страничная книга о них самих («Die Finkelstein - Debatte», 2001).

***

Хотя мысль и предложения о создании Мемориала Холокоста были впервые высказаны ещё в 1942-м году, Яд ва-Шем открылся только через 15 лет после этого, а упоминавшаяся выше Международная школа/институт исследований Холокоста - в 1993-м году (через полустолетие после массового уничтожения евреев Европы). Открытие Мемориала и Международного исследовательского центра — задачи непростые. И объяснять, почему они не появились сразу же после завершения 2-й мировой войны, когда государства Израиль ещё не было — не надо. Но подчеркнуть, что за эти первые послевоенные годы исчезли не только многие материалы о Холокосте, но и ушли в другой мир его свидетели — необходимо.

Теперь — ещё одно, о чём необходимо заявить. Материалов о Холокосте, при всех потерях, имеется огромное количество. Не могу оценить в процентах, но очень многие материалы, как это принято обозначать, всё ещё не введены в научный оборот. То есть, эти материалы не проанализированы, не классифицированы, не опубликованы в доступных средствах информации, включая интернет. До многих материалов, буднично выражаясь, просто не дошли руки: количество научных сотрудников в Центрах изучения Холокоста не безгранично. В тысячах неспециализированных архивов Украины, Белоруссии, России, стран Прибалтики, Польши и так далее, в тех местах, где нацисты сотворили геноцид еврейского народа, ждут своего часа материалы, которые могли бы детализировать известную общую картину.

Этими материалами мало кто занимается: нет интереса ни у профессиональных историков, архивистов, ни у слабых (по численности, по наличию образованных для такой работы людей) еврейских общин. Наконец — я пишу об этом открыто — некоторые всё ещё влиятельные люди м о н о п о л и з и р о в а л и право на изучение материалов о Холокосте.

Я уже немало лет раздумываю о том, как было бы важно попытаться составить список жертв Холокоста в Виннице. Я подчёркивал, что легче всего было бы это сделать сразу же после войны, когда ещё были живы родные, бывшие соседи, сослуживцы, знакомые, соученики погибших, но в ту пору НКВД (КГБ) моментально арестовало бы организаторов сбора сведений (не только фамилий погибших, но и их возраста, профессии, пр.). Самодеятельность такого рода тогда не допускалась, а «рабоче-крестьянскому государству» было «не до этого». «Руки» были заняты антисемитскими гонениями и убийствами.

Позже, после появления книги воспоминаний врача В. Я. Куликова, когда прояснились некоторые детали времени оккупации, у меня появилась уверенность, что хоть какие-нибудь списки евреев, которых местное самоуправление по приказу немцев регистрировало-перерегистрировало, чтобы ни одного не упустить, должны были сохраниться. Никто из винничан не отреагировал: ни «простые» читатели, ни историки-профессионалы и историки-любители, ни архивные работники, ни еврейские общины города. Никто!
А ведь мои предположения оказались верными. Вот что сообщает Яд ва-Шем.

Documentation from the State Archives of the Vinnitsa Region :
Lists of Jews from Vinnitsa who turned to the authorities in order to receive identity cards, November 1941, lists of inmates, and a list of Jews who were sent to camps … and documentation of the Soviet Extraordinary State Commission.
В переводе на русский язык:
Документация Государственного архива Винницкой области -
Списки евреев из Винницы, которые обратились к властям, чтобы получить удостоверения личности, ноябрь 1941 года, списки заключенных и список евреев, которые были отправлены в лагеря … и документация советской Государственной чрезвычайной комиссии.

И это всё — «под замком», ключом от которого располагает человек, монополизировавший исследования Холокоста в Виннице. Кто из вас эти списки видел, кто о них слышал?
Вспомните, я впервые написал о весьма печальном факте пропажи из облархива воспоминаний (причём, т о л ь к о тетрадей времени оккупации!) известного винницкого врача-хирурга Е. С. Гофа (http://www.proza.ru/2015/09/14/2039).

Выкравший эти бесценные свидетельства врач-хирург, как мне рассказали, время от времени публикует сведения из этих воспоминаний, сопровождая их сноской «из личного архива».

Не произойдёт ли что-либо подобное с упомянутыми выше списками?

***

То, что опубликовано ниже, является моим переводом с английского языка. Посмотреть оригинал можно по следующей ссылке: http://www.yadvashem.org/untoldstories/.

Я не буду комментировать эти материалы. Но замечу, что хотя желанной точности по многим интересующим меня вопросам я не обнаружил, всё же узнал нечто новое, которое, надеюсь, представит интерес и для других.

Ну кто из читателей, к примеру, ведал, что в Виннице перед 2-й мировой войной можно было вести судопроизводство на языке идиш?!

Пи́сьма супругов Гончар своим сыновьям (см. в части II) доказывают, что, как минимум, какая-то часть винницких евреев понимала свою о б р е ч ё н н о с т ь. Хотя везде подчёркивается, что евреев обманным путём удалось ввести в заблуждение: мол, на стадионе их собирают для переселения в гетто. А доктор В. Я. Куликов даже приводит знаменательный штрих: его сосед Абрамович пошёл с супругой на стадион в до блеска начищенной обуви. На самом же деле путь до стадиона оказался для большинства начальной дорогой к расстрельной яме, о чём они догадывались с самого начала.

И повторять снова и снова о связи уничтожения винницких евреев с сооружением под Винницей ставки фюрера — просто неразумно. Как же тогда объяснить, что намного р а н е е винницких были уничтожены сотни тысяч евреев в других местах Европы, оккупированных нацистами? Среди них — евреи других территорий Украины, никакой географической близости со ставкой фюрера не имевших.

***   ***   ***

ВИННИЦА

Еврейское присутствие в Виннице впервые упоминается в начале XVI века. В 1648 году еврейская община Винницы была почти полностью уничтожена казаками Богдана Хмельницкого и их татарскими союзниками. В первой половине XVIII века евреи Винницы сильно пострадали от нападений гайдамаков.

Еврейское население Винницы начало быстро расти после того, как город стал частью Российской империи в конце 18 века. В 1897 году в Виннице проживало 11 689 евреев, что составляло 38,3 процента от общей численности населения. В начале 20-го века у еврейской общины города были своя больница, дом призрения для бедных старых евреев и школа Талмуд-Торы.

Винница была родиной знаменитого русско-еврейского художника-авангардиста и скульптора Натана Альтмана.

В начале 20-го века в Виннице были отделения как сионистских партий, так и антисионистского социалистического Бунда, который стал очень активным во время русской революции 1917-го года и последующей за ней гражданской войны. Позже, при Советах, власти расправились с теми еврейскими политическими и социальными движениями, которые не находились под официальным наблюдением.

Евреи Винницы пострадали в погромах октября 1905 года, в результате которых погибло несколько евреев и, особенно, во время бедствий гражданской войны в России. В 1919-1922 годах различные воюющие стороны неоднократно нападали на евреев, ранили их и грабили их дома и предприятия. В этот период многие евреи из окрестных городов прибыли в Винницу в поисках защиты от погромов в сельской местности.

При советской власти профессиональная структура винницких евреев начала меняться. Многие евреи оставили прежнюю работу в сфере торговли и ремесел, чтобы стать государственными чиновниками или фабричными рабочими.

В то же время в Виннице происходила значительная советская культурная деятельность на языке идиш. В городе действовало несколько школ на языке идиш и педагогический институт на языке идиш, пока они не были преобразованы к концу 1930-х годов в общие (то есть, не чисто еврейские). Винницкий государственный еврейский рабочий и крестьянский театр выступал на идише; в городе был идишский хор. В 1930-е годы издавались идишские городские газеты «Пролетарская правда» и «Красная игла» (на местной швейной фабрике).

С 1925 по 1936 год в местном суде проходили прения сторон на идише; в Виннице был также местный полицейский участок с идишем в качестве рабочего языка.

В 1939 году в Виннице проживало 33 150 евреев, они составляли 35,6 процента от общей численности населения. После начала немецкого вторжения в Польшу 1 сентября 1939 года многие еврейские беженцы из Польши добрались до Винницы. По-видимому, более, чем половине евреев Винницы удалось покинуть город, прежде чем он был оккупирован немецкими войсками 19 июля 1941 года. Сразу же после начала оккупации немцами был назначен еврейский совет. Всем евреям было приказано носить повязки со звездой Давида, их ценности были конфискованы. Вскоре после этого евреи в Виннице были помещены под охраной в нескольких местах города и были вынуждены выполнять различные виды каторжных работ.

Массовое убийство евреев Винницы началось в конце июля 1941 года. К середине сентября 1941 года около 1000 жителей Винницы, в основном - мужчины и женщины без мужей, были убиты как «заложники», якобы в отместку за акты саботажа. Большинство жителей Винницы - около 15 000 евреев были убиты в результате двух крупномасштабных операций в середине сентября 1941 года и в середине апреля 1942 года.

Во время этих массовых убийств было отобрано около тысячи квалифицированных рабочих. Половина из них была заключена в Винницкий трудовой лагерь, а другая половина была депортирована в трудовой лагерь Житомира. Они использовались для различных работ, в том числе для строительства гитлеровской штаб-квартиры «Вервольф» возле Винницы. Большинство из этих подневольных рабочих были убиты летом 1942 года после завершения строительства «Оборотня».
20 марта 1944 года Красная Армия освободила Винницу.

Фотографии этого раздела:
 - Винницкая синагога [та, что была построена на центральной улице Гр. Гр. Артыновым]
Коллекция фотографий Яд-Вашем 4517/15
 - Выпускники идишской школы в Виннице, 1937
Коллекция фотографий Яд-Вашем 4147/32
 - Дом, в котором евреи Винницы были собраны перед расстрелом (см. коллаж).
Предоставлено Анной Абакуновой (2010)

***

ПЯТНИЧАНСКИЙ КИРПИЧНЫЙ ЗАВОД

В конце июля 1941 года на кирпичном заводе в Пятничанах, на западной окраине Винницы, были убиты 25 еврейских мужчин из числа интеллигенции и бывших советских чиновников.
В начале августа 1941 года от 150 до 350 (по данным немецких или советских источников) евреев - интеллигентов были собраны по приказу главы Sonderkommando 4b Einsatzgruppe C Günther Hermann. Собрали их под предлогом того, что они назначаются на конторскую работу. Собравшихся евреев отвезли на кирпичный завод в Пятничанах и расстреляли в карьере возле завода.

Фотография этого раздела:
- известна всему миру под названием «Последний еврей Винницы».
Подпись под ней гласит: Убийство винницких евреев, вероятно, на Пятничанском кирпичном заводе.
Коллекция фотографий Яд-Вашем 85ВО8.
[Подробней об этой фотографии см.: http://www.proza.ru/2017/05/30/1284]

***

ШЕРЕМЕТКА [до 1950 г. так называлось нынешнее село Пирогово]

13 сентября (в октябре, по некоторым свидетельствам) 1941-го года еврейские семьи, общим числом около 1000 человек, были собраны под предлогом отправки на работу. Собранных погнали на юго-запад от города и убили в районе сёл Шереметка и Медвежье Ушко.

***

ПЯТНИЧАНСКИЙ ЛЕС

Утром 19 сентября 1941 года члены отряда Einsatzkommando 6 из Einsatzgruppe C вместе с сотрудниками 45-го и 314-го полицейских батальонов и украинских вспомогательных военизированных образований начали сгонять винницких евреев всех возрастов и обоих полов, которые жили к западу от реки Южный Буг, преимущественно в еврейском районе Иерусалимка, в пункты сбора в районе Володарской, Соборной и Первомайской улиц, недалеко от берега реки. У собравшихся евреев были проверены бумаги, затем они были погружены в грузовики и отправлены в Пятничанский лес на западной окраине города (теперь часть Винницы). Там, недалеко от Литинского (теперь Хмельницкого) шоссе, евреи были вынуждены сдать ценные вещи, которые они привезли с собой, а затем были расстреляны в больших траншеях, заранее вырытых по немецкому приказу советскими военнопленными. Оценки общего числа жертв этой бойни варьируют между 3 500 и 10 000 человек, даже - до преувеличенного числа в 15 000 человек (по разным советским источникам).

16 апреля 1942 года комиссар города Винницы Фриц Маргенфельд приказал, чтобы евреи Винницы, пережившие массовые убийства 1941 года, пришли на местный стадион, предположительно - для переселения в гетто. После того, как на стадионе собрались евреи всех возрастов и обоих полов, начался отбор евреев прибалтийскими помощниками немцев, которые в это время находились в Виннице. Около 1 000 квалифицированных рабочих были выделены и отправлены в городскую тюрьму, а остальным было приказано сдать вещи, которые они принесли с собой. Затем их отвезли в Пятничанский лес и убили на том же месте, что и жертв сентября 1941 года. Число погибших в этой бойне составило около 5 000 человек. Исполнителями этого массового убийства были, по-видимому, члены Службы безопасности рейха, ответственные за личную безопасность Гитлера.

Фотография этого раздела:
- Место убийства винницких евреев .
Предоставлено Анной Абакуновой, Винница (2010).

***

ТЯЖИЛОВСКИЙ КИРПИЧНЫЙ ЗАВОД

Утром 19 сентября 1941 года немцы и их украинские вспомогательные отряды начали выгонять евреев, живущих в Замостянском районе на левом [в оригинале ошибочно — на правом] берегу реки Южный Буг, из своих домов в пункт сбора на проспекте Коцюбинского. Оттуда жертвы были доставлены на кирпичный завод в Тяжилове (тогда - восточная окраина города, теперь - часть Винницы). После того, как их заставили раздеться догола, жертвы были расстреляны в яме. Неизвестно, сколько людей было убито в Тяжилове, но общее количество жертв массового убийства 19 сентября превысило 10 000 человек. Преступники были членами Einsatzkommando 6 из Einsatzgruppe C и 45-го, 314-го полицейских батальонов порядка, вероятно, также и 304-го полицейского батальона порядка, а также - украинских вспомогательных отрядов.

Фотография схематической карты места убийства (см. коллаж).

***

ВИННИЦКАЯ ПСИХИАТРИЧЕСКАЯ БОЛЬНИЦА

В период с сентября по ноябрь 1941 года около 500 еврейских пациентов психиатрической больницы в Виннице были расстреляны во дворе приюта для душевных больных или убиты смертельными инъекциями.

***

ЛАГЕРЬ СОВЕТСКИХ ВОЕННОПЛЕННЫХ

Осенью 1941 года в лагере для военнопленных были расстреляны несколько сотен советских евреев-военнопленных, которые содержались в Винницком лагере для военнопленных в районе военных казарм, а также - раненых еврейских заключенных, которые были доставлены в лагерь из больницы для военнопленных.
[см. также: http://www.proza.ru/2017/04/28/1800]

***

ПАРПУРОВЦЫ

Около 500 еврейских заключенных Винницкого трудового лагеря были расстреляны 25 августа 1942 года немцами и местными вспомогательными полицейскими возле сёл Парпуровцы и Лука-Мелешковская, в 15 км к юго-востоку от Винницы.

ПОМИНОВЕНИЕ ЕВРЕЙСКИХ ЖЕРТВ

Вскоре после окончания войны пострадавшие от Холокоста из Винницы собрали деньги и установили памятник жертвам Холокоста на улице Максимовича на краю Пятничанского леса, где евреи Винницы были убиты в 1941 и 1942 годах. Сегодня памятник является огражденным Мемориальным комплексом с тремя огромными братскими могилами и обелиском, увенчанным Звездой Давида, с надписью на украинском языке, в которой говорится: «В память о тысячах евреев, жестоко замученных фашистами 19 сентября 1941 года». Оставшиеся в живых собираются у памятника ежегодно в годовщину бойни в Виннице в память о своих близких. Справа от этого памятника был установлен обелиск, посвященный памяти местных детей-жертв Холокоста. У простого серого обелиска есть Звезда Давида и мемориальная доска с украинским текстом, в котором говорится: «На этом месте в годы войны фашистские палачи уничтожили надежду еврейского народа, его детей, 1941-1945 годы». В последние годы в том же районе был возведен еще один памятник, посвященный памяти евреев Винницкого района, которые были погребены в массовых захоронениях в Виннице. На памятнике изображена Звезда Давида и надписи на русском и украинском языках. Текст на русском языке гласит: «Помните: тут пепел отцов, матерей и детей, которые не родились. Печаль о всех покоящихся здесь не исчезает из наших сердец. Помните!» Текст на украинском языке гласит: «Здесь земля с мест массовых захоронений евреев, погибших от рук фашистов-оккупантов в 1941-1944 годах на территории Винницкого района». За этой надписью следуют имена жертв.

В начале 1990-х годов Юрий Рахман - еврей, выживший в Винницком трудовом лагере, инициировал возведение памятника возле сёл Лука - Мелешковская и Парпуровцы, в 15 км к юго-востоку от Винницы, где в августе 1942 года были убиты еврейские заключенные Винницкого трудового лагеря. Памятник состоит из небольшого огороженного участка с черным обелиском с русской надписью, которая гласит: «Здесь жертвы фашизма были расстреляны в августе 1942 года». Памятник был освящен 25 августа 1992 года, в годовщину убийства заключенных Винницкого трудового лагеря, во время церемонии, в которой приняли участие жертвы Холокоста, представители еврейских организаций и местные руководители.

Представлены четыре фотографии со следующими подписями под ними:

 - Переживший Холокост Борис Шаргородский у памятника в Пятничанском лесу (см. коллаж).

 - Памятник жертвам Холокоста в Виннице, 2010 год
Предоставлено Анной Абакуновой, Днепропетровск

- Памятник еврейским детям из Винницы, жертвам Холокоста, 2010 год
Предоставлено Анной Абакуновой, Днепропетровск

- Памятник жертвам Холокоста в Винницкой области, 2010 год
Предоставлено Анной Абакуновой, Днепропетровск

Опубликовано 01.07.2017.

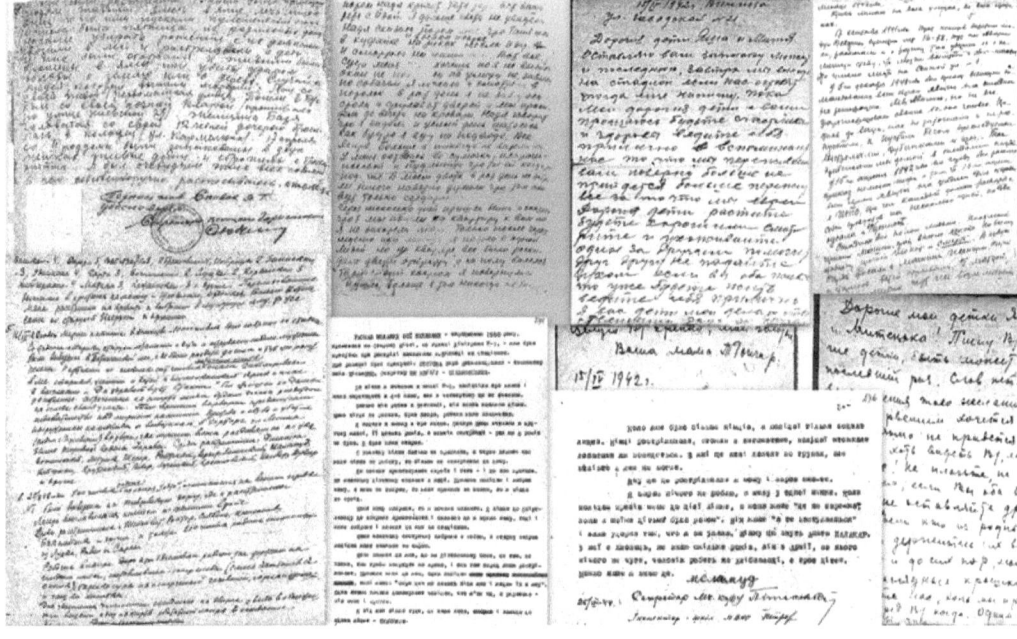

Взгляд с Горы Памяти на Винницу 1941-42-х гг — II .

Продолжаем тему (источник - http://www.yadvashem.org/untoldstories/database/).

ПИСЬМЕННЫЕ СВИДЕТЕЛЬСТВА

Из свидетельства Ицхака Сташевского, родившегося в 1928 году — «Жизнь и смерть евреев в Виннице (Советская Украина) во времена немецкой оккупации» (на идиш):

… Через два месяца после создания гетто произошел первый погром. Немцы отобрали специалистов и ремесленников из всего еврейского населения, а остальных, насчитывающих 2000 евреев - пожилых людей, женщин и детей, доставили грузовиками за пределы города, где уже были подготовлены ямы. Затем евреи были расстреляны.
В августе 1942 года состоялся второй погром. На этот раз забрали только женщин и застрелили за пределами города …

***

145

Из письма, полученного солдатом Красной Армии Дмитрием Гальпериным от Жени Лещитиной из Винницы, содержащего информацию о смерти его семьи, 1944:

… На рассвете другого дня гестапо и отряды убийц окружили все улицы, дворы и дома в центре города и выгнали людей из своих постелей на улицу, их скопилось большое количество на улице Ленина, я не знаю, где еще. Был слышен шум двигателей грузовиков. Они [жертвы] были погружены на грузовики и доставлены в лес, где были застрелены … Я лежала [в постели] … когда внезапно я услышала шум во дворе … Я встала, не одевшись, и подошла к окну. Я видела много людей, идущих по моей улице с немцами по обеим сторонам от них. Я разбудила Надю и спросил ее: «Что это такое, почему их так рано поднимают?» Затем Надя закричала: «Тётя, тётя! Это тётя (Таня, жена Гальперина) с Изой (дочкой Гальперина)». Затем у меня потемнело в глазах. Впоследствии Надя сказала мне, что на Тане была фуфайка и белый платок, на руках она держала Изу и смотрела в направлении наших окон …

***

Из свидетельства Льва Мандельблата, который родился в 1930 году:

… Тогда утром - мы все ещё спали - двое полицейских ворвались в нашу квартиру и вытолкали нас на улицу. Нам едва удалось одеться. Уже собирались колонны евреев.
ВОПРОС: Когда это произошло?
ОТВЕТ: Это произошло утром 20 или 21 сентября 1941 года, я не помню наверняка … Первая операция массового убийства была в тот день, о котором я вам рассказываю. Затем их [полицейских] внимание привлекла дочь хозяйки, а мы уже были готовы к уходу с ними и ходили по двору. В нашем дворе был подвал с наклонной частью над землей. Моя мать толкнула меня туда, а сама начала убегать. Полицейские начали преследовать её, и моя мать, которая никогда не была очень спортивной, перепрыгнула забор, в то время как полицейские не могли этого сделать. Поэтому ей удалось убежать, а я остался в подвале. И через глазок я увидел, как дочь хозяйки уводят, а по какой-то причине хозяйки не было там. И этих людей увезли, колонну увезли …
YVA O.3 / 11539

***

Из свидетельства Беллы Гельфман, родившейся в 1924 году:

… 16 апреля 1942 года всем евреям было сказано отправиться на стадион, откуда их как бы отправят в гетто. На стадионе фашисты стали сортировать людей. Мою маму, младшую сестру и бабушку добавили к группе людей, которых затем погрузили в грузовик - мы поняли, что больше их не увидим, привезли в Пятничанский лес и расстреляли там. Мой отец был присоединён к другой колонне, а я и моя сестра были отправлены в тюрьму, из которой нас забирали для выполнения различных видов работ …

***

Прощальное письмо Тумеры Гончара своим сыновьям:

Дорогие мои детки Яшка и Митенька!
Пишу вам, дорогие мои дети, возможно, в последний раз. Слов нет для выражения того желания, с каким рвением хочется жить, но вероятно не придётся. Хотелось бы хоть видеть вас, мои золотые. Не плачьте, не падайте духом. Если вы оба вернётесь [с фронта], не оставляйте друг друга. Если кто из родных вернётся, держитесь их, ведите себя как и до сих пор, мои милые ненаглядные крошки.

Прости нас, коль мы провинились перед вами когда. Одним мы виноваты, что не пошли пешком к вам, но кто мог ожидать такое?
С любовью и поцелуями для вас, мои золотые.
Ваша мать Т. Гончар
15 апреля 1942 года

Маленькая бабушка с нами. Она целует вас и просит вас не плакать о нас. Оставляю вам на память 10 фотографий - всё, что уже осталось.
Спрашивайте у соседей, и вы найдёте ещё записки от нас.

***

Из прощального письма Арона Гончара его сыновьям:

15 апреля 1942 года
Винница, ул. Заводская, д. 21
Дорогие дети Яша и Митя,
Оставляю вам записку, возможно, и последнюю. Завтра мы отправимся на стадион. Если нас оставят, тогда ещё напишу. Пока мои дорогие дети с вами прощаюсь. Будьте счастливы и здоровы. Ведите себя прилично и помните нас. То, что мы переживаем, вам наверно не придётся пережить. Всё за то, что мы евреи. Дорогие дети, растите, будьте хорошими. Смотрите и ухаживайте один за другим. Помогайте друг другу, не падайте духом. Если вы всё еще живы, это означает, что вы будете жить. Ведите себя прилично. Мои дети, я держу вас ответственными друг за друга. Если вы найдете кого-нибудь из наших родных, держитесь при них.
Будьте здоровы и счастливы,
Ваш папа Арон Гончар. Целую вас крепко.

***

В разделе — восемь фотографий.
Подписи под ними:
- Письмо Жени Лещитиной, 1944.
- Свидетельства Арона Гончара (Яд ва-Шем, Зал «Имена»).

***

НЕМЕЦКИЕ ОТЧЁТЫ

В архивах Яд ва-Шема хранятся миллионы страниц документов, собранных из многочисленных архивов Германии (Запад и Восток).

Из воспоминаний немецких преступников и свидетелей:

«Когда евреи увидели, как легко быть казнённым … »
(таможенный чиновник об убийствах в Виннице и Браилове)

Мое первое пребывание в Виннице продолжалось около четырех недель. За это время произошли массовые казни. Люди, которых расстреляли, несомненно, были евреями: мужчинами, женщинами и детьми. На самом деле любой еврей был предрешён к казни. Я тоже присутствовал при таких казнях. Это было ужасно. Казни происходили недалеко за пределами Винницы, у могил, которые сами евреи должны были выкопать заранее, хотя у них не было подходящего оборудования, такого как лопаты и кирки, для этой цели.
При казнях жертвы позиционировали себя на краю траншеи спиной к отрядам стрельбы и убивались выстрелом в затылок из автомата. Кто не падал в траншею, был туда спихнут. Команда стрелков состояла из полицейских, одетых в зелёную форму. Каждый раз казнь выполняли по два стрелка …
От пятнадцати до двадцати человек выстраивались на краю траншеи. Затем два стрелка расстреливали их по отдельности. Были ужасные сцены. Когда евреи увидели, как легко быть казнённым, они побежали, чтобы быть казнёнными как бы по их согласию. Они даже подталкивали друг друга, чтобы добраться к траншее раньше. Я должен также добавить, что евреи были наполовину исхудавшие, когда их расстреливали. Вероятно, им нечего было есть неделями. Могу сказать, что за четыре недели, которые я изначально проводил в Виннице, казни проводились ежедневно. За весь период было бы выполнено их несколько тысяч …

Ernst Klee, Willi Dressen, Volker Riess, eds., "The Good Old Days": The Holocaust as Seen by Its Perpetrators and Bystanders , trans by. Deborah Burnstone, New York 1991, p. 119.

Эрнст Кли, Вилли Дрессен, Фолькер Риесс, ред., «Хорошие старые дни»: Холокост, увиденный его исполнителями и свидетелями. Перевод - Дебора Бернстоун, Нью-Йорк, 1991, с. 119.

***

Из судебных разбирательств против членов Einsatzgruppe C, Stuttgart, 1968:

Из обвинительного заключения против Эрхарда Крёгера, бывшего начальника Einsatzkommando 6, и против Андреаса фон Коскулла и Пола Хеккера, бывших членов Einsatzkommando 6

… Подсудимый д-р Kröger подтверждает, что Einsatzkommando 6 провела крупномасштабные казни в Виннице … Согласно показаниям свидетелей, приведенным ниже, в Виннице были проведены две акции расстрелов, которые, по-видимому, были назначены ответчиком д-ром Крёгером, одна из них - на окраине города в Виннице в песчаной яме около леска. …
YVA TR.10 / 982

**

СООБЩЕНИЯ СОВЕТСКОЙ ЧГК [Чрезвычайной государственной комиссии по установлению и расследованию злодеяний немецко-фашистских захватчиков]

В архиве Яд ва-Шема хранится обширная коллекция документов, собранных Советской чрезвычайной Государственной комиссией (ЧГК).

В следующем докладе ЧГК от 1945 года содержится описание массового убийства евреев в Виннице.

Из Свидетельства Якова Спивака:

… 15 апреля 1942 года я стал свидетелем второго погрома, проведенного фашистскими варварами. В три часа дня было объявлено распоряжение городского коменданта Винницы о том, чтобы всё еврейское население прибыло 16 апреля на стадион, захватив с собой достаточно хлеба на один день. 16 апреля в семь часов утра еврейское население района Замостье постепенно начало двигаться к стадиону. В восемь часов утра началось движение людей с улицы Лысенко, с проспекта Коцюбинского и со смежных районов, с улицы Островского. Появились полицейские и гестапо, и, окружив всех людей, отвели их на стадион … У ворот стадиона … стояли гестаповцы, которые проводили отбор людей. Рабочие, у которых была буква «А» (означающая специалистов) в их сертификатах, были помещены в одну колонну. Рабочие с буквой «С» на сертификатах были помещены в другую колонну. Люди, у которых не было сертификатов [были помещены] во вторую группу (вместе с теми, кто имел букву «С»). Медицинский персонал города Винница с повязками Красного Креста (как мужчины, так и женщины) [был назначен] в отдельную колонну и, поскольку было очень много медицинского персонала, ответственный офицер на стадионе добавил медицинский персонал в общую колонну. Специалистов отбирали со стадиона группами: одна группа … в казармы … еще одна была доставлена ;на вокзал и отправлена в Житомир. Были случаи, когда мужья (которые были специалистами) не хотели покидать свои семьи и вступали в общую колонну. Одна женщина, держащая её трехлетнего ребенка на руках, была поставлена со специалистами (её ребенок был оторван от неё). Она не хотела отказываться от своего ребенк и была избита немцами до бессознательного состояния. Люди, оставшиеся на стадионе, были увезены в небольшой Пятничанский лес, где были подготовлены длинные траншеи. Им было приказано отдать все свои ценности, свои деньги и свои часы: вещи были помещены в одну кучу. Затем им был дан приказ раздеться. Люди разделись, и их одежда была отнята. Невозможно описать крики, плач и истерические сцены с участием детей и женщин. Началас бойня. Около 4 000 человек были убиты в течение 20 минут. Раненых закололи штыками. Те, кто пытался убежать, были расстреляны на месте. Некоторые люди потеряли рассудок. Поскольку [немцам] не удалось довести дело до конца 16-го числа, их [жертв] увезли в длинное сарайное здание в деревне Пятничаны. Всю ночь между 16-м и 17-м числами немецкие варвары обыскивали квартиры, леса, чердаки, амбары и поля. [Их] сопровождали украинские полицейские. Тот, кто был найден, был доставлен в гестапо и расстрелян. 17-го числа всем ещё живым было приказано войти в яму и лечь лицом вниз. Их застрелили из автоматов. 16-е было пятницей, они [немцы] начали забирать женщин, которые только что родили, вместе с новорожденными младенцами из родильных домов в лес и расстреливали и младенцев отбирали у них и бросали в ямы, живых и убитых, разбивая головы детей о землю или деревья…

[Свидетельства Якова Спивака, приведенные выше, как и большинство других материалов, особенно - свидетельства очевидцев, представлены здесь как обратный перевод с английского языка на русский. При таком переводе обязательно возникают искажения первоначального русского текста (из-за неоднозначного смысла ряда слов), пропуски (в том числе, из-за невозможности прямого перевода некоторых слов), и так далее. Поэтому я привожу Свидетельства Якова Спивака ещё раз, но не с переводного английского текста, а с тех двух с половиной страниц, которые представлены на фотографиях. Текст, как видно (по его качеству), не сканирован, а переснят (ксерокопирован?), причём не исключается неоднократная пересъёмка. Разобрать удалось не всё, но зато без пропусков и приблизительного (в некоторых местах) обратного перевода Свидетельств на русский язык. Вот — этот первичный текст:

«… Всё это очень долго длилось, их живьём бросили в ямы и там засы'пали. Часть детей был убиты путём удара головы о землю или о дерево. … детей была разорвана наполовину. Так за… погром 19 сентября в 2 ч дня. Лица, погибшие 19 сентября под Тяжиловым, следующие: … Примак с женой, Борух Примак, Гутман, В (Л)айнер с семьёй, Кобец с семьёй, Спивак с семьёй, Стрижевский с семьёй, Лазебник с семьёй, семья Клейнера (сам Клейнер осталя), семья …, Кац Мойша с семьёй, Гендлер с семьёй, Кац Сурра с семьёй, Гройс Фроим с семьёй Арцис Гунар с семьёй. Всего погибло людей, фамилии которых я не знаю, приблизительно около 3 000 человек.

Свидетелем второго погрома, который был проведен фашист. варварами, я был 15 апреля (1942 г.). С 3 ч. дня были вывешены объявления немецкого коменданта города Винница, что 16 апреля в … всему еврейскому населению явиться на стадион, взявши с собою на сутки хлеба. … апреля утром еврейское население Замостянского р-на начало постепенно идти на стадион … утром началось движение народа с улицы Лысенко, проспекта Коцюбинского и прилегающих к ним районов, с улицы Островского. Не доходя … моста появились полицейские и гестапо, окружив весь народ, и повели его на стадион.

(Не)которые лица скрылись и живыми бросались … колодцы (это было по ул. Островского), некоторые затопили печки, закрыли трубы и умирали от угара, некоторые приняли морфий, живая женщина со своей дочкой вошла в Буг и шла до тех пор, пока вода не покрыла её. Народ, ушедший на стадион … там уже был весь город … у ворот стояло гестапо, которое сортировало население.

Рабочие, имеющие справки с буквой «А» (специалист), пошли в одну колонну. Рабочие со справкой буква «Ц» - в другую колонну. Люди, не имеющие справок, вместе со второй колонной (буква «Ц»). [Приблизительно на этом месте поверх пересянтого текста кем-то начерчена цифра 37; предыдущая и последующая страницы не нумерованы — С. В.] Медперсонал г. Винницы с повязками Кр. Креста на руках (женщины и мужчины) - в отдельную колонну и, поскольку медперсонала оказалось очень много, командующий по стадиону соединил медперсонал с общей колонной.

Специалистов увезли со стадиона: часть в допер [не знаю происхождение этого слова, но после войны в Виннице тюрьму нередко называли «допр»; в английском тексте это место осталось не переведенным — и отсутствует - С. В.], часть — в казармы (воен. городок), часть была угнана на вокзал для отправки в Житомир. Были случаи, когда мужья (специалисты) не хотели уйти от своих семей и присоединились к общей колонне. Одна женщина, которая держала своего трёхлетнего ребёнка на руках, была присоединена к специалистам (ребёнка у неё вырвали). Но она, не давая своего ребёнка, была избита немцами до потери сознания. Народ, оставшийся на стадионе, был увезен в Пятничанский лесок, где уже были приготовлены длинные ямы. Было предложено отдать все драгоценные вещи: деньги, часы — вещи стали сбрасывать в одну кучу. Был дан приказ раздеться. Люди разделись, одежду стали убирать. Крики, плач, истерики детей и женщин не описать! Началась расправа. В течение 20 минут было убито около 4 000 человек. Раненые были зарезаны саблями. Те, которые пытались удрать, были расстреляны на месте. Часть тронулась с ума.

Так как к 16 ч. не успели закончить всех, то они были загнаны в длинный сарай в с. Пятничаны. Всю ночь с 16-е на 17-е немецкие варвары рыскали по квартирам, по лесам, чердакам, сараям, полям. … сопровождали украинские полицаи.

Всех найденных привели в гестапо … они были расстреляны.

17-го числа было приказано людям живым влезть в яму, лечь лицом вниз и по ним пускали пулемётный огонь. 16-го числа была пятница, из родильного дома начали убирать рожениц с их детками. Увозили в лес и расстреливали, а дети у них были отобраны и живыми брошены в ямы или убиты ударом головы о землю или о дерево.

Случай людей, которые выпили морфий. Лёня со своей женой (Первомайская улица). Пошли в Буг Кац со своей дочкой Кларой (проживали по улице Киевской, 29). Женщина Базя Головатая со своей 12-летней дочерью бросились в колодец (ул. Кармелюка). 17 апреля со II роддома были запакованы в двух мешках живые дети и сброшены с третьего этажа.

Я был очевидцем этих всех событий, в чём собственноручно расписываюсь. Спивак Я. Г.

Подпись тов. Спивак Я. Г. удостоверяю.

Секретарь Винницкого горисполкома. Подпись. Печать.»]

***

Следующее сообщение ЧГК от 12 апреля 1945 года содержит описание массового убийства евреев в Виннице.

15 апреля 1942 года по приказу немецкого коменданта города появились по всему городу сообщения об обязанности евреев 16 апреля собраться на стадионе для отправки в гетто. Каждому надо было взять с собой еду на несколько дней, два одеяла и ценные вещи.

На стадионе было полно народа. При появлении чёрных грузовиков евреям стало всё ясно. П стадиону шёпотом прокатилось слово «смерть». Сначала женщины, дети и пожилые люди были погружены в грузовики. Дети были оторваны от матерей. Многие были жестоко убиты на месте возле грузовиков.

Специалисты были построены в стороне. Из 11 000 человек было отобрано 1000 квалифицированных рабочих. У портнихи Розы Неймарк было двое маленьких детей, вырванных из её рук и брошенных в грузовик; мать изо всех сил пыталась попасть на этот грузовик, была так сильно избита дубинками, что она была вся покрыта кровью.

Таким образом, к вечеру 16 апреля около 10 000 советских гражданских лиц были жестоко замучены до смерти и расстреляны в Пятничанском лесу и на стадионе. Прошло три года, но вопли и крики всё ещё звучат в наших ушах.

[Добавлю сюда пропущенные при переводе на английский язык (обратный перевод на русски язык - см. выше) места', которые я смог обнаружить при разборе факсимиле этого Свидетельства):

«… Кровь лилась на всех улицах, во всех переулках.

17 сентября 1941 года трое немцев встретили молодую девушку, примерно 16-18 лет, тут же схватили её, раскачали и с разгону так ударили её о каменную стену, что мозги вылетели у этой несчастной. Это имело место на Сенной ул. №1.

г) 5 декабря 1941 года был приказ немецкого командования всем евреям явиться на стадион н регистрацию. Мы явились, но не все. Зарегистрировали свыше 10 000 человек. Простояв до вечера, нас не разогнали и не распустили, а пустили бегом преследуемые выстрелами, дубинками и проч. Так прибежали мы домой в ожидании смерти.

д) …

… Как дикие звери жандармы бросались на людей, срывали одежду, стреляли, избивали, убивали, кровь лилась по всему полю.

Так прошла кровавая пятница.

Нас, специалистов — работниц и рабочих пригнали в тюрьму, где началась опять экзекуция. Ограбление, избиение, насилование.

Из тюрьмы нас выгоняли на работы. Каждый день ослабевших отбирали на расстрел на 4-й этаж.»]

***

Следующее сообщение ЧГК от 5 мая 1944 содержит описание массового убийства евреев в Виннице.

Из воспоминаний Льва Шаина. [Адвокат Лев Александрович Шаин - приятель моего отчима, бывал с женой у нас дома почти на всех празднествах (включая мою свадьбу); о его судьбе я рассказал в «Моей Виннице»]

… 19 сентября 1941 года был проведен массовый расстрел 15 000 человек невинного населения города Винницы. Население, в основном женщины, старики и женщины и маленькие дети, были доставлены в лес Пятничаны, где они были застрелены из автоматов. Люди перевозились грузовиками к ямам голыми, а затем расстреливались группами. Когда грузовики приближались к [месту убийства], громкие крики можно было услышать издалека. И мертвых, и тех, кто [ещё] были живы, бросали в яму. Маленьким детям … ломали позвоночник.
В течение одного дня, 19 сентября 1941 года, было расстреляно около 15 000 человек. Ямы для стрелявших были подготовлены заранее … В тот день расстрелы проводились с 5 утра до 4 после полудня.

16 апреля 1942 года около 10 000 невинных жителей города Винницы были загнаны на стадион. Старые мужчины и женщины, женщины, дети и мужчины, непригодные для работы, были доставлены в Пятничанский лес, вынуждены были раздеться голыми и затем расстреляны автоматами. Гитлеровцы доставили в лес колоннами нескольких тысяч женщин, детей и пожилых людей. Люди кричали и восклицали: «Да здравствует Сталин!», «Отомстите палачам за нашу кровь!», «Мы умираем, но [наши] дети отомстят за нас!», и т. д. Очень старые люди шептали молитвы. Было так много обречённых на смерть, что они должны были стоять несколько часов голыми на холоде, ожидая смерти. [Даже] перед расстрелом немецкие варвары зверствовали, избивая стоящих людей дубинками, кнутами и прикладами винтовок. Одежда и обувь жертв были доставлены во внутренний двор администрации муниципального управления на улице Ленина, где лучшая одежда была распределена по указанию торгового департамента городской администрации. [Конечно, в русскоязычном оригинале не было невозможных в ту пору слов «муниципального» и «департамента», но я их оставил, так как гадать - «местного самоуправления», «городской управы», торгового «отдела» или ещё чего-то не хотелось].

[На приведенной единственной странице факсимиле Свидетельства Льва Шаина, которое разобрать довольно сложно, перечислены некоторые фамилии погибших. Указано, что парализованных евреев несли в грузовики на простынях, а некоторых расстреливали в кровати.
Сообщается также о расстреле 25.08.1942 на Тывровской дороге 500 человек из рабочего лагеря, который располагался на военном городке, об ужасных условиях в этом лагере. Но, повторяю, текст на этой странице настолько неразборчив, что привести его полностью я не в состоянии.]

***

В следующем докладе ЧГК от 1944 года содержится описание массового убийства евреев в Виннице:

… 19 сентября 1941 года жандармерия полевой комендатуры, возглавляемая полковником фо
Баклером [Buckler — по-немецки читается «Буклер» - С. В.], по приказу Гебиткомиссара
Маргенфельда, провела массовую регистрацию жителей Винницы.
Гестаповцы арестовывали советских мирных жителей в их домах и на улице. Таким образом
было арестовано около 10 000 человек. Вся группа арестованных была доставлена в лес
Пятничаны, возле питомника по дороге в Литин, и там их расстреляли с помощью венгерски
жандармов …
[Представлена страница №16 из напечатанного на машинке доклада ЧГК. Последний абзац
гласит:
«Спасшаяся от расстрела девочка Зоя МЕЛАМУ (Меламуд - см. ниже), проживающая в г.
Виннице, по ул. Дмитриева, №1, рассказал(а) …]

***

Следующее сообщение ЧГК от 25 апреля 1944 содержит описание массового убийства евреев
в Виннице.

Из заявления психиатра Татьяны Фишер [я о ней писал: http://www.proza.ru/2016/09/27/1500]
о немецких зверствах в Виннице:

… В 1942 году всем евреям было приказано явиться для регистрации, где они получили
свидетельства, которые отличали их по категориям. Однако я не знаю, что это за маркировка.
После этого всем евреям было приказано прийти на стадион, предположительно, для
отправки в гетто. Когда они собрались, специалисты-портные, сапожники и т. д. были
отобраны и отправлены под стражей в тюрьму, а все остальные были доставлены по дороге н
Литин за вторым следственным изолятором и расстреляны …

[Приложенное фото страницы машинописного текста очень блекло и не читабельно.]

***

В следующем докладе ЧГК от 29 апреля 1944 года содержится описание массового убийства
евреев в Виннице:

Из заявления профессора медицины Григория Махулько-Горбацевича:

… В сентябре-октябре 1941 года по всему городу было опубликовано объявление на

154

украинском языке, в котором евреям было велено регистрироваться в рамках подготовки к организации гетто.

Таким образом, около 5 000 евреев, которые впоследствии были расстреляны в Пятничанах, были собраны на стадионе …

Весной 1942 года, примерно в феврале или марте, остальная часть еврейского населения была задержана при облавах и также расстреляна. В этой связи следует отметить, что последнее массовое убийство евреев весной 1942 года совпало с переводом штаб-квартиры Гитлера в город Винницу.

Сфотографированные и изображённые рядом с этим текстом два машинописных листа настолько блеклые, что разобрать содержимое не представляется возможным.

[Что касается самого профессора, то он через несколько часов после допроса в НКВД был расстрелян — см. мою публикацию о Винницком медицинском институте в период оккупации: http://www.proza.ru/2015/02/16/1176]

***

В следующем докладе ЧГК от 1944 года содержится описание массового убийства евреев в Виннице:

Из отчёта (на украинском языке) Зои Меламуд, которая родилась в 1930 году :
… Когда они начали арестовывать и убивать евреев, они также пришли за нами. Я, которая была маленькой девочкой, скрывалась в шкафу. Полицейский пришел и забрал [мою] маму, но не взял меня. С тех пор, как они приходили за моей мамой, я ушла к соседям.

Когда они забрали мою маму, я начала кричать (заплакала). Я пошла на ликерную фабрику, где собрались все арестованные, и сказал, что я ищу свою маму. Затем меня тоже увезли в яму за стадионом. Моя мама взяла с собой сестру, а мою старшую сестру увёл полицейский после того, как нашел её в чулане.

Меня отвезли в яму на Литинском шоссе, там были несколько бараков, пришлось повернуть прямо туда. В яме они стреляли. Они отвели меня к яме и полицейский сказал мне: «Возьми лежащих у ямы и скинь их в яму». Одна женщина спорила с полицейским, заявив, что я не еврейка, и он отпустил меня …

Я видел много людей в яме, которая напоминала яму для хранения картофеля. Люди, которые были взяты к краю ямы, были несколько мужчин, в основном - старухи и дети. Затем немцы выстрелили залпом. Полицейские толкнули их, живых людей, лопатами, и они упали туда. Дети не были убиты, но брошены в яму живыми. Я видел много детей. Были такие же дети, как я, а также более взрослые. Было также много грудных младенцев, которые были вырваны из рук их матерей и брошены в яму прямо на тела убитых, а 2-3-летние детки, которые были сброшены заживо, ползали по телам в яме, зовя своих матерей.

Когда я пришла к яме, я не нашла никого из своей семьи, я узнала только шнурки моей сестры, и я также узнала черный платок мамы возле ямы.

В яме было очень много людей. Яма была такой же глубокой, как траншея для хранения картофеля, и очень длинная. Я видела живых детей, но я не знала ни одного из них. Я не видела своих маленьких сестер.

Расстрел проводился следующим образом: была «яма для картофеля» - большая яма, были люди, стоявшие на краю, а дальше стояли гестаповцы. Там было много людей. Гестаповцы приводили их группами по 10-15 или 20 человек, ставили их на край ямы и затем стреляли по ним из автоматов или пулеметов. Остальные ждали своей очереди.

У ямы было больше немцев, в то время как местные полицейские только приводили туда людей. Немцы стреляли, стоя там с автоматами, а полицейские тут и там толкали и спихивали жертвы. В этой яме живые ползали по телам мертвых, но не могли выбраться из ямы.

[Перевод с украинского языка на русский двух с половиной страниц машинописного текста, представленного рядом с текстом на английском языке. (Прошу учесть, что в той пишущей машинке отсутствовали некоторые буквы: они произвольно заменялись другими - возможно, что я некоторые слова «разгадал» неверно.)

Рассказ МЕЛАМУД ЗОИ ПХЕЛЕВНЫ, рождения 1930 года, проживала на Старом городе по улице Дмитрова, №1, которая присутствовала при расстреле населения г. Винницы за стадионом. При разговоре присутствовали: Петрова Вера Александровна - инспектор школ гороно, секретарь ГК КП(б)У - Пиньковский.

До войны я училась в школе №5, закончила три класса и должна была перейти в 4-й класс, но в четвёртом ещё не училась.

Отец мой работал в горснабе, он возил на повозке с лошадью бочки. Мать нигде не работала, болела, вела хозяйство.

Я ходила в школу в третий класс. Сестра моя училась во втором классе, ей было девять лет. А меньшей сестре не было и пяти лет. Я была самая старшая.

С начала войны отец не работал, а через некоторое время пошёл на работу и больше не возвратился домой.

Когда начали арестовывать евреев и … , пришли и к нам. Я маленькую сестру спрятала в шкафу. Пришёл полицай и забрал маму, а меня не забрал, потому что когда пришли за мамой, то я была у соседей.

Когда маму забрали, я начала плакать. Я дошла до спиртзавода, где собирали арестованных, и сказала, что ищу маму. Тогда и меня забрали и повели к яме за стадионом.

Мама маленькую сестричку забрала с собой, а старшую забрал полицай, когда нашёл её за шкафом.

Меня повели к яме, что на Литинском шоссе, это там, где домики, там надо было повернуть направо, и вот там перед ямой расстреливали.

Привели меня к яме, один полицай говорит мне: «Бери этих, что лежат около ямы, и бросай их в яму.» Одна женщина начала доказывать полицаю, что я не юд, а украинка — он меня и отпустил.

Я от ямы пошла туда, где наш дом, и зашла к одним людям — ТКАЧУКАМ.

Когда начали маму забирать, то она [Ткачук] начала прощаться и плакать, а шофёр говорит: «Что вы - кумы?». Она говорит: «Мы не кумы, а соседи, дети вместе игрались.» Она спрашивает: «Куда вы их берёте?», а он говорит: «На работу.»

156

Когда я возвратилась, меня вторично забрали и привели в тюрьму, где я была 3 недели, где всё время допрашивали: я еврейка или украинка. Я говорю, что украинка. «А ну начинай креститься». Я начала креститься. «Молись» - я начала молиться. И тогда меня отпустили и я пошла в село.

В яме я видела много людей. Это была яма, как кагат для картошки. Там к краю ямы подводили людей - мужчин было мало, большинство - старые женщины и дети, а потом немцы строчили из автоматов, а полицаи лопатами толкали, туда люди живыми падали. Детей не убивали, а живыми кидали. Я видела много детей, и такие были, как я, и большие. Было много грудных детей, которых вырывали из рук матерей и кидали в ямы прямо на трупы убитых, а такие по 2-3 года ползали по яме по трупам и кричали, звали матерей, так их живыми захоронили.

Когда я подошла к яме, то никого из своих не застала, только узнала по шнурочкам ботиночки моей сестрички, и ещё у ямы был мамин чёрный платок — я его узнала.

В яме было очень много людей, яма была глубокая как кагат для картошки и очень длинная. Я видела живых детей, но все они были мне не знакомы. Своих сестричек я уже не увидела. Расстреливали так: это кагат - большая яма, тут люди стоят на краю, а дальше стоит гестапо. Людей было очень много. Гестаповцы подводят их по 10 - 25 - 20 человек, ставят на край ямы и из автомата или пулемёта расстреливают, а другие ожидают в очереди.

Гражданское население не пускали, только смотрели, как вели через стадион.

Около ямы было больше немцев, а полицаи только водили людей. Немцы расстреливали, стояли с автоматами, полицаи толкали лопатами как попадётся. В яме ещё живые лазили по трупам, но выбраться из ямы не могли.

Яму эту, где расстреливали, я могу и сейчас найти.

Я сейчас ничего не делаю. Я живу у одной женщины. Когда полицай привёл меня к этой женщине, она сказала: «Это не еврейка. Она с моими детьми будет вместе.» Он говорит: «ты заступаешься», и так ударил, что я аж упала. Женщину эту зовут Анюта ПАЛАМАР. У неё есть парень, не знаю сколько лет. Он в армии. О нём ничего не слышно. Муж работает на хлебозаводе. И трое детей.

Имущество наше я знаю, где.

Меламуд

Подписи (присутствовавших при разговоре): Пиньковский, Петрова.
25.04. 1944.]

***

СОВЕТСКИЕ СООБЩЕНИЯ

Из свидетельских показаний М. И. Соколова, жителя Винницы, 1946 г .:

… Это была так называемая «акция» в сентябре 1941 года. Около 2-3 часов началось обход евреев. Группы буковинцев [украинцы из Северной Буковины] вместе с членами жандармерии ворвались в [еврейские дома] и выгнали евреев, как они были одеты, некоторые имели только рубашки, из их домов. Собравшиеся люди стояли около 10 утра, со слезами на глазах, не зная, что с ними будет. За ограждением согнанных людей их документы проверялись. Некоторым и евреев удалось спрятаться. Русские и украинцы спрятали их. Они начертили кресты на всех своих дверях, а когда кто-то стучал в дверь, русский или украинский открывали дверь и говорили, что евреев нет, хотя на самом деле там были спрятаны евреи. В 10 часов утра люди отправились в район Долинки у Литинской дороги, где находился склад боеприпасов. Через час или полчаса стало известно, что забранных евреев расстреляли. Евреи, которых расстреляли, были похоронены там ближе к концу дня … Около 3 500 евреев были убиты. Военнопленные вырыли большие траншеи, и убитые были вброшены в них, а полицейские, которые были очевидцами, сказали, что после того, как могилы были покрыты, земля вздымалась. Дети были брошены живьём. Ценности евреев были разграблены …

В апреле [1942] были вывешены объявления о том, что еврейское население должно собраться на стадионе, захватив с собой самые ценные предметы, пожитки и еду на три дня. Все плакали, пытаясь угадать, что происходит. Утром печальная процессия пустилась в ход. Деды и бабушки медленно двигались, спрашивая направление в сторону стадиона, так как они там никогда не были. Люди, которые были собраны, были окружены большой толпой местного [н еврейского] населения. У некоторых из них были родственники [среди евреев]. Другие люди просто жалели или сочувствовали тем, кто был собран. Место, где собрали евреев, было окружено проволокой. Через какое-то время прибыла команда латышей или литовцев. Этот отряд начал отбор. Тем, у кого были документы, подтверждавшие, что они - ремесленники, было приказано отойти в сторону. В этот момент происходили душераздирающие сцены: родители прощались с их детьми. Некоторые хотели умереть вместе со своими родителями и не хотели отходить в сторону, но люди СС этого не допустили и около 300 человек, включая женщин, которые были высококвалифицированными портными и т. д., были перемещены в сторону, а остальным было приказано положить их имущество в кучу. Те, кто сопротивлялся, были избиты винтовками. Собравшихся людей отправили по дороге на склад для боеприпасов. Там их расстреляли. Стрельба продолжалась целый день, а груды одежды, част из которой была окрашена кровью, а другая — нет, были изъяты. Все эти предметы одежды были отправлены на склад германского управления для последующего использования. Те, кто был ранен, были похоронены еще живыми …

TsGAOOU, 166-2-286, копия YVA M.37 / 1167

Опубликовано 08.07.2017.

Взгляд с Горы Памяти на Винницу 1941- 42-х гг III .

Архивы Мемориала Яд ва-Шем содержат ещё немало материалов, касающихся Холокоста в Виннице (и не меньше материалов о Холокосте в других местах Винницкой области).

В библиотеке Мемориала Яд ва-Шем (http://db.yadvashem.org/library/) имеются следующие книги и CD , в которых повествуется о Холокосте в Виннице. Речь идёт тут только о книгах, но не о статьях или же о книгах о других населённых пунктах Винницкой области.

1. Редакторы – Маляр, Иосиф и Винокурова, Фаина.
[Здесь — неточность, так как на титульном листе книги написано по-иному:
Под общей редакцией Д-ра Пинхаса Агмона (Израиль), Д-ра Анатолия Степаненко (Украина). Составители — Иосиф Маляр (Израиль), Фаина Винокурова (Украина) - С. В.]
Винницкая область. Катастрофа (ШОА) и сопротивление.
Свидетельства евреев-узников концлагерей и гетто, участников партизанского

159

движения и подпольной борьбы.
Издание "Бейт Лохамей ха-Геттаот", Тель-Авив – Киев, 1994. 190с. Язык - русский.
Приложения: Список евреев-бойцов партизанских отрядов и подпольщиков.
Титульный лист и содержание на иврите, рус., укр. и англ. яз.

2. Круглов, Александр Иосифович .
Уничтожение еврейского населения в Винницкой области в 1941-1944 гг.
г. Могилев-Подольский [Б.и.] - 1997, 87с. Язык - русский.
Мартиролог.

3. Финкельштейн, Иосиф Моисеевич
Книга мужества и скорби.
Евреи Винницы в годы Великой Отечественной войны; Вып. 1.
Винница — 1999, 107 с. Язык - русский.
Перед заглавием: Евреи Подолии в годы Великой Отечественной войны.
Статьи. Очерки. Факты. Мартиролог.
ID: 9534634

4. Герасимов, Іван Олександрович.
Книга скорботи України .
Вінниця, Обласна редакційна колегія Книги Памяті України - 2001.
3 тома (1, 2, 3) . Язык - украинский. ISBN: 5885001448

5. Списки жертв нацистской оккупации Винницы
Moscow, публикатор - Garf, 2005, 100 стр. Язык - русский.
Yad Vashem Archiv: M.33.
Тростенец, Томашполь, Уланов, Винница (город), Оратов, Копайгород, Джулинка,
Брацлав, Бершад, Мурованные Куриловцы, Литин, Комсомольское, Казатин, Хмельник,
Погребище, Черневцы, Шаргород, Турбов, Шпиков, Самгородок, Крыжополь, Ямполь,
Жмеринка, Плисков.

6. Менакер, Яаков
Бездна, год 1942 .
Иерусалим, 2008. 1 computer optical disc, CD. Язык - русский.
Посвящено:
Snitkov, Verbovets, Murovano Kurilovtsy, Vinnitsa, Ukraine (USSR) .

7. Менакер, Яаков
Бездна, год 1942 - Vol. 2 .
Иерусалим — 2008, 492 стр. Язык — русский.
Посвящено:
Snitkov, Verbovets, Murovano Kurilovtsy, Vinnitsa, Ukraine (USSR)

8. Резник, Арон
Все-таки я выжил...
Нью-Йорк — Gitel, 2009, 77 с. Язык - русский.

9. Роос, Кор
Рожденные страдать ?
Помни слезы и скитания избранного народа; Катастрофа в Украине 1941-1944 гг.
Винница, Глобус-прес , 2011, 201 стр. Язык - русский.
ISBN: 84796680216315.

10. Вайнштейн, Соломон
Семь лет ада.
Винница 1937-1944
Кёльн (German) - BoD - Books on Demand , 2015, 431 стр.
ISBN: 9783739212227
Там же — следующее примечание:
"This book was purchased for the Yad Vashem Library through a generous donation from the estate of Martin Cohen, Canada" (эта книга приобретена библиотекой Яд ва-Шема за счёт щедрого пожертвования …). Тут я почувствовал себя неловко.

[Дело в том что все книги я издаю за свой счёт и, вопреки совету издательства, не убираю их содержание из сети. Тем самым я радикально уменьшаю число потенциальных покупателей, что, конечно, издательству не любо. Оно продаёт книги, «отстёгивая» автору где-то 5-7% от стоимости книги.
Для меня издание книг — не предпринимательство и не поиск дополнительной славы. Во-первых, никогда я не возвращу даже малой доли потраченного, во-вторых, всемирная паутина «прославляет» и без того достаточно, тем более, если к содержанию книг — свободный доступ.
После каждого издания я рассылаю купленные мною у издательства книги разным людям и организациям. Получаю в ответ благодарности — и этим вполне удовлетворяюсь. Из нескольких десятков разосланных в Винницу книг лишь две остались без ответа: от одного частного лица и от одной организации. Последней был как раз Музей Холокоста в Винницкой области (туда была передана именно эта книга - «Семь лет ада»). Мог ли я после такого решиться на отправление книги в Иерусалим? (Так неуклюже я пытаюсь оправдаться.)]

В книге Иосифа Финкельштейна (см. коллаж) имеется самый обширный из имеющихся мартирологов, включающий 3 600 расстрелянных мирных жителей и более 2 000 погибших на войне. В более поздней публикации И. Финкельштейн (Кирьят-Ям, Израиль) сообщает об установленных именах ещё большего числа евреев оккупированной Винницы, погибших от рук захватчиков: «В настоящее время мы располагаем более или менее точными сведениями о 5353 убиенных из 2899 семей.» (http://www.isrageo.com/2015/04/16/novuiporiadokvinniza/)

В архиве Мемориала имеется также список персоналий, погибших в период Великой Отечественной войны 1941-1945 г.г., фамилии которых обнаружены после издания предыдущих томов (http://collections1.yadvashem.org/ - слева вверху возможность перехода с иврита на английский язык!).

***

В фотоархиве представлена фотография (в четырёх идентичных вариантах), разгадка истории которой меня весьма интересует (http://www.proza.ru/2017/05/30/1284). Подписи к этой фотографии почти не различаются, но некоторые отличия в информации имеются.

Первый снимок называется (всё — в переводе с английского языка) «Эсэсовец стреляет в голову мужчине, стоящему у массового захоронения. Возможно — 1941-й год.» А далее: «после войны эта фотография использовалась в антигерманской пропаганде в Чехословакии». То есть, там фото было широко известно на полвека ранее, чем в распавшемся СССР.

Второе такое же фото с аналогичной подписью помещено рядом с тусклым текстом от печати, в котором видны слова «Расстрелы 5 000 евреев Винницы, 1943» (см. коллаж), хотя датируется фото предположительно также 1941-м годом.

Третья фотография обозначается по-иному: «Немецкие солдаты наблюдают за убийством еврея солдатом из Айнзатцгруппы, 07/1941». Обратите внимание: указан месяц акции. Он совпадает с убийством на территории Пятничанского кирпичного завода представителей еврейской интеллигенции города.

Четвёртая фотография не отличается подписью от двух первых, но рядом с ней представлен маленький фрагмент оборотной стороны фотографии, на котором можно разобрать написанное рукой « … oment … office» (см. коллаж). Указано, что эта фотография из альбома собрания снимков гетто G. Kadisch. В другом месте мне удалось найти сообщение о выставке означенных снимков в Мюнхене (см. коллаж). Год не указан, но это было в близкое после окончания войны время. И состоялась выставка в одном из помещений на территории расквартирования американских войск. Наверное, на выставку допускалось немецкое население, чтобы и оно убедилось в варварстве гитлеровцев.
[Моя попытка приобрести копию оборотной стороны фотографии обернулась двойным фиаско: во-первых, Яд ва-Шем располагает только указанным фрагментом, во-вторых, - я цитирую - «Фотограф, снявший эту фотографию, неизвестен. Написанное на английском языке чернилами не имеет отношения к содержанию фотографии.»]

Впервые я обнаружил фотографию эксгумаций (извлечения из массовых захоронений

162

трупов), выполненных Чрезвычайной госкомиссией (см. коллаж). Никогда ранее я никаких материалов этого рода, что касается расстрелянных еврейских гражданских лиц Винницы, не встречал.

***

Теперь к вопросу, обсуждать который хотя и не хочется, но приходится. Причём, второй раз (впервые — тут: http://www.proza.ru/2017/01/30/842). Речь — о числе жертв Холокоста в Виннице.

В архивных материалах Яд ва-Шема имеются пять с половиной страниц, на которых представлены таблица и разъяснения к ней (группа учёта - 0.32, файл - 63, инвентарный номер - 10306, предыдущий файл - 0.32/382) о числе уничтоженных немцами не только в Виннице, но и отдельно в каждом из районов области, гражданских лиц. В таблице — четыре столбца: название населённого пункта (района), количество уничтоженных мирных граждан, число - среди них - евреев и удельный вес евреев среди жертв нацизма (в %). Таблица и разъяснения к ней напечатаны на пишущей машинке.

После таблицы указано следующее:
«Источники, на основании которых составлена эта таблица: ЦГАОР [Центральный государственный архив Октябрьской революции — С. В.], ф. - 7021, оп. - 54, дд. № № ...» [указаны более сорока номеров дел].»
«В итоговую таблицу уничтоженных мирных граждан не включены 3 790 человек, погибшие от бомб и снарядов, в том числе в г. Винница - 1 500 человек, … »
Даты составления этого документа я не обнаружил.

По Виннице сообщаются следующие данные:
во втором столбце - 28 320 человек (всего), в третьем - 26 075 человек (из них - евреев), в четвёртом — 92% (евреев от общего числа).

Пояснение ко второму и третьему столбцам:
«В деле число уничтоженных мирных граждан определяется в 40 320, так как, очевидно, по ошибке, в их число включены 12 тыс. погибших военнопленных. Количество расстрелянных евреев завышено. Так, согласно материалам дела 16 апреля 1942 г. было расстреляно 9 тыс. евреев из имевшихся в гетто 10 тыс. /см. д. № 1236, л. 5/. Между тем согласно письму руководителя «ГФТ/ОТ - Айнзатц Айхенхайм» начальнику имперской службы безопасности штандартенфюреру СС Раттенхуберу от 14.1.1942 г. в Виннице имелось тогда «почти 5 000 евреев». /см. Krausnick H., Wilhelm H.-H. Die Truppe des Weltanschauungskrieges, Die Einsatzgruppen der Sicherheitspolizei und des SD 1938-1942. Stuttgart, 1981, S. 276./
Вероятно, завышено и количество евреев, расстрелянных в Виннице 19 сентября 1941 г. /15 тыс. по материалам дела/.»
[Я приводил подобную цифру - 5 000 - на начало 1942-го года, ссылаясь на другой

163

Как было бы правильно, если бы через 75 лет после трагедии все сообщения, наконец, были бы перепроверены и - как к верным, так и к ложным - даны подобные пояснения! А пока каждый выбирает те сообщения, которые подходят под его концепцию, игнорируя все прочие…

Оппоненты, заметив однобокость использованных аргументов, опровергают не только приводимую статистику, но и сами сообщения о массовых расстрелах гражданского еврейского населения, сам Холокост. В результате такой эквилибристики «фактами» ли'ца, пишущие о Холокосте, только дают отрицающим Холокост пищу для измышлений.

Теперь я объясню, почему у меня нет особого желания обсуждать эту тему — о числе жертв Холокоста в Виннице. Да потому, что указанный выше и в других моих публикациях значительный разнобой (несогласованность, противоречия) в цифрах (фактически же - в числах погибших евреев) - это результат не забывчивости свидетелей, а прямого вмешательства Чрезвычайной государственной комиссии в протоколирование свидетельств.

Я уже отмечал это в предыдущей части работы (I), но после публикации следующей части (II), включающей воспоминания Л. А. Шаина, понял, что должен ещё раз возвратиться к объяснению ситуации после освобождения Винницы.

Прежде всего, считать одним из важнейших следствий освобождения города Красной Армией от вермахта избавление населения от всяческих страхов — весьма наивно. Страха быть лишёнными жизни лишились только те несколько десятков оставшихся евреев-винничан (из многих тысяч, застигнутых в покинутом советскими властями и Красной Армией городе и уничтоженных немцами). Да и то — далеко не все. Выживший в течение почти трёх лет оккупации еврей автоматически подпадал под подозрение: как это так? не сотрудничал ли он с захватчиками? чем он может доказать свою невиновность? Хорошо, если находились мужественные винничане - не евреи, которые подтверждали своё участие в спасении тех или иных евреев. НКВД боялись все, зная, что там могут быстро и засудить, и расстрелять ни за что.

А другие украинцы, русские, поляки, пр., не говоря уже о тех, у кого действительно было «рыльце в пуху», боялись доносов различного рода. Вот в результате такого доноса в течение нескольких часов допросили и расстреляли профессора Г. С. Махулько - Горбацевича (как украинского националиста). Есть ведь в архивах МВД этот донос, но многое говорит о том, что никто сей документ подлости никогда не увидит — и имя доносителя не узнает. В МВД «своих» не выдают, даже если те — из НКВД?

Подозрения, основанные на косвенных данных, на высказываниях некоторых лиц — не доказательства. И приводить их посему не считаю возможным.

Но это ещё не всё. ЧГК в своих документах привела «свидетельства» профессора об ужасных условиях, царивших в госпитале для советских военнопленных, в котором Г. С. Махулько - Горбацевич, по логике вещей, не был ни разу. Но выдаваемые за показания профессора-медика (хотя и не лечебника) звучали они как бы весьма весомо. О том, что профессор был в день «дачи показаний» расстрелян, никто из знакомившихся с этим «Свидетельством» знать не мог. И до сих пор его перепечатывают из книги в книгу как не вызывающий никаких сомнений документ-обвинение.

Переходим к Свидетельству Л. А. Шаина. Он, скрывавшийся со знакомым юношей в почти наглухо замурованном пространстве между двумя перегородками, сам ничего видеть н е   м о г. Казалось бы, очевидно. А «своё» Свидетельство писал, и тут всё ясно, по дошедшим до него рассказам или же, скорее всего, под диктовку какого-нибудь чекиста. Но никто над этим не задумывается…
Писал — через очень короткое время после выхода в мир. Когда ещё свежа в памяти была гибель (у него на глазах!) жены и сына. Когда он, наверное, уже знал, что у его довоенной приятельницы (впоследствии — второй жены) погиб на войне единственный сын. В таком состоянии Л. А. Шаин оказался весьма пластичным материалом для энкаведистов.
Отсюда в Свидетельстве — детали, которые не могли быть ему известны, включая восклицания расстреливаемых евреев: «Да здравствует Сталин!», и тому подобное (об чём нет ничего в рассказах действительно присутствовавших при расстрелах!). Отсюда — и цифры расстрелянных: 15 000, 10 000, 500.

Удивительно, что никто не обращает внимание на п р и ч и н ы появления завышенных и так «красиво» округлённых цифр. Подчёркиваю: сами свидетели-евреи, впрочем, как и лица других национальностей, к этому не имеют никакого отношения. Да и зачем им это надо было?
А вот ЧГК имела такую установку. Предстояли процесс над главными нацистскими преступниками и прочие судопроизводства, был весьма актуальным вопрос о репарациях…

Когда же все эти дела были прокручены, особенно после образования ГДР (1949), развернулось во всю ширь гонение на евреев (начиная с «Дела Еврейского антифашистского комитета»). Члены Комитета, образованного в 1942-м году по инициативе и с участием НКВД для получения ещё большей помощи от союзников, для быстрейшего открытия Второго фронта, были расстреляны. И существование Холокоста стало кремлёвскими преступниками отрицаться. И вся документация об уничтожении еврейского гражданского населения стала недоступной. И о местах эксгумаций уже никто не вспоминал, а всякие поминания евреями жертв нацистов на этих местах вызывали протесты, запреты и угрозы энкаведистов.

И до сих пор пишут о Холокосте в Виннице, не пытаясь вникнуть в причины

165

послевоенного крутого поворота в оценке и размерах случившегося. О Холокосте (вообще, в том числе и в Виннице) надо было - по велению вождя - забыть. Всем и навсегда!

***

Я уже который раз пишу об этом, хотя понимаю, что невозможное не могло быть возможным.

Шесть десятилетий тому назад сидел я не раз за столом, за которым угощались пришедшие к нам Софья Абрамовна и Лев Александрович. Я уже знал, со слов мамы, о судьбе Шаина и его семьи (семьи прошлой и нынешней: Софья Абрамовна пряталась все годы оккупации в украинском селе). Но того понимания времени и событий оккупации, какое я наработал в последние годы, у меня не было. Поэтому и завести с гостями разговор на эту тему я просто не мог. Да и поддержали бы его наши гости? А отчим и мама на эту тему никогда ни между собой, ни со мной не беседовали. Какая-то защитная реакция психики, что ли?

Отчим и Шаим дружили ещё с довоенных лет. Отчим, из-за очень плохого зрения (кстати, Шаин был также сильно близоруким), в армию призван не был и эвакуировался с женой и сыном в киргизский Джалал-Абад. Когда он с семьёй возвратился в Винницу, то, конечно, во время первой же встречи с Шаином (у отчима ещё была жива жена — и я его не знал) тот ему поведал о своих потерях и мытарствах. Но мне отчим пересказал (лет через пять-семь после этого) только историю с хлебом-солью, которыми религиозные старые евреи встречали немецкую армию — по их убеждению, армию «народа великой культуры». Остальное немногое я узнал со слов матери.

А написал я об этом для того, чтобы вы, читая книги и статьи по этой теме, не переставали сомневаться. Лжи и лицемерия в нашей советской жизни было неимоверно много. Немало, к великому сожалению, осталось и по сей день. Лживы в какой-то степени и немецкие материалы, о которых будет сказано ниже. Но переплюнуть ложь руководства «первого в мире государства рабочих и крестьян» всё-таки трудно …

***

В этом месте я вынужден возвратиться к показаниям (от 15.08.1945 г.) немецкого военнопленного оберлейтенанта Эрвина Бингеля, которые я приводил два с половиной года тому назад (http://www.proza.ru/2015/01/27/96). В них он рассказывает о расстрелах евреев в Умане и Виннице. Показания во многом лживые и основной целью их являлось спасение «собственной шкуры» путём обвинениях всех иных: от рейсхфюрера СС Гиммлера до своих непосредственных сослуживцев. Э. Бингель заврался настолько, что перемешал события в Умани и Виннице, привёл несусветные чи'сла жертв, со всей серьёзностью утверждал, что фотографировал расстрелы, дабы в будущем помочь обвинению в доказательстве преступлений айнзатцкоманд. Чушь, разумеется. Но н и г д е я не встретил оценки этих «Свидетельств». Они приводятся для иллюстрации преступлений нацистов, хотя, несомненно, не только мне ясно, что «откровения» Эрвина Бингеля в большей степени искажают, чем проясняют свершённое изуверами. Среди которых, не следует забывать, был и сей «невинный агнец».

Если я ранее пользовался этими показаниями (не вспомню: вроде бы, на английском языке), подготовленными для Нюрнбергского процесса, то сейчас увидел факсимиле собственноручно написанного Э. Бингелем. Что обнаружил я нового?
П о т р я с а ю щ и й ф а к т, который лишний раз убеждает меня в необходимости постоянно сомневаться в истинности казалось бы совершенно правдоподобного, сопоставлять одни факты с другими, выяснять, при каких обстоятельствах (где, когда, кому, для чего?) они были изложены.

Вот и в этом случае. После сообщения о помещении 213 трупов расстрелянных евреев слоями, пересыпанными хлорной известью, в цистерны (бетонированные ёмкости, расположенные ниже уровня земли), расположенные в Центральном парке, Э. Бингель дополняет: «Когда всё закончилось, пришли люди и замуровали отверстие. С последним положенным кирпичом кровавое деяние было надёжно спрятано, но вовсе не забыто…
Мне тем временем пришлось оставить Винницу. Вместе со своей командой я охранял железнодорожную ветку между Винницей и Уманью.»
[Запомните: речь шла тут об акции 22.09.1941 — С. В.]

Цитирую Э. Бингеля далее:
«В один из дней у меня возникла срочная необходимость уладить дело во Львове. С этой целью я воспользовался автомобилем. Когда мы проезжали через Винницу, водитель внезапно остановился у продавца газет, мой переводчик купил один листок и прочитал мне странное сообщение, настолько меня удивившее, что я решил это дело основательно исследовать.
В этом официальном газетном сообщении можно было прочитать, что в Городском парке обнаружены 213 трупов, которые, с полной вероятностью можно утверждать, были расстрелянными русским ГПУ [Госполитуправлением, существовавшим ранее, в 20-е годы как отдел НКВД; в немецкой прессе того времени под ГПУ и НКВД подразумевалось одно и то же: учреждение, занимавшееся репрессиями — С. В.]. Метод расстрела был принят как признак вероятности того, что это - дело ГПУ. В заключении сообщения были приведены фамилии специалистов-медиков, которые данную версию подтверждают. Это были специалисты из государств Прибалтики, Польши, Бельгии, Голландии, Норвегии и государств Балканского полуострова.

Все эти господа, естественно, под руководством некоторых немецких личностей,

167

желали с определённостью засвидетельствовать, что они особенности методов расстрела в ГПУ знают. Насколько беспочвенным и смехотворным было это инсценированное дело и, вообще, весь этот театр, доказывает следующее. Так как мой интерес к этому случаю был пробуждён, я немедленно поехал к месту нашего бывшего расквартирования [оно граничило с Городским парком; об этом значится в других свидетельствах Э. Бингеля, которые я тоже приводил (http://www.proza.ru/2017/05/30/1284), пытаясь подходом с разных сторон выявить хоть что-то более-менее правдивое в этих показаниях трясущегося от страха за свою жизнь убийцы — С. В.], чтобы это место в Городском парке увидеть самому.

Я увидел следующее: перед уже упомянутыми цистернами находились длинные ряды трупов, выложенных для обозрения их населением города. Обо всех этих трупах можно было утверждать, что это были те же самые трупы, которые мы два месяца до того замуровали в этих цистернах. В этом не было никаких сомнений.

В глубоком потрясении от подлых действий, приписывающих убийства другим, покинули мы это место ужасов. Моим заданием оставалось только получение доказательства голословных подозрений, приписываемых государственной службой одной страны подобной службе другой страны.

Этим доказательством является написанное мною, мною же сочинённое в присутствии очевидцев и подписанное.

Э. Бингель»

Перед тем, как мне, уже казалось бы привыкшему к подлогам НКВД, но тем не менее ещё раз ошарашенному содеянным энкаведистами, сделать выводы по этому «Свидетельству», считаю необходимым освежить в памяти читателя некоторые факты. Всё, что касается жертв террора конца 30-х годов, раскопок немцами тайных захоронений, эксгумации трупов, пр., подробно, со ссылкой на официальные немецкие материалы (в п е р в ы е на бывшем советском пространстве), на свидетельства очевидцев, в том числе - и винничан, описано мною в отдельной публикации (http://www.proza.ru/2014/08/19/1249). Так вот, начаты были вскрытия захоронений в июне 1943-го года, иностранные специалисты прибыли в Винницу в середине июля 1943-го года, и так далее. А Э. Бингель указывает на следующую дату: два месяца после 22.09.1941.

Совершенно ясно, что просто так «ошибиться» почти на два года в определении срока событий (всего через несколько лет, а не десятилетий, после этих событий, участником которых он был сам) Э. Бингель не мог. Свои «Свидетельства» он писал, фигурально выражаясь, при приставленном к его виску пистолете, списывая с подсунутого ему энкаведистом черновика.

Тут двух мнений, как мне представляется, быть не может. Но потрясает другое: почему до сих пор мне не встретилась хотя бы одна-единственная публикация, ставящая крест на все так называемые «Свидетельства» Э. Бингеля? Почему их вообще не отправили в мусорную корзину, а постоянно цитируют? Кому это надо?!

Я, впервые ознакомившись с показаниями Э. Бингеля, ещё ранее (http://www.proza.ru/2015/01/27/96) отмечал их лживость (см. об этом выше), желание выгородить себя. Но убедиться в том, что он пытался выгородить и НКВД, который ещё в марте 1944-го года начал компанию опровержения будто фальсифицированных результатов проведенных немцами эксгумаций 1943-го года, получилось только сейчас, когда мне попали на глаза факсимиле «Свидетельств» пленённого оберлейтенанта. Замечу больше: в свете всего открывшегося я уже и поверить в то, что это написано рукой именно Э. Бингеля, без новых сомнений - не в состоянии.

***

Имеется ряд строго секретных «Докладов Охранной полиции и штаб-квартиры Службы безопасности о военно-политической деятельности во время оккупации Советского Союза.»
Там перечисляется весьма разнообразная деятельность Айнзатцкоманд. В последнюю входили:
- поиски документации в зданиях НКВД, в домах бывшего партийного и советского руководства, евреев;
- выявление, путём как бы поиска образованных евреев для учёта и регистрации еврейского населения, еврейской интеллигенции (о выявлении таким путём и последующем полном уничтожении этой группы евреев Винницы — в Отчёте No. 47, 09/08/1941 - Einsatzkommando 4B [так было на самом деле, что подтверждается из других источников - см. http://www.proza.ru/2017/05/30/1284 — С. В.]);
- в сельских населённых пунктах — контроль за полевыми работами, поиск партизан и прятавшихся евреев;
- попытки спровоцировать погромы против евреев (как правило, не удававшиеся, по объяснению составителей отчётов, из-за страха украинцев перед ответственностью за это, при возможном возвращении советской власти).

В «Докладах» немцы тоже далеко не всегда пишут истину во благе, но, повторяю, перещеголять в тлетворной лжи наших «родных партию и советское правительство» им удавалось редко.

***

В заключение приведу в моём переводе с украинского языка весьма показательную часть статьи из газеты «Вінницька правда». Номер и число выхода газеты не определяются, но, с большой долей вероятности, статья напечатана через короткий период после освобождения города. Я утверждаю это, так как вырезка со статьёй была послана писателю Илье Эренбургу, составлявшему совместно с писателем Василием Гроссманом сборник под названием «Чёрная книга (Холокост)», заодно с письмом

169

винничанина в октябре 1944-го года. Письмо содержало сведения о событиях 1941-1942 г. г. в городе, а приложенная статья из газеты являлась как бы доказательством правдивости сообщённого в письме. (О судьбе «Чёрной книги», кто хочет, можно узнать из ВикипедиИ. Эту книгу издали только после распада СССР. Через полстолетия!)

Фото (ксеро?) копия вырезки со статьёй весьма блеклая, так что минимальные отклонения некоторых слов от оригинала не исключаются. В архиве Яд ва-Шема эта копия значится как файл 244, № 4 (предыдущий файл Р. 21.1/14). [Почему везде указывается «предыдущий файл» я объяснить не могу — С. В.]
Итак, читаем статью, автором которой будто бы являлся один из партийных руководителей области (см. коллаж). На самом деле это только аранжировка бумажки, сочинённой Чрезвычайной госкомиссией по мелодии, насвистанной НКВД.

«Не забудем, не простим
В. Нижник, секретарь Винницкого обкома КП(б)У

… Захватив Винницкую область, немецко-румынские варвары установили режим террора, голода, издевательств. Банды немецко-румынских грабителей грабили повально всё имущество… 33 [правильнее - 32 — С. В.] месяца граждане нашей области испытывали устрашающий разнузданный разгул гитлеровских убийц. Издевательство и глумление над мирным населением были любимым делом немецко-румынских фашистов. Своим разбоем и истязаниями они превзошли самые чёрные времена средневековья…
Во время оккупации города Винница с 20 июля 1941 г. до 20 марта 1944 г. немцы совершали ужасные расправы над советскими гражданами. 19 сентября 1941 г. по распоряжению гебиткомиссара Маргенфельда жандармерия при фельдкомендатуре, которую возглавлял полковник фон Буклер, произвела массовую облаву на граждан города. Гестаповцы в домах и на улицах хватали советских граждан. Было арестовано около 10 000 человек. Всех арестованных немцы постепенно вывозили в Пятничанский лес и около питомника, что на Литинском шоссе, расстреливали. 16 апреля 1942 г. таким же образом было выявлено до 15 000 человек и расстреляно.
Вот что рассказывает ученица 5-й школы Зоя Меламуд … (приводятся отрывки из её показаний — см. II-ю часть этой публикации).»

[Далее сообщается информация о гибели 12 000 советских военнопленных в организованном для них немцами лагере, о расстреле всех советских граждан, участвовавших в строительстве ставки фюрера. В психиатрической больнице, где находилось 1 800 больных и имелись запасы продовольствия на 6 -7 месяцев (собственное подсобное хозяйство), больных морили голодом, а осенью 1941 г. 800 из них расстреляли. Кроме того, немцы отравили инъекциями ядов 700 больных, а остальные 342 умерли от голода. - С. В.]

170

«Таким образом, во время немецкой оккупации варварами уничтожено 41 629 советских граждан и 19 400 отправлено на каторгу в Германию.»

[После этого приводятся сведения о гибели мирного населения в районах области, о разрушении административных и жилых зданий, разграблении имущества промышленных предприятий, сельскохозяйственных объединений, об угоне скота (включая - личного), пр.

Как в таких случаях было положено, докладывается об информировании партией населения о злодеяниях немецко-румынских захватчиков . Чтобы оно лучше знало о сотворённом варварами, чтобы «ещё больше помогало Красной Армии в окончательном разгроме врага в его собственном логове». - С. В.]

На первый взгляд, обычная пропагандистская статья. Таковыми была полна советская пресса во все времена, начиная с «ленинской „Правды"» 1912-го года. И чем дальше, тем больше «Правда» вбивала всеми правдами и неправдами в мозги народов СССР ложь. «Вінницька правда» - клонированная «Правда» - не имела никаких гено- или фенотипических отличий от московской.

Приведенные в статье цифры — вы это уже сами знаете — далеки от истинных. Я не могу оспаривать цифру 12 000 (умерших советских военнопленных), так как других цифр нет нигде. Но цифру 1 800 (убитых психических больных) — вполне: В. Я. Куликов, работавший рядом (немцы вытеснили областную больницу, развернув на её территории свой госпиталь, сначала в психбольницу, затем — в морфкорпус медицинского института), пишет о 1 200 пациентах психбольницы, многих из которых родственники, узнав о предстоящем умерщвлении, забрали домой.

Но бросилось ли вам в глаза что-то совершенно невообразимое при сообщении о расстрелах гражданского населения в Виннице?

Или вы подумали, что слова' «евреи» все до единого отобразились на копии вырезки из газеты настолько бледно, что я их не разобрал?

Нет, их в оригинале статьи н е   б ы л о .   Н и   о д н о г о !

Всё — объяснять ещё раз ничего не надо.

Вот в такой стране очутились пережившие оккупацию люди. В стране террора, лицемерия, государственного антисемитизма и откровенной тотальной лжи, выдаваемой за правду ещё многие десятилетия после этого.

Опубликовано 15.07.2017.

171

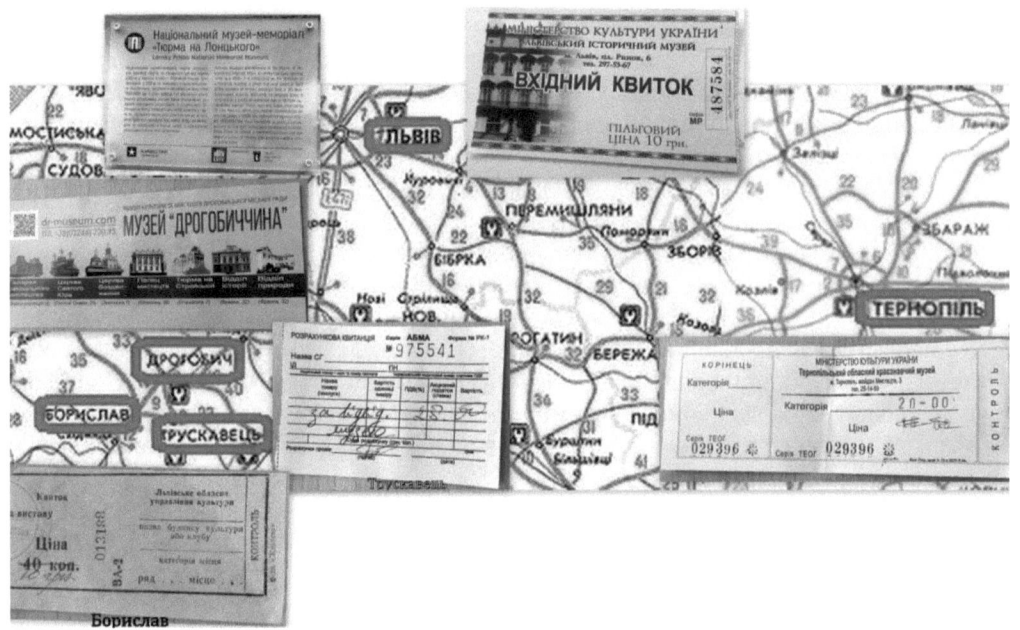

Галичина в полубеспамятстве. Вступление.

[«Полубеспамятство» здесь – в смысле полузабвения, причём - длительного, сознательного относительно чего-либо. Когда вроде бы предпоследнюю память отшибло…]

Галиция (укр. - Галичина) — это историческое название территории, значительную часть которой составляли земли нынешних Львовской, Ивано-Франковской (прежде - Станиславской) и юга Тернопольской областей Украины.
Примерно с середины 14-го века эти земли находились в составе королевства Польского, с конца 18-го века - во владении Австрийской империи. Потом Галиция кромсалась больши'ми государствами, включая Австро-Венгерскую империю, Польшу, царскую Россию, СССР, пока она не стала (за исключением Перемышльской земли Польши) основной частью Западной Украины, входящей с 1991-го года в состав унитарного государства Украина.

Перед Второй мировой войной так называемые польские евреи составляли более трети (в 1921-м году - 37%) населения Восточной Галиции (от реки Сян, притока Вислы на западе до реки Збруч, притока Днестра на востоке). По другим данным, евреев в Восточной Галиции

172

было «только» 14%.

Вот я и захотел посмотреть, как отражена в экспозициях краеведческих музеев Восточной Галиции жизнь этой трети (седьмой части) населения, занимавшей (по любым данным) третье место - после украинцев и поляков - среди всех национальностей, а также увидеть, что' осталось от старых еврейских кладбищ.

Я не пишу обстоятельно здесь и далее о трагической судьбе евреев Восточной Галиции во время Второй мировой войны (при, увы, участии местного населения, причём - ещё до приказов немецких оккупантов). Я ограничиваюсь только констатацией фактов о памяти (или отсутствии таковой) у современного руководства городов Восточной Галиции.

С этой целью я посетил краеведческие музеи ряда городов, там же — еврейские кладбища (исключая - во Львове, ибо там старое еврейское кладбище — единственное в Галиции, действующее до сего времени).
Во время посещения музеев я был в них (Тернополь, Дрогобыч, Борислав, Трускавец) единственным посетителем. (Лишь во львовских музеях не был я у стендов одинок.) Так что я имел полную возможность не только посмотреть, но и спросить кое о чём сотрудников музеев. Чем и не раз воспользовался.

Музеи, кроме львовских, представляется, посещаются плохо, хотя входная цена весьма доступна: 9 (Музей И. Франка во Львове, для пенсионеров) - 10 (Борислав) - 25 (Трускавец) украинских гривен (один евро - примерно 30 гривен).

О посещениях населением еврейских кладбищ — и говорить не приходится: евреев (не только в сравнении с периодом до Второй мировой войны, но и - послевоенным советским периодом) в Восточной Галиции практически нет (опять же, за исключением Львова).

Помещения музеев поддерживаются в более-менее приличном состоянии. О приведении кладбищ в подобающий вид, вероятно, заботиться некому. Да и для кого? Для редчайших посетителей типа меня? Конечно, мусора там не должно бы быть, но зарастание для еврейских кладбищ — нормальный процесс. Лишь бы никто не тревожил покой усопших.
А без этого не обошлось. И приходилось не раз вопрошать вместе с Евгением Абрамовичем Баратынским (1800 - 1844): «Усопший брат, кто сон твой возмутил? кто пренебрёг святынею могильной?» (1824).

P. S.
Проза.ру не даёт возможности публикации к каждой статье более одной, обычного размера фотографии (одного коллажа). Лишь поэтому я растянул повествование на несколько статей.

Опубликовано 10.09.2017.

Галичина в полубеспамятстве. Тернополь.

Областной краеведческий музей расположен в большом, специально выстроенном под него в советское время здании (см. коллаж - 1).

Музей, к сожалению и стыду, полностью следует украинской Вікіпедії (статья о Тернополе): евреев в городе как будто совсем и не было. Никогда! В русскоязычной ВикипедиИ, замечу — совсем другое дело.

По другому говоря, ни в одной из экспозиций не упоминается об еврейской жизни.
Правда, в мизерном (если сопоставить со значимостью 1941-1944 г. г. для населения города) отделе периода немецкой оккупации хоть что-то да сказано, но сло'ва «еврей» создателям этой и всех прочих экспозиций и тут удалось избежать (за исключением единственного упоминания в таблице национального состава Украины 1921-го года).

То, что сказано об оккупации, видно на фотографии (2). Привожу перевод на русский язык:

«За период оккупации немецкими захватчиками на территории области было уничтожено 258 040 местных жителей.

174

Местами наиболее массовых убийств были Петриковский и Яновский леса около Тернополя. Военный тир в Кременце.

Двор тюрьмы и кладбище в Черткове.

На принудительные работы в Германию из Тернопольщины отправлено 164 046 юношей и девушек.

Гитлеровцы уничтожили 200 сёл, разрушили 21 167 жилых зданий, 38 больниц 565 школ, 3 музея.»

Перевод, уверяю вас, абсолютно точен, включая не только содержание, но и способ подачи материала, отсутствие знаков препинания. И - наличие мысленного ПРЕПИНАНИЯ (препятствования) перед написанием слова «ЕВРЕЙ», хотя совершенно понятно, что в пригородных лесах Тернополя, в Кременце и Черткове состоялись массовые убийства именно еврейского населения!

[Рядом (видно частично на этой же фотографии) — большой стенд о «Дивизии Галичина», чего я, как и игнорирования наличия и истребления еврейского населения Тернопольщины, коснусь ещё раз ниже.]

Считаю эти экспозиции музея ПОЗОРОМ!

Позволять выпускать музыкальные диски с песнями содержания типа «комуняки до гиляки» (коммунистов к виселице) и повторять то, чем, в частности, «отличилась» коммунистическая диктатура в послевоенное время — не делает чести создателям этой экспозиции и нынешним руководителям культуры Тернополя и области.

Нет никакого упоминания о единственном Нобелевском лауреате (1966) Тернопольщины - писателе Шмуэле Йосефе Агноне (Чачкисе): родился в 1887 г. в Бучаче — умер в 1970 г. в Иерусалиме. Словно Нобелевских лауреатов, кроме бучачского, на Тернопольщине — пруд пруди. Кстати, как указывается в украинской Вікіпедії, в Бучаче «Гітлерівці знищили близько 7500 жителів міста і району, переважно євреїв.» (Евреи составляли перед Второй мировой войной половину всего населения городка). В живых осталось только около 50 евреев.

Шмуэль Йосеф Агнон покинул Бучач в 1906-м году, перебравшись во Львов. Оттуда в следующем году он отправился в Палестину. В Бучаче в последний раз побывал в 1930-м году.

**

Написать, что старое еврейское кладбище в Тернополе, которое находится напротив (на другой стороне улицы) огромного действующего общегородского кладбища, благоустроено — нельзя. Но всё же сравнения с состоянием старого еврейского кладбища в Виннице — никакого.

Главное, кладбище огорожено узорчатым (еврейского мотива) чугунным забором (3, 4 - правая и нижняя часть снимка). Вдоль и поперёк через кладбище никто пешеходных дорожек (не говоря уже о дорогах для транспорта) не прокладывал. Хлама на кладбище немало, но — никакой свалки мусора. Нет там построенных на костях помещений детского садика, и т. п. Много упавших памятников (5, 6, 7): от времени или от вандализма — не скажешь точно. Некоторые из них уже почти полностью заросли.

Большое пространство, внешне свободное от памятников (возможно, они упали и закрыты растениями?), тоже отнесено к кладбищу. То есть, огорожена территория, во многом превосходящая участок, на котором видны памятники (3 - прямо и слева от ворот, 4 - левая половина снимка).

На одной из частей такой свободной территории ведутся раскопки — и на небольшой глубине видны совсем старые памятники (8). Что это? Возможно, кладбище было, из-за недостатка территории, «многоэтажным». Как, например, известное старое еврейское кладбище в Праге, где захоронения производились слоями.

[В 1905 г. евреи составляли 44% населения Тернополя. Перед Второй мировой войной евреев в городе было 18 000, всего населения — 37 500. (Правда, есть и другие данные, которые я приведу в «Заключении».) А землю под кладбища евреям давали везде весьма ограниченно и далеко за городом. Посмотрите, как плотно один к другому расположены надгробия.]

О пражском кладбище так много написано и столько сложено легенд! Не исключено, что и тернопольское удивит чем-то исключительным.
А пока старое еврейское кладбище Тернополя не обозначено ни на одной из карт города.

После войны еврейская жизнь в Тернополе и области едва теплилась. Не удивительно: советская власть этому не способствовала, да и евреев во всей области, согласно Электронной еврейской энциклопедии (ЭЕЭ), в 1970 году было всего около 5 000 человек (0,4% общего населения; это - против 48 % перед войной: уменьшение - в 120 раз!).

Согласно данным интернета, в настоящее время в Тернополе имеется еврейская община. Обнаружил её на странице об Еврейских общинах Украины. Но из каких-то соображений там не сообщались ни адрес общины, ни номер телефона. Имелась только возможность контакта с общиной через интернет. По приложенной форме задал им 20.08.17 вопрос об исчезнувшем еврейском кладбище (я его помню ещё по 70-м годам прошлого столетия, сейчас там дома'), о раскопках на оставшемся кладбище. Никакого ответа не получил.

Опубликовано 10.09.2017.

Галичина в полубеспамятстве. Дрогобыч.

Дрогобыч сражения в войну обошли — поэтому различные отделы краеведческого музея «Дрогобыччина» расположены в весьма импозантных старинных зданиях, которым, конечно, не помешали бы ни капитальный ремонт, ни реставрационные работы.

Осмотрел исторический отдел. Повторение тернопольского варианта: в городе, с без малого половиной еврейского населения в течение длительного периода, об этом населении ни в одной экспозиции не упоминается!

А евреи массово начали селиться в Дрогобыче ещё в 17-м веке.
«Евреи были первыми организаторами добычи и переработки нефти, торговля которой также сосредоточилась главным образом в их руках. В 1880 г. около трех тысяч евреев работали на предприятиях нефтяной промышленности. ... В 1880 г. еврейское население Дрогобыча составляло 9181 человек (свыше 50% жителей)» - цитата из ЭЕЭ.

В 1939 г. в Дрогобыче проживало 17 тысяч евреев (по другим данным, 13 500).

177

Русскоязычная ВикипедиЯ сообщает следующее: в 1939 году население города составляло 34 600 человек, из них 39,9 % — евреи, 33,2 % — поляки и 26,3 % — украинцы. Украинская ВікіпедіЯ даёт эти же цифры. В ней же есть большой раздел о судьбе евреев Дрогобыча в годы немецкой оккупации города. Упоминается о еврее Бруно Шульце (1892 - 1942, родился и погиб в Дрогобыче) — художнике и писателе, творившем на польском и немецком языках. В украинской и других выпусках ВикипедиИ имеются большие статьи о Бруно Шульце — писателе-авангардисте мирового уровня. В Дрогобыче на доме, где проживал Бруно Шульц — мемориальная доска. Только вот музей «Дрогобыччина» решил «отличиться».

Я был потрясён, потому что входил в музей полон надежд.
Дело в том, что водитель, доставивший меня в город (он возил меня позже и на еврейское кладбище), на вопрос о кладбище ответил, что знает, где оно: «жидовський цвинтар усі знають». (Потом я понял — почему это.) От водителя я также узнал, что идёт реставрация синагоги.

Из машины я вышел, не доехав до музея. Чтобы посмотреть улицу Ивана Франка с памятником ему, университетом его имени, гимназией, где он учился.
И, не доходя до музея, на доме №7 по этой улице увидел по внешности довольно «свежую» мемориальную доску с надписями на английском, польском, украинском языках и на иврите (см. коллаж - 1). Сказано там следующее: «В этом доме во время немецкой оккупации (1941-1944) проживал руководитель экономического отдела района Дрогобыча Эберхард Хельмрих. Он и его жена Доната спасли жизнь сотням евреев Дрогобыча и околиц.»

Из ВикипедиИ: « … управляющий сельскохозяйственными работами майор Эберхард Хельмрих и его жена Доната спасли, по разным оценкам, от семидесяти до двухсот еврейских женщин: Эберхард выписывал им фальшивые документы и отправлял их в Берлин, где Доната распределяла их на работы в семьи. Эберхард и Доната Хельмрих причислены к праведникам мира.»

Не удивительно, что в музее я спросил: «Как же так? Если многих спас, то значит было ещё больше — где о них в историческом отделе музея хотя бы одно слово?» В ответ — молчаливое разведение рук в сторону…

(В интернете я обнаружил обстоятельную статью Тараса Возняка об евреях Дрогобыча — http://www.ji.lviv.ua/n71texts/Drohobych_i_evrei.htm.) О ней — в «Заключении».

***

А знают о старом еврейском кладбище потому, что одна из его высоких кирпичных стен-ограждений выходит на довольно приличном расстоянии на дорогу из Дрогобыча по направлению села Рыхтичи. И не заметить эту кладбищенскую стену никак нельзя (2).

Кладбище имеет красивые металлические ворота (3,4), которые, как мне пояснили, постоянно закрыты. Но тут же подсказали, что в одном месте стена частично обвалилась (5).

178

Обойдя вокруг прилегающих домов, я вышел к этому месту, перелез через уже невысокую стену — и очутился на территории кладбища. Заросшего — дальше некуда (6). Центральная дорожка просматривается с трудом (7). Но — никакого, абсолютно никакого мусора. Самое «молодое» захоронение, которое я обнаружил — 1972-го года.

Если посмотреть на снимок территории кладбища, сделанный со спутника, то можно увидеть, что размеры этого кладбища мало уступают расположенному неподалеку нынешнему городскому кладбищу. А ведь тогда городского населения было намного меньше. Можно предполагать, что кладбище очень старое, и к тому же земля под захоронения была приобретена еврейской общиной «на виріст». Да и хоронили там не только дрогобычских евреев, но и — из округи. Кто мог ведать о том, что грянет Холокост?
На картах нигде обозначения кладбища, несмотря на его немалые размеры, нет.

Опубликовано 10.09.2017.

Галичина в полубеспамятстве. Борислав.

И историко-краеведческий музей Борислава располагается в старинном здании, которому ровно одна сотня лет. В музее идёт ремонт: здание весьма обветшалое.

Мне повезло: меня провёл по музею его руководитель - Андрій Миколайович Спас - человек, любящий свой край, болеющий за своё дело, страстный почитатель Степана (Стефана) Михайловича Ковалива (1848 - 1920) — писателя, педагога, просветителя, автора школьных учебников, директора школы (на протяжении более 40 лет!) в Бориславе (см. коллаж — 1, 2). К сожалению, имя С. М. Ковалива не очень известно, а эта личность заслуживает намного большего внимания и изучения. Он описал во всех подробностях бориславскую жизнь его времени. Он существенно повысил образовательный уровень населения города. В руководимой им школе в три смены училось одновременно до 2 500 детей! С. Ковалив по-новому организовал учебный процесс, привлёк в школу лучших учителей.
И вот, увлечённо рассказывая о Стефане Коваливе, Андрей Михайлович отметил, что для

директора школы не было важно, какой национальности, какого исповедования был учитель: главное — качество преподавания, любовь к ученикам. Поэтому и работали в школе учителями не только украинцы, но и поляки, евреи.

На стенде, у которого мы остановились, сло'ва «евреи» не было, на зато были фотографии учителей женской школы с именами и фамилиями, которые их «выдавали». Розенблят Сузанна, Шнайзер Сабіна, Бразілітен Сара, Курхмеркер Хана (1,2) — тут сомнений быть не могло.

Как мне сообщил Андрей Николаевич, старое еврейское кладбище намеревались полностью застроить. Но — не удалось из-за протестов (кого? - не знаю). На месте кладбища разместили рынок с павильонами из лёгких конструкций, а ближе к улице оставили небольшой участок земли, на котором установили, можно сказать, памятник кладбищу (3). На чёрной мраморной плите выбито на иврите, украинском и английском языках «На этом месте находилось еврейское кладбище. Вечная им память.» На цоколе, по еврейской традиции - не цветы, а - камешки. Рядом, внутри ограждённого металлическими цепями отрезочка газона, лежат три осколка от разрушенных трёх памятников (4, 4а) - последние вещественные доказательство когда-то бурной еврейской жизни в тогдашнем нефтяном центре Европы.
Рынок подпирает мемориальный памятник с газоном (5) — и если бы не крупные деревья, окружающие памятник (на снимке видна, из-за тени и тёмного цвета памятника, только его ограда), то кто знает, как долго мог бы он противостоять напористому рынку.

Нет уже давно никакой еврейской жизни, никакого центра Европы.
Даже память о той жизни почти стерлась.
О когда-то европейском центре напоминает в Бориславе Музей нефтяной и газовой промышленности.
А знаков нахождения места бывшего еврейского кладбища на картах не сыскать…

Опубликовано 10.09.2017.

181

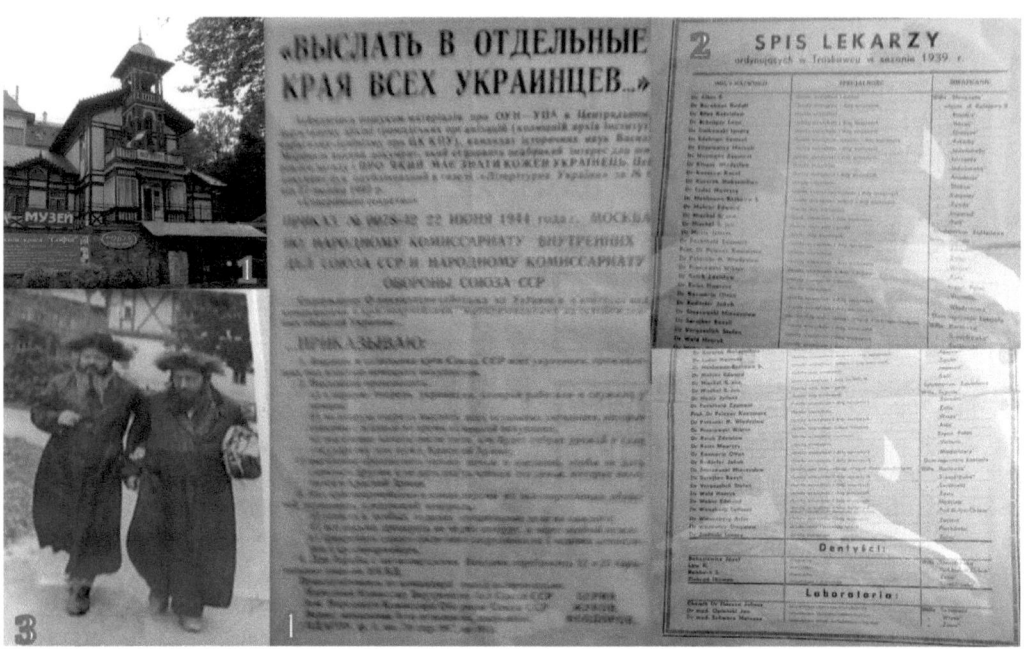

Галичина в полубеспамятстве. Трускавец.

Этот городок - впрочем, как и Дрогобыч, Борислав - я знаю с 1960-го года. Видел его почти таким же, каким он был в последние годы перед Второй мировой войной. Преобладающими строениями были виллы так называемого закопанского архитектурного стиля (http://www.myzakopane.pl/index.php/styl-zakopianski/), получившего своё название от типа застройки горнолыжного центра Закопане в польских Татрах.

Постепенно курорт расстраивался, а в конце прошлого и начале нынешнего столетия Трускавец, можно сказать, преобразился, хотя от былой архитектуры осталось немало следов (например, здание Музея города - курорта Трускавец, см. коллаж — 1), но они «потонули» в многочисленных высоких новостройках. Однако стремление привести в «товарный вид» - реставрировать сохранившееся, строить новое с намёком на закопанский стиль - заметно. В целом, Трускавец сохранил своё особое «лицо» и обаяние.

182

В Трускавце, по данным переписи 1959-го года, было евреев 3,5 % от общего населения (8 500 человек), то есть, где-то около 300 человек. Более ранних данных о еврейском населении города я не обнаружил; в несколько более позднее время (с 80-х годов) евреи постепенно покидают Трускавец (СССР, Украину). Сейчас их в увеличившемся по числу жителей примерно в три раза городе практически нет.

Единственные следы еврейской жизни города, которая, несомненно, существовала (Дрогобыч и Борислав, где было немало евреев, расположены в отдалении менее 10 км от Трускавца), обнаруживаются в местном музее дважды.
Во-первых, - в представленном там списке врачей курорта (2). Нельзя, разумеется, только по именам - фамилиям, например, Samuel Edelman или Artur Wiesenberg, утверждать, что эти врачи были евреями: местность-то входила ранее в состав Австро - Венгрии. Однако предполагать сие допустимо.
Во-вторых, - на стенде фотографий отдыхающих на курорте в 30-е годы прошлого столетия. На одной из них — два хасидских еврея (3).

О еврейском кладбище в Трускавце никто и не слышал (скорее всего, думаю, хоронили евреев на большом кладбище в Дрогобыче).
Также работники музея ничего не знают ни о каких убийствах евреев Трускавца во время немецкой оккупации города. На мой вопрос о том, куда же подевались евреи, было отвечено: «Выехали».

Вообще, судя по представленным в музее материалам, во время оккупации в Трускавце снова, как и когда-то в Польше (в течение менее двух лет перед Второй мировой войной город входил в состав СССР), жизнь вновь стала спокойной, безмятежной, мирной, одним словом — идиллической. Порядок устанавливали, правда, уже немцы, но курорт функционировал без перебоев.

Вот и всё. И можно понять, что создателей экспозиции музея копия Приказа № 0078/42 от 22-го июня 1944 г. (4) интересовала несравненно больше, чем воспоминания о проживавших до оккупации Трускавца немцами евреях.

[Все фотографии я снимал телефоном — и те, что сделаны на открытом пространстве по качеству, во всяком случае, не хуже текста моей статьи. В помещениях всех без исключения музеев было темновато; стёкла, за которыми находились экспонаты, отражали напротив расположенные окна, стоя'щего перед ними фотографа, пр. И, соответственно, фотографии получились размытыми. Обратите внимание, что это, как правило, фотографии, которые, как подтверждение того или иного не являются полностью доказательными. Поэтому я их не переснял для получения лучшего качества фотоаппаратом.]

Теперь вам ясно, почему так получилось и с этим Приказом, который в российской ВикипедиИ (см. «Приказ о депортации украинцев в 1944 году») и в украинской Вікіпедії (см. "Таємний наказ про депортацію українців") трактуется совершенно по-иному. В Музее, разумеется, ничего о наличии сомнений в аутентичности текста, пр. не сказано: просто дана ссылка на архивный фонд, что перепроверить не так просто.

Повторяю: для сего Приказа (тут не место разбирать, фальшивка это или - нет) нашлось место, для упоминания об уничтоженных евреях Трускавца (отсюда евреев увозили в лагеря смерти на территории Польши) - не нашлось и строчки.

Опубликовано 10.09.2017.

Галичина в полубеспамятстве. Львов.

До Второй мировой войны во Львове проживала 361 тысяча человек, из которых более половины были поляками, 30% - евреями (полонизированными евреями, как подчёркивает немецкая ВикипедиЯ), около 15% - украинцами. То есть, евреев во Львове было около 100 000 человек. Деловая и культурная еврейская жизнь в городе процветали.

В 2001-м во всей Львовской области году было 5 400 евреев (0,2% от общего населения, против 0,4% - в 1989-м году). Во Львове евреев было в 2001-м году 1 900 человек (0,3% общего населения, против 1,6% - в 1989 г.). То есть, после провозглашения независимости Украины евреи продолжали покидать Львовскую область и её центр, что наблюдалось и ранее (особенно, в последнее десятилетие существования СССР).

Во Львове много музеев. Недаром в 1998-м году ансамбль исторического центра внесен в Список мирового наследства ЮНЕСКО. Я побывал в ряде львовских музеев, но тут речь об одном из филиалов Львовского исторического музея: отделе истории западноукраинских земель второй половины 19-го - первой половины 20-го ст. Этот отдел занимает третий этаж в старинном строении (Чорній кам'яниці — чёрном каменном здании). Всё было бы отлично, если бы — ни само здание, ни помещения этого отдела, расположенные на высоком третьем этаже, куда даже относительно здоровому человеку по закруглённой очень крутой деревянной лестнице со стёртыми ступенями подняться не легко. Для инвалидов — это Эверест. Лифта - «подвесной дороги» нет, как и на самую высокую гору планеты.

Есть лестничные переходы и из зала в зал, но они полегче. Конечно, не для инвалидов.

Однако экспозиция составлена продуманно, умело. Чувствуется высокая квалификация работников музея, их стремление не лгать, не избегать освещения даже советского (в том числе, послевоенного) периода, про который другие музеи либо вообще не упоминают, либо ограничиваются перечислением зверств советских властей в течение периода от сентября 1939-го до июля 1941-го года.

Еврейской темы составители экспозиции не чурались. Начиная от стенда, в котором указывается, что евреи вместе с украинцами воевали за независимость Украины после окончания Первой мировой войны. Был даже особый Жидовский курень (армейское подразделение) — см. коллаж (1).

Представлены материалы периода немецкой оккупации: распоряжения от 22-го июля 1941-го года о создании Юденрата (2), от 28-го февраля 1942-го года об ограничении быта евреев во Львове (3) и от 16-го июля 1942-го года об организации еврейского гетто (4), а также - информация об Яновском лагере смерти, в котором были убиты десятки тысяч евреев (5).

Есть во Львове и музей «Следами галицких евреев» в помещении Всеукраинского еврейского благотворительного фонда «Хесед - Арье» (6). Сами работники фонда называют его мини-музеем. В Фонде я побывал, но в музей не попал, так как дни моего пребывания во Львове не совпадали со днями его работы.

Посетил я Национальный музей-мемориал жертв оккупационных режимов «Тюрьма на Лонцького» (см. коллаж к «Вступлению»). Музей существует с 2009-го года, но до сих пор там развёрнут только первый этап экспозиции, имеющий три сюжетные линии: история сооружения, тюремный быт и массовые расстрелы в конце июня 1941-го года. Раздела о немецкой оккупации ещё нет.

Кстати, музей создан Министерством внутренних дел Украины и находится на его балансе (вход в музей - бесплатный).

Музейное дело на Украине финансируется (об этом говорили мне во всех музеях) весьма скупо — и этим объясняется неважное состояние зданий, изношенность внутреннего оборудования, пр.

Опубликовано 10.09.2017.

Галичина в полубеспамятстве. Заключение.

Хочешь - не хочешь, а надо подвести итоги написанного выше. Это трудно, так как всё зависит от установки, а она у меня и у создателей музейных экспозиций, у руководителей культурой в упоминавшихся городах далеко не одинаковая, нередко — прямо противоположная.

Первое отличие — в необходимости или в отсутствии таковой — отображать историю города (края) не только как историю пусть и самой многочисленной, но не единственной из проживавших там наций. Тем более, что эти не титульные, как говорили в советское время, нации (в нашем случае - евреи) имели не только иные религию, быт, культуру, но и ограниченные права. То есть, евреи никак не могли, даже если бы и хотели, вести такую же жизнь, как коренная или на данный момент правящая в Галиции нация (в предвоенное время - поляки).
Тем не менее, роль евреев в развитии этого края оказалась весьма существенной, из еврейской среды вышло немало знаменитых личностей, которыми Галиция может гордиться.

Второе отличие — отражение истории города (края) должно быть возможно максимально приближено к правде, а не отклоняться в ту или иную сторону в зависимости от идеологии различных политических партий, сменяющих друг друга в управлении городом (краем). И, конечно же, на отражении прошлой истории не должны оказывать влияние преходящие ситуации в крае (стране). Однако сие явно просматривается в музеях, причём не только в экспозициях о нынешнем времени, а и - о весьма отдалённых временах.

Теперь — подробнее о том, что же имеется на самом деле.
А наличествует то, что история городов (края) изображается по «старой» коммунистической идеологии, которую в Галиции клянут (большей частью, весьма справедливо) на каждом углу.
Я уже указывал в прежних публикациях, что в советское время некоторые «неудобные» для «партии рабочих и крестьян» отрезки жизни страны с не красящими эту партию событиями просто «вырезались» из должного быть непрерывным исторического повествования. Вместе с этим уходили в небытие и многие выдающиеся личности того времени.
В результате — история зияла провалами. То же — увы, и сейчас.

И ещё: из небытия или из «негатива» всплывают или переводятся в «позитив» события и лица с весьма спорной их ролью в истории Украины.
Вот в Тернополе рядом с небольшой по размеру информацией о людских и материальных потерях Тернопольщины во время немецкой оккупации 1941-1944 годов (см. фото 2 в коллаже о Тернопольском музее) имеется во много раз больший по площади стенд о «Дивизии Галичина» (он частично виден на той же фотографии).

Мне, честно говоря, неловко приводить полное содержание написанного на этом стенде — ограничусь некоторыми выдержками. Но сначала напомню, что войска СС, в состав которых эта дивизия входила, признаны преступной организацией решением Нюрнбергского трибунала. Впоследствии, правда, была оговорена необходимость рассматривать по отдельности возможные преступления каждого служащего дивизии.

Документально доказано, что подразделения «Дивизии Галичина» причастны к массовым убийствам польского и еврейского населения в Huta-Pieniacka, Podkamien и Palikrowy (данные из н е м е ц к о й ВикипедиИ).
Однако целью создателей экспозиции было обелить, оправдать всех служащих этой дивизии набранной из добровольцев - украинцев и фольксдойче.

Они, мол, не нацисты: у них даже форма обмундирования была особая и отличалась от таковой у немецких солдат. Детский лепет: в вермахте было столько разных форм одежды - посмотрите хотя бы на фотографию «Последний еврей Винницы»! Там на расправу над евреями глазеют солдаты разных служб, одетые, соответственно, по - разному, с отличающимся цветом обмундированием, нашивками, значками.

Ещё одно «доказательство особенностей» «Дивизии Галичина»: только у них - среди войск Waffen SS - были священнослужители - капелланы («отдел душепастырства»). Какое,

188

вообще, это имеет отношение к сути сотворённого дивизией? Тем более, утверждение не соответствует имеющимся материалам: достаточно посмотреть на фотографии захоронений солдат вермахта (включая Waffen SS), чтобы увидеть на большинстве этих снимков капелланов. Наберите в интернете «Kapellan in Waffen SS» (в https://www.google.com.ua/search), «Kriegspfarrer in der Wehrmacht - Seelsorge an vorderster Front» (Капеллан в вермахте - забота о духовном благополучии на передовой позиции) — и вы в этом убедитесь.

Священнослужители были и в других, подобных «Галичине» дивизиях, набранных, например, на Балканах.

И, в целом, судя по экспозиции, служащие «Дивизии Галичина» были лишь «невинными овечками», которых нацисты использовали в качестве «пушечного мяса». Посему не удивительно, что в Тернополе и Ивано-Франковске появились улицы имени дивизии или воинов "Дивізії Галичина", призывавшей бороться, судя по плакатам тех времён, с «жидо - большевистской сворой». Героям — слава? Сообщу вам, что в ФРГ указанные переименования улиц вызвали, мягко говоря, непонимание.

Давайте-ка поразмыслим. И предположим, что «Дивизия Галичина» воевала только за изгнание сталинизма с украинских земель, за независимую Украину. А против кого воевала «Дивизия Галичина»? Тут уже и предполагать ничего не надо: против Красной Армии, освобождающей Европу от нацизма. Значит, гитлеровское нацистское господство считалось для Украины меньшим злом, чем сталинское коммунистическое.

Да, сталинизм причинил Украине огромное количество бед, которые до сих пор справедливо не забыты. Но зачем же замалчивать осуществлённое и планируемое нацистами в отношении украинского народа? Фактически речь шла о постепенном выживании украинцев с их земель, вымирании их и колонизации того, что когда-то именовалось Украиной. Приведено столько немецких документов, подтверждающих эту, так сказать, агенду нацистов, что сомневаться в их намерениях не приходится.

Разговоры о том, что, мол, не только украинцы воевали вместе с нацистами против Красной Армии, а также - армия генерала Власова, волжско-татарский легион «Идель-Урал», Калмыцкий кавалерийский корпус, пр., не очень-то к месту. Этим воинским соединениям дана соответствующая оценка — и вы не встретите ни «Проспекта армии Власова» в каком-либо населённом пункте России, ни «Бульвара воинов Волжско-татарского легиона», например, в Казани или «Аллеи Калмыцкого кавалерийского корпуса» в Элисте…

«Дивизия Галичина» существовала — и она тоже часть истории. Но писать о ней надо не в оправдательно-уважительной манере, а хотя бы так, как это сделали во Львове. Сообщить неоспоримые факты, а разбор деталей оставить для вопросов посетителей и ответов работников музея (перевод с украинского языка сделан мной):

«28 марта 1943 года провозглашено формирование стрелковой дивизии «Галичина». К середине июня того же года в её ряды записались 84 тысячи добровольцев. Зачислили в дивизию 13 тыс. человек. Летом 1944 года дивизия «Галичина» была включена в состав XIII корпуса IV немецкой танковой армии, которая держала 160-километровую линию обороны вблизи г. Броды. Вследствие наступления советских войск 22 июля 1944 г. XIII корпус прекратил существование, а почти тысяча служащих дивизиона вынуждена была прорываться из окружения и пробиваться в Закарпатье.»

Всё. Достаточно: дивизия была, быстро сгорела в пламени войны. (Если о преступных делах её некоторых подразделений сообщать не хочется. А оправдывать её формирование и действия - совесть не позволяет.)

А вот - толкование музея «Дрогобыччина» деятельности Богдана Хмельницкого и заключённого им Договора с Россией. Конечно, совершенно по-другому трактуется то, что ранее на Украине (и сейчас - в России) называлось (называется) «Воссоединением Украины с Россией» (1654-й год). Сейчас такого понятия на Украине нет, речь идёт об одной из трёх коалиций, которые Богдан Хмельницкий последовательно создавал в борьбе с Речью Посполитой (польско-литовской федерацией).

Логика составителей экспозиции об этом времени весьма оригинальна. И не отличается от советской. В экспозиции сообщается, что текст Договора до сих пор не обнаружен, но Россия ... его постоянно нарушала. Помните выступления передовых трудящихся - рабочих и крестьян СССР: «Я Солженицына не читал (а), но он — предатель Родины!»?
О том, как временами далеко не в согласии с Договором вели себя казаки — молчок. Зачем всё это? Формировать у населения (особенно, у молодого) образ врага, врага ещё с тех давних времён?

Я понимаю, что музейные стенды — не место для научных дискуссий. Поэтому они, на мой взгляд, должны отражать только проверенные, доказанные факты, а не служить для подчас абсолютно голословного обвинения одних и оправдания других. Рассуждения по спорным темам экспозиции — дело сопровождающих посетителей работников музея.

***

А теперь - обещанные данные из статьи Тараса Возняка. Не только для вас, но и - для составителей экспозиции в музее «Дрогобыччина».

Уже в начале 18-го века среди евреев были не только банкиры, но и врач, меховщики, кузнецы - оружейцы, переплётчик, портные и, конечно, музыканты. Во время австрийского правления евреем была открыта в Дрогобыче обувная фабрика, которой его родственники владели до 1939-го года. В начале 19-го века евреи начали добычу и очищение нефти.

К началу второй половины 19-го века в Галиции проживало уже 450 000 евреев. В Бориславе поселились около 1 000 евреев, многие из них работали на добыче озокерита. Они-то и

190

организовали первую в Галиции «Больничную кассу» (её «изобретателем» был канцлер Германии Отто фон Бисмарк).

В 1860-х годах в Дрогобыче была открыта еврейская гимназия. В конце этого же десятилетия были отменены все ограничения для евреев. Появляются еврейская больница, библиотека, читальня, пр.

В 1869-м году в Дрогобыче проживало 4 000 поляков, 5 000 украинцев и 8 000 евреев. В 1874-м году в Городской совет Дрогобыча были избраны 8 поляков, 12 украинцев и 17 евреев. С этого момента вплоть до начала Второй мировой войны заместителем Городского председателя всегда являлся еврей. Один из них — Якоб Фойерштайн был настолько популярен, что его именем назвали улицу.

В конце 19-го века в Дрогобыче было 92 500 [мне представляется, что тут вкралась опечатка - С. В.] жителей, половина из них евреи. В Бориславе евреи составляли большинство населения. В этот период под влиянием сионистов евреи начинают покидать Галицию, в основном - в США. До начала Первой мировой войны Галицию покинуло 170 000 евреев.

Более подробно — в сборнике, интернетовская ссылка (http://www.ji.lviv.ua/n71texts/Drohobych_i_evrei.htm) на который уже приводилась выше, в разделе о Дрогобыче.

***

В Тернополе, зная о моём увлечении историей предвоенного и оккупационного времён Украины, одна добрая знакомая подарила мне небольшую книжку профессора тамошнего медицинского института Євгена Йосиповича Бліхаря (1930 - 2006). С ним я познакомился сразу же после приезда в город в 1979-м году, при оформлении документов на получение квартиры: в то время доцент Е. И. возглавлял институтский профком. За 9 лет моей работы в Тернополе мы встречались не раз, но знакомство наше так и оставалось поверхностным, как и в первые встречи.

Посему я ничего особенного об авторе книги «Моє життя. Мій Тернопіль» (Тернопіль, видавництво "ДЖУРА", 2015, 144 с.) рассказать не могу. Только - отметить то впечатление, которое у меня сложилось о нём. Так вот, он был деловит, скромен и - что меня поразило уже в первую нашу встречу - непривычно интеллигентен для своего возраста, разговаривал на безукоризненном украинском языке (это касалось как словарного запаса, так и выговора). Дело в том, что молодость людей его поколения пришлась на захват Красной Армией Восточной Галиции, на последовавшие за этим репрессии, потом — на оккупационный нацистский период, очень тяжёлое - во всех отношениях - послевоенное время. Теперь я знаю: эта интеллигентность — из семьи, от отца, расстрелянного по навету конкурента (у отца была типография) гестаповцами. Отец автора закончил только три курса физико-математического факультета Венского университета (учёба была прервана Первой мировой войной), но был образован и свободно владел - кроме украинского - немецким, польским, итальянским и еврейским (идиш) языками.

Я приведу выдержки из этой книги (в моём переводе), чтобы вы могли кое-что узнать о еврейской жизни Тернополя перед Второй мировой войной. Обращаю ваше внимание, что автор, рассказывая о польском периоде Галиции, употребляет название евреев по-польски, о оккупационном — принятое на Украине.

«… Перед Второй мировой войной Тернополь был воеводским городом, в котором проживало почти 60 тысяч человек, в том числе 18 тысяч поляков, 18 тысяч жидов и 24 тысячи украинцев. Может быть это не точные цифры, поскольку другие данные свидетельствуют, что каждая из национальностей составляла треть населения города. В то время в городе было три церкви, три костёла, три синагоги …» (стр. 17).

Речь идёт о начальной, четырёхклассной школе. «… В первом классе среди 40 мальчиков было 10 поляков, 9 жидов и 21 украинец. Все уроки проводились на польском языке.» (стр. 6). Во время перерывов разговаривали на родном языке: «… поляки — на польском, украинцы — на украинском, а жиды также на польском — и это раздражало украинцев, но похвально воспринималось поляками.» (стр. 11).

«… В начале учебного года, 6 сентября жиды праздновали свой новый год. Все они во время своих праздников проявляли искреннее, дружное отношение к гоям (так они называли христиан), просили прощения за возможные плохие поступки, обещали, что будут лучшими… Празднование продолжалось несколько дней. В это время они угощали всех гоев шоколадными конфетами, изюмом, фигами, апельсинами, сушёными сливами, грушами и абрикосами, медовыми балабухами [небольшими булочками — С. В.]. Всё это было вкусно — и мы любили всех жидов. А в общем украинцы с жидами жили дружно.» (стр. 16).

«… Кроме того, в Тернополе был другой центр, который определял деловую жизнь граждан и экономику города. Это были улицы Русская [в оригинале - «Руська»: украинцев Галиции называли также русинами — С. В.], Перля, Барона Гирша, Подольская Верхняя и Подольская Нижняя. На этих улицах были расположены магазины, маклерские центры и биржевые конторы. Деловую жизнь в Тернополе того времени решали в основном люди еврейской национальности. Естественно, что они проживали неподалёку от своих торговых и деловых точек, преимущественно на этих же улицах. Там жизненный шум никогда не затихал. На улицах Перля и Подольской Нижней работала еврейская школа, основанная Иосифом Перлом, а также были две синагоги. Последние размещались в прекрасных домах, богато оформленных драгоценными украшениями. Между улицами Русской и Перля действовал рынок с многочисленными специально оборудованными, капитально построенными палатками, где можно было приобрести разные товары, продукты и зарубежную экзотику. Весь этот район в 1941-1943 годах был превращён в жидовское гетто. Выдающиеся врачи, учителя, инженеры, финансисты, священнослужители да и всё население гетто, от малого до старого, вместе с материальными и историческими ценностями были уничтожены, стёрты с лица земли только за то, что принадлежали еврейству. Страшный Холокост против еврейства, который проводила фашистская Германия, охватил прежде процветающий Тернополь. Это была трагедия не только еврейского населения, но и всех жителей города.» (стр. 22-24).

«… После Первой мировой войны мой отец Иосиф Блихар благодаря кредиту от «Банка Руського» открыл собственную типографию. Освоил специальность зецера, то есть, наборщика-печатника. Владея жидовским языком, получал многочисленные заказы от жидовских предпринимателей, что давало ему достойный заработок. Отец был украинцем, симпатизировал украинским националистам, но не принадлежал ни к одной политической партии. Работа в жидовской типографии, владение жидовским языком и не совсем украинская фамилия давали основания некоторым считать нас выходцами из жидовского рода. Отец этим не проникался, дружил с многими мудрыми жидами и утверждал, что лучше с мудрым жидом потерять, чем с дурным украинцем найти. И ещё жиды уважали отца, поэтому на каждые религиозные праздники он получал от них подарки.
По маминой линии мне досталась украинская и польская кровь...» (стр.36-37).

«… В Тернополь немцы ворвались на мотоциклах, джипах, легковых автомобилях 2 июля 1941 года…
На следующий день в городе появилась «немецкая комендатура», которая представляла всю власть в Тернополе. На улицах господствовал страх перед новой властью, особенно все были испуганы первыми её акциями против еврейского населения. Немцы объявили, что евреям запрещено покидать свои дома. Представители Раввината должны прибыть в комендатуру со списками всех евреев, их адресами. За нарушение этого распоряжения — смерть. Неизвестно, кто нарушил распоряжение немецкого коменданта, но на протяжении последующих нескольких дней в городе немецкие вояки проводили «акцию присмирения евреев». Акция сводилась к тому, что каждого встречного еврея на улице немцы сразу расстреливали. Были случаи, когда солдаты вызывали евреев на улицу как бы для выполнения какой-нибудь услуги, но это было нарушением распоряжения коменданта, поэтому после получения услуги фашист хладнокровно стрелял в человека. Когда никто не выходил, тогда в комнату, в которой было много людей, эти озверелые подонки кидали гранаты. На тротуарах, проезжих частях лежали трупы, большинство из них были тела мужчин, но встречались женские и детские. Их было сотни. Никто их не убирал. Жители находились в паническом страхе. Ходили слухи, что вместе с евреями были расстреляны несколько украинских парней за то, что они шли по улице и разговаривали с евреями. Говорили также, что это неправда, а слухи распускают немцы, чтобы изолировать евреев от остального населения города. Как бы там не было на самом деле, но достоверно известно, что за общение с евреями каждого ожидал расстрел.

Сколько погибло евреев за дни погромов, сегодня трудно установить. Известно только то, что этот погром нагнал страх не только на евреев, но и на остальных горожан. Иллюзии про освободительную миссию немецкой армии развеялись благодаря акциям тех же немцев. Тут они просчитались. Люди поняли, что освободители так себя вести не имеют права. Так ведут себя только колонизаторы.» (стр. 63-64).

«… Для евреев создали гетто — часть города была отгорожена колючей проволокой, где собрали для проживания всех евреев города и прилежащих сёл. В гетто существовали неимоверно тяжёлые условия для жизни. Не было никакого продовольственного и медицинского обеспечения. Там из-за неимоверной скученности населения была антисанитария, возрастало количество инфекционных заболеваний, наблюдалась высокая смертность. В гетто был голод, господствовал неимоверный страх перед неминуемой смертью. Это была одна из составных частей плана Гитлера «решения еврейского вопроса». Вступать или передавать продукты или вещи в гетто жителям было строго запрещено. Из гетто евреи выходили только «под конвоем на работы в город».

Ужас и паника охватили тернопольчан осенью 1942 года, весной и летом 1943 года, когда немецкий Вермахт вместе с польскими и украинскими полицейскими проводили акции освобождения Тернополя от еврейского элемента.

Первую такую массовую акцию я видел в первых числах октября 1942 года, когда с улицы Медовой повернула на улицу Шептицкого колонна людей, которую сопровождали немецкие солдаты, вооружённые карабинами и автоматами. Оружие было готово для открытия огня. Колонна длиной более километра состояла из пожилых людей, женщин и детей. Женщин и детей было очень много, казалось, что мужчин в колонне нет. На углу Шептицкого и Оболони из колонны выбежали двое молодых людей в направлении Торговицы. Успели отбежать на двадцать-тридцать шагов, как прозвучали несколько выстрелов, - и парни с простреленными головами упали на землю. К ним подбежали полицейские и выстрелами из револьверов добивали свои жертвы. После этого они стали около мертвецов, закурили, громко о чём-то разговаривали и смеялись. Я не мог понять этого тогда, не понимаю и сегодня душевное состояние профессиональных убийств. Они смеются из-за нервного перенапряжения или от радости, что убили человека. Неужели человек в образе Божьем может быть просто свиньёй. В конце колонны двигались четыре грузовых подводы с десятком трупов на каждой. Когда подводы поравнялись с полицейскими, они остановили их и велели двум прихвостням, но уже из жидовской полиции, положить тела несчастных на подводу. Немец, сопровождавший колонну, стал кричать на полицейских, размахивал автоматом: «Проклятые свиньи! Вам ничего нельзя доверить. Всё испортите. Вы все дураки! Быстро, быстро двигайтесь, а то пристрелю всех!»
Колонна медленно двигалась в направлении села Петрики, где прошли через кирпичный завод, и там, в небольшом овраге всех расстреляли.

Такие акции по «решению еврейского вопроса», при активном содействии украинских и польских полицейских, в Тернополе немцы проводили пять или шесть раз. Последняя акция заканчивалась поиском и убийством на месте всех людей, которым удалось спрятаться от отправки в Петрики. Пьяные полицаи лазили по подвалам, чердакам, канализационным трубам в поиске каждого, кто уцелел. Никому не было пощады. С убитых срывали все ценности, набивали драгоценностями свои карманы. Неужели всё это видел Бог и не покарал

194

бандитов? Если не покарал — значит, Бог не заботится о людях. Но я верю, если Бог не покарал преступников, то обязательно будут покараны их дети, внуки, правнуки. Пусть так будет! Дай Бог!» (стр. 65-66).

Эти несколько страниц текста из воспоминаний профессора Е. И. Блихаря - украинца, коренного тернопольчанина, очевидца - я советую ежедневно прочитывать составителям экспозиции Тернопольского областного краеведческого музея и их руководителям в Министерстве культуры и туризма Украины, в областной Раде. Возможно, когда-нибудь до их понимания дойдёт, какую бесчестность сотворили они, выбросив из истории города и области жизнь и трагическую судьбу многих десятков тысяч еврейского населения Тернопольщины.

***

А теперь, в самом конце — кое-что о духе, витающем над Галицией.
Может кому-то сие покажется неправдоподобным, но я уже в самолёте на Киев украинской авиалинии начал говорить по-украински и продолжал это, не прерываясь, до выхода из самолёта той же авиалинии в Дюссельдорфе. Я разговаривал только по-украински и тогда, когда ко мне в Галиции обращались по-русски (и такое бывало).

Это я не к тому, чтобы лишний раз похвастаться знанием украинского языка, который до конца мною не забыт и в Украине день ото дня становился лучше. Нет, это я к тому, что в подавляющем большинстве случаев я собеседниками был принят за украинца, хотя и задающего необычные вопросы. Заметив некоторое недоумение на лице собеседника, я добавлял что-то типа «Это меня просили узнать. Там меня просили сделать пару фотографий.». И тому подобное.

ЕВРЕЕВ, КОТОРЫХ КОГДА-ТО РАСПОЗНАВАЛИ С ПЕРВОГО ВЗГЛЯДА (с небольшой долей ошибок), ТЕПЕРЬ НИКТО НЕ УЗНАЁТ! Евреев нет — и особенности их лиц никому неведомы. Евреев в Галиции теперь знают так же «хорошо», как их знали в Сибири, Казахстане (прочих местах эвакуации) в начале 40-х годов прошлого столетия. Как там удивлялись, увидев, что у евреев нет рогов! Это - не анекдот, а - из рассказов моей матери и других возвратившихся из далёких мест по окончании войны винничан. Русская православная церковь долго вбивала в головы прихожан подобные страшные представления — и добилась в этом немалых результатов.

Что же — теперь? Среди «национальных» картин, выставляемых художниками в трускавецком парке для продажи, три четверти живописуют евреев, подсчитывающих золотые монеты. Значительно реже изображаются евреи-музыканты и евреи-ремесленники (сапожники, часовые мастера). На этом круг представлений украинских художников о евреях завершается. Так формируется образ еврея у нынешнего поколения: при обязательных посещениях музеев вместе с школьным классом — евреев тут не было, при прогулке в парке — вроде бы, несколько всё же было, но все они, за малым исключением — барыги (барышники).

Я интересовался, кто же эти невысокого качества исполнения картины покупает. Думал, что — редкие бывшие соотечественники из Израиля, встречающиеся в парке, у бювета с минеральными водами (на головах у мужчин — кипа). Объяснили, что я ошибаюсь: приезжие поляки. Будто бы существует у них примета: висит в твоей квартире картина с подобным изображением — будешь и ты богатым. Правда ли это — не знаю (я — не о приваливающем в дополнение к картине богатстве, я — о примете, о покупателях)…

Всё это — на фоне процветающего русофобства, не только не контролируемого, но и — как видно из происходящего — подогреваемого. Масса полублатных и блатных песенок типа «Шаланды полные кефали», «Мурка» и так далее раздаются из громкоговорителей киосков по продаже звукозаписей. Новые тексты этих песен — явно шовинистические. И никакие конфликты в Крыму и в Донбассе не могу служить оправданием для разнузданной пропаганды против всего русского, российского.
В случившемся кровавом противостоянии виноваты, как почти всегда, обе стороны. Вспомним хотя бы, как патологически ненавидящая русский язык экс-депутатка Рады (бывшая коммунистка!!!) инициировала принятие руководством страны положений, ограничивающих применение на Украине русского языка, на котором разговаривало от трети до половины населения. Подумаем, не с этого ли по сути всё началось?

Что ещё? Нет, я не испугался, что по ошибке попал в Северную Корею, когда обнаружил, что из Украины мне до своей почты на mail.ru не дотянуться. Пёстро одетое и хорошо упитанное население, богатый выбор продуктов питания и тому подобное не дали мне впасть в галлюцинаторное состояние. Но всё же, всё же, всё же… Смешить мир такими выходками-запретами, которые при большом желании можно обойти — зачем?

И - самый отвратительный, на мой взгляд, пример. Уже несколько лет в переделанный на украинский лад песне Давида Тухманова «День победы» вместо слов Владимира Харитонова «Этот День победы порохом пропах…» поётся «Слава Украини та йи сынам… » и так далее.
На Украине не знают что ли об авторском праве? Знают, конечно. Возможно, нашли в нём лазейку или просто на него наплевали. Но покрываемая властями заманчивая идея выделиться на мелодии полюбившейся миллионам песне, «проголосыв» её на свой, не совсем чистый лад, а также - немало на этом заработать, преодолели все законные положения и совесть, если таковая у автора слов и исполнителя имела место быть. Кого славят там — дело украинцев, но заменять произвольно то, что остаётся праведным для миллионов жителей на территории бывшего СССР — святотатство. Песня «День победы» известна с 1975-го года. На «Майдане» в Киеве её четыре года тому назад осквернили. Как слышать Давиду Тухманову, ныне временами проживающему в Израиле, прославление в «самостийных» словах песни, к примеру, гайдамаков, которые в своё время буквально охотились на евреев, зверски убивая подряд всех их?

196

Украина, как и в советское время, полна лозунгов и заклинаний. Только заменены «Слава КПСС!», «Партия - наш рулевой!», «Вперёд к победе коммунизма!» на новые слоганы. И это тоже — дело самих украинцев.

Однако не следует забывать слова' мудрого Хаджи Насреддина: «Сколько не кричи «Халва!» - во рту слаще не станет.»

И путь в Европу, позволю себе заметить, лежит несколько в стороне…

Опубликовано 10.09.2017.

Ванзейская конференция - совещание представителей и руководителей нацисткой партии, состоявшееся 20.01.1942 в вилле "Марлир" на озере Ванзе в Берлине. Там были определены пути и средства "окончательного решения еврейского вопроса" - программы геноцида еврейского народа Европы (Холокоста).

Не всё так файно. В том, что сомнительно и тайно...

Первый опыт файноведения
Перший досвід файнознавства
The first experience of finelogy

 Многофункционален
как комбайн
фотохудожник
Зорий Файн.

Спешу признаться: первая часть заглавия стибрена у Зория Файна, который сообщает об исто[риbeyond] названия одного из его сообщений от 18-го декабря 2013-го года следующее: «Лет десять наза[д] может кто помнит, была у меня своя авторская колонка с таким названием в еженедельнике "Тумба".» (http://zoriy.blogspot.de/2013/12/blog-post_18.html#links).

Со мной, однако, таковое случается не впервые. Не уверен, что кто-то об этом помнит — так посмотрите, будьте любезны, на перечень заглавий моих публикаций.
Убедились, что я немало позаимствовал у классиков?
«Так то ж у классиков!», - возразите вы. «А … ?», - уже удивляюсь, в свою очередь, я. Но об э[том]

— несколько ниже.

Сразу объясню тем, кто не знает: прилагательное «файный» (наречие - «файно») в русском языке (на воровском жаргоне) — один из синонимов слов «крепкий», «надёжный». А в украинском языке это - то же, что «красивый», «хороший», «славный». Следовательно, с добавлением отрицательной частицы «не» всё становится некрепким, ненадёжным, некрасивым, нехорошим…

Ну а теперь наберу-ка я для смелости побольше воздуха в лёгкие и попытаюсь высказать несколько не очень хвалебных слов в адрес известной личности с такими качествами и заслугами:

« Фотохудожник, композитор, искусствовед, журналист, публицист, педагог. Заслуженный деятель искусств Украины.

Основатель и директор «Photo Fine Studio. com»

Лауреат международных конкурсов, лауреат премии министерства культуры РФ (1993 г.), лауреат конкурса «Глаз-Медиа Украина» (2004 г.), дипломант международного фотоконкурса «Пресс Фото России» (2004 г.), дипломант конкурса "Свадебный фотограф года в Украине (2010)", член Международного союза славянских журналистов (с 1999 г.), Международной федерации журналистов (IFJ) (с 2001 г.), Национальных союзов журналистов России и г.Москвы (с 2000 г.) и Украины (с 2002 г.), Союза фотохудожников России (с 2000 г.). В 2002 году его имя было занесено в каталог Украинской академии геральдики «Кто есть кто на Винниччине. Выдающиеся земляки». В 2011 году награжден Золотой медалью "Професійна слава України".

Его работы печатаются на Украине и за рубежом, в том числе журнале «The Ukrainian», газетах «The Ukrainian Weekly», «The Washington Post» и «New York Times».

Автор иллюстраций ко многим изданным книгам, создал собственную школу фотографии. Работает во всех основных фотографических жанрах, предпочтения: свадебный фоторепортаж, деловой портрет и пейзаж.

[Устали? Ну ещё совсем немного, потерпите! - С. В.]

Организовал и провел более 60 персональных выставок: в Киеве (в том числе: в Верховной Раде Украины (2002 г.); British Council Ukraine (2003 г.); киевский Дом Кино (2004 г.)), в России (в Москве и С.-Петербурге) и других странах. В его работах - особый воздух в кадре, особая любовь ко всему, где остановился его взгляд. Как сказала супруга одного из Президентов Украины: "Він вкладає в кожну світлину частинку власного серця!"

Работы хранятся во многих музеях и частных коллекциях.

По образованию - профессиональный композитор, искусствовед: Российская Академия музык им. Гнесиных, класс профессора Чернова Г.В.- магистр искусствоведения и педагогических наук, 1995 г. Дипломная работа: "Три симфонические картины" Смотреть видео… [прошу вас сделать это в индивидуальном порядке, после прочтения моего научного труда — С. В.]

Подробнее - в Википедии… [и тут, будьте добры, не спешите: мы к ВикипедиИ ещё вернёмся, причём даже не к одной — С. В.]»

Это - из его личного представления на главной странице своей фотостудии ((http://fine.com.ua/rus/fotografi/zorii_fain/informaciya/). «Из» - потому что этому мультимедийному представлению нет конца. Если вы собираетесь в отпуск, то не надо брать собой чемодан книг: достаточно одного ноутбука и сообщённого строчкой выше адреса. На д недели — минимум — чтива и видеоразвлечений вам хватит.

Ну что, узнали, о ком это я. Да-да, о том же Зорие Файне (см. выше). ВСЁ в этой (само)характеристике, в конце концов — ПРАВДА. И я это не оспариваю, а только поражаюсь разносторонности талантов сего винничанина брацлавско-винницкого замеса, то есть, прошл и нынешней столиц Подолья. Добавлю, что лишь с появлением соответствующих репортажей Файна стало возможным стороннему человеку узнавать о разнообразной жизни одной из еврейских общин Винницы. И это — тоже в копилку его хороших дел.

Словом, на всё приведенное выше на СВОЕЙ странице автор имеет полнейшее право. Хотя, н мой взгляд, подобное смешение главного, важного, существенного с пустяками, мелочью, побрякушками на груди скорее вызывает сомнение, чем убеждает. Но это, опять же, решает автор, творец, первопроходец, а не пытающийся охватить неохватную сферу его деятельности самодеятельный критик и самодовольный иностранец, не знающий основ современной жизни направлений различных искусств и, главное — искусства жить в нынешней Украине.

***

Я же — совершенно о другом. О том, что 29-го марта 2017-го года Зорий Файн сообщил нам zoriy.com следующее:

«9-13 апреля я проведу в Берлине, в Доме Ванзейской конференции, на семинаре для украинс журналистов на тему "Геноцид европейских евреев и обхождение с историей на примере культуры памяти в Берлине". Хочу поблагодарить организатора - Еврейский Фонд Украины, и лично Аркадия Ильича Монастырского, а также Посольство ФРГ в Киеве, которое взяло на се расходы, связанные с авиаперелётом.»

Для чего сообщил?— этого теперь никак не пойму. Чтобы мы не печалились во время его отсутствия — он, мол, скоро вернётся? Чтобы знали, кого выбрали Фонд и его председатель, также — Посольство? Мол, не кого-нибудь, а … Кстати, кто не знает ничего об А. И. Монастырском, может прочитать следующую цитату из ВикипедиИ: «… общественный деяте

Украины, президент Еврейского форума Украины, председатель Правления Еврейского фонда Украины, председатель Общественного совета при Министерстве образования и науки Украины. Один из основателей общественного движения за возрождение еврейской культуры на Украине. Является послом мира Всемирного совета мира.» Такой человек очень даже хорошо понимает, на кого можно потратиться, а на кого — не сто'ит.

Указанное сообщение З. Файн тут же опубликовал и на сайте «Історія Вінниці» (https://www.facebook.com/groups/historyofvinnytsia).
В своей статье «Памятники жертвам Холокоста» от 10.04.2017 (http://www.proza.ru/2017/04/10/95) я упомянул предстоящую поездку З. Файна, высказав уверенность в том, что З. Файн «Вернётся домой и, я не сомневаюсь, сообщит всем об увиденном и услышанном.» Так я - наивный читатель - полагал: мол, опишет, что' узнал, подскажет, что' из этого можно было бы перенять в Виннице, организует дискуссию о желанном и достижимом в деле «культуры памяти». Сам же я немедленно взялся за статью по этой теме — о «культуре памяти» в городе, где я проживаю уже немало лет. Город я изучил неплохо — статья была быстро подготовлена и опубликована ещё до возвращения З. Файна из Берлина. Предполагал, что и она будет полезной в предстоящем обсуждении …

З. Файн прилетел из Берлина и осчастливил нас … фотографиями Берлина. Сто пятью фотографиями, мастерски выполненными! Но почти все они - без разъясняющих подписей. Это наверное, чтобы любующиеся этими фотографиями ещё внимательней в них вглядывались: «где это?» или «что это такое?» (не знаю, есть ли фотографии ещё в интернете, потому что З. Файн выкладывает подобные серии только на определённый срок).

А как же насчёт семинара, для поездки на который Зорий Файн получил, как говорили ранее, «проездные» (в данном случае - «полётные»)? О семинаре — ничего. А. И. Монастырский, при своей огромной занятости, об этом наверняка не узнает. И мы ему не сообщим. Но замолчать совсем этот факт было бы не честно, не по-винницки.

Правда, 12.04.2017 З. Файн на упоминавшемся сайте «Історія Вінниці» публикует фотографию со следующей подписью: «Знаменитый снимок "Последний еврей Винницы" крупным планом с сопроводительными документами представлен в Берлине в Центре Топографии террора. Напоминаю, что через четыре дня, 16 апреля, исполнится 75 лет со дня вторых массовых расстрелов в Виннице в Пятничанском лесу. Траурные мероприятия намечены на День Шоа, в этом году он отмечается 24 апреля …» . З. Файн сделал фотографию известной фотографии (ракурс съёмки - примерно 60 градусов, особый угол зрения: может быть, в этом смысл публикации?). И — всё. Нет, чтобы, как минимум, сообщить о том, что написано на стенде у этой фотографии: ведь личность расстреливаемого вроде бы уже известна. И он винничанином не был. А о чём свидетельствуют «сопроводительные документы» - этого мы от З. Файна так и не узнали. Между тем, фотография ставит много вопросов, о которых я рассказал в отдельной статье (proza.ru/2017/05/30/1284).

Так и не поведал Зорий Файн и через два месяца ничего о семинаре для украинских журналистов на тему "Геноцид европейских евреев и обхождение с историей на примере культуры памяти в Берлине". Не предложил, как эту культуру памяти «привить» к нынешней винницкой культуре. Профессиональная журналистская тайна, что ли?

Тогда чего же было сетовать ему 20-го апреля сего года: «Ни один таксист Винницы не знает, находятся мемориальные места и что такое "Пятничанский" лес. В Виннице нет ни одной таблички, ни одного указателя, на исторических картах города нет отметин. Не стыдно?», - вопрошает З. Файн (http://zoriy.blogspot.de/2017/04/).

Я писал о сходном, приводя побольше подобного рода разительных примеров, после посещен города в 2015-м году (в частности, тут: http://www.proza.ru/2015/09/16/919). Не пройдя, кстати перед тем семинарского обмена опытом. А недавно, как раз во время нахождения З. Файна в Берлине, повторяю, опубликовал статью, которую по праву можно было бы назвать "Геноцид европейских евреев и обхождение с историей на примере культуры памяти в Кёльне"- http://www.proza.ru/2017/04/10/95 . Но З. Файн — бесстрашный борец за соблюдение своих авторских прав (https://vinbazar.com/news/nshe/vidomii-vinnitskii) — делает вид, что он ничего этого не читал, не видел даже и, вообще, не знает такого. То есть, автора вот этой публикации меня. Только сейчас пришлось ему обо мне узнать, что, разумеется - и я тут с ним полностью соглашусь - не стыдно. Мало ли кто о Виннице пишет…

***

Если уж писать, то так, как это сделала 25.03.2015 Ганна Руденко в статье «Еврейская Украин 10 фактов о евреях Винницы — Jewish» (http://jewishnews.com.ua/ru/publication/evreyskaya). Та в о д н о м р я д у перечислены лауреат Нобелевской премии микробиолог Зельман Ваксман широко известный художник-авангардист, мастер живописного портрета Натан Альтман, а та Лауреат премии министерства культуры РФ, член Национальных союзов журналистов Росси Москвы и Украины, член Союза фотохудожников России, мастер фотопортрета Зорий Файн .. вы ещё удивляетесь, что я упоминаю о цитатах из классиков!). Поистине, «Ганна – душка, Ган – любка. Ганна милая голубка ...». И, весьма вероятно, З. Файн часто исполняет эту песню на шевченковские слова под великолепный собственный аккомпанемент, хотя заявлял, что пение не его стихия.

Теперь можете себе представить, какой дрожащей рукой наводил я мышкой на обнаруженную подобную статью той же Ганны Руденко на английском языке?: http://jewishnews.com.ua/en/publication/7_facts. Не усекли ещё — почему? Да потому, что в ней только с е м ь, а не десять фактов! Зря волновался: «Ганна - душка», конечно, не позабыла о З Файне при выборе состава «Великолепной семёрки».

Ознакомившись же глубже с достижениями З. Файна, я уверовал и в то, что если бы, как пело в песне, «их оставалось только трое», ими были бы Ваксман, Альтман и Файн.

Другие «факты о евреях Винницы» знать не обязательно — точка!

Так вот: протрубить о своей поездке на семинар в ФРГ и хотя бы кратко, ограничившись несколькими словами, не поведать винничанам о том, что можно было бы перенять в отношен

202

культуры памяти у берлинцев, сомнений нет — с т ы д н о!

Повторить написанное мной и выдать это за вырывающийся из собственной груди крик возмущения и отчаяния — стыдно или нет? Это уже — как кому: титулованным особам, вероятно, нет. Окончательный ответ дам, узнав реакцию на написанное тут.

***

Когда кто-то во всеуслышание сообщает о том, что он заслуженный, фундатор, многократный лауреат и член нескольких творческих Союзов, то он должен понимать, что этим самым берёт н себя большую ответственность за каждое высказанное и не высказанное им слово.

Вот приводит З. Файн в сообщении о траурном митинге («28.04.17, Винница. Митинг, посвящённый 75-й годовщине второй волны массовых расстрелов.»; см. фото З. Файна тут: http://owgram.net/instagram/tag/internationalholocaustremembranceday) следующее высказывание (собственное или заимствованное, плохо переведенное на русский язык?):
«Память - это самое ничтожное и самое великое, что мы можем сделать для тех шести миллионов, которых больше среди нас нет.» (http://zoriy.blogspot.de/2017/04/blog-post_28.html). Если тут слово «ничтожное» и обозначает «очень, пренебрежимо малое или незначительное по количеству», то никак нельзя забывать и того, что с не меньшей частотой это прилагательное употребляется в значении «жалкое, презренное, лишённое значимости». Посему вместо «ничтожное» следовало бы употребить, например, «самое малое». Тем более, что речь идёт не с представлении в цифрах, когда, например, выражение «только ничтожные два процента» сразу понимается как указание на небольшое количество. Это так, между прочим. Учитывая, что сред многочисленных граней деятельности З. Файна значатся и «журналист, публицист, педагог» (см выше).

Коль уж зашёл разговор о З. Файне - преподавателе вуза, то в самый раз - привести ещё пару примеров, из которых будет понятней, почему из нынешних хороших студентов получаются журналисты, не заслуживающие доверия.

С каким пафосом провозглашает З. Файн: «Ни один таксист Винницы не знает, где находятся мемориальные места и что такое "Пятничанский лес"»! Но ведь сие — ложь! И доказать мне обратное можно лишь, опросив в с е х винницких таксистов и получив ответ типа «Пятничанский лес? Впервые слышу!». Но ведь даже предположить такое — нонсенс!

Мне же достаточно было в статье 2015-го года упомянуть лишь одного таксиста — украинца с высшим образованием, у которого жена-еврейка. Он не знал ни об еврейском кладбище, ни о мемориалах. Это — п р а в д а, которой достаточно для представления ситуации с, выражаясь языком берлинского семинара, культурой памяти в Виннице. А « н и о д и н таксист … не знает что такое Пятничанский лес»? Кстати, а что' от него - этого леса - теперь, по сравнению с 1941- - 1942-м годами, осталось? И находятся ли в настоящее время мемориалы действительно в лесу И как можно с е й ч а с увидеть, где проходили границы т о г о леса?

203

И отсутствие «отметин» (?) на «исторических (?) картах города» - тоже не образец подходяще словоупотребления. Отметины - на дереве, на камне и тому подобном, но на карте всё-таки, наверное, знаки, обозначения. А исторические карты изображают, например, Винницу в какое прежнее время. Посему не об исторических картах нужно в этом плане писать, а о туристических. Придираюсь? Без сомнения. Но пишет-то кто? Титулованный «журналист, публицист, педагог» ! А, следовательно ... (см. выше). Как у меня о картах города написано - можно посмотреть тут: http://www.proza.ru/2015/09/16/919.

Не подумайте, бога ради, что сим я утверждаю: З. Файн не умеет хорошо писать. Скорее, что касается его журналистского таланта, дело обстоит как раз совсем наоборот. Я дал бы тут ссылку на его, на мой взгляд, лучшую публикацию, но она — четырёхлетней давности — о наболевшем личном З. Файна. Полагаю, не следует эту историю всуе ворошить.
Нет, суть моей критики иная: о важном, о святом следует писать последовательно, избегая ненужных преувеличений, не совсем подходящих слов и выражений.

Себя хвалить — тоже никому не запрещено: тем более, хвалиться З. Файну есть чем. Но буду лицом, представляющим общественный интерес, следует следить за каждым своим словом, пытаться «предугадать, как наше слово отзовётся» (Ф. И. Тютчев). И, главное: заявленное, начатое о б щ е с т в е н н о е дело — доводить до конца.

По другому пути пошёл, например, В'ячеслав Березовський, участвовавший 18-19-го мая в «Міжнародній науковій конференції «За Україну, за її волю», присвяченій 100-річчю створенн Української армії» и сообщивший об этом на том же сайте «Історія Вінниці» сразу же после возвращения домой. Краткое резюме (!), программа конференции (!), несколько фотографий, также ссылки на другие интернетовские сообщения о конференции (!). Вполне достаточная информация. «Его пример — другим наука», - напоминаю я публицисту З. Файну.

***

Вернёмся к обличительному вопросу-упрёку (кому — только?) З. Файна: «Не стыдно?» За ни последовало - в угрожающем тоне - обещание: «Показать вам, как это сделано в Берлине, где стараются поимённо отметить каждого жильца разрушенного дома?» (http://zoriy.blogspot.de/2017/04/blog-post_20.html). То же — 20.04.2017 — в «Історії Вінниці». Искать исполнение этого сурового обещания бесполезно: З. Файну было, видимо, уже не него. Или просто позабыл о нём, разбрасываясь сообщениями о себе на очень многих страниц интернета.

Как не понять нашему герою, что такое многочисленное «присутствие» в интернете может им отрицательный результат? По этому поводу еврейская пословица предупреждает, что нельзя сидеть одним тухесом на двух свадьбах. А на десятке — тем более.
З. Файн, разумеется, делает это не сам. Или, по-другому — широко использует помощь своих сотрудников-специалистов, в чём он признался в одном из интервью. Но л и ч н ы е сайты — особенно, если их много — позволят вести другим? Контроль за сайтами в немалой степени

теряется, а помнить, где и что сказал (написал, пообещал), удаётся далеко не всегда. Как раз что-то подобное и имеет место в нашем случае.

Вчитываясь, всматриваясь в самопредставления З. Файна, поражаешься, сколько в них местечкового, наивного, захолустного! Эта провинциальность выросшего в послевоенной Виннице сидит во мне до сих пор, хотя она вытравливалась и Казанью, о чём я подробно писал воспоминаниях, и двухгодичным пребыванием в Москве, и… З. Файн вырос тоже ещё во многом провинциальной Виннице, так же изолированной в той или иной степени от больших центров культуры. Но учиться и жить в Москве, путешествовать по миру, выполнять заказы своих клиентов в разных точках Европы и ещё не знаю каких частей света (и об этом не забыто в представлении будущим клиентами) — и остаться мировоззренчески на уровне времени своих школьных лет! Тех времён, когда для улучшения своих жилищных условий собирали не только справки о наличном метраже и количестве членов семьи (что было бы в нормальной стране вполне достаточно), но и - удостоверения Ударника коммунистического труда, дипломы о никому не нужных рационализаторских

предложениях, грамоты за отличную работу на сборе урожая в подшефном колхозе, и пр.

Так и З. Файн с истинным усердием Плюшкина выгребает из своих запасников любые свидетельства отличия, хотя, казалось бы, на чёрта это клиентам?
- Как это на чёрта? - возразите вы. - Как раз именно для привлечения новых клиентов он перечисляет всё-всё, увешивает стены фотостудии обрамленными грамотами, дипломами…
- Ах, так? А я полагал, что деятели искусства должны вести массы за собой, а не тащиться в арьергарде за ними…

***

Разумеется, ВикипедиЯ, ВікіпедіЯ and WikipediA были бы не полными без статей в них: «Файн, Зорий Ефимович», «Файн, Зорій Юхимович» and «Zorii Fain», соответственно, на русском, украинском и английском. Конечно, если заглянуть за фасады этих статей (в примечания: Обсуждение, История), то станет ясно, с какой ожесточённость, прямо до крови отбивался З. Файн от сомневающихся в его праве быть представленным всему миру в этом выдающемся издании, с которым и «Британской энциклопедии» (Encyclopaedia Britannica) не потягаться. Но это — его законное право, тем более, что список персоналий — наиболее уязвимое место ВикипедиИ на любых языках (я об этом писал шесть лет тому назад: http://www.proza.ru/2011/07/07/1576).

Всё же, по настоянию критиков, Зорию Файну пришлось кое-что подчистить в своих самовосхвалениях. Так, например, по сравнению с 2012-м годом (http://dic.academic.ru/dic.nsf/ruwiki/1501002), в 2017-м году отсутствует просто фантастическая фраза «Постоянно действующие экспозиции работают в Финляндии, Франции и Нидерландах.» Вдумайтесь: п о с т о я н н о действующие! Фактически — музеи З. Файна за рубежом — невероятно, но именно так утверждалось.
Остальные изменения за последние пять лет, если желаете, поищите сами. Небезынтересны, к

примеру, перепалки с патрулём по поводу «Заслуженности» З. Файна в искусстве Украины, пр

Никому не запрещается предложить ВикипедиИ включение биографии того или иного челове
в эту бездонную кладезь знаний обо всех и обо всём. В какой-то степени подобные предложе
контролируются (по терминологии ВикипедиИ, патрулируются), в какой-то степени их
дальнейшая судьба зависит от этого (выставляются на удаление или оставляются).
Но всё это так сложно! А желающим кого-то или себя увековечить упоминанием в ВикипедиИ
нет числа! Например, только один винницкий поэт Андрей Стебелев ввёл в украинскую
ВікіпедіЮ около сотни (!), по его мнению, достойных там значиться винничан.
(Зорий Файн, правда, успел ещё ранее побеспокоиться о себе сам: "У меня есть почти
уверенность, что автором статьи является сама персоналия, то есть «Файн, Зорий Ефимович»
из замечаний «Война правок, предвзятость и самоPR» патруля ВикипедиИ.) Для тех, кто не
знает: PR - (циничное определение в ВикипедиИ) - «это искусство формирования
благоприятного отношения общественности к фирме путём создания представления о том, чт
фирма выпускает и продает товар только в интересах покупателя, а не ради получения
прибыли». Есть и другие определения, но они довольно сложны. А выражаясь бытовым языко
самоPR = самореклама.

***

Зорий Файн, кроме всего (да что тут скрывать - прежде всего!) — п р е д п р и н и м а т е л ь. (
как-то избегает этого определения, но о деньгах, ценах на его работу, стоимости
фотооборудования пишет постоянно. Эта сторона его деятельности требует (само) рекламы.
Как личность Зорий Файн — экстраверт, то есть, принадлежит к тому психологическому типу
человека, которого отличает активность в общении. По складу личности, З. Файн
характеризуется преимущественной направленностью активности, установок, стремлений на
внешний мир и окружающих людей. И их у него не мало: в разных блогах и пр., наверное, мн
сотен или даже пару тысяч (только на страницу фотостудии, по его утверждению - 1,5 тысячи
подписчиков).
Словом, всё — одно к одному: экстравертность благоприятствует предпринимательству, удач
бизнес подпитывает возможности активного влияния на внешний мир и окружающих людей.

Но, как утверждал Гёте, мастер познаётся в самоограничении.

- Посему можно было бы иногда отказать Олегу Семко, полагающему, что год, итоги которог
подведены в интервью с З. Файном, нельзя, вообще, считать состоявшимся.

- И сообщать всему миру, что нынешнего тестя наш герой называет «папой», а бывшего клика
только по имени-отчеству, не обязательно. Всякое может, не дай Б-г, случиться…

- Объяснять, даже в шутку, что Штутгартская городская библиотека теперь знаменита
доступностью «вот уже два года на пятом этаже в разделе м и р о в о й (выделено мной — С.
литературы» книги З. Файна «Кофе-брейк с Его величеством. Размышления, эссе, заметки,

206

письма.» (Винница: Глобус-Пресс, 2015. — 464 с. ISBN 978-966-830-54-5), подаренной книжному собранию автором, тоже мало что прибавляет к славе. Дело в том, что, по ценам в ФРГ, книга стоимостью в 2,36 евро как-то и книгой «не выглядит» (здесь цена блокнота — больше, а «средней книги» в карманном варианте - не менее 10, в настольном - 20 евро). Так вот эта шутка (с автопортретом на фоне библиотеки) обернулась тем, что не предвиделось.

- И кокетничать, спрашивая, кто выглядит на фото моложе — наш герой или его на 8,5 лет младший брат — годится для внутрисемейной хохмы, но не для всемирной паутины…

Список, на мой взгляд, излишней информации, предоставляемой З. Файном по девизу В. Маяковского «я сам расскажу о времени и о себе», можно продолжить. Но и без этого ясно: присутствие З. Файна в интернете непропорционально значимости его особы, одним словом — з б ы т о ч н о.

***

Экстравертность, однако, не значит, что её носитель не умеет хранить тайны. И у экстраверта есть укромное местечко в душе. Но держать его закрытым для посторонних взглядов экстраверту удаётся редко: когда душа нараспашку, то и в эту каморку проникает чуток рассеянного света. И тогда скрываемое становится если и не явным, то, по крайней мере, как иносказательно выражаются, смотрится в ином свете.

«Я вообще снимал всех наших президентов и многих премьеров», - как бы мимоходом, но довольно часто замечает З. Файн. И снимал, дополняет, не только в официальной обстановке. В очень тёплых отношениях, судя по его рассказам, лейб-фотограф был с семьёй президента В. А. Ющенко. И как-то само-самой возникает ассоциативная связь этого, с точки зрения саморекламы, весомого признания с Указом глубокоуважаемого Виктора Андреевича от 12.05.2009 г. № 305/2009 «За значний особистий внесок у збереження пам'яток історії та культури України, багаторічну сумлінну працю на ниві розвитку музейної справи п о с т а н о в я ю…». И вот уже старший научный сотрудник Винницкого областного художественного музея отмечен почётным званием «Заслуженный деятель искусств Украины». Правда, что-то тут одно другим не вяжется: сохранение памятников истории и культуры, многолетний труд, с одной стороны, и нигде не указанные м н о г и е годы работы и детали с в е р ш е н и й в музейном деле, с другой…

***

В заключение, скажем так. Зорий Файн, безусловно, разносторонне талантливый человек. И для Винницы — приобретение. То есть, его сгоревшее в Подмосковье жильё, вынудившее З. Файна семьёй вернуться на родину — счастливый для Винницы случай (не исключено, что для З. Файна - тоже).
Кстати, история с пожаром, о которой я впервые узнал из фразы в одном из представлений З. Файна (не совсем гладко сварганенным из готовых блоков, по всей вероятности, неким его

207

сотрудником, а не им самим), оказалась весьма загадочной. Просто было написано, что после пожара (где, какого?) З. Файн перестал создавать музыкальные композиции. Вот и гадал я дол о месте пожара: в Гнесинке, где З. Файн учился «на композитора», на складе нотной бумаги и же в душе будущего фотомастера? Оказалось, таки только в его подмосковной хибаре. З. Фай это, к всеобщему удовлетворению, не сломило: он нашёл себя наново — и достиг немалых высот в других сферах.

Может быть, как раз этому пожару, не покорежившему судьбу творческого человека, будет посвящено органное произведение, сочинение которого З. Файн начал, известив об этом всех меломанов мира, 19 мая 2017-го года: «Приступаю к работе над органным произведением.» Подробности пока не сообщаются, так что можно погадать: прелюдия, фуга, токката, пассака. хорал, и так далее?

Не премину тут отметить, что судьбоносное решение З. Файна - возвратиться через два с лишним десятилетия к композиторскому творчеству - имеет принципиальное, поворотное значение для восстановления доброго имени музыкальной Винницы. Не забыли ещё, небось, возвращали себе православные Собор, силой отобранный у них коммунистами-безбожниками Как в два счёта - бах!-бах! - от находившегося там орга'на остались почти что только щепки? Но винничане не зря причисляют себя к наследникам великого военно-полевого хирурга Николая Ивановича Пирогова. Тяжело раненный орган был вынесен с поля боя, помещён в лазарет Пресвятой девы Марии Ангельской, перевязан, прооперирован вызванными польским специалистами по восстановительной хирургии и — верите - не верите — возвращён в строй Не хватало только своего сочинителя органной музыки…

А теперь у нас в Виннице будет свой Бах, пусть не Иоганн Себастьян, но - всё же. И зазвучат органном исполнении в столице Подолья если не Лейпцигские, то Брацлавские хоралы, если Бранденбургский, то Пятничанский концерт, если не «Немецкая органная месса», то хотя бы Липовецкая… И под эту же музыку заиграет всеми цветами знаменитый фонтан!
Нет, не зря писал «Реал» 08.08.2012 о З. Файне: «Композитор, прославившийся, как фотограф Композитор — вот что п е р в и ч н о!

Ах, как будет здорово! Если (боюсь об этом даже подумать!) с органным произведением не случится так же, как с «Показать вам, как это сделано в Берлине?..»
«Всё сказано/ значит забыто/ ведь главное в жизни -/ сказать…» - Сергей Носов.

Пытаясь убедить читателя в особой тонкости, уязвимости своей души са'мого заслуженного деятеля искусств, Зорий Файн попадает в комичные, даже можно сказать, щепетильные ситуации. Удивительно, что сам он, не лишённый чувства юмора, этого не видит.

Разумеется, пройдут годы — всё утрясётся. Но пока ещё время курсовых и дипломных работ, кандидатских и докторских диссертаций - по специальности «файноведение» - не наступило. Моя публикация — всего-навсего лишь, как говорится, лиха беда начало.

Так что в текущий момент З. Файну необходимо самому отделять зёрна от плевел.

***

И — самое последнее: за что же я борюсь? Объясняю: за сайт «Історія Вінниці». Да, да. За сайт, с основателями которого я не раз вступал в яростные схватки. Но в отношении которого я постоянно повторял: эта группа была и остаётся центром кристаллизации, местом формирования общества по изучению истинной, правдивой истории города, выдающиеся результаты чего просто потрясают. Примеров — множество!

Любое использование пространства сайта «Історія Вінниці» для других целей — святотатство. Особенно — для рекламы и саморекламы тем, кто понимает, что' он творит!

Вы спро'сите: а сами-то фундаторы сайта «Історія Вінниці», по всем признакам, в этом ничего страшного не видят, если молчат? Видят, ещё как видят. Но, действительно, молчат. Все они — основном — молодые люди. И таят в душе надежду получить свадебные фотографии, исполненные З. Файном. Особенно — снятые в инфракрасном свете, что выглядит необычно, но не везде доступно. «Ещё одна маленькая деталь: я прекрасно владею программой Photoshop», - неотъемлемой его рассказам о себе поразительной скромностью подчёркивает Зорий Файн. Можно быть уверенным, что избыточные весом будут у него выглядеть с осиной талией, сгорбленные — прямыми, как кипарис, а лысые — кудрявыми, как берёза. Посему задираться с фотомастером им не хочется.
Мне же терять нечего: мои фотографии в уже недалёкое время будут в чёрно-красном цвете, что выполнить просто и доступно любому начинающему «фотошописту».

П Р И Л О Ж Е Н И Е

Ниже — Программа семинара, на который был приглашён З. Файн. Переводить не буду. Обращ ваше внимание только на Fotoworkshop (приблизительно — фотомастерскую): экскурсии к памятникам. Это — как раз то, о чём участник семинара - журналист из Украины должен был рассказать на сайте «Історія Вінниці», проецируя увиденное на Винницу с её небольшими финансовыми возможностями. Так как З. Файн этого не сделал, попытаюсь сие предложить вам в моём исполнении (см. ниже, после Программы семинара).

Programm eines Seminars mit Journalistinnen und Journalisten aus der Ukraine

Der Voelkermord an den europäischen Juden und der Umgang mit der Geschichte am Beispiel der Erinnerungslandschaft Berlin

SONNTAG, 9.4.2016 Stadtführung
10.00 Ankunft Tegel, Begrüssung am Flughafen
12.30 Mittagsimbiss
14.30 – 17.00 Stadtführung mit Besuch von Denkmälern

17.00 – 19.00 Besuch der Reichstagskuppel
Abendessen individuell

MONTAG, 10.4.2016 Haus der Wannsee-Konferenz
09.30 – 10.00 gegenseitige Bekanntmachung, Erwartungen an das Seminar
10.00 – 12.00 Die Wannsee-Konferenz und der Völkermord an den europäischen Juden: Führung du
die Dauerausstellung
12.15 – 13.00 Mittagessen (Cafeteria)
13.00 – 15.00 Vortrag: Auseinandersetzung mit Nationalsozialismus und Holocaust in Deutschland
15.00 Kaffeepause (Cafeteria)
15.30 – 17.00 Zur Arbeit von Journalisten unter nationalsozialistischer Herrschaft (Jüdische Zeitung
„Frankfurter Zeitung", „Das Reich", „Der Stürmer"). Workshop
Danach: Denkmäler Grunewald
Abendessen individuell

DIENSTAG, 11.4.2016 DENKMAL/Gedenkstätte Sachsenhausen
9.15 – 11.00 taz-Redaktionskonferenz, anschl. Gespräch
11.30 – 13.00 Denkmal für die ermordeten Juden Europas
13.30 Mittagessen
15.00 – 16.00 Fahrt nach Sachsenhausen
16.00 – 18.00 Führung Gedenkstätte Sachsenhausen
Abendessen individuell

Mittwoch, 12.4.2016
9.00 – 11.00 Fotoworkshop: Exkursion zu Denkmälern in Berlin
1. Grosse Hamburger Strasse (Christian Boltanski: "The Missing House"; "Willi Lammert: "Jüdisch
Opfer des Faschismus") und Koppenplatz (Karl Biedermann "Der verlassene Raum")
2. Das Denkmal für die ermordeten Sinti und Roma und das Denkmal für die von den
Nationalsozialisten ermordeten Reichstagsabgeordneten (in der Nähe des Reichstagsgebäudes)
3. Die Skulptur von Richard Serra und der Gedenk- und Informationsort für die Opfer der
nationalsozialistischen »Euthanasie«-Morde
4. Rosenstrasse (Ingeborg Hunzinger "Block der Frauen", die Litfasssäulen und die Information im
nahe gelegenen Hotel)
11.30 Uhr Auswertung des Fotoworkshops zur Denkmalserkundung
12.30 Mittagessen
13.30 WS: Fotos als historische Quelle
15.00 – 16.30 Topographie des Terrors: Gestapo, SS und RSHA an der Wilhelm- und Prinz-Albrech
Straße. Eine Dokumentation, Führung in russischer Sprache
16.30 – 17.30 Evaluation des Seminars, Abschlussgespräch

   — Итак, первый памятник, к которому доставили участников семинара, называется «The
Missing House» (недостающий, отсутствующий дом). История памятника такова.
До Второй мировой войны в этом квартале (Scheunenviertel) Берлина проживали вместе люди

различных социальных слоёв. Большую Гамбургскую улицу часто называли «Переулком (улочкой) толерантности». Особенно много - перед самым началом войны - среди жителей этого района было переселившихся сюда с восточных частей рейха евреев. Недалеко находилось самое старое еврейское кладбище, разрушенное по приказу гестапо в 1943-м году.

В конце войны, 3-го февраля 1945-го года дом №15/16 по Большой Гамбургской улице был разбомблён и сгорел дотла. И по сегодняшний день на месте этого дома — пустота, брешь в линии домов.

Проходя мимо места, где находился указанный дом, французский художник, скульптор, фотограф, кинорежиссёр Кристиан Болтански (Christian Boltanski -1944, выходец из еврейских эмигрантов) — он читал как раз курс лекций в Высшей школе искусств в Берлине — постоянно «спотыкался» мыслями об эту рану войны. И первое, что он сделал — начал наводить справки о тех, кто жил когда-то в «отсутствующем доме». Имена, даты рождения, профессии, время поселения в этом доме, когда выселились … Оказалось, что многие покинули этот дом вынужденно из-за эмиграции и депортации.

Полученная информация о жителях этого дома была перенесена на металлические эмалированные вывески (100 x 50 см), которые внешним видом напоминают газетные сообщения о смерти. Эти вывески были прикреплены на высоте того этажа, на котором проживали означенные люди. Слева и справа (11 и 12 вывесок) — на примыкавших когда-то к «отсутствующему дому» стенах соседних домов (см. коллаж).

Так в 1990-м году превратил К. Болтански отсутствующее в зримое. Вот что пишет русско-язычная ВикипедиЯ о его творчестве: «Главная тема Болтанского — уничтожение и утрата прошлого, будь то индивидуального, биографического, или коллективного, исторического, его зияющее отсутствие в настоящем. Искусство при этом выступает своеобразным ритуалом воскрешения или хотя бы выкликания отсутствующего, и прообразом подобного уничтожения, взывающего к общей памяти, для Болтанского остаётся холокост.»

Вопрос, который я уже ставил не раз: почему никто не пытался ранее (конечно, это было при советской власти совершенно невозможным) составить хотя бы неполный список расстрелянных в Виннице евреев? Отвечу: потому что господствует в городе, в массе своей, безразличие. То, что все пустоты в городе захватили, прихватизировали, как хотели-могли застроили — тоже ясно. Так что не видать Виннице ничего подобного этой инсталляции К. Болтански — Стен памяти!

 — Скульптор из ГДР Willi Lammert (1892 - 1957), переживший 18 лет изгнания (1933 - 1951, большую часть - в СССР!), создал в Берлине первые скульптуры, напоминавшие о страшном времени нацизма. Обозначенная в фотоворкшопе композиция «Еврейские жертвы фашизма» была составлена из 13 его скульптур (однофамильцем, родственником?) Mark Lammert (род. 1960) и установлена на упоминавшемся Старом еврейском кладбище в Берлине в 1985-м году. Хорошие фотографии этой композиции были (есть ли ещё?) в «Берлинском альбоме» З. Файна, но, конечно, без рассказа о ней.

Вопрос: «потянет» ли Винница такие скульптурные композиции? Судя по происходящему в городе — и да, и нет. Как выражаются немцы, jain (йяйн).

— На Koppenplatz в 1996-м году була установлена бронзовая скульптура Karl Biedermann (род 1947) «Покинутое пространство (место, помещение)». Покрытый кожей стол и два соответствующих стула, один из них — опрокинутый, выполнены с поразительно обманчивой схожестью с истинной мебелью. Однако несколько увеличенные - против настоящих - размер стола и стульев вызывают у зрителей непонятное чувство беспокойства. Лишь при рассмотре вблизи становится ясно, что мебель — из бронзы, а не из дерева, обтянутого кожей. И что сто мебель на паркетном полу, выполненном из того же металла.
В глубине одного из дворов, выходящих на упомянутую площадь — другие экспозиции, свидетельствующие об уничтожении евреев в нацистской Германии.

Подобный памятник для Винницы — не проблема. Только вот оригинальность его будет сомнительна. Схожих памятников — уже немало, самый впечатляющий в Германии — в Лейпциге, на месте сожжённой в Хрустальную ночь (1938) синагоги (https://www.yelp.de/biz/synagogen-mahnmal-leipzig).
Это — как с памятником Гр. Гр. Артынову: неплох, но не оригинален.

— Ещё об одном памятнике, осмотр которого входил в программу семинара. Это памятник жертвам эвтаназии (Euthanasie) - насильственного умерщвления нацистами психических и прочих неизлечимых больных - создал выдающийся американский скульптор Richard Serra (Ричард Серра, 1939 — см. статью о нём в русско-язычной ВикипедиИ). Скульптура называет «Berlin Junction» (Берлинское соединение) и состоит из двух больших, почти вертикально стоящих, покрытых ржавчиной стальных плат (толщиной в 3 см и высотой в 3 м), образующи узкий, слегка изогнутый ход, через который посетители этого мемориала могут протиснуться. Памятник открыт в 1988-м году, Берлинский сенат дополнил его памятной доской.

Я не могу вдаваться в детали и символическое значение этого и других памятников (долг З. Файна участникам «Історії Вінниці»). Но я хочу тут напомнить, что в Винницкой психиатрической больнице тоже свершилась страшная акция эвтаназии — и описана она в кн В. Я. Куликова о времени оккупации города. Там-то, рядом с помещением морга (покойницко где всё это происходило, желательно было бы создать мемориал. Или же — рядом с массовым захоронением умерщвлённых - по приказу нацистов - пациентов больницы. Общий вид будущ композиции — сначала обсудить хотя бы на том же сайте «Історія Вінниці», а уже потом подумать о конкурсе скульпторов и архитекторов.

Всё. Остальное допишет в другом месте участник семинара Зорий Файн.

Опубликовано 09.06.2017.

*****

ДОПОЛНЕНИЕ

А теперь пойдёт обещанное приложение к опубликованной и через декаду после этого уже не отображаемой статье. Начну его с полученного мною сообщения от Прозы.ру.

«Проза.ру: ваше произведение удалено модератором
"Proza.ru" <adm@proza.ru>
Кому: looker-one@mail.ru
19 июня, 19:26
Здравствуйте,
Сообщаем Вам, что произведение "Не всё так файно. В том, что сомнительно и тайно" не соответствует правилам публикации на сервере Проза.ру, в связи с чем оно было снято с публикации.

Причина снятия с публикации: нарушение пункта 3.3 правил пользования сервером: Авторам следует соблюдать уважение к личности других людей. Не допускаются оскорбительные высказывания и угрозы в адрес авторов или третьих лиц, унижение личного достоинства или деловой репутации, а также цитирование таких высказываний и размещение ссылок на страницы, которые содержат такие высказывания.

[Восклицательный знак — указание на место нарушения мною правил?? - стои'т вот на этом месте:
«… И вот уже старший научный сотрудник Винницкого областного художественного музея отмечен почётным званием «Заслуженный деятель искусств Украины». Правда, что-то тут одно другим не вяжется: сохранение памятников истории и культуры, многолетний труд, с одной стороны, и нигде не указанные м н о г и е годы работы и детали с в е р ш е н и й в музейном деле, с! другой…»
Более я никаких отметок в пересланной мне обратно статье не обнаружил - С. В.]

Пожалуйста, ознакомьтесь с правилами сервера и разъяснениями по вопросам их применения на странице: http://www.proza.ru/about/pravo/comments.html
----
Это сообщение отправлено автоматически, отвечать на него не нужно.
Если Вам нужна дополнительная помощь или информация – пожалуйста, обращайтесь в Экспертную систему: http://www.proza.ru/expert.html»

Дополнительная помощь или информация мне не потребовалась, возражать было бессмысленно: я пришёл в гости к Прозе.ру - и на её территории полное подчинение правилам, установленным хозяином, является законом. Причём трактовка этих правил применительно к отдельным публикациям — тоже в компетенции Прозы.ру.

Я откликнулся на подобный первый эпизод в моей практике следующим замечанием в статье «Винница. misinfo – II» 25.06.2017:

213

«Совсем недавно опубликовал я литературоведческую статью (вы-то хорошо знаете, что моё творчество охватывает многие виды поэзии и прозы) "Не всё так файно": герой её уже через г дней в своём блоге, у которого тысячи почитателей, щиро и публично поблагодарил меня за посвящённую ему короткую эпиграмму. Лучшей и более ёмкой, чем созданная мною - ему ср стало ясно - не появиться никогда. Правда, ещё через пять дней благодарному герою стало за державу обидно и, вместе с ней, за упомянутого в литературоведческой статье экс-президента который так много сделал для державы и для него лично. И написал он «куда следует» — и в статья современного Салтыкова-Щедрина «н е о т о б р а ж а е т с я»: никто же не хочет международных скандалов. И успели пока прочитать эту статью всего четыреста человек. Ни в конце года войдёт она - в расширенном варианте - в книгу, предполагаемый тираж которой десять тысяч экземпляров.»

Ну насчёт десяти тысяч экземпляров я, конечно, сблефовал. Но книга, как видите, вышла. И расширенный вариант статьи о З. Файне — в ней.

***

А сейчас самый раз высказаться об экс-президенте, с лёгкой руки которого З. Файн стал без заслуг «заслуженным». Общая оценка его деятельности, представленная в украинской Вікіпедії, следующая: "У березні 2010 року за результатами дослідження соціологічної служби Центру Розумкова українці оцінили діяльність Ющенка на посаді Президента на 2,17 балів. Повна підтримка Ющенка у лютому 2010 р., порівняно з лютим 2005 р. зменшилася в 17 разів. [Это называется допрезиденствовался — С. В.] Порівнюючи виконання обов'язків Президента України, 32,6% українців назвали кращим Президентом Кучму, 12,6% Леоніда Кравчука і лише 10,6% громадян - Ющенка".

Русскоязычная ВикипедиЯ отмечает следующее:«В 2010 году принял участие в выборах Президента Украины как самовыдвиженец. В первом туре выборов 17 января 2010 года набрал 5,45 % голосов избирателей, заняв по числу набранных голосов 5-е место. Это минимальный процент голосов, набранный действующим президентом в мировой истории. [И мировой рекорд теперь - за ним! — С. В.] Тем не менее, сам Ющенко считает время своего президентства лучшим в истории Украины.» Сравните самооценку «лучшего в истории» с цифрами, представленными выше — вам станет ясно, что экс-президент не хочет признать явных фактов.

Вот этим же самым славится и З. Файн, уверовавший в свою сверходарённость и в им сотворённые «великие деяния». В прошлом, настоящем и.. в необозримом будущем. Пример этого (сверх)достаточно. Приведу несколько из них.

Вот поначалу хотя бы этот, который я в первом варианте опустил, так как там «свою роль» играет и супруга героя. Сейчас придётся мельком упомянуть и её, и сына З. Файна от первого брака.

***

«https://www.facebook.com/oksana.fain/posts/1416581625073948:0

Оксана Файн с **Зорием Файном** в **Винница**.

· 6 июня в 12:35 · Instagram ·

Поздравляю моего любимого мужа Зорий Файн с Днём журналиста!

Несмотря на твоё нежелание представляться журналистом, твой вклад и двадцатилетний опыт в профессии нельзя обойти вниманием. Ещё студенткой я зачитывалась твоей авторской колонкой «Не все так файно» в газете «Тумба» (кто ещё помнит такую?). Твои смелые, часто бескомпромиссные статьи нравились не всем, но они были интересны нам, простым читателям. А твой вклад в украинскую фотожурналистику вообще трудно переоценить: от ярких позитивных портретов президентов, учителей, простых рабочих в иностранной прессе, до бесконечной любви к бесхитростному украинскому быту, пейзажу, увлечения историей, желания докопаться до красоты во всём. Соглашусь, ты - нетипичный представитель профессии, в ведомственных СМИ ты чувствовал бы себя не в своей тарелке. Твои очерки, статьи, эссе всегда выходят за ограниченные рамки информационного освещения события. Ты всегда на голову выше толпы. Тебя раздражает и повсеместная безграмотность современных авторов. Признаюсь, даже когда я пишу тебе короткие сообщения в мессенджерах, я перепроверяю текст по нескольку раз на ошибки. Сегодня не часто встретишь человека такой высокой внутренней культуры и самоорганизованности, как ты. Я очень рада, что студенты-журналисты университета имеют возможность у тебя учиться.

Желаю тебе, вопреки всему, что ты видишь вокруг – видишь глубже обычного человека – оставаться таким же правдолюбцем, каким ты был, по рассказам друзей, ещё со студенческой скамьи! И все мы с нетерпением ждём твою новую книгу!»

Так пишут только о гениальных людях: «твой вклад ... трудно переоценить», «Ты всегда на голову выше толпы», «ты ... видишь глубже обычного человека»...

Узнаёте почерк З. Файна? Поражаюсь: неужели никто не подсказал супругам Файн, что подобное совместное поздравление от жены (с мужем) ... мужу (!) возможно только в пародийном жанре?

Вообще с юмором у З. Файна что-то зашкаливает.

Он - это надо же! - не «врубился», что моя эпиграмма по его адресу — ироническое замечани[е] по поводу его попыток отличиться тут, там, ещё где-то, и так далее, его разбросанности. Дабы напомнить о себе тут, там, ещё где-то, и так далее, создать видимость кипучей деятельности п[ри] отсутствии ощутимых результатов.

И с гордостью сообщает З. Файн на своём блоге:
«среда, 14 июня 2017 г.
Нил Крас (Соломон Григорьевич Вайнштейн) 09.06.17 написал на меня короткую эпиграмму, спасибо!

Многофункционален

как комбайн

фотохудожник

Зорий Файн.»

Ах, какой «хитрец»: публикацию, по его жалобе, закрыли, а эпиграмму из неё он выставил ка[к] похвальбу. Авось, не разберутся … Дешёвый приёмчик, однако.

А «И все мы с нетерпением ждём твою новую книгу!» в заключительном аккорде так называемого поздравления - это о книге его родословной. Не надо объяснять, сколь многочисленны «все мы» …

***

https://www.facebook.com/groups/historyofvinnytsia
Зорий Файн с Василием Щусем в Vinnytsia Oblast.
· 12 июня в 11:22 · Instagram
Сьогодні, 12.06.17, зустрілись з чудовою людиною, краєзнавцем, Василий Щусь. Пан Василь автором дослідження про рідне село Красне, Тиврівського району Вінниц…

Кто на фотографии выставлен на первом плане — выпукло, объёмно, резко? Конечно, сам главный герой — З. Файн. А кто стоит сзади — несколько бледно, размыто, почти одноцветно[?] Разумеется, всё по ранжиру: Василий Щусь. А что у него в руках? И тут всё по сценарию — книга З. Файна: раз речь идёт о книге В. Щуся, то как не напомнить о своей книге, свято хранимой в разделе, подчёркиваю, м и р о в о й (не какой-то там просто иностранной) литературы Штутгартской библиотеки?!

***

http://zoriy.blogspot.de

216

суббота, 24 июня 2017 г.

Продаётся источник вдохновения!

Друзья! В связи с появлением в моей коллекции (на фото на втором плане), наряду с 80 ml (дл вдохновения) и 120 ml (для активности), новой джезве #Soy 350ml (для утреннего кофе любимой), выставляю на продажу моего верного друга, активного соавтора моей книги "Коф Брейк с Его Величеством", мастеровую джезве 300 ml.

Она выкована из цельного листа меди, толщиной несколько миллиметров и покрыта серебро гальваническим способом. За годы верности, наружная гальваника стёрлась, внутренняя сохранилась. Джезве прошла со мной карпатские походы, побывала во многих кострах, щедр угощала друзей. Её ручка сделана из эбонита - она не боится огня. Толстая медь - главно условие идеального заваривания #кофе. Медь лучше керамики, которая "запоминает" вку первого заваривания.

Надеюсь, в новых руках, новому хозяину, эта джезве нашепчет новые сказки или поведает о том о чём её прежний владелец в своей книге утаил...

P.S. Цена 800 грн (так она стоила с серебрением) + 200 грн (символически, за настоящу легенду вокруг неё). Итого: 1000 грн. Но если вдруг кто-нибудь, особенно из тех, кто прочитал вдохновился моей книгой, захочет автору сделать подарок и купить подороже - собственноручн напишу покупателю историю этой джезве с пожеланиями и автографом!
zoriyfine

***

Страсть к деньгам настолько прёт из всего, что «производит» З. Файн, что просто не верится: эт пишет состоятельный человек. Просьба о пожертвованиях ему (на его блоге), вечные жалобы на недостаток средств (для издания его книги), превращение собственного блога в филиал барахолки, где он распродаёт различные предметы. И одновременно — косвенное или прямое упоминание своего благополучия. Вот и слышны его притворные тяжкие вздохи по поводу хронической нехватки денег («Средств по-прежнему не хватает. Буду благодарен за любую помощь.» - http://zoriy.blogspot.de/2017/09/blog-post_8.html, 8 сентября 2017 г.). Он забывает при этом не только прошлогоднюю ссылку на интернетовскую страницу сына: фотография у морского берега семейного Jepp'а с домиком (караваном) — www.facebook.com/maximilian.fine, от 16 августа 2016 г. Он - в стремлении продемонстрировать лишний раз свою оригинальность «ошарашивает» признанием в непреодолимой любви к особому дорогому мылу («…в Германии я сразу по прилёту бегу в магазин L'Occitane за мылом. На цену не смотрю.» - zoriy.blogspot.de 22.07.2017).

217

Не мне оценивать доходы Э. Файна, но его вечное нытье, сочетающееся с просьбами о, как он пишет, финансовой поддержке, вызывает отвращение.

У многих из вас, уверен, возникли законные вопросы: чего это я взялся за З. Файна, где наши дорожки пересеклись, в чём мы конкурируем и тому подобное? Отвечаю: нигде не пересеклись, нигде и ни в чём нет у нас конкуренции. Так в чём же дело? - не отстаёте вы от меня. А вот в чём.

Когда я впервые увидел что-то от Файна на страницах «Історії Вінниці» и «Винничане», то он представился мне банальным фанфароном: у него в студии — высшее качество, ему в становлении деньгами помог сам Порошенко (тогда ещё — не президент), а к прошлому президенту (Ющенко) он был вхож в дом, заказчики его — даже в Западной Европе, его фотографиями увешаны стены в мэрии, пр. Словом, как писал И. А. Крылов, «Какой же ты хвастун, как погляжу.» («Орёл и Паук»).

Позже - другие подобные пиарные сообщения, что в целом создало у меня весьма неприятный образ этого свадебного фотографа, несостоявшегося композитора, всего-то владеющего игрой фортепьяно, причём с явными погрешностями.
Далее появились сообщения З. Файна из еврейской общины, что я, тем не менее, весьма приветствовал, так как до того община существовала как бы в подполье.

Но меня как-то насторожило, что З. Файн очень уж демонстративно и громогласно сообщает о своей религиозности, о том, что изучает еврейский язык (идиш или иврит, а, может быть, оба не помню уже). А потом — эта информация о поездке в Берлин, с обещанием всё всем рассказать, как это надо … Последнее, как и многие анонсы З. Файна, осталось невыполненным, но дело было уже не в этом.
Мне стало совершенно ясно, что З. Файн проводит уже не первый год скрытную работу, цель которой — возглавить одну из еврейских общин (наибольшую по числу её членов) города Винница.

Почему?
Да потому, что З. Файн оказался в вакууме. Не нашлось ему, со сменой любимого президента, ме'ста в компании фотографов «Верховна Рада України». Не знаю причину, но о нынешнем Президенте Украины (бывшем его спонсоре) он уже не упоминает. Только критикует нынешних фотографов П. Порошенко (их фотографии статичны, а в его, как говорила супруга экс-президента, даже воздух виден). По известной цепочке (президент - премьер - мэр) перестали жаловать его и в мэрии, с которой он поцапался из-за нарушения его авторского права.
Поэтому, со своей стороны, игнорирует З. Файн общегородские мероприятия — и в музеях уже не будет больше фотографий о городских празднествах, отснятых его дорогими (сие постоянно подчёркивается страдающим от хронического безденежья владельцем авто-иномарки), зарубежного изготовления камерами.

Для чего?

Тоже ясно: как председателя Еврейской общины местное руководство не рискнёт не принимать его в расчёт, не считаться с ним. Это — минимум. А ещё — слава еврейского общественного деятеля, избрание в… (см. должности его нынешнего спонсора А. И. Монастырского), поездки, перелёты за счёт еврейских организаций ... И он уже ищет примирения — с помощью раввинат — с городскими властями.

На мой взгляд, если З. Файн действительно доберётся до председательства в Еврейской общине это не принесёт последней ничего хорошего в глазах горожан. Ибо З. Файна любят несколько человек, а считают его отталкивающей личностью — очень многие.

Вот почему я посчитал нужным высказать своё представление о личности З. Файна, не забыв, кстати, упомянуть и его таланты, и добрые дела. Он строчки о них заглотнул мгновенно, включая и ироническую эпиграмму, а критику тут же изрыгнул жалобой. Для открытой дискуссии ему просто не хватило смелости. Что же, ко всем своим дефектам личности З. Файн сам добавил трусость. «А как дойдёт до драки, так убежишь от одного, хвастун» (А. С. Пушкин «Борис Годунов»). Кстати, все мало-мальские критические замечания, появляющиеся на его сайтах, он, заметив их, тут же удаляет. Обсуждений избегает.

***

Два события - уже после публикации в начале июня 2017-го года статьи «Не всё файно ...» - существенно подкрепили моё предсказание устремлений З. Файна.

"Зорий Файн в Еврейская Община Винницы.
· 14 августа в 14:47 · Vinnytsia Oblast, Винница
Сегодня рано утром, 22 Ав, во время шахарита, в присутствии раввина Менахем-Мендла Лихштейна, я передал директору винницкого музея Холокоста Леониду Михайловичу Трахтенбергу книгу по поручению директора правительственной организации Германии Мемориал жертвам Холокоста "Мемориал убитым евреям Европы" Уве Ноймейкера, которую я привёз специально для Винницы из Берлина.

Также г-н Ноймейкер озабочен тем, что в нашем городе мало уделяется внимания исторической памяти времён Холокоста и пообещал максимально содействовать диалогу между еврейской общиной и администрациями города и области, в т.ч. и со статусом старого еврейского кладбищ на Старом городе.»
Не совсем складно написано, но ещё корявее логика перевозчика книги.

Сначала разъясню вам личность Уве Ноймейкера.

Uwe Neumärker (читается Увэ Ноймэркер), 1970 г. р. - директор Фонда «Мемориал убитым евреям Европы» изучал германистику, славистику и историю в университетах Берлина и Москвы. Так что краткий разговор З. Файна и У. Ноймэркера на русском языке не исключается. Разговор через переводчика — тем более. Зато полностью исключается, что директор Фонда озабочен потерей исторической памяти именно в Виннице, ибо таковая потеря — см. мою статью о Галичине — встречается на Украине повсеместно.

Знаете ли вы, что украинская ВікіпедіЯ отличилась тем, что в ней до сих пор нет статьи о выше указанном Мемориале (открыт в 2005-м году)?! Это — не случайность, тем паче, что во всей Европе только в Польше нацисты уничтожили больше евреев, чем в Украине.

Итак З. Файн решил продемонстрировать свои «международные связи», вручив Л. М. Трахтенбергу книгу, которую он «привёз специально для Винницы из Берлина». Вдумайтесь в эти слова «привёз специально для Винницы из Берлина»: сколько умственного и физического труда это стоило З. Файну! Сначала додуматься до такого. Потом убедить У. Ноймэркера передать книгу в винницкий музей и поручить это не кому-нибудь, а З. Файну. Далее — втисн книгу в уже заполненный доверху чемодан, дотащить его до аэропорта… Но таки довёз - «специально для Винницы из Берлина» - до самой винницкой синагоги! И торжественно передал.

И, действительно, какая мудрая задумка! Не один на один Л. М. Трахтенбергу вручить, а в присутствии раввина! И одеты были все по форме для такого события, хотя книга — не старинная религиозная… И сфотографирована эта передача книги для истории: не верите — убедитесь сами. Ссылка дана выше.

Вот какой организатор популяризации своих подвигов З. Файн! Можете позавидовать.

Но это ещё не всё. Слава о великих деяниях З. Файна, решил он, должна быть запечатлена навечно. 19-го июля 2017-го года я получил письмо от Л. М. Трахтенберга, с которым лично знаком и о котором писал (http://www.proza.ru/2015/09/16/919): «Здравствуйте, Соломон Григорьевич! Я хочу попросить вас фото и короткую справку о себе для размещения на стенд «Дослідники Голокосту на Поділлі». Буду очень благодарен и за копии других материалов. С уважением, Леонид Трахтенберг.”

Первое: меня удивило, что мой корреспондент, желающий получить фото, короткую справку и не ясно какие «копии других материалов», не ознакомился хотя бы с перечнем моих публика одна из которых написана для удовлетворения интереса читателей к моей особе. Там — и длинная «короткая справка», и фотографии (другие фото — в «Моей Виннице»).

Второе: мне стало ясно, что З. Файн желает прославиться и там, в музее Холокоста. Как никак он «привёз специально для Винницы из Берлина» книгу, о которой шла речь выше. И сразу же стал одним из «Дослідників Голокосту на Поділлі». Он и фотографии подготовил (несколько!), хорошо отфотошопированные (он ведь, хвалил себя сам, «прекрасно владеет фотошопом»). И длиннющую «короткую справку» о себе уже представил.

Теперь дело за стендом…

Я ответил отказом. По двум причинам. В музее просто нет места (и смысла) для таких стендов. Подобный стенд никому ничего интересного не сообщит. Есть организатор музея Л. М. Трахтенберг — и ему вся слава. И притёршемуся к музею З. Файну — ни доли от неё!

Но, уверяю вас, З. Файн доведёт это дело до конца. И будет он там красоваться, хотя ни хрена (своего) нового в музей не привнёс.

Вот очередное обещание З. Файна (28.06.2017 «Історія Вінниці» в fb).

«…Один из важнейших экспонатов в Мемориале жертвам Холокоста (Denkmal für die ermordeten Juden Europas) в Берлине - огромная фотография с условным названием "Последний еврей Винницы" - о ней научный сотрудник нам рассказывал особо, со многими подробностями. Вскоре у меня предстоит вторая командировка в Берлин, я продолжу работу с материалами о Катастрофе. Надеюсь, что-то интересное привезу и для Винницы.»

Думаете, что эти «многие подробности» раскрыл нам командированный? До сих пор — нет. А может о них уже многое сказано другими (см., например мои статьи «До конца не раскрытая история одной фотографии» и «Взгляд с Горы Памяти на Винницу 1941-1942-х гг — III .»)?

Это всё - частности. Но они вытекают из общего — личности З. Файна. Он, несомненно, опять сорвётся, но успеет принести немало морального вреда еврейской общине, если ему позволят её возглавить. Почему я в этом уверен? Да потому что оховасность З. Файна день ото дня приобретает всё более патологические черты.

Моя статья — предупреждение. Можно на неё не обращать внимания, пренебрегать ею, не принимать её в расчет, совсем не желать её знать. Жизнь напомнит, покажет …

9-го сентября сего года, ко Дню рождения города, З. Файн в своём приветствии (http://zoriy.blogspot.de/2017/) посетовал: «Любимая Винница! …Ты дала мне меньше, чем я дал тебе …» Это - не просто слова, это - философия устремлений рвача. Он хочет большего, намного большего!

Винничане! Будьте бдительны!

Октябрь, 2017.

Möchtegernewichtigsein - мёхтэ-гернэ-вихтиг-зайн

Посвящается Дню физической культуры и спорта Украины

Немецкий язык - очень богат и пластичен. Никак не удастся ни по-русски, ни по-украински о д н и м - е д и н с т в е н н ы м словом так объёмно высказаться о личности, которая очень хочет считаться более важной (зна'чимой), чем она на самом деле есть. Или, на худший случай - просто важной (зна'чимой), если она — нуль. Причём, вылетает из уст немцев это уничижающее слово на одном выдохе, скороговоркой, пулей, разящей весьма болезненно.

Это — к объяснению первой части названия статьи.

Если посмотреть в обычный немецко-русский словарь, то там слово möchtegernewichtigsein (довольно часто употребляемое и в прессе, и в разговорной речи!) отсутствует, а наличествует только его первая половина — möchtegerne (желаю очень), которая может сочетаться с разными дополнениями: «высоким быть», «стройным быть», и так далее. Я же под sein («быть») подразумеваю gelten («слыть», «иметь репутацию»): «слыть умным», «иметь репутацию честного человека». Отличие между «быть» и «слыть» в том, что «слыть» означает не столько и с т и н н о е обладание означенным качеством, сколько м н и м о е, внушённое другим людям путём создания ложного имиджа (искусственного образа).

Но möchtegernewichtiggelten немцы не говорят, посему я и использую слово, вынесенное в заглавие статьи.

Для экономии места и избегания «онемечивания» публикации я буду таких людей впредь именовать оховасами (от сокращения Очень ХОчу ВАжным Слыть — дословного перевода слова möchtegernewichtiggelten). Говоря кратко, буду использовать аббревиатуру «обрусения» этого длинного немецкого слова, можно даже сказать, однословного выражения. И - толковать это слово достаточно широко, считая его синонимами следующие понятия (отражающие, правда, в каждом отдельном случае только часть свойств предложенного многогранного определения): тщеславие, самовлюблённость, кичливость, чванство, высокомерие, щегольство, пижонство, самовлюблённость…

Это — к объяснению второй части названия статьи.

[Запомните это слово — оховас: оно может войти в словарный запас русского языка. Точно прогнозировать языковые новинки почти невозможно. К примеру, вы голодны — поели — стали сыты. А если у вас жажда — попили — стали … напившимся, без жажды (по-другому никак не скажешь). Такой вот неожиданный пробел в языке, которому (со времён А. С. Пушкина) в его современном виде — два века! В языке, насчитывающем до двухсот тысяч слов! И никто не рискнёт вписать в это незаполненное место в словарном запасе великого, могучего, правдивого и свободного придуманный им неологизм …

 — ?..

— Почему - снова я?! Мне хватит предложения слова «оховас».

Не исключено, что «оховас» заполнит пустующую ячейку в непрерывно развивающемся языке. Пустующую, потому что таких людей — масса, а обозначать их — нет слова. Посему я и предлагаю увеличить словарный запас словом «оховас». Ничего страшного в том, что оно сконструировано из слов другого языка. Даже И. С. Тургенев, защищавший чистоту русского языка, полагал, что заимствования не поглотят, не растворят русский язык, не принизят его самобытность. А мнение И. С. Тургенева, безукоризненно владевшего французским, немецким и английским языками, кое-что да значит.

Это я — для подтверждения того, что и эссеисты, одним из которых я стал на полчаса, могут впадать в некоторую переоценку своих способностей и возможностей …]

***

А теперь - о предыстории этой публикации.

Сказать, что я внимательно слежу за предвыборными кампаниями за рубежом - никак нельзя. Но когда кандидатов остаётся лишь пара, приглядываюсь к ним. Не могу знать ни их общей образованности, ни опыта в большой политике, ни даже ораторских способностей (для этого необходимо хорошо самому владеть их - иностранным для меня - языком). Могу, насколько мне это позволяет полвека общения с пациентами и три четверти века жизненного опыта, только оценивать их манеру общения с избирателями, способ (само)представления, реакцию на восторженные приветствия сторонников или, наоборот, на неудобные вопросы оппонентов.

И вот, глядя на тогда ещё кандидата в президенты сверхдержавы, я сразу же почувствовал, что где-то подобное видел, что кандидат мне кого-то из прежних сильных мира сего напоминает. Вскоре вспомнил: в довоенное и частично военное время - 20-е -40-е годы прошлого столетия - премьера одной из крупных средиземноморских стран, представления которого перед многотысячными скоплениями народа, зафиксированные на киноленте, видел я не раз.

Отчётливое сходство было, по крайней мере, в одном: после произнесения перед массой людей какой-нибудь банальной фразы, отмеченной тем не менее энтузиастическими аплодисментами и возгласами одобрения, оратор не призывал жестом к тишине и не продолжал своё выступление. Нет, он надолго замолкал, с победным видом обводил взглядом толпу и одобрительными кивками головы как бы поощрял это безумное восхищение его фразой (утверждением, призывом, пр.).

Оратор прекрасно знал, что безудержное исступление толпы — не спонтанно, что оно организовано его предвыборным штабом. Он также хорошо ведал, что каждый раз экзальтацию всей массы инициирует небольшая оплаченная клака (группа нанятых для этого людей), что солистами в этом хоре выступают профессиональные клакёры. И всё же устоять перед, говоря словами Гавриила Державина, льющимися в его сердце восторгами, он был не в силах.

Вот так происходит "управление" поведением (движениями) толпы, в которой совсем не тупые люди становятся похожими на одноклеточных организмов - инфузорий, чья двигательная реакция регулируется элементарно: химическими веществами, выделяющимися скоплениями бактерий (в нашем случае - клакёрами).

Прошли выборы, оратор был избран, но поведение его осталось прежним.
Его показывают по телевизору так часто и таким крупным планом, что можно рассмотреть невероятное сооружение на его голове. Это архитектурное чудо, требующее ежедневно немалого времени для его воссоздания, состоит из строго распределённых, по незыблемой схеме уложенных и зафиксированных, скорее всего, наращенных, мелированных волос. Налицо - один из элементов тщеславия, о котором

пойдёт ниже речь.

Я бы не занялся этой темой, если бы не наблюдал, как на территории бывшего СССР, где прежде рекомендовалось «не высовываться», прямо таки, словно грибы после тёплого дождя, (само)выставляются наружу людишки, добившиеся кое-чего и возомнившие себя бог знает кем. Эпидемия тщеславия подбрасывает всё новые и новые жертвы в нестройные ряды ущербных, страдающих комплексами...

Эти люди, совершив «отрыв» от прочего населения, пытаются доказать себе и другим, что они - особые, сверходарённые, уникальные. Они никому не позволяют их одёргивать, указывать на их обыкновенность, обыденность их «достижений», на то, что высказываемая ими «мудрость» - трюизмы, то есть, общеизвестные, избитые истины.

***

Кто не слышал о Who's Who, об основанном шотландцем Adam Black в 1847 г. систематическом издании Энциклопедии личностей? Попасть в этот Справочник знаменитостей было не так просто: с самого начала существовали строгие правила и ограничения. Потом появились подобные книги в других странах (в Германии — с 1905 г., с 1979 г. - под немецким названием «Wer ist Wer?»). Дело оказалось прибыльным.

А в 90-е годы прошлого столетия и в первое десятилетие этого века сделала на оховасах немалые деньги фирма, работающая «под Who's Who». Почему - «под»? Да потому что появившиеся в несметном количестве, как на территориях распавшегося СССР, так и - растерявшейся от резкой перемены всей жизни бывшей ГДР, агенты швейцарской фирмы «Who is Who» ничего общего с Who's Who не имели. Сами видите, наличествует минимальная разница в названиях фирм. Заметить её дано не каждому. И этого оказалось достаточно не только для введения оховасов в заблуждение, но и - чтобы обойти патентные барьеры.

Всё начиналось обыденно. Звонок телефона, приятный голос сообщал, что снявшего трубку по совету компетентных людей (имена их как бы «держатся в секрете») решено ввести в очередное издание названного выше Справочника. Можно ли встретиться с ним редактору издательства? Всё, мол — бесплатно.
Ну кто, скажите, устоит перед соблазном внести своё славное имя в список немецкой элиты? В верхний слой, включающий всего-то, как его уверяют, 10 тысяч человек. Влиться в «сливки общества», так сказать. (На самом деле, например, в 13-е издание справочника обманщикам удалось втиснуть примерно 75 000 фамилий.)

«Редактор» является, волоча в тяжёлой сумке образец издания (в двухтомнике — около 5 900 страниц!). Записывает предков, образование, титулы и почётные звания, публикации. Никаких документальных свидетельств сообщённого «кандидатом в элиту» не требует. Только уточняет, что фотография сто'ит дополнительно столько-то, заказ экземпляра для себя — столько-то, а с золотистым тиснением - ещё немного. И так далее. Набегает сумма от 675 до 1 800 евро.

Когда готовое издание доходит до «одного из ведущих (одной их ведущих) мужчин (женщин) ФРГ», выясняется, что там есть, конечно, и канцлер, и главный футбольный тренер страны, прочие из всем известных лиц, но и — владельцы небольших ресторанов, рядовые адвокаты, врачи, ремесленники, словом, все, кто не сдюжил перед заманчивой перспективной похвастаться включением своей персоны в этот сборник, да - к тому же - возможностью упоминать об этом включении в рекламе своего дела (предприятия).

Я рассказываю об этом на основании личных впечатлений в ФРГ. Полагаю, что в России, Украине и прочих странах Восточной Европы и Средней Азии технология охмурения и надувательства была такой же самой. Я, ко времени встречи с коммивояжёром (именовавшим себя редактором), уже обтёрся в новой стране, насмотрелся на жуликов разного рода. Так что не удивительно, что «редактор» сломал в беседе со мной зубы. На следующий день, не зная о результатах моей встречи с «редактором», поздравила меня с включением в новое издание справочника врач, которая и навела на меня «редактора». Интересно, что он ей за это обещал?

**

В последние годы, с тотальным проникновением интернета во все сферы нашей жизни, оховасов притягивает «ВикипедиЯ». О том, насколько зыбки условия включения той или иной личности в эту - революционизировавшую газетно-книжное дело - энциклопедию во всемирной паутине, я указывал шесть лет тому назад на примере знаменитых (или подаваемых как таковые) людей Винницы (http://www.proza.ru/2011/07/07/1576). За прошедшее время многие фамилии надо было бы заменить, но дело не в них, а в самой концепции включения (и его размеров) той или иной личности в «ВикипедиЮ».

Наличие статьи об оховасе в «ВикипедиИ» котируется на современной ярмарке тщеславия даже выше, чем — в истинном Who's Who. По самой что ни есть простейшей причине: книгу надо ещё где-то найти, чтобы в этом убедиться, а «ВикипедиЯ» вот она тут рядом — на дисплее сотового телефона.

Но возьмите себе за правило прочитывать не только статью, но и то, что содержит «Обсуждение» этой статьи (слева вверху - переход к этому разделу). И вы нередко поразитесь тем далеко не джентльменским баталиям, которые обнаружите в пристойно названном «Обсуждении». Фактически же это - по большей части - кухонные дрязги. И первой скрипкой в них является, как правило, сам оховас, пробившийся в «ВикипедиЮ» и пытающийся закрепиться там. Читать ноты этой какофонии, признаюсь, неприятно.

И всё-таки рекомендую знакомиться с «Обсуждением», потому что в нём вы нередко узнаете об интересующей вас личности больше, чем отражено в самой статье. Там — и возражения по поводу не подтверждённых фактами утверждений о тех или иных достижениях означенной персоны, об искажении (или умалчивании) ряда важных периодов его (её) биографии, творческой (если о таковой идёт речь в статье) деятельности, о плагиате, пр. И как апогей перепалки — вопрос о целесообразности (правомерности) включения статьи об этой личности в «ВикипедиЮ».

Вот где проявляется оховас! Вот где мгновенно сбрасывает он шелуху интеллигентности, которой прикрывался! Вот где становится ясным, что представил он себя для «ВикипедиИ» сам (через подставных лиц, разумеется). И что пытается спастись от ударов оппонента, спрятавшись за тех же нанятых им лейб-гвардейцев. Аргументация оховаса (или того, кто выступает от его лица) примитивна, жалостна и сострадательна (к самому себе), полна покорности: он бы убрался из ВикипедиИ сам, но посмотрите, какие люди о нём хорошо отзывались, удостаивали его наград! Мол, исключив его, редакция ВикипедиИ невольно опорочит этих всеми уважаемых, занимающих (занимавших) такие высокие государственные должности лиц… И далее в том же роде.

Признаемся себе честно, большинство статей в ВикипедиИ о ныне живущих личностях вызывают удивление. Мало-мальски известные певцы и певички, прочие так называемые деятели искусств сваливают в статьи о них самих всё нужное и ненужное, чтобы выглядеть посолиднее. Каждая записанная пластинка, мимолётная роль в кино, малозначимый конкурс, на котором они оказались в первой десятке (дипломантом!) из одиннадцати участников, и многое-многое ничего не стоящее — и это всё о них! И этому, по их мнению, нет цены, «к этому нельзя прикасаться грязным рукам критиков»…

***

Кто в этом виноват, кроме нас самих? Средства информации, реклама и иже с ними знают слабости большинства из нас, одной из которых является мечта и стремление достичь того, чего (нам-то ясно, что незаслуженно) достигли тот или та. Примеров — океан.

Ну вот эта наследница всемирно известной династии владельцев элитных гостиниц. Не пытавшаяся довести хотя бы школьное образование до конца, не брезговавшая ничем ради шумихи вокруг неё (включая фотографирование без нижнего белья, исполнение «одной из двух главных ролей» в порнофильме, принесшем ей, кстати, немалую «стартовую» сумму) …

А сейчас - уже полтора десятилетия! - падкие на таких «звёзд» СМИ не перестают сообщать подробности её успехов, которые, по большому счёту, мишура. И мы это хорошо понимаем, но всё же читаем, смотрим новую информацию о ней …

А как популярны среди нас оховасы «высшей категории» - образованные, знающие, красноречивые! Они не заикаются при ответе на любой вопрос собеседника-журналиста. Нет, уверенным голосом, не давая возможности журналисту (-ке) вставить даже самую коротюсенькую реплику, они разжёвывают для нас причины событий во всём мире и, даже если их об этом не спрашивают, предрекают то или другое. И кормят зрителей, слушателей сей кашицей из собственных фантазий. Поразительно, что на ошибочность их предсказаний никто не жалуется: так мы к этому охмурению привыкли.

Не имея должного специального образования, тараторящий словно пулемёт считает себя великим знатоком политических систем, экспертом истинной сущности той или иной политической партии, время от времени предвидит крах власти — и постоянно попадает пальцем в небо. (Это я повторяю вслед за М. Е. Салтыковым-Щедриным: «Не будем парить в эмпиреях, ибо рискуем попасть пальцем в небо...», «Мелочи жизни» - 1887). Но его не гонят с экранов телевидения: сомневающиеся, много размышляющие там не нужны. Самоуверенные, нахрапистые — эти дают хорошие квоты.

Прогнозирование в столь динамичное время — бесперспективное занятие. Есть хрестоматийный пример уже столетней давности: в феврале 1917-го года 47-летний будущий глава Совнаркома на вопрос, когда в России будет революция, ответил, что, мол, вы молодые, может быть и доживёте, и увидите, а нам, старикам, уже не придётся. Это — тогда, когда и средства межгосударственной коммуникации были примитивны, и возможности быстрого перемещения армий и вооружений - минимальны, и количество игроков на мировой арене — ограничено. Надеюсь, вы помните, что Октябрьский переворот свершился в том же году, всего восемь месяцев спустя …

И ещё — опросы на улицах «простого человека»: Как вы относитесь к появлению нового огромного айсберга? Нападёт ли, по вашему мнению, очередной потомственный северокорейский руководитель на Японию? Надо ли отстреливать волков, возвратившихся через много десятилетий в леса Германии?
Редко показывают людей, признающихся в том, что понятия об этом не имеют. Чаще же — с умным видом философствующих на заданную тему, что, в свою очередь, искушает их в дальнейшем отклоняться в сторону оховасности: как же, меня, а не кого-нибудь иного спросили. Такой вот информационный кошмар допускается и в ФРГ, и в России, и на Украине… И эта ненормальность становится нормой журналистики, показателем «тесной связи» СМИ с народом.

Упоминать об оховасах - астрологах как-то даже неудобно, но, скажите, какие печатные издания и интернетовские страницы отказались от их услуг? А ведь все понимают, что это - похуже язычества. За кого нас, собственно говоря, имеют?!

А творчество М. Е. Салтыкова-Щедрина, цитатой из кладезя прозорливых размышлений которого я воспользовался, надо бы ввести в программы изучения литературы от 5-го до 10-го классов: каждому возрасту найдётся что почитать. Но он не «моден» ныне, да и не был востребован по-настоящему никогда. Того, кто видит изъяны, указывает другим на них, удаётся признать необходимым, только переступив через себя. Решится на сию откровенность и индивидууму, и системе, ой, как трудно. И в советское время так было, и сейчас есть. А ведь Михаил Евграфович (1826-1889) - поистине гений!

***

Фотографироваться — всегда было страстью оховасов. С появлением цифровой фотографии, особенно - такой возможности у мобильных телефонов, это терзание переросло у них в фотоманию, чем-то весьма подобную наркомании.
Есть два вида сей мании. Оба относятся к так называемому культу причастности.

Один вид: фотографии с неодушевлёнными предметами и с животными.
Первый подвид: фотографии у известных скульптур, картин, других произведений искусства. Например: я - и «Мыслитель» Огюста Родена, я - и «Мона Лиза» Леонардо да Винчи, я - и памятник тому-то и тому-то …
Второй подвид: фотографии на фоне всемирно известных зданий, сооружений, явлений природы.
Например: я - и Букингемский дворец, я - и Ниагарский водопад …
Третий подвид: я - на верблюде, я - на слоне, я - с крупной змеёй …
Количество таких фотографий возросло до миллиардов, когда появилась мода на селфи.
Дело дошло до запрета подобной фотосъёмки в музеях.

Второй вид фотомании оховасов — фотографии с известными людьми. В любом месте, с согласия либо без такового именитых, фотоаппаратом посвящённого в дело приятеля или своим (селфи). А если случайно попадёт оховас вместе со знаменитостью (или - ещё лучше - один) в объектив фотокорреспондента и фотография будет напечатана в СМИ, да к тому же на титульной странице иллюстрированного журнала — такого восторга не принесёт ему ни одно из известных психоактивных веществ типа э'кстази.

«Серьёзные» оховасы для популяризации самих себя используют любой повод сообщать как бы о ком-то или о чём-то (особенно об их благородных, отважных, великодушных, пр. в том же духе) поступках. Но это — повод, чтобы ещё раз напомнить о себе. И во всех без исключений случаях к коротенькому сообщению прилагается фотография оховаса с участниками событий. Но те для оховасов как бы актёры миманса: оказываются на снимках почему-то всегда, если не сзади, то несколько дальше от объектива фотоаппарата, чем оховасы. (У всех ещё в памяти, как глава сверхдержавы отодвинул, словно мешавшую ему мебель, главу одной из балканских стран, чтобы занять его место в первом ряду при групповой фотосъёмке. Смех да и только.) Нередко как-то так получается, что резко и контрастно изображён лишь оховас.

Готовая (должным образом срежиссированная и обработанная) фотография немедленно помещается оховасом везде, где это возможно. И тут же, опять - везде, им же самим помечается «лайком». Вот это - кино! В результате, нет ни единой фотографии оховаса, которая н и к о м у бы не понравилась …

***

Оховасы, по большей части, люди состоятельные. Бедным, сами понимаете, не до того, чтобы «википедиваться». А оховасам надо показывать свою неординарность во всём. И они ездят не на «обычных» автомобилях, а на дорогих, очень дорогих. Более-менее благоразумные удовлетворяются «Мерседесами», а потерявшие разум в толкотне на ярмарках тщеславия, покупают грубые, но мощные внедорожники типа Jeep, хотя ездить этим оховасам приходится в основном по городскому асфальту.

Но как бы оховас не был обеспечен, он не удовлетворён никогда, если он - не в первых рядах. Тот, что - в сверхдержаве, не может успокоиться: всю жизнь вкалывать — и не попасть даже в первую сотню самых богатых свой страны. Другие — что вынуждены жить не в дворцах, и так далее. Джиповые — что у них только один автомобиль…

Очень богатые широким жестом отказываются от государственной оплаты их труда: хоть таким образом показать, что денег и без того хватает. Те же оховасы, что помельче, продолжают, как и в первые годы проникновения в круг состоятельных, крохоборствовать.
В этом оховасы «изобретательны» до брезгливо-смешного.

В апреле 2005-го года был избран Папой Римским немец, принявший после этого имя Бенедикт XVI. И тут же другой (скрывающий своё имя) немец обнаружил, что его автомобиль (Volkswagen Golf 1999 года выпуска с пробегом в 75 тыс. км) принадлежал когда-то кардиналу Йозефу Ратцингеру (новоизбранному Папе Римскому). Машина, цена которой не превышала 10 000 евро, была тут же выставлена ловким автовладельцем на аукцион с такой же, но уже с т а р т о в о й ценой. В результате торгов цена старого Volkswagen'a превысила стоимость новенького Mercedes-Benz S-класса или BMW 7-серии: владельцы американского казино предложили в мае 2005-го года за машину 189 тыс. евро или примерно $245 тыс! И приобрели её.

Эта сделка сразу же вдохновила отечественных оховасов на «новые подвиги».

Попытаемся, подумали они, подобным путём и из нашей знаменитости-незаурядности выкачать кое-какой капиталец. И вот совсем не бедные оховасы начинают приторговывать завалявшимся у них барахлишком. Когда-то приобретённый, всего пару раз зажжённый кальян (дабы покрасоваться перед гостями, такого «чуда» ещё не видевшего и не пробовавшего) вытаскивается из кучи подобного же старья и выставляется на продажу.

Внешне это как бы напоминает практикуемые в США гаражные распродажи, когда в определённые дни люди передают (слово «продают» тут как-то не применимо) другим - по чисто символической цене - ставшие им ненужные вещи, до того валявшиеся в гаражах.

Но только — напоминает. И не случайно происходит это вдалеке от созданных специально для торговли сайтах интернета: на с о б с т в е н н ы х б л о г а х! Во-первых, предполагаемый покупатель тут не увидит предложений конкурентов, не сможет сравнить цены, а, во-вторых, «у себя дома» можно бесконечно долго и красочно описывать «уникальность» предложенного предмета. Например, процитировать известного мемуариста William Hickey (1749-1830), написавшего после посещения Индии о важности кальяна, который необходимо обязательно иметь: "… если хочешь авторитетности, и не хочешь выпасть из моды и этого окружения. Здесь каждый курит кальян, и без него невозможно добиться успеха в делах".

Количество фотографий на собственном блоге не лимитировано, фантазию при описании достоинств предлагаемого экземпляра можно не ограничивать. И, самое главное, не вызывая усмешки конкурентов, кроме особенностей материалов, из которых сделан сей кальян, и его уникального дизайна, подчеркнуть: во время пропускания табачного дыма через именно этот (отрываемый от сердца ради покупателя - счастливчика) кальян и собственные лёгкие, пришла к оховасу идея (та или иная) важнейшего изобретения, снизошла Муза и как бы само собой вылилось бессмертной строкой стихотворение, возникло желание почти задаром передать из губ в губы нового владельца мундштук с трубкой и всем прочим. Затем приводится цена (бывшая) плюс добавка за мифологию (кто владел, чем и на что его это «чудо» одарило и вдохновило). По желанию - с выгравированным именем оховаса и, разумеется, ещё одной надбавкой в цене.

Попытаетесь объяснить оховасу, что он выглядит мелочным и смешным на «блошином рынке» - собственной барахолке, понимания не дождётесь.

***

В чём себе оховасы никогда не отказывают, так это — в праздновании (чествовании) их. В качестве предлога подходит любая дата, которая тут же превращается в особую, скажем к примеру, юбилейную. Мало уже кто помнит брежневские без малого два десятилетия бе'га на месте. Когда, если не один за другим, то через одного, годы были ю б и л е й н ы м и. Началось всё, если не ошибаюсь, с 50-летия Великой Октябрьской социалистической революции, потом — 50-летия СССР, и пошло-поехало.

У оховасов может начинаться с 10-летия, 25-летия. Потом следует 30-летие (прожита, как-никак, половина времени до пенсии). 45-летие (преодолена половина жизни, учитывая ту её среднюю продолжительность, к которой приближается Япония). Отмечать 50-летие с великой помпой — сам бог велел, а 60-летие — рекомендует пенсионный фонд. 70-летие — настаивает совет ветеранов, 75-летие — предписывает совет старейшин, 80-летие и далее — гериатрическая клиника.
Я уже не говорю о профессиональных праздниках, которых так много — и не так мало из них хоть краешком, но всё же касаются оховасов. По их, разумеется, мнению.

***

Тут я немного отвлекусь в сторону. Кажется удивительным, что оховасы тужатся выделиться в сфере, далёкой от их профессии (если таковая наличествует), от того, чему их учили, что они освоили в теории и на практике. Нет, оховасы считают себя знатоками, мэтрами, непревзойдёнными экспертами в областях, лежащих совсем неблизко от границ их специального образования.

Однако, ничего странного в этом нет. Поняв, что в избранном в юные годы деле они - в силу отсутствия необходимого таланта - в лидеры не выбьются, оховасы, перебирая различные виды деятельности, ищут и находят в себе совершенно иные способности. Это — умение лебезить перед нужными людьми, расшаркиваться в благодарностях (п у б л и ч н о! - например, на собраниях, в интернете, причём - несколько раз по одному и тому же поводу), чтобы все знали, каковы у них покровители и спонсоры. У оховасов входит в привычку привирать по-малому (но часто), огрызаться, защищаясь от справедливых упрёков… Именно так пробивают они себе дорогу к известности, не понимая, что дорога эта вязкая, грязная и оканчивается узнаваемостью их по качествам совершенно иного рода, чем хотелось и ожидалось ими.

***

В целом разумные люди - оховасы имеют отличающий их от других «пунктик». Он не малый, ибо включает в себя всё, что касается значимости их персоны. Тут у них перегорают всяческие предохранители, выходят из строя фильтры — и они не только мягкую иронию, но и явные насмешки, упакованные в красочную обёртку восхвалений, принимают за чистую монету. Более того, цитируют эти «восхваления» в качестве очередного доказательства своей незаурядности.

Если кто-то, указывая на излишнюю разносторонность («разбрасываемость») деятельности оховаса, намекает на поверхность «бурения», на несерьёзность, на отсутствие сосредоточенности, на малую результативность, пр., то самим «восхвалённым» это воспринимается весьма прямолинейно и преобразуется в его сознании в совершенно иное. Он — рождённый алмазом (неогранённым талантом), с расширением сфер своей деятельности превращается во всё более изящно огранённый алмаз — бриллиант (в гения). Простые, минимальные 17 граней (фацетов) для него — ещё не предел. То, что 15-16 из них — фасетки (так называют стоматологи конструкции, имитирующие отсутствующие зубы), его нисколько не смущает.

***

Что — о гранях некой одарённости?! Даже свои врождённые пороки, несчастные случаи, бе'ды они считают свидетельством уникальности.
Почитайте под какими сенсационными заголовками преподносит - на первых страницах! - бульварная пресса какой-нибудь вывих пальчика у знаменитости третьего эшелона. И как в интервью, занимающем целый подвал второй страницы, «знаменитость» смачно, в малейших деталях описывает свои страдания. Я немного утрирую, но вы понимаете, какие случаи я имею в виду.

Как врач я отмечал подобное довольно часто у страдающих редкими заболеваниями. Их специально госпитализируют, чтобы показать студентам. Им возмещают с излишком все расходы, связанные с демонстрацией на заседании научного общества (опять же, с целью обучения, но уже — врачей). Если их приглашают в качестве объекта научных исследований, то и это хорошо компенсируется. Чем уникальнее случай, тем более медики становятся зависимыми от пациента, а не, наоборот. И снова происходит заражение оховасностью.

Что вы себе представляете, когда слышите или читаете слово «лепрозорий»? Многие — почти ничего, так как лепра в Европе фактически ликвидирована. На Украине, например, остался один-единственный лепрозорий, в котором проживают всего 9 (девять) пациентов этого закрытого лечебного учреждения.

Лет сорок тому назад я встречался с врачом, работавшим в одном из подобных городков-больниц на юге России. И впервые узнал подробности привольной (в определённых, разумеется, границах) жизни больных лепрой: об отдельных домиках для каждого или для пары, о хорошем уходе и питании (подсобное хозяйство), о немедленном исполнении их прихотей. Они, мол, страдальцы, позволившие себя заточить в ограждённое пространство, дабы, не дай бог, не заразить других. Лепрозорий был полон личностей, которые гордились своими привилегиями, считающих своё заболевание индульгенцией, позволяющей им привередничать, требовать к себе повышенного внимания, прочее.

А почему бы и нет? По данным прошедшего - 2016-го - года, лепрозорий в селе Кучурган Одесской области (на месте бывшей немецкой колонии Страсбург) имел в штатном расписании 35 человек медицинского персонала. И это — на девять лечащихся и шесть наблюдающихся (за пределами лепрозория) пациентов - (заразных?) и практически выздоровевших (незаразных)!

***

Я проживал в Германии в нескольких городах, часто ездил по стране в командировки — и бывал во многих фитнес- студиях, относящихся к той оперирующей по всей стране фирме, в которой я был записан по месту жительства (с правом посещения дочерних студий где-либо в ином месте во время деловых поездок или отпуска). И везде я наблюдал оховасов, чьи разговоры между упражнениями сводились к объёму бицепсов, рельефности трицепсов, «кубикам» на животе и сему подобному. Они многократно подходили к зеркалу, рассматривали свои напрягшиеся мышцы, тыкали пальцем в не очень нравившиеся им места. Пили продающиеся в фитнес - студии дорогостоящие специальные белковые напитки (согласно рекламе, предназначенные для наращивания мышечного аппарата).
Как мне их было жалко!

Жалко особенно потому, что до'ма они - скрывая это от всех - дополнительно глотали анаболики — гормональные препараты, способствующие увеличению объёма мышц. И - без исключений - приводящие к тяжёлым побочным явлениям. Вплоть до смертельного исхода!
Таковой бывает цена культуризма (бодибилдинга) - одного из видов тщеславия. Причём в этих случаях оховасы не претендуют ни на какие интеллектуальные достоинства, их интересует только внешний эффект: в спортзале или в бассейне, на пляже или в сауне.
Сейчас к этому добавились получившие широкое распространение татуировки всех, в буквальном смысле, видимых и невидимых частей тела: назад — к племенам Африки! Очень хочу важным слыть хоть в чём-нибудь!

Почему я с такой уверенностью пишу о применении оховасами анаболиков? Поверьте, что для врача, занимавшегося, в частности, и эндокринологией, одного взгляда достаточно, чтобы диагностировать это грехопадение. Сколько таких «нечестивцев» - в качестве производственного врача - я заставлял исповедоваться при осмотрах на предприятиях! Характерные черты изменившегося лица, особые «знаки» на поверхности кожи груди и живота, слегка повышенное артериальное давление, незначительные (в пределах т. н. нормы), сдвиги в составе мочи — и я приводил им в пример хорошо известных всему миру культуристов, штангистов, погибших от насилия над собственных организмом. В Казани я был бегло знаком с мировым рекордсменом-штангистом, ближе — с известным бывшим волейболистом (моим пациентом), которые ушли в мир иной, не прожив и полустолетия. Теперь ежегодно проводятся соревнования на призы имени этих спортсменов - гордости Татарстана — вот и всё, что осталось от этих молодых людей, поглощавших анаболики.

***

[Я, как вы заметили, по разным причинам не привожу ни единой фамилии. Но зато я пред вами столько раз «Души мятежной, ненасытной/ отчасти бездну открывал/ и о грядущих измененьях, переговорах, возмущеньях/ в речах неясных намекал.» (А. С. Пушкин, «Полтава» - 1828-1829), что, «досу'г имея», разгадать «зашифрованное» не представляет особого труда.
Помните у И. Ильфа и Е. Петрова в «Золотом телёнке» семидесятилетнего старика Синицкого - сочинителя ребусов, шарад, загадочных картинок и шарадоидов? В шараде «теплофикация» почтенный ребусник давал следующую подсказку: « А третий слог, досу'г имея, узнает всяк фамилию еврея» … Надеюсь, что и у вас найдётся немного свободного времени — досу'га…

Это примечание, собственно говоря, можно было бы при других обстоятельствах и не вставлять.
Поэтому взял я его в квадратные скобки.
Чтобы подчеркнуть: фамилии — это не столь важно. Речь — о явлении.
И что я тут вообще почти не причём.
Как писал мой любимый поэт (вы знаете - кто): « … и я, мол, не я, и она не моя, и я вообще кастрат», «Любовь» - 1926.)]

***

В постсоветское время свою неповторимость оховасы пытаются показать невозможным прежде - из-за недоступности архивов - перечислением всех своих предков. Причём, чем более вглубь веков, тем, как им это представляется, убедительней звучит сие для подтверждения неординарности их рода и, естественно, их самих.

Ранее разрабатывали только родословные вождей, причём не зарываясь слишком глубоко, дабы не напороться на ещё что-то, требующее сокрытия. Ибо необразцового предка у советского вождя не могло (не должно было!) быть. Спрятали еврейские корни по материнской линии у основателя государства, почти не распространялись о родителях его преемника, потому что там тоже ничего хорошего не нашлось [не зря отсутствовал «корифей науки» на похоронах матери, а формальный (!?) отец спился и погиб в пьяной драке, когда будущий «лучший друг советский детей» был ещё подростком].

В первые годы после распада СССР в Москву с юга России явился проворный делок, подмявший под себя остатки государственного фармацевтического производства. Обманом, фальсификацией лекарств быстро нажил несметное состояние (считается, что он был первым миллиардером в России), попал в Думу, баллотировался в президенты страны, и так далее. А в построенном в Подмосковье невиданном до того дворце, в огромной столовой развесил многочисленные изображения своих предков, выполненные известным мастером портрета, художником Александром Шиловым. Словом, всё — как у царей.

Дело даже не в том, что эти портреты, конечно, во многом вымышленные: собирательные образы, так сказать. Главное - в том, что они ничего не говорили ни самому нуворишу, ни его близким, ни его гостям-сотрапезникам о генеалогических, так сказать, предпосылках головокружительного взлёта короля фармации.

Кто из нас знает даже часть правды о наших дедушках-бабушках, не говоря уже о пра-пра? Ну жили, ну так и так именовались, а дальше - что? Профессии, при сравнении того и нынешнего содержания их обозначения — понятие условное. Занятия — то же самое. Характер — большой знак вопроса. Одарённость — тем более.

Предков имели все, включая нищего, спившегося попрошайку у базарных ворот. Не исключается даже, что его древние предки были умнее, образованней, знатней наших. Но повлиять (так или иначе) на него и нас могли только родители и - намного реже - родители родителей. Всё.

Что касается нашего генетического набора, то он случаен, хотя А. Эйнштейн говорил, что «бог не играет в кости» (имея в виду одну из казино-игр), то есть, всё детерминировано, определено во Вселенной. Но генный набор зародившегося человека частично детерминирован лишь при тяжёлых, доминантно (непременно) наследуемых генетических дефектах. Остальные случаи — дело рока. Посему гении рождаются и у самых что ни есть рядовых родителей. Лица с, как говорится, отклонённой сексуальной ориентацией — у самых что ни есть выраженных гетеросексуалов. Констелляция (созвездие) генов ребёнка — непредсказуемая, словно в калейдоскопе, комбинация. А от неё, прежде всего, зависит во многом настоящее и будущее новорожденного.

Кроме того, человек (фенотип) — результат взаимодействия его генотипа и окружающей среды (условий роста, развития, воспитания, образования, пр.), причём генетика определяет приблизительно только половину, а окружающая среда и образ жизни — ещё по четвертинке.

Словом, родословное дерево может доказать да-а-алёкое ваше родство с Королевой Великобритании, поставить вас на 150 016-е место в наследии трона, но никак не гарантирует, что вы будете находиться на этом троне, да ещё на 10-м десятилетии вашей жизни.

Гордиться знанием своей родословной можно, но — в семейном кругу, среди родни. Не далее. Чужим это, уверяю вас, «до лампочки», особенно, если «до неё» же им - вы сами. А оховасу мерещится, что все только и жаждут прояснения его генеалогии. И он, сжалившись над вожделеющими, выставляет им в интернет полное ведро данных о своих предках. Нередко — прося их о материальном содействии в издании сего необходимого человечеству Справочника — его «Древа жизни».

К слову, взывает к денежной помощи оховас постоянно. Это - чтобы и спонсоры о нём не забывали, и чтобы показать себя с ещё одной стороны: он собирает средства с благими намерениями.

***

Немного — чистой теории, помогающей лучше понять оховасов. Все закавыченные цитаты — отсюда: (Хрестоматия по психологии личности). Их разъяснение — моя попытка сделать их понятнее.

Досконально изучила такие личности немецко-американский психолог Карен Хорни (1885 - 1952). Она была убеждена, что «люди хотят, чтобы их любили». Оховасам, видимо, этого мало — и они хотят, чтобы их боготворили.

Посему они и выбиваются из всех сил, чтобы получить приглашение в дом, где будет большое общество знаменитостей. Это впоследствии как бы даёт им повод раскланиваться на улице со всеми в доме присутствовавшими, вскользь замечать, что они их всех хорошо знают. Оховасы обожают предавать своё имя гласности в любых печатных изданиях, в любых разделах, включая хронику скандалов.

Вот как описывает наука девиации (отклонения) психики у упоминаемых нами лиц (прошу читать этот абзац не спеша): «Мы не нуждаемся в подтверждении тех качеств, в которых мы уверены, но мы будем крайне чувствительны, когда подвергаются сомнению ложные притязания. В наиболее кричащей форме мы можем видеть пример идеализированного образа у психопатов в их мании величия, но его характеристики у невротиков в принципе те же самые. Здесь идеализированный образ не столь фантастичен, но для них он может быть столь же реален. Если мы примем степень отхода от реальности в качестве разграничительного признака между психозами и неврозами, мы сможем рассматривать идеализированный образ как элемент психоза, вплетенный в ткань невроза.»

Теперь вам ясно, почему недоверие (подозрение), которое эти ложные притязания вызывают, для оховаса — что красная тряпка для быка. И он будет предпринимать всё возможное и невозможное, чтобы убрать эту мулету (небольшой красного цвета плащ), как её называют в корриде. Однако, в отличие от боевого быка, оховас лишь в редчайших случаях набрасывается на размахивающего мулетой, на которой обозначены все ухищрения, подтасовки и многое другое, «позволившее» оховасу притязать на те или иные почетный пост, звание, премию, и так далее. У оховаса шансы «остаться в живых» после схватки с его разоблачителями столь же невелики, как у быка на корриде. Единственный выход — выплакивать, умолять кого-нибудь убрать с глаз мулету. Тут успех более вероятен, в этом оховас уже нажил опыт. И не брезгует ничем …

Читаем ещё одно извлечение из Хрестоматии, в которой четыре с половиной сотни страниц: «Во всех своих существенных чертах идеализированный образ является бессознательным феноменом. Хотя самовозвеличивание невротика может быть абсолютно очевидно даже самому неискушенному наблюдателю, сам он не осознает, что идеализирует себя. Он даже не знает, какой причудливый конгломерат качеств здесь собран. У него может быть смутное ощущение того, что он предъявляет к себе высокие требования, но, ошибочно принимая такие требования перфекциониста за подлинные идеалы, он никоим образом не сомневается в их действительности и на самом деле весьма горд ими. Влияние созданного образа на отношение к себе различно у разных людей и в значительной степени зависит от того, в чем именно человек заинтересован. Если невротику важно убедить себя в том, что он действительно соответствует этому идеализированному образу, то он развивает представление о том, что он на самом деле обладает выдающимся умом или является утонченным человеком, самые недостатки которого замечательны…»

«… В глубине души он столь же убежден в своем совершенстве, как и человек наивно "нарциссического" типа, и выдает это своим убеждением в том, что он действительно мог бы быть совершенным, если бы был более строг к себе, более жестко себя контролировал, был бы более бдительным и осмотрительным. В отличие от подлинных идеалов, идеализированный образ статичен. Это не цель, к достижению которой человек стремится, а фиксированная идея, которую он боготворит. Идеалы обладают динамическим свойством; они рождают стремление приблизиться к ним, притягивают; они являются силой, необходимой и бесценной для всякого роста и развития. Идеализированный образ становится бесспорной помехой росту, потому что он либо отрицает недостатки, либо просто осуждает их. Подлинные идеалы ведут к скромности, идеализированный образ ведет к высокомерию. Этот феномен — как бы его ни определяли — известен уже давно. О нем упоминают в философских трудах всех времен. Фрейд ввел его в теорию невроза, обозначая его различными терминами: Эго-Идеал, нарциссизм, Супер-Эго. С ним связан центральный тезис психологии Адлера, где он описан как стремление к превосходству. Все эти теории затрагивают лишь тот или иной аспект идеализированного образа и не охватывают это явление в целом. Каковы же тогда его функции? Очевидно, что он отвечает жизненно важным потребностям. Начнем с того, что, возможно, является его наиболее элементарной функцией: идеализированный образ заменяет собой реальную уверенность в себе и реальную гордость. Человек, который в конечном счете становится невротиком, почти не имеет возможности укрепить имевшуюся у него вначале уверенность в себе вследствие выпавших на его долю тяжелых переживаний… »

Отдаю себе полный отчёт в том, что для неспециалистов разобраться в приведенных выше извлечениях из «Хрестоматии по психологии личности» сложно. Но основные мысли о тех, кого я предлагаю называть оховасами, понять можно всем. Даже — самим оховасам, если они попытаются «покопаться» в себе.

Поэтому предлагаю вашему вниманию ещё один отрывок из Хрестоматии (прошу замедлить темп чтения): «Он зависит от постоянного подтверждения своего превосходства и со стороны других людей, в форме одобрения его, восхищения им, лести — однако ни одна из этих форм подтверждения не может дать ему ничего большего, чем временное успокоение. Он может бессознательно ненавидеть всякого, кто превосходит его или кто, будучи в каком-то отношении выше его: самоувереннее, уравновешеннее, информированнее, — угрожает подорвать его собственные представления о себе. Чем отчаяннее он цепляется за веру в то, что тождествен своему идеализированному образу, тем более жестока его ненависть.»

Вот тут и зарождается то подленькое, что сидит в каждом таком вроде бы добром, мирном, смирном, благожелательном оховасе. Исключение — редкость редчайшая. Посему будьте бдительны, начиная разоблачение оховаса, постепенно превращающегося в проходимца.

«Тщеславию свойственно лицемерие и ложь...», - утверждал авва Фалассий (преподобный отец, настоятель одного из монастырей в Ливийских пустынях; скончался в глубокой старости около 660-го года).

***

«Выживаемость» оховасов, несмотря на разоблачения, как это ни странно, высока, ибо они необходимы их покровителям, меценатам, «усыновившим» («удочерившим») их. Известно, что королей творит окружение (свита). Случайно взобравшиеся на трон нуждаются в самоутверждении — и возносят на незаслуженную высоту своё приближение, дабы самим - на их плечах - выглядеть величественнее.

Фюрер, к примеру, дал команду своему личному фотографу (не имеющему, как и он сам, ни профессионального, ни тем более высшего образования), присвоить звание профессора, что и было сделано в 1937-м году.

Вождь, наоборот, приказал оставить без всякой работы фотографа, запечатлевшего его на века (эти фотографии до сих пор лепят на лобовое стекло автомобилей, носят на демонстрациях поклонники деспота), из-за недостаточного образовательного уровня. Последнее было правдой, но не помешало ему создать огромное количество выдающихся фотодокументов мирного и военного времени, а в 1995 г. удостоиться самой почётной награды в мире искусств — титула «Рыцарь ордена искусств и литературы».
Но указ «корифея науки» (оховаса в превосходной степени!) был датирован 1948-м годом, когда «гений всего человечества» проводил жестокую антисемитскую компанию, физически и морально уничтожая деятелей еврейской культуры.

«Выдающийся борец за мир» в 1978-м году присвоил звание Героя Социалистического

Труда своему лейб-медику. Последний к тому времени не достиг и 50-летия. А до того не было ни одного советского медика, удостоенного подобного звания в возрасте до 60 лет!

***

В заключение, хочу подчеркнуть, что в каждом из нас сидит оховас. Иногда он совсем не заметен, хотя - повторяю - он никуда не исчезает. Он — в наших генах.
«Да, нет», - возразите вы мне, - «посмотрите на выдающегося математика из Санкт-Петербурга, доказавшего гипотезу Пуанкаре: ведёт замкнутый образ жизни, отказывается от огромных премий, игнорирует прессу. Где тут оховасность?». Отвечаю по-одесски вопросом на вопрос: «А кто его знает? Возможно, это один из редких вариантов именно оховасного поведения?». Не знаю этого человека, не могу судить ни о нём, ни о причине его столь необычных взаимоотношений с обществом. Да и не важно это для нас: он не лезет нам на глаза, не бахвалится своими успехами, не обещает ещё что-то не доказанное столетиями доказать, не пытается продать нам черновики его расчётов, не просит старенькую маму, на пенсию которой они существуют, поздравить его через интернет с Днём учёных…
И всё же не забудем: Франсуа VI де Ларошфуко (1613-1680) - писатель-моралист утверждал, что «скромность — худшая форма тщеславия».

И не надо, согласно совету А. П. Чехова, выдавливать из себя по капле, правда, не раба, а эту оховасность. Надо просто быть всегда аутентичным, то есть, искренним, подлинным, добросовестным. И не прикидываться, не придуриваться лишённым оховасности - одного из проявлений, если хотите, эгоизма.
Сей принцип жизненной ориентации дан нам, как и противоположный ему принцип - альтруизм, эволюцией. Не просто так, а для выживания биологического вида — человека (http://evolbiol.ru/efroimson_altru.htm). Поддерживать в себе разумный, то есть, отвечающий современным нормам морали, баланс этих принципов — задача сложная.

Но если вы эту борьбу нравственных установок (в себе) скрывать не будете, если не построите свои отношения с другими людьми на лицемерии, то вас будут поправлять, вам будут советовать, вам будут возражать, но никто вас не перестанет уважать, не начнёт вас высмеивать. Иметь иное мнение — не порок, высказывать как бы своё мнение (имея за душой суждение совершенно иное) — позор. Вот кого презирают, вот кто вызывает отвращение, вот кого обходят стороной. В ком, в конечном итоге, разочаровываются и те, кто принимал фальшивую монету (ложь, выдаваемую за правду) за истинную, кто помогал, опекал, одарял лицемера-оховаса.

Следовать совету уже упоминавшегося аввы Фалассия - «Тщеславие истребляется укрыванием добрых дел...» - никогда не поздно.

***

Мы уже приближаемся к окончанию эссе об оховасах. И вам уже совсем невтерпёж узнать: «А почему публикация посвящена Дню физической культуры и спорта Украины?». «Спешите медленно!», - как советуют в Одессе (правда, так же говорил задолго до одесситов, ещё в 1-м веке до н. э. Октавиан Август - основатель Римской империи: «Festina lente!»).
Сейчас всё станет ясно.

Я уже упоминал об оховасах, «специализирующихся» на культуризме (бодибилдинге). Но оховасы, в подавляющем большинстве, люди со спортом не дружащие. В наше время, когда даже немало уже поживившие люди желают выглядеть молодыми или, по крайней мере, моложавыми, стройными, подтянутыми, спортивный нигилизм никак не назовёшь выгодным для создания желаемого имиджа. Поэтому оховасы любят фотографироваться с рюкзаком, под завязку заполненным различными клюшками для игры в гольф. Этот вид спорта считается аристократическим, свидетельствует о богатстве, принадлежности к высшему обществу. Но подходят для самопиара и фотографии с лыжами (зимой, на фоне крутых гор), с велосипедом (летом, на фоне извилистой горной дороги), с теннисной ракеткой (зимой - в спортзале, летом - на корте с видом на море). Очень важно, чтобы и лыжи, и велосипед, и ракетка были, как говорится, фирменными, одёжка и обувка — само собой разумеется, такими же.

Ну а на худой конец, можно поведать миру, что ты начал посещать фитнес-студию. Не так престижно, как-никак подобных студийцев — миллионы, но зато сие должно свидетельствовать о серьёзности намерений: в студию записываются, как правило, надолго, а всё прочее, упоминавшееся выше, достаточно для однократной фото-сессии.
А если ещё приобретён красивый спортивный костюм, то самый раз осчастливить мир своей фотографией на фоне спортивных снарядов и как бы персонального тренера. Не забыть только — подтянуть опущенные до пояса плечики, втянуть животик и выпятить грудь. Излишний жирок на лице скрыть, правда, сложнее, но для этого есть специалисты по фотошопу (графические редакторы).
Восторженные лайки - заказные и спонтанные (от приученных всегда сей персоной восхищаться) последуют незамедлительно…

И ещё одно: данное чудесное превращение в спортсмена-аматёра позволяет вполне легитимно отпраздновать сегодня День физической культуры и спорта Украины, получить массу поздравлений от каждого из родственников и клакёров.
А от меня — это специальное послание с настоятельным советом всем откровенным оховасам одуматься…
И не представляться перед миром в главной роли на ярмарке тщеславия.
Не зря подчёркивал авва Фалассий: «Тщеславию свойственно действовать напоказ…».

Желаю всем успехов в вытравливании из себя оховасности!

Со следующей публикации займусь этим и я.

А пока — не получилось.

Вибачайте, коли ваша ласка. (Не обессудьте, если возможно.)

P. S. Все фотографии для коллажа взяты из интернета.

Опубликовано 10.09.2017.

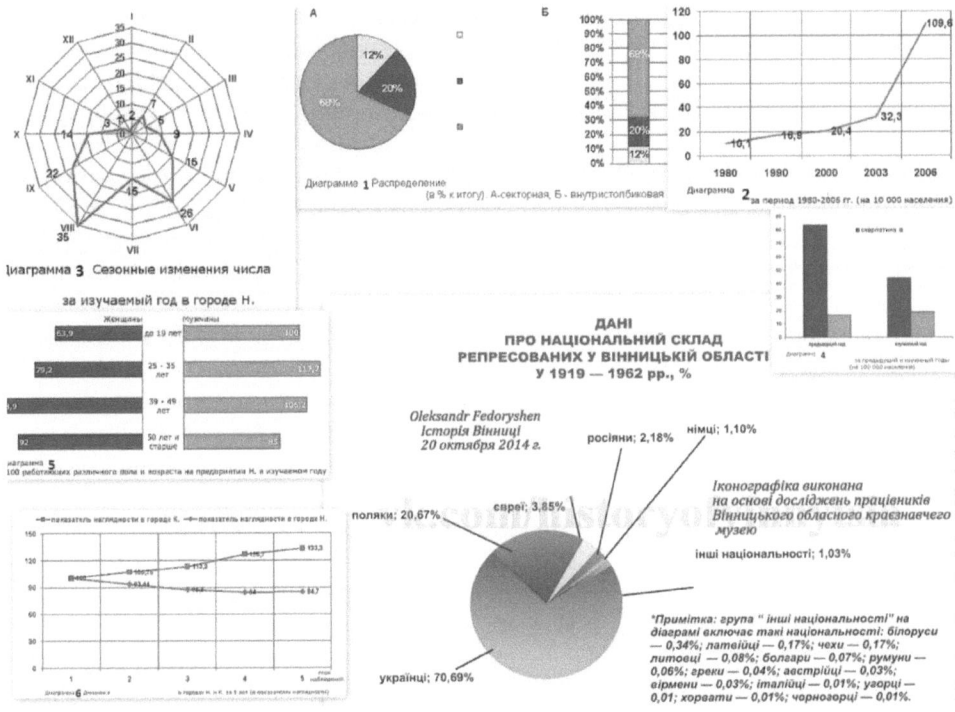

Неправды я не потерплю ни в ком

Було нам важко і було нам зле,
І західно, і східно,
Було безвихідно. Але
нам не було негідно.
І це, напевно, головне,
Якої ще фортуни?
Не відступитися. І не
покласти лжу на струни.
Ліна Костенко

Название статьи - короткая цитата из басни И. А. Крылова - лучше всего объясняет, почему я возвращаюсь к давно «отработанной» теме. И - к моему, столь не симпатичному мне оппоненту.

«Найкраще так, побачити на очі, тоді ніяким брехням не повіриш» (Леся Українка, II, 1951, 356). А этой заимствованной строчкой я оправдываю необходимость привести в коллаже предъявленный Сергеем Мирошниченко (СМ) оригинал «доказательства». Иначе я бы его не репродуцировал ни в какую: эта «иконографика» дезориентирует, а не информирует.

А книга с моей прошлой статьёй о СМ, о которой упоминается ниже, уже расходится по миру. Но портрет СМ, что красуется там, «устарел» - был немедленно, после публикации моей статьи, заменён им на новый: нечёткий, размытый. Подобный свойствам писанины СМ. Сам же «герой», судя по его актуальному заявлению, остался «непоколебимым».

Итак, 19-го декабря 2016 г. СМ (https://www.facebook.com/serge.mill?fref=nf&pnref=story) опубликовал следующий «меморандум»:
Репрессированные винничане. Местные евреи пишут про то, что они очень пострадали во время немецкой оккупации при том, что в городе они имели треть населения и категорически не воспринимают, когда кто-то говорит, что кроме евреев в Виннице жили и другие национальности. А один писатель, скрывающий своё настоящее имя, истерил на оккупантском российском сайте на стопиццот страниц, что я антисемит.

Далее следует ссылка на мою — трёхмесячной давности — публикацию:
http://www.proza.ru/2016/09/13/413. И — в «доказательство» не знаю уже чего — ссылка на «откровение», представленное А. Федоришеным два года тому назад:
Oleksandr Fedoryshen; Історія Вінниці - 20 октября 2014 г.

«Національний склад репресованих у Вінницькій області в період з 1919 до 1962 років. Іконографіка виконана на основі досліджень працівників Вінницького обласного краєзнавчого музею.» А рядом — ещё одно указание: «Іконографіка виконана на основі дослідження співробітника Вінницького обласного краєзнавчого музею Лариси Семенко.» (см. коллаж). Само это исследование сотрудников Винницкого областного краеведческого музея (или Ларисы Ивановны Семенко) найти в интернете мне не удалось. Как и определить авторство «иконографики», построенной на основании таблицы из работы Л. И. Семенко.

[Что делать, если у меня тут же возникли по этой так называемой иконографике вопросы? Решил справиться у самой Л. И. Семенко. Послал ей следующее электронное письмо:

Вельмишановна Лариса Іванівна!
Чи не могли б Ви мені повідомити на підставі яких матеріалів і якими методами Ви розрахували «Національний склад репресованих у Вінницькій області в період з 1919 до 196. років.».
Наперед дякую!

244

З повагою,
проф. Соломон Вайнштейн - 22.12.2016

Ответ прибыл немедленно:
Доброго дня, шановний Соломоне Григоровичу!
Матеріали, які Вас цікавлять, опубліковані у науковому виданні "Вінницький мартиролог. Книга пам'яті жертв політичних репресій на Вінниччині (20 - 50-і рр. ХХ ст.). Т.І. - Вінниця: Велес; 2001. - 398 с.
Зокрема, на 387 сторінці (додатки, таблиця 2).
З повагою, Лариса Іванівна Семенко — 23.12.16.

В тот же день, 23.12.16 я сообщил Ларисе Ивановне следующее:
Глубокоуважаемая Лариса Ивановна!
Большое спасибо за быстрый ответ!
Вы понимаете, что в Кёльне этой книги нет. А в интернете я нашёл только вот такое:
"Файл: kniga_pamjati_politicheskih_repressij_v_ss_ukraina.rar
Загружен: 19.08.2013
Загрузил: ilonaila
Предлагаем учредить Всеукраинскую Книгу памяти жертв политического террора и репрессий.
Книга пам'яті жертв політичних репресій на Вінниччині (20–50-і рр. ХХ ст.) [Винницкий мартиролог. Книга памяти жертв политических репрессий на Винничине (20–50-е гг. ХХ в.)]» (более 36 400 имен).
К:. Видавництво Діокор, 2001. — 128 с. Книга е збіркою документів із Державного архіву СБУ, переважно анкет засуджених до розстрілу козаків і старшин, які у"
И на этом всё обрывается, а мне по-прежнему интересны базовые материалы и методика расчётов.
С уважением,]

О продолжении переписки с Л. И. Семенко — ниже, а пока вернёмся к «меморандуму» СМ. Прямо чувствуется, как СМ удовлетворённо потирал руки: уложил, мол, скрывающего «своё настоящее имя» на обе лопатки. По терминологии борцовского спорта — момент поражения, или туше'! Но о том, было ли моё прикосновение к ковру хотя бы одной лопаткой — далее. Сначала — разбор самого «меморандума».
Начнём с того, что написан он, как и всё прочее на странице «борца за правду», на «оккупантском» языке. Я также обращаю ваше внимание на то, что facebook, который «борец за правду» использует в попытке припечатать меня к ковру, основан Марком Цукербергом. Да, да — тем самым Цукербергом, который из семьи евреев, советские предки которых, согласно представленной «иконографике», почти все увильнули от репрессий: никакого сравнения с украинцами или поляками! И представительство facebook, вроде бы, находится не в Киеве, а в «оккупантской» столице. Какой позор! Как хорошо, замечу с огромным облегчением и удовлетворением, что меня, в отличии от СМ, в facebook нет!

Но возвратимся к началу «меморандума». Два слова названия - «Репрессированные винничане» - кажутся нейтральными и как бы в комментариях не нуждаются. Но — нет: это — прозрачный намёк. В эти два слова уже «заложена бомба», потому что репрессированных евреев было, согласно красочной «иконографике», численно, по мнению СМ, столь мало, что упоминать о них и смысла не было. Ну, быть может — лишь вскользь. Не напрасно отведенный евреям узенький сектор на «иконографике» как-то вроде бы случайно сам окрасился в жёлтый цвет — цвет латы, звезды позора, придуманной нацистами для того, чтобы отличать евреев в общественных местах. (В «очень» вольной борьбе, которую СМ ведёт, это называется «перевод рывком за запястье», чем нередко удаётся поставить противника на колени.)

А ещё два предложения, которые я сейчас повторю, чтобы вам не прыгать по тексту — это уже что-то:
«Местные евреи [под «местными евреями» составитель «меморандума» подразумевает прежде всего, видимо, меня, покинувшего город 55 лет тому назад — С. В.] пишут про то, что они очень пострадали во время немецкой оккупации [нет, не «очень»: просто были - все оставшиеся в городе, многие тысячи! - расстреляны — С. В.] при том, что в городе они имел треть населения [да, их было в городе перед войной ровно треть всего населения — С. В.] и категорически не воспринимают, когда кто-то говорит, что кроме евреев в Виннице жили и другие национальности [прошу ссылку на «не-восприятие» «местными евреями» - таковой, конечно, не найти! - С. В.].» (Это уже, продолжая спортивную терминологию — «бросок накатом», коим предполагается положить противника на лопатки, удерживая захват.)

И - заключительный залп: «А один писатель, скрывающий своё настоящее имя, истерил на оккупантском российском сайте на стопиццот страниц, что я антисемит». В конце — улыбающийся смайлик, который на «оккупантском российском сайте» Прозе.ру в текст вставить не удаётся. Но смысл смайлика ясен. Смотрите, мол, какой я остряк: «истерил», «стопиццот»! (Это уже, по мнению автора «меморандума», «рычаг», с помощью которого ем удалось создать удушающее кольцо из рук вокруг шеи противника.)

Итак - стилистически до невозможности коряво нацарапанная, логически бессвязная брехня, «обоснование» которой мы сейчас разберём. А. Федоришен почему-то не приводит конкретной ссылки на источник сей статистики. Указание «Іконографіка виконана на основі досліджень працівників Вінницького обласного краєзнавчого музею» (в другом варианте - на основе исследований Ларисы Семенко) не выдерживает никакой критики. Тут очень важно знать: на основе каких базовых данных, по какой-такой методике «досліджень»? Но и без того ясно, что составитель этой таблицы (и «красочной» схемы) пренебрёг (а А. Федоришен сего не хотел увидеть, не понял, не знал?) основными правилами обработки статистических данных! Без учёта процентного числа населения той или иной национальности эти цифры НИ О ЧЁМ НЕ ГОВОРЯТ — и рассуждать на основании их о том, лица какой национальности пострадали больше, какой — меньше, НЕПРАВОМЕРНО! Получается, гляд на эту «статистику», что наиболее «привилегированными» во времена репрессий, учиненны советской властью, были итальянцы, венгры, хорваты, черногорцы. Но если их в Винницкой

246

области было всего по 0,01% (то есть, по одному человеку на десять тысяч населения!), то это означает стопроцентные (!) репрессии против лиц этих национальностей.

Почему А. Федоришен, о б я з а н н ы й знать основы статистической обработки таких материалов, оставил сие без примечания, комментария — можно только догадываться. Будучи уверен, что подавляющее число увидевших эту «иконографику» в статистике ни бельмеса не понимает? И сделает - по реакции «короткого замыкания» - желательный для А. Федоришена вывод? Об этом — далее в P. S.
И вот уже точно ни хрена не понимающий в элементарной статистике специалист по радиотехнике и электронике с тридцатилетним стажем работы приводит эту популистскую, по сути, «иконографику» как доказательство!

Я вернусь к статистике. Но сперва - об определении СМ: «один писатель, скрывающий своё настоящее имя». И тут СМ, как и ранее, не смог отказаться от откровенной лжи. На моей странице в Прозе.ру есть публикация «От автора этой страницы об авторе и его книгах» (http://www.proza.ru/2012/09/23/1116), в которой я написал о себе приблизительно в сто раз больше, чем СМ на своей странице в facebook о себе любимом (https://www.facebook.com/serge.mill). Я уже умалчиваю о том, как я «скрывал своё настоящее имя» в «Моей Виннице» и «В татарской столице, в Казани...». Увы, примитивность аргументации моего оппонента поистине безгранична!

И появление псевдонима «Нил Крас» было объяснено: я желал совершенно нейтральной оценки «Моей Винницы», которой (нейтральной!) от знавших меня было бы ожидать напрасно. Причём, я имею в виду не только негативные отзывы, но и дружеские, позитивные. Когда я ознакомился с основной массой искренних (нейтральных!) впечатлений от моих мемуаров, изменять авторство было уже поздно. Но в сентябре 2012-го года я полностью «раскрылся» (ссылка на эту статью дана выше).

И ещё одно. Я хочу вам напомнить из-за чего мы с СМ вошли в клинч. Им был задан на сайте «Винничане» «… МАХРОВЫЙ АНТИСЕМИТСКИЙ вопрос: "Почему ВСЕ евреи не пошли на фронт и не воевали, чтоб защитить своих, а отсиживались в эвакуации?"». На что я отреагировал следующим комментарием: «Это вопрос неонациста, вопрос подонка, не желающего знать истину либо не воспринимающего её.» Остальное — тут (http://www.proza.ru/2016/09/13/413). Потом СМ заявлял, что он такое не писал: и это — несмотря на представленное в моей статье его факсимиле! Какой матёрый лжец!

Так вот - о статистике вообще, и о статистике советского периода, которой, вероятно, по инерции воспользовалась автор считающейся А. Федоришеным достойной широкого обнародования (с какой целью, однако, повторяю свой вопрос?) «иконографики».

Я могу понять, почему демографическая и ей близкие статистики фальсифицировались. Привожу ссылку: «В период между двумя мировыми войнами на украинских землях, которые входили в состав СССР, проведено четыре советские переписи: в 1920, 1926, 1937, 1939

247

годах. При этом результаты переписи 1937 года, показавшие огромные человеческие потери из-за искусственного Голодомора в Украине, коллективизации и массовых репрессий и расстрелов, были закрыты в тайные хранилища, а те, кто руководил переписью и делал все возможное, чтобы обеспечить ее правдивость, были ликвидированы.» (http://www.webcitation.org/6GYqZgEfJ)

Но неужели из-за этого, как сейчас бы высказались, в качестве «коллатеральных потерь» пострадали статистические методы обработки прочих научных материалов? В СССР, отличавшимся выдающимися Школами математиков, журналы печатали работы, в частности медиков, выводы которых основывались либо на основании простого сравнения натуральны чисел, либо на «всесильных» процентах (больше-меньше). Ни один иностранный научный журнал статьи с такой «математической обработкой» не принимал. О понятии «статистическая (не)достоверность» никто и не ведал.

Поверьте, я знаю, о чём пишу. Не хотелось бы отвлекаться, но как не привести ужаснувший меня метод «обработки» материалов, касающихся изменения кислотности желудочного сока Величины pH приплюсовывали, вычитали, выводили средние их величины, абсолютно игнорируя то, что это — ЛОГАРИФМИЧЕСКИЕ показатели. Сколько боролся я против этого в статьях, на заседаниях научных обществ, конференциях! А как в штыки были приняты мои публикации с расчётами, выполненными на первых советских программированных калькуляторах! Наверное, иначе быть не могло в стране, где основным средством работы с цифровым материалом были бухгалтерские счёты, а ручной арифмометр считался последним достижением технического прогресса!

Вот и малевались таковые «иконографики». Термин, кстати, сюда совершенно не подходящи (см. словари, в которых есть только слово «иконография», но там речь идёт лишь о ... портретах людей!). Это, если правильно обозначить — с е к т о р н а я   д и а г р а м м а (допусти'м и обобщающий термин - ИНФОграфика).
Не пойму, для кого такая популярно-популистская картинка создавалась. Для русофобов, антисемитов или для чего-то ещё?

А как надо? - спросите вы. Повторяю: сначала определить число (удельный вес) той или ино национальности среди населения какой-либо территории, затем уже — число репрессированных из них и лишь тогда рассчитать этот искомый процент. По каждой национальности, по каждому году, по типу ложного обвинения (антисоветская агитация, зарубежный агент, вредительство на производстве, пр.). Тогда и выводы можно делать. Средний процент, да ещё ничего сам по себе не значащий, за сорок с лишним таких различающихся между собой (по поводам и массовости репрессий) лет — с научной точки зрения — холостой выстрел!

[Теперь — немного ликбеза, что касается статистики (декрет о ликвидации безграмотности в стране Советов был подписан в том же 1919-м году, с которого начался подсчёт изображённой выше "иконографированной" А. Федоришеным статистики). О самых просты статистических показателях.

Экстенсивные показатели:

это показатели удельного веса, доли части в целой совокупности, показатели распределения совокупности на составляющие ее части, то есть, показатели структуры. В зависимости от того, что' характеризуют экстенсивные показатели, их называют:
показатели удельного веса части в целом, например, удельный вес лиц той или иной национальности среди всех репрессированных лиц;
показатели распределения или структуры (распределение всей совокупности репрессированных за определённый отрезок времени на репрессированных отдельных национальностей).

Это показатели статики, то есть, с их помощью можно анализировать конкретную совокупность в конкретный момент. По экстенсивным показателям НЕЛЬЗЯ СРАВНИВАТЬ различные совокупности — это приводит к неправильным, ошибочным выводам!
Поскольку экстенсивные показатели — показатели статики, то графически они изображаются только в виде внутристолбиковой или секторной (круговой) диаграммы (рассматриваемый нами случай!), которые являются разновидностями плоскостных диаграмм, представляющих цифровые данные в виде геометрических фигур в двух измерениях (см. коллаж - 1).

Интенсивные показатели:

Показатели частоты, уровня, распространенности процессов, явлений, совершающихся в определенной среде. Они показывают, как часто встречается (встречалось) изучаемое явление (репрессии, смертность, пр.) в среде, которая его продуцирует.
Интенсивные показатели используются как для сравнения, сопоставления динамики частоты изучаемого явления во времени, так и для сравнения, сопоставления частоты этого же явления в один и тот же промежуток времени, но в различных, например, национальных группах, на различных территориях, и так далее.
Для расчета интенсивного показателя необходимо иметь данные об абсолютном размере явления и среды, его продуцирующей (!). Абсолютное число, характеризующее размер явления (количество репрессированных лиц), делится на абсолютное число, показывающее размер среды (общее число лиц той или иной национальности), внутри которой произошло данное явление, и умножается на 100, 1000, и так далее.

Таким образом, для расчета интенсивного показателя всегда нужны две статистические совокупности (совокупность № 1 — явление = число репрессированных и совокупность № 2 — среда = общее число лиц определённой национальности), причем изменение размера среды может повлечь за собой изменение размера явления (!).
Множитель (основание) зависит от распространенности явления в среде — чем реже оно встречается, тем больше множитель. В практике для вычисления некоторых интенсивных показателей множители (основания) являются общепринятыми (в процентах — на 100).

Графически интенсивные показатели могут быть представлены в виде любых из названных ниже диаграмм при наличии необходимой информации:
линейной диаграммы (график) - применяется для изображения динамики явления (2).
радиальной диаграммы - является разновидностью линейной диаграммы, применяется для изображения динамики явления за замкнутый цикл времени: сутки, неделя, месяц, год, и так далее. Например, в нашем случае — за 1919-1962 годы (по каждому году отдельно!) - 3.
столбиковой или ленточной диаграммы — так называемых плоскостных диаграмм. К ним относятся — столбиковые (вертикальные) и ленточные (горизонтальные) диаграммы (4, 5).

Показатели наглядности:

Применяются для анализа однородных чисел и используется когда необходимо "уйти" от показа истинных величин (абсолютных чисел, относительных и средних величин). Как правило, эти величины представлены в динамике (6).
Для вычисления показателей наглядности одна из сравниваемых величин принимается за 100% (обычно, это исходная величина: например, частота репрессий у основного населения) а остальные (у национальных меньшинств) рассчитываются в процентном отношении к ней. Особенно целесообразно их использовать, когда исследователь проводит сравнительный анализ одних и тех же показателей, но в разное время или на разных территориях.]

Возвращаемся к нашей конкретной ситуации.
Что касается представленных как бы СРЕДНИХ данных за 1919 — 1962 г. г., то тут ситуация ещё запутанней.
Начнём с того, что не ясно содержание слова «репрессированных». Репрессии — понятие собирательное, под которым подразумеваются карательные меры, наказания, обычно применяемые государством. Согласитесь, что смертный приговор отличается, например, от тюремного (лагерного) срока или ссылки. Рассматривать эти наказания вкупе — далеко не научный метод.

Далее — цитата из «Вікіпедії»: «Вінницька область була заснована 27 лютого 1932 року, тоді вона займала території нинішніх Вінницької, Хмельницької, частини Житомирської області, до її складу увійшли 2 міста (Вінниця і Бердичів) та 71 район. Але у 1937 році, після утворення Кам'янець-Подільської та Житомирської областей, у складі Вінниці залишається два міста обласного підпорядкування — Вінниця і Могилів-Подільський та 42 райони.» Более подробные данные об этой территориальной чехарде — см. на стр. 11 и 901-902 тут: http://www.reabit.org.ua/files/store/Vinn.1.pdf .
Весьма сомнительно, чтобы у составителя этой как бы научной диаграммы имелись данные по существовавшим до 1932 и даже позже округам, которые в конце-концов полностью или частично вошли в состав Винницкой области или были выведены из неё. Кроме того, «Советской переписью населения 1920 года в Украине не были охвачены Крым, бывшие Волынская и Подольская губернии и некоторые другие местности.» (http://www.webcitation.org/6GYqZgEfJ).

А «иконография» датирует начало «исследований» 1919-м годом... И дипломированный историк выволакивает подобную сырую статью на божий свет не в качестве образца не до конца продуманной, недоработанной попытки что-то выяснить, а — как научно установленный факт, как небольшое открытие. Вот, оказывается, как избирательно репрессировали! Вот какой дикий разрыв между репрессиями лиц различных национальностей! Не знаю, правда, какой вывод был сделан автором этой публикации, но А. Федоришен обнародовал сию «иконографику» явно неспроста (см. P. S.).

Средняя доля необоснованных наказаний лиц той или иной национальности за сорок с лишним лет при подобных исследованиях рассчитывается не с помощью прибавления и деления, а по значительно более сложным формулам (принимая во внимание, например, массовость или, наоборот, редкость репрессий в том или ином году, а также тяжесть наказаний). И, вообще-то, учитывая указанные территориальные сдвиги и соответственное изменение количества населения, не говоря уже о резком сдвиге демографической ситуации вследствие Голодомора, данные надо было бы представлять отдельно п о г о д а м. И не в виде секторной, а в виде столбиковой (ленточной) диаграммы.

Я бы мог тут ещё много дописать, обосновывая никчемность представленной «иконографики», на которую не только с почтением молиться, но которую даже упоминать никак уж не следовало бы, ибо это, по моему мнению, с научной точки зрения — пустота. Или, по теперешнему — фэйк. Но если выставлять её для профанов (в статистике) типа СМ, то — в самый раз. Пишу с уверенностью о невежестве СМ в статистике, так как он ухватился за эту бесполезную «соломинку», чтобы «всплыть» и «утопить» меня. Оказалось ему сие не по зубам, невпотяг, говоря «оккупантским» языком. «Не до снаги» - по-украински. Гайка слаба, кишка тонка и так далее, и тому подобное… Остался СМ по-прежнему «лежать на дне, в иле».

А теперь перейдём к нашим расчётам. Я основываюсь на важной цифре (см. ниже), приведенной в книге «Жизнь в оккупации. Винницкая область 1941-1944 гг.» - Москва, РОССПЭН, 2010. Среди издателей этого труда в восемь с половиной сотен страниц, кроме «оккупантских» научных учреждений (МГУ им. М. В. Ломоносова, и др.), значатся Институт истории Украины НАН Украины, Государственный комитет архивов Украины, Государственный архив Винницкой области и ещё два Центральных отраслевых архива Украины, научные учреждения ряда западных стран. И — на данных двух переписей населения области в интересующий нас период.

Вот данные о числе всего населения и отдельно - украинцев, русских, евреев - в Винницкой области в 1939-м и 1959-м годах (Населення Вінницької області. Матеріал з Вікіпедії — вільної енциклопедії.). Общее число населения, соответственно — 2.268.000 и 2.143.852; относительное число украинцев — 86,1 и 91,8%, русских — 4,5 и 4,4%, евреев — 6,0 и 2,3%.

В 1939 г. общее число евреев, рассчитанное из этих данных (6% от 2,268 млн.) составляло

251

136,08 тыс.; в упоминавшейся выше книге приводится очень близкое к этому число (перед войной, то есть, двумя годами позже: не исключается переселение нескольких тысяч из воссоединённых западно-украинских земель) — 142.000. Украинцев же было 1.952.748, русских — 387.45 человек. То есть, украинцев было в Винницкой области в 1939 г. в 14,35 раза больше, чем евреев. А в 1959-м году — в 39,91 раз!

Посмотрим цифры по Украине 1939-го года в целом. Общее число населения — 30. 946. 218 человек. Из них украинцев — 23. 667. 509 (76, 47%), русских — 4. 175. 299 (13.49%), евреев — 1. 532. 776 (4,95%)… Итак, украинцев в 1939 г. проживало на Украине в 15, 44 раза больше, чем евреев (цифра очень близкая аналогичной цифре по Винницкой области того же года).

Если попытаться уравнять представленные в «иконографике» данные, учитывая удельный вес еврейского населения и процент евреев в общем числе репрессированных (3, 85 x 14, 35 или же - x 15, 44), то получим совершенно иную цифру. Это, конечно, не совсем точный метод для расчёта для периода 1919-1962 годы, но я хотел показать абсурдность «иконографики», на которую уповал СМ, пытаясь, фигурально говоря, положить меня на лопатки.

Разрыв в числах репрессированных, например, украинцев и евреев, на самом деле, не столь разительный, как это было представлено в «иконографике» (по ошибке или преднамеренно?)

Нелишне будет тут привести цитату из моей публикации августа 2014-го года (http://www.proza.ru/2014/08/19/1249):
«… И, наконец, ещё одно «доказательство засилья евреев в НКВД» (в целом по стране) можно получить самым простым образом. Надо посмотреть результаты самой близкой к событиям 1936-го - 1938-го годов Переписи населения СССР: https://ru.wikipedia.org/wiki/Перепись_населения_СССР_(1939), обратив особое внимание на раздел «Национальный состав». А потом обратиться к «Количеству арестованных за время с 1 января 1936 г. по 1 июля 1938 г. по национальному составу» (http://ipvnews.org/pandora_article23102010.php). Согласно этим данным, в годы разгула террора НКВД было арестовано:

русских — 0,66% общего числа населения этой национальности,
украинцев — 0,67%,
белорусов — 1, 11%,
грузин — 0,73%,
поляков — 16,74%,
евреев — 1,01%,
и т. д. (можно рассчитать удельный вес арестованных тридцати национальностей).

Сомневаюсь, чтобы относительное число арестованных евреев, превосходящее в полтора раза относительное число арестованных русских или украинцев, свидетельствовало о «засилье евреев в НКВД».

Да, помните?
В 1939 г. на Украине было 76, 47% украинцев, 13, 49% русских и 4, 95% евреев.
А в Винницкой области по состоянию на 2001-й год украинцев числилось 94, 91%, русских -
3, 83%, евреев - 0, 17%. Если предположить, что всеукраинские и винницкие национальные
доли примерно схожи, то доля русского населения уменьшилась более, чем в ТРИ с
половиной раза, еврейского — без малого в ТРИДЦАТЬ раз!
Если указанные доли не очень схожи, то э т о уже точно и подтверждено данными
переписей: в областном центре, в Виннице относительное число евреев уменьшилось в
СЕМЬДЕСЯТ раз.

«Неправди я казать тобі не хочу, а правду перемовчать не здолаю» (Леся Українка, II, 1951,
342). Потому и обращаюсь к СМ:
«Нет смысла лезть на рожон, обученный специальности 0701 и, к сожалению, более ничему
хорошему! Ну, а если, как пел Высоцкий, «вам совсем неймётся», то и далее побирайтесь, где
придётся, отыскивая на «научных» задворках улики против «местных евреев», к которым
отнесён и я.»

Но, как показывает объективный анализ, продвижения вперёд, успехов так не добиться:
примечательно, что «меморандум» СМ «понравился» только о д н о м у человеку (!) — его
зятю, для которого поддержка тестя, вляпавшегося в очередной бламаж, разумеется,
обязательна по «долгу службы».

«Но поговорите, СМ, с зятем по душам: он — человек добрый по натуре — объяснит что к
чему… Не уподобляйтесь посмешищу Никите Хрущёву, на которого вы смахиваете не только
внешне (не хочу указывать детали): тот тоже лез в дела, в которых ни хрена не разбирался. И
давал везде, как стандартно сообщала пресса, «ряд ценных указаний». При посещении
свинарника, строительства Московской окружной дороги или стадиона в Лужниках, при
осмотре «Звёздного городка», при созерцании пустыми глазами картин на выставке
художников…»

Я не могу, да и не желаю запретить никому со мной спорить. Но как предпосылка для
возражений, для опровержения мною написанного у моего оппонента должны
наличествовать, как минимум, знание предмета дискуссии, умение составлять логическую
цепочку из фактов и, не в последнюю очередь, способность правильно излагать свои доводы.
У оппонента СМ нет ни того, ни другого, ни третьего. Отсюда - бесплодные усилия,
неудачные попытки оправдаться, доказать недоказуемое.

Дарование СМ, уверен, ютится где-то в другой сфере — там ему бы и проявиться,
раскрыться, блистать. И тогда можно было бы сказать словами моего любимого поэта: «… и
дилетант, и скептик хладнокровный твое искусство, твой талант почтили данью ровной.» (Н.
А. Некрасов, Памяти Асенковой). Пока же - «Позор! позор! мы басня всей Варшавы…», как

писал тот же наш земляк Н. А. Некрасов. «Не то пытаетесь использовать для славы», - добавил бы я, переиначивая следующую строчку из его поэмы «Мать».

***

Я обещал возвратиться к моей переписке с Л. И. Семенко.
30.12.2016 Лариса Ивановна выслала мне таблицу из указанной ранее книги. В таблице — цифры, на основании которых начерчена диаграмма и которые в диаграмме обозначены. Я, однако, просил иные сведения.
В тот же день я высказался в связи с полученной таблицей:
«Вельмишановна Лариса Іванівна!
Дякую Вам за повідомлення!
Скажу Вам відверто: ця таблиця, як і зроблений з неї графік, НІ ПРО ЩО не говорять. Подібним чином (який я підозрюю) шуканий показник - для порівняння! - не розраховують, тим більше - для чотирьох десятків таких різних років.
Якщо у Вас немає можливостей переслати мені копію всієї статті, то мені доведеться оцінювати її тільки по представленій таблиці (або по графіку). Можу тоді і помилитися, але свою думку я висловити зобов'язаний, тому що (я вже писав) графік використовують з непорядними цілями.»

04.01.2017 Лариса Ивановна прислала письмо, в котором, в частности сказано: «… У мартирологу подано короткі біографічні дані репресованих наших земляків, (прізвища А-Г). Статті аналітичні відсутні. У кінці книги таблиці, графіки, без жодних коментарів. Не думаю, що члени робочої групи Вінницької обласної редакційної колегії книги "Реабілітовані історією" придумали цифри та графіки. Який сенс? Все це дуже легко зараз перевірити: надруковано п'ять томів "Реабілітовані історією. Вінницька область.". У цих книгах стислі довідки про більш ніж 40 тис. репресованих вінничан, зокрема вказано, національність, рік народження, дата арешту, вирок, дата смерті та інш. ...»

А несколько позже, в этот же день, то есть, сегодня добавила: « … Я не автор цієї таблиці!!! Під час одного із своїх виступів я використала її як ілюстративний матеріал!».

Всё. Мне стало ясно, что можно завершать статью.
Дело в том, что с указанными пятью томами (шесть книг, несколько тысяч страниц) я уже был знаком. Это - «Національний банк репресованих. WWW.REABIT.ORG.UA». Выдающееся издание! И там — много материалов, важных для нашей темы.

Но сначала — ещё об одной публикации в интернете. Очень показательно сравнение пресловутой «иконографики» с данными, приведенными в автореферате кандидатской диссертации (http://referatu.com.ua/referats/7569/151238/?page=2). Автор указывает, что в конце 20-х годов украинцев среди репрессированных было более половины, евреев — одна треть и русских — одна восьмая часть. В 1939-1940 годах на Западной Украине среди всех репрессированных украинцев была треть, евреев — одна седьмая, русских — одна пятая, а

254

поляков — 40% (как видно, тут доли различных национальностей — опять же, увы, по экстенсивным показателям — были совершенно иные, чем приводимые в «иконографике»). В 1943-1945 г.г. среди 82.199 лиц, арестованных органами безопасности, 85% были украинцами, 7% - русскими, 5% - немцами и только 0,4% - евреями (добавлю от себя: выживших евреев во время оккупации было, наверное, ещё меньше; отметил ли это диссертант? — С. В.). Но нам важен не он, а «наши винницкие мэтры статистических исследований» - и они, это ясно, оказались не на высоте. А некоторые опустились до явного «душка'».

Кстати, я не зря указывал, что не только сам факт репрессии, а и её надуманный повод, тяжесть наказания, пр. весьма важны для оценки всего сотворённого преступной властью коммунистов. Например, диссертант сообщает, что в конце 20-х годов украинцам — я бы сказал — «шили» («обвиняли незаслуженно» - на «русской фене», на языке тюремного мира) контрреволюционную деятельность, экономические преступления, а также — разное, имеющее церковную и сектантскую окраску. Русских репрессировали за военные преступления, евреев - за криминальные. Интересно, что особо подчёркивается отсутствие принципиального характера «национальных компонентов» репрессий в этот период. Я привожу этот пример, как иллюстрацию значительной сложности анализа репрессий, как показатель «скользкости» оценок по средним цифрам, да ещё рассчитанным неверно.

Теперь, наконец — к изданию, о котором писала мне Лариса Ивановна. Повторяю, что в 27-томном издании «Реабілітовані історією» имеется несколько томов, посвящённых Винницкой области. В в 1-м из них (http://www.reabit.org.ua/files/store/Vinn.1.pdf) - с ним желательно познакомиться каждому, интересующемуся историей «первого в мире государства рабочих и крестьян» - подробно описывается борьба ВЧК-ГПУ (Госполитуправление — впоследствии составная часть НКВД) с членами еврейских общественно-политических организаций (стр. 25 - 29). В Докладной записке начальника УНКВД по Винницкой области И. Кораблёва наркому внутренних дел УССР О. Успенскому про работу «тройки» в области от 15 мая 1938 г. сообщается, в частности, что «По сионистскому подполью вскрыты 3 шпионско - террористических организации. Осуждено участников 877 ч.» (стр. 304 — 306). В раздел «Очерки о репрессированных» включено сообщение А. Давидюка «Вінницький "Гехолуц": міфи і реальність» (стр. 839-853) о репрессированных лицах еврейской национальности. Как видно, и евреев не минул террор.

Но всё же и о т н о с и т е л ь н о е число репрессированных украинцев было заметно большим такового евреев. Имел бы я полные данные (характеристики репрессированных, их число по годам: поводы для репрессий были не одни и те же на протяжении исследуемого времени, их число по районам, национальный состав энкеведешников того или иного района, пр.), я бы сделал — поверьте мне — выводы, которые оспаривать было бы трудно. Однако, таких данных нет ни у кого, поэтому рассуждать о том, о чём почти ничего не известно, не имеет смысла. Да и не интересует меня эта тема столь глубоко, чтобы я ей занялся. Тут — в принципе — всё ясно: коммунистическое государство на одной шестой суши земного шара оказалось «почище» диктатур на остальных пяти шестых. КПСС до сих пор не покаялась —

и её, тем не менее, в ряде стран, возникших из бывшего СССР, терпят. О причинах этого — не тут рассуждать.

Меня занимает больше выяснение истины, опровержение лжи и предупреждение о недопустимости повторения тех или иных ошибок. В исторических исследованиях и публикациях, в первую очередь, важно, говоря словами Лины Костенко, «не покласти лжу на струни». К этому стремлюсь, за это воюю.

Но так как всегда найдутся те, которые спросят: «А всё-таки?», то я сейчас попытаюсь объяснить явное о т н о с и т е л ь н о е преобладание украинцев среди репрессированных. Первое, что надо для принятия моего объяснения: понимание того, с какой целью проводились репрессии. Ответ: во все времена — для с о х р а н е н и я   и   р а с ш и р е н и я и м п е р и и. Да, той самой Российской империи, которая существовала два столетия до Октябрьского переворота и которая, по мнению коммунистов, под названием СССР должна была существовать вечно и расширяться до размеров земного шара. Империю любого рода характеризуют, среди прочего, сильная централизованная власть, опирающаяся на мощную армию и полицейский аппарат, наличие, как правило, одной привилегированной нации и фактически одного государственного языка (называемого, для красного словца, языком межнационального общения), главенствующей религии, единственной политической партии (нередко, для «игры в демократию», наряду с ней — нескольких «карманных» партий власти), а также - подавление любых попыток отделения территорий, заселённых преимущественно одним из этносов.

Для предупреждения национального самоопределения границы территорий, отведенных для тех или других народов преднамеренно проводились так, что по сей день на Кавказе и в Средней Азии, в Поволжье и Прикамье, в Молдавии и на Украине остаются территориальны конфликты. Украинцы, как никто, в первые годы после Октябрьского переворота продемонстрировали свою волю к независимости. И это не было забыто центральной, московской властью.

Евреи же, в силу своей исторически обусловленной распылённости (Украина, Белоруссия, Молдавия, меньше — в других регионах), о выделении им отдельной территории и не думали. Даже непреклонные сионисты, видящие единственный путь национально-культурного возрождения еврейской нации в её территориально-государственном оформлении, конкретно на какую-то часть территории СССР не претендовали. Тиран придумал для евреев так называемую Еврейскую автономную область на … Дальнем Восток — и кое-кого удалось даже на время туда заманить. Так что в этом смысле евреи были для коммунистического Рейха совершенно не опасны.

Другая причина — сплочённость евреев, особо проявляемая в трудные для них времена у национальных меньшинств. Собственно, это и помогло евреям тысячелетия сохранять свой этнос, веру и язык. Никто уже и не помнит те народы, что пребывали на ближневосточных территориях до Новой эры. Существуют лишь несколько малых очажков на Ближнем

Востоке, где ещё есть живые носители арамейского языка — языка Иисуса Христа. А еврейский народ сохранил себя и свой язык. С точки зрения религиозной теории и практики, иудаизм имеет несколько ветвей, но о в о й н а х   м е ж д у евреями кто слышал? А о христианах различных конфессий, сражающихся друг с другом, а о мусульманах, — ужас! — обезглавливающих других мусульман, радио и телевидение сообщают нам ежедневно.

Я не идеализирую евреев — я ищу объяснение. И имею полное право, не опираясь на фактический материал (ибо его нет или никто его не разрабатывал), предположить, что ложное доносительство завистника - соседа, иного недруга, так распространённое во времена репрессий (Дорош М. - Червоний терор — Вінниця, 2008, стор. 28 — цитировано по О. Струкевичу «http://www.reabit.org.ua/files/store/Vinn.5.pdf, стр. 9 и 36»), среди евреев (против евреев!) встречалось относительно редко. А оно — это мы знаем — бывало исходным пунктом для ареста и дальнейшего произвола. Не «стучали» они на своих так часто и громко, как другие … На иных — случалось. И я не могу с уверенностью утверждать, что в целом (опять же в относительных показателях) клеветников среди евреев было меньше, чем среди других национальностей. Нет данных, да и получить их почти невозможно (см. например, дело инженера Вигдерзона — ниже).

В упоминавшемся уже томе «Реабілітовані історією, 1 кн., 2006» (выставлен в интернете в феврале 2016 г.) есть большая статья А. Давидюка о супругах Смолянских. Об Александре Филипповне (до замужества - Шмильковой), 1901 г. рождения, русской и её муже — Самуиле Борисовиче (1897-1937, расстрелян), еврее (с 1932 г. до ареста — председателе облплана и заместителе председателя Винницкого облисполкома). А. Ф., врач по специальности, в 1933 г. возглавила в качестве директора "Вінницький вечірній виробничий медичний інститут" (организован в конце 1931-го — начале 1932 г.). По другому говоря — рабочий факультет, готовящий не имеющих законченного среднего образования рабочих и крестьян к обучению в вузе, в данном случае — медицинском институте.

[Если вы подумаете, что на каком-нибудь из сайтов Винницкого медуниверситета им. Н. И. Пирогова можно найти данные о А. Ф. Смолянской, то вы заблуждаетесь. То же самое касается данных о другом директоре Винницкого медицинского института — Григории Давидовиче Бриллианте, 1897 - 1950, осуждённом в 1937 г., умершем в тюрьме. А ведь А. Ф. Смолянская и Г. Д. Бриллиант были полностью реабилитированы, им обязан институт наличием морфологического корпуса, студенческого общежития, терапевтического корпуса областной больницы им. Пирогова, пр. Сведения о Г. Д. Бриллианте можно почерпнуть из другой статьи А. Давидюка тут: http://www.reabit.org.ua/files/store/Vinn.2-1-58.pdf, стр. 36 - 42.

Да, у руководителей моей Alma Mater нет никакого желания дать полное представление об истории этого высшего учебного заведения ни в конце страшных 30-х годов, ни в не менее ужасном начале 40-х.]

Несколько позже А. Ф. Смолянскую назначили — по совмещению — главным врачом больницы им. Пирогова. Можете себе представить, сколько забот взвалили на плечи молодой женщины! И она руководила делами умело и успешно.

А в это время «член партии Р. Д. Гольдшмидт» (так подписывала свои пасквили эта врач) и позже присоединившаяся к ней другая врач Р. Б. Беккер, не уставая, заваливали НКВД письмами о вредительской деятельности А. Ф. Смолянской. В результате — её осудили и она провела 8 лет в лагерях. Подробности — см. на стр. 652 - 671 в указанном томе (http://www.reabit.org.ua/files/store/Vinn.1.pdf).

Весьма иллюстративно — по многим параметрам — дело инженера Винницкой электростанции Иделя Менашевича Вигдерзона (http://www.reabit.org.ua/files/store/Vinn.1.pdf стр. 310 - 319): «Приговор военной коллегии Верховного суда СССР от 5 октября 1938 г.». Я уж и не знаю, как тут можно разобраться, кто на кого из подсудимых возвёл напраслину, что' напридумывали палачи НКВД, дабы оправдать свои действия, и так далее. Это я — к тому, как сложен анализ времён репрессий и совершённых советской властью беззаконий. Подобных документов в этом 908-страничном томе достаточно, но я выбрал дело И. М. Вигдерзона, в котором речь идёт также об осуждённых бывшем директоре электростанции (русском), главном и сменном инженерах (евреях), украинцах… Кто кого оговаривал??

Часто сваливают всё на засилье евреев в репрессивных органах. Выдёргивают отдельные еврейские фамилии и жонглируют ими. Это — не доказательство. А кто приведёт полный анализ хотя бы по Винницкой области? Я уже представил в статье о Винницкой трагедии (http://www.proza.ru/2014/08/19/1249) факты совпадающей лживости немецких «исследователей» и их местных единомышленников, касающиеся национальности руководителей Управления НКВД по Винницкой области.

Евреев в органах НКВД, возможно, было - пропорционально национальному составу всего населения - больше, чем сотрудников других национальностей. Нельзя исключить предположение, что в ряде случаев они освобождали арестованных евреев. Но где цифры? Где неоспоримые доказательства? А всё, что пишут по этому поводу современные юдофобы, так же правдиво, как «Протоколы сионских мудрецов» - фальшивый антисемитский документ, которым с начала 20-го века по сегодняшний день размахивают последователи нацистов во всём мире.

«Иконографика», которая, собственно говоря, и послужила посылом, импульсом для этого моего выступления, того же поля ягодка, что и одиозные «Протоколы». И, что с огромным сожалением приходится отметить, оказывает развращающее влияние на малообразованных, не умеющих мыслить, к которым приходится отнести и неискусного составителя нелепого «меморандума».

Я понимаю, что любая человеческая жизнь бесценна. И всё-таки потеря любой нацией её лидеров — политических, культурных, религиозных, и так далее, оценивается - и среди представителей этой нации, и вне её - особо. Вы знаете, что за лидерами ведётся особая слежка, противники пытаются ликвидировать их в первую очередь. Можно ли утверждать, что к евреям был выборочно благожелательный подход во время репрессий, если среди среди

258

жертв были:

Чернявский Владимир Ильич (1893-1937), еврей; в 1932-1937 г. г. - первый секретарь Винницкого Обкома и горкома партии; в 1955 г. реабилитирован Верховным судом СССР.

Смолянский Самуил Борисович (1897-1937), еврей; председатель облплана и заместитель председателя Винницкого облисполкома; в 1956 г. реабилитирован Верховным судом СССР.

Бриллиант Григорий Давидович (1897-1950), еврей; заведующий облздравотделом, директор медицинского института; осуждён в 1937 г., умер в тюрьме. Реабилитирован -?

Соколинский Давид Моисеевич (1902-1940), еврей; в 1932-1936 г. г. начальник ГПУ по Винницкой области. Не реабилитирован.

Список можно продолжить. Не все перечисленные и прочие евреи были беспорочными людьми, некоторые — покорными исполнителями указаний, исходивших из установок тирана, часть выполняла «задания партии» даже с энтузиазмом. Но, повторяю, ссылаясь на пресловутый низкий процент евреев среди репрессированных лиц, создавать мнение о как бы «еврейском терроре» в основном против лиц других национальностей — не только глупо, но и подло.

Прочитайте Протокол судебного заседания Военного Трибунала войск НКВД Киевского округа в г. Винница 26 апреля - 6 мая 1941 года по делу бывшего начальника УНКВД по Винницкой области Кораблёва Ивана Михайловича (русского), бывшего начальника 3-го отдела того же УНКВД Запутряева Александа Михайловича (русского) и бывшего заместителя начальника 4-го отдела того же УНКВД Ширина Лазаря Наумовича (еврея) и вы увидите, что национальности подсудимых, других содержащихся под стражей подсудимых (свидетелей) и просто свидетелей никого во время суда не интересовали (http://www.reabit.org.ua/files/store/Vinn.5.pdf, стр. 57-162).

P. S.

19-го декабря 2016 г. Дмитро Левчук опубликовал в «Історії Вінниці» под названием «Антибільшовицька агітація подільських повстанців отамана Гальчевського, 1922 рік» листовку с явными антиеврейскими рисунками и текстом. Но это — исторический документ и ознакомление с ним может быть полезно всем. Правда, автор публикации постарался как-то смягчить чётко просматривающуюся антиеврейскую направленность листовки, обозначив её как «антибольшевистскую агитацию», что, судя по содержанию листовки, вполне легитимно.

И всё же Сергій Фазульянов (Sergii Fazulyanov) заметил, что это не антибольшевистская, а антисемитская агитация. Публикатор опять смягчил, назвав листовку антитроцкистской. Но всё равно на следующий день реплика Сергея Фазульянова почему-то исчезла. Навряд ли убрал он её сам. Если так, то только — модератор, скорее всего, сам А. Федоришен. Почему же?

С. Фазульянов — внук татарина, но свободно владеющий и русским, и украинским языками (он, как мне представляется, переехал из Донбасса), продемонстрировал свою интернациональную позицию, национально-нейтральную, так сказать. И тут же был одёрнут

259

- так?

Я с С. Фазульяновым не знаком, хотя видел его несколько секунд в читальном зале Винницкого областного архива. Он уходил, прощался с персоналом архива, а я в это время вошёл в читальный зал. Я его узнал, он меня, разумеется — нет. Сразу бросилось мне в глаза (как никак - я врач, да и пожил немало), что С. Фазульянов — человек дельный, активный. Вот мне и обидно за него, за то, как была оценена его реакция на означенную листовку.

7-го ноября была опубликована моя статья «Разобраться в чём-то винницком ....» (http://www.proza.ru/2016/11/07/970). Александр Петровский анонсировал это в «Винничанах и в Історії Вінниці». Из «Истории ...» её тут же удалили. Я понимаю, что допускать как бы рекламу статьи, где он критикуется, обвиняется в грубой профессиональной и нравственной ошибке, А. Федоришен не смог. А возразить мне, вероятно, не было чем. Но убирать реплику С. Фазульянова — это уже «душо'к»!

Тем более, что реплика с плохо скрытым подтекстом (тем же «душком») Igor'a Kovalchuk'a от 20-го декабря оказалась неприкосновенной. Того самого ИК, который с поросячьей радостью отмечал, что Винница теперь, как и после уничтожения евреев во время оккупации — «юденфрай». Не совсем свободна, но — почти (евреев — менее половины процента всего населения, а до войны, напоминаю — одна треть всех горожан областного центра). После публикации этой моей статьи (http://www.proza.ru/2016/09/13/413) ИК тоже сменил картинку на своей странице. И если раньше был он там радующийся (ещё бы не радоваться: «Моя! Вінниця! Красиве місце! Но не єврейске! І воно моє!»), то теперь — в образе злого пса у микрофона. К этой оскалившейся собачьей морде и добавлять мне ничего не надо. Кроме — что, честно говоря, не ожидал наличия у ИК настолько развитой самокритики.

Мне — я подчёркиваю уже который раз — навязчивая реклама моих статей-публикаций и книг не нужна. «Мою библиотеку» читатели посещают круглосуточно, массово. Если уж счётчик Прозы.ру показывает за 70 тысяч, а он учитывает в разные дни только каждого второго - двадцатого посетителя моей страницы, то мне, как пели в песне, «не стоит печалиться», у моих книг «вся жизнь - впереди»!

А насчёт «душка'» на сайте «Історія Вінниці» можете прочитать тут: http://www.proza.ru/2014/09/01/2047.

Опубликовано 04.01.2017.

P. P. S.
5-го января 2017 г. А. Федоришен прислал мне обиженное письмо, в котором, в частности, значилось:

"Відповідати на Ваші безпідставні натяки щодо звинувачення мене в антисемітизмі я не буду. Не маю ані часу, ані бажання... [ни аргументов, добавлю я от себя - С. В.].

260

Скажу лише, що Ви шукаєте чорну кішку в темній кімнаті. Але її там немає.
P.S. Коментар Фазульянова автор посту Левчук видалив сам, не маючи бажання розвивати тему, даючи поживу десяткам інтернет-тролів."

Ну, что сказать? - реакция "нормальная". И я дал на неё развёрнутый ответ. Вернее, была бы таковой (нормальной), если бы не то', что я тут же обнаружил и о чём немедленно в ещё одном E-mail сообщил А. Федоришену:

"Странно, но на своей странице Ваш коллега по Википедии "забыл" что ли это изъять?:
Сергій Фазульянов Схоже вони не стільки антибільшовицькі скільки антисемітські
19 декабря 2016 г. в 14:43
Левчук Дмитро Антитроцькі!
19 декабря 2016 г. в 15:04
Левчук Дмитро вже тоді почали боротись з троцкізмом)
19 декабря 2016 г. в 15:15
Копия сделана сейчас."

То есть, я подчеркнул, что удаление замечания С. Фазульянова на "Історії Вінниці" - в чём я уверился уже полностью - было делом рук самого руководителя этого сайта.
Ясно? Произошло взаимообогащение: СМ позаимствовал непригодную "иконографику", а А. Федоришен у него - "надёжный метод уйти от правды".

Нет, не зря я так назвал эту публикацию!

07.01.2017

Дедушка, а маланцы - это кто такие?

> Нам не дано предугадать,
> Как слово наше отзовётся,-
> И нам сочувствие даётся,
> Как нам даётся благодать…
>   Ф. И. Тютчев (1869)

Уже не в первый раз тема моей статьи рождается на сайте «Історія Вінниці». В данном случае замысел возник при знакомстве с обсуждением публикации «Было ли в оккупированной нацистами Виннице гетто?» (https://www.facebook.com/groups/historyofvinnytsia, от 28 января 2017 г.)

Всё началось с несколько наивного, но вполне логичного вопроса, который поставил Віктор Маслій: «А чому вони в оголошенні пишуть жиди а не євреї? тоді що євреїв ще не було ?» (А почему они в объявлении пишут жиды, а не евреи? Тогда что евреев ещё не было?). Тут же ему были даны правильные и вежливые, как теперь говорят, корректные ответы. Ободрённый оказанным ему вниманием, Виктор Маслий поинтересовался далее: «Интересно, когда слово еврей вошло в наше употребление, в царской России им не оперировали … по крайней мере, я не могу найти свидетельств широкого употребления. И создаётся впечатление, что в Украине еврейство было украинско-язычным в основной массе.»

Увы, намёк Виктора Маслия на то, что ему было бы интересно узнать ещё кое - что и получить подтверждение создавшегося у него впечатления, как бы не был понят (мол, вопросительного знака нет — чего же разъяснять?). Посему я решил начать как раз с этого — и поделиться своим впечатлением о слове «еврей» и его употреблении при правлении Романовых, а также о том, каковым, с точки зрения «язычности», было еврейство на Украине.

В коллаже представлены метрическое свидетельство моей матери, «Оглавление» книги «Вся Винница» (1911), а также — помещённые в «Путеводителе …» (см. ниже) рекламные объявления. Слово «еврей», как видно по метрике и по «Оглавлению» книги («Еврейский календарь, Винницк. район. комит. евр. кол. о-ва, Об-во пособия бедн. евр. г. Винницы, Винницкое еврейск. литер. о-во»), было «широко употребительно», им «оперировали» - и ещё как! (причём, в основном - «без наркоза»).

А что касается еврейства, то в городах оно было преимущественно идише- (дома) и русско-украинско-язычным (в обществе). Обратите внимание: объявления и реклама в книгах — на русском языке, который насаждался властями; украинский язык, как и польский, «были в ходу» реже, но на рынках, не исключаю, использовался украинский язык намного шире. Хотя, если честно признаться, мне не только научно-достоверные, но и хотя бы какие-либо другие данные по этой тематике не встречались. Написанное выше — логическое заключение из моих представлений об общественной и языковой ситуации в Виннице начала 20-го века. Основано оно, в основном, на знакомстве с указанной выше книгой «Вся Винница» (учебные заведения, общества, библиотеки, пр. - http://www.proza.ru/2010/12/24/1462).

На представленных Михаилом Потупчиком 23.01.2016 г. на сайте «Історія Вінниці» фотокопиях страниц «Путеводителя и справочника по г. Виннице» видно, какие языки и насколько широко были распространены в начале 20-го века. Обратите внимание на рекламную печать, проставленную на первой странице этого издания: «Книги - русские, польские, французские, немецкие, пр.» (такая вот последовательность упоминания). В другом месте: «Книги - на русском, еврейском, польском, немецком, французском и малорусском языках.» Это — не прихоти книготорговца и соиздателя «Путеводителя...» В. С. Райхера, это — отражение удельного веса торговли книгами на означенных языках.

Другое дело — в местечках, в деревнях. Помню, по моим прародителям из Хмельника, что бабушка разговаривала со мной на нередко загадочной для меня смеси идиша и украинского языка (странно, но часто с ударениями в словах, как я через много лет это понял, свойственными польскому языку: на предпоследнем слоге). А дедушка говорил со мной по-русски, но, конечно, владел ивритом (на этом языке молились), идишем и украинским языком (на которых разговаривали дома и вне его). Это я слышал, хотя сейчас качество дедушкиного русского или украинского языков вспомнить не в состоянии: дедушка умер в 1948-м, а бабушка тремя годами позднее. Об иврите и идише, вообще, молчу: я их не знал тогда и не знаю сейчас, хотя идиш — после изучения немецкого — кое - как понимаю.

Несколько слов о Метрической справке — вы ведь такую никогда не видели. Казённый (то есть, государственный) раввин избирался и оплачивался еврейскими общинами, но обязательно должен был быть потом утверждён губернскими властями. Требовалось, как минимум, общее среднее образование и, конечно, хорошее знание русского языка. Казённый раввин официально представлял общину в правительственных учреждениях. Одной из обязанностей казённого раввина было ведение книги записи рождений, бракосочетаний и смертей.

Имя моей матери поначалу, как из метрики явствует, было «Хая» (означает «Жизнь» - иврит), но в советское время заменилось не на, соответственно, «Вита» (лат. - жизнь), а на «Клара» (означает «Ясная» - лат.). Отчество — на «Мироновна», хотя «Меер» означает «Светящийся, Сияющий» (ивр.), а «Мирон» — «Плачущий или Благоухающий» (др.- греч.). Это всё — из-за того, что ни в проклятое царское время в хедере - начальной еврейской школе, ни в счастливое советское время в никакой школе не учили ни латыни, ни древнегреческому, на которые так неудачно «выкрестили» иудейские имена. Почему это «выкрещение» произошло, объяснять не надо — и так ясно. Откуда потом в советском паспорте студентки Воронежского университета появилась национальность «еврейка» - тоже понятно: метрическая справка-то — из книги о родившихся е в р е я х. Что объяснить не могу — это: а) дату выдачи метрики через четыре с половиной года после рождения, б) выдачу «исключительно для представления в учебное заведение». Куда это дед отправил на учебу маму в этом возрасте?

***

[В распроклятое время черты оседлости и прочих ограничений для евреев последние всё же обязаны были на организуемых властями манифестациях и после обязательных патриотических проповедей (чаще всего - на русском языке) казённого раввина в синагоге в дни государственных праздников и тезоименитства императора скандировать «Да здравствует самодержавие!». Но две буквы «р», особенно в слове «здравствует» - после двух согласных - давались им с трудом: согласованно выкрикивать здравицу не получалось. Ещё хуже выходило с «Да здгаствует Вгеменное пгавительство!».
Как евреям тогда показалось, произошла - на их счастье - Великая Октябгьская

социалистическая геволюция — и трудно выговариваемые ими призывы приказали долго жить. Так как в означенном Октябрьском перевороте евреи играли далеко не последнюю скрипку, они решили подобрать подходящее возможностям их артикуляции приветствие.

(Потерпите ещё минутку: сейчас вы, наконец, поймёте, почему я именно тут об этом сообщаю.)

Дело в том, что женскому имени «Хая» (напоминаю, в переводе с иврита - «Жизнь») соответствует мужское имя «Хаим» (с тем же жизнеутверждающим значением). А о чём-то среднего рода (но с тем же значением) говорят «Хай». Как раз украинское «життя» оказалось нужного племени и рода. Словом, «Хай живе!» («Жизни жить!» - на иврито-украинском) подходило как призыв для революционных масс обоих народов лучше всего. А, главное, выговаривалось легко и быстро, чему даже не мешала прилипнувшая к этим двум словам ещё одна парочка слов: «великий Жовтень» (никакого же сравнения с непроизносимым «Октябгь»!). Так вот и родился проживший семь десятилетий с небольшим хорошо знакомый всем клич во время демонстраций на почивших в бозе винницких улицах имени Первого Мая и Ленина.

Сейчас, во время языковых разборок, откровенно признаться евреям в том, что они тайно совершили с р-революционным кличем сионистский подвох, ещё, полагаю, не поздно. Кормить мансами (ро'ссказнями, небылицами) — мол, «Хай» - это, по - украински, «Пусть», «Чтоб» и так далее, уже не получится!

Да и прочих поводов для еврейского раскаяния немало: советская власть, после двух десятилетий властвования, настолько прижала народ - соавтор сего интернационального приветствия, что ему (народу) ничего другого не оставалось, как, обращаясь к ней (власти), плакаться – без буквы г – на чисто украинском языке: « Ти ж мене підманула, ти ж мене підвела».]

***

Возвратимся к вопросу о «широте употребления» слова «еврей». Ответить просто так: «часто» или «редко» — означает «отмазаться», не прояснив ничего. Надо, прежде всего, вопрос конкретизировать: в каком варианте того или иного языка, в какой социальной среде, и ещё, и ещё…

Поясняю: каждый язык имеет свои подструктуры. К ним относятся язык бытовой, язык официальный, язык литературный, язык профессиональный (различных профессий), язык криминальный (воровской жаргон), язык религиозный … Причём, всё это — в зависимости от богатства и сложности того или иного базового языка, от образованности широких слоёв населения, от исторических условий … Мне говорили, что арабский язык улицы и язык, например, театра — почти два различных языка. Или же - письменность, не говоря уже о тех языках, в которых для письма используются иероглифы.

И ещё одно: языки развиваются (изменяются). Вчера получил от Рашита Ахметова —

редактора казанской независимой газеты «Звезда Поволжья» очередной номер (№ 6, 16-21 февраля 2017 г.) со статьёй В. Е. Жаботинского (1880-1940) «Урок юбилея Шевченко» (1911). Почему Р. Ахметов её опубликовал (да ещё через 106 лет после 50-летия со дня смерти Т. Г. Шевченко!), вы поймёте, ознакомившись с текстом статьи, который имеется в интернете (http://politikan.com.ua/8/0/0/63301.htm). Статья выдающегося одессита (по месту рождения) и сиониста-ревизиониста (по убеждениям) оказалась и для нашего времени (особенно, в свете украинско-российских взаимоотношений) весьма актуальной. А для этой публикации я выделю следующее место:

«Украинский народ сохранил в неприкосновенности то, что есть главная, непобедимая опора национальной души: деревню. Народу, корни которого прочно и густо впились на громадном пространстве в сплошную родную землю, нечего бояться за свою племенную душу, что бы там ни проделывалось в городах над бедными побегами его культуры, над его языком и его поэтами. Мужик все вынесет, все переживет, всех переспорит и медленно, шаг за шагом, но неуклонно и непобедимо со всех сторон втиснется в города, и то, что теперь считается мужицким говором, будет в них через два поколения языком газет, театров, вывесок — и еще больше.»

А пока можно смело констатировать (примеры выше): в официальном языке Российской империи использовалось, по крайней мере в начале 20-го века, для обозначения лиц иудейской веры слово «еврей». Фактически же (см. ниже) — задолго до этого времени.
А — не «еврей»? Например, «жид» — где и когда? Вот об этом мы и порассуждаем. Но сначала — немного теоретических сведений, а лишь потом — примеры из практики.

Существуют следующие понятия:
Этноним (автоэтноним) — самоназвание народа.
Экзоним (экзоэтноним) — название (названия) народа, не употребляющееся (-щиеся) местным населением или народом, в том числе и на официальном уровне, однако используемое (-мые) по отношению к ним внешними сообществами (другими народами, в иных местностях и странах).

Примеры: русские говорят «якуты» (самоназвание - саха; мн. ч. сахалар), «чеченцы» (самоназв. - нохчий), «башкиры» (самоназв. - башкорттар), и так далее.
С нами, говоря по-русски, «немцами» или, как называют нас украинцы, «німцями» — ещё веселее. Мы себя именуем Deutsche («дойче»), а для французов мы — «аллеманн», для англичан - «джеманс», для турок и татар — «алман», для эстонцев — «сакса», и тому подобное ещё много-много раз, но всегда — по-иному! Что же — на всех обижаться? Требовать от них обращаться к нам только со словами «Herr Deutsche, Frau Deutsche»?
Нет и нет! Тем более, что нас, например, в Эстонии никто и никогда не пытался обидеть, называя «алманами», а во Франции, наоборот - «саксами».

[Если кто удивился, что я вдруг превратился в немца, то объясняю: в ФРГ (и не только в ней) не этническая принадлежность определяет национальность, а гражданство (подданство). Конечно, исследователи моей научной и литературной деятельности, чтобы показать их осведомлённость, будут указывать в будущем, как это принято в Германии, «известный немецкий учёный, историк, писатель, эссеист, пр. с еврейскими (украинскими, русскими) корнями» (см. - http://www.proza.ru/2016/09/17/1151). Но это будет пото'м, а сейчас я, по паспорту (см. коллаж) — ein reinrassiger Deutsche (чистокровный немец). Признаете вы это или нет, но я в этом отношении не хуже ни Карла Маркса (помните такого?), ни автора бессмертного «Свадебного марша» и десятков столь же популярных сонат, ораторий, концертов, каприччио и так далее Феликса Мендельсона Бартольди, ни Жака Оффенбаха (который, на самом деле, был Якобом и - не французом), сочинившим оперетты и оперу «Сказки Гофмана», которые вот уже без малого полтора века после его смерти не сходят со сцен театров во всём мире. Перечисление можно продолжить, но эти три мне особенно близки. Я был в доме Марксов в Трире — городе рождения автора «Капитала», в музее Мендельсона Бартольди в Лейпциге (в доме, где он проживал и умер) и на могиле Оффенбаха на парижском Монмартре (с великолепным памятником). Всем им, рождённым как немецкие евреи, пришлось, чтобы стать «просто немцами», сменить веру: первые два стали протестантами (лютеранами), третий — католиком. А мне, безбожнику, достаточно было только получить немецкий Personalausweis и Reisepass!]

Интересно: как объяснить, почему после войны дети (да, и взрослые), пересказывая содержание нового военного фильма, говорили не о «немцах», а - как бы, свысока - о «фрицах»? Если немцы советских военнопленных звали «иванами», то это можно ещё как-то понять: использовалось наиболее распространённое, типичное, исконно русское (правда, древнееврейского происхождения) имя. В полных святцах оно встречается 170 раз, то есть, почти через день. Отсюда - на селе в начале 20-го века каждый четвёртый мужчина звался Иваном (годы рождения — призывные в 1941-1945 г. г.). Но имя «Фриц» (краткая форма от «Фридрих») было в те же годы в Германии распространено значительно меньше: в Баварии — 5-6%, в других частях — ещё реже (до 1,5%) - см. Michael Wolffsohn, Thomas Brechenmacher – Die Deutschen und ihre Vornamen – Diana Verlag, Muenchen-Zuerich, 1999.

Любопытно: экзоэтнонимами могут становиться и п р о з в и щ а народов, которые со временем с ними смирились. К примеру, экзоэтноним мордва многими ошибочно воспринимается как самоназвание народа. Между тем, такого народа нет: мордва — обобщающее понятие для двух весьма различающихся по основным признакам (от антропологии до языка и духовной культуры) народов — эрзя и мокша.

***

Евреи — это народ, национальную принадлежность (в нынешнем её понимании) которого раньше полностью определяла религия. Поэтому иудеи и евреи —

267

однозначные понятия. Православные — это не только русские, но и, как правило, украинцы, греки, болгары, сербы, та же мордва, пр. Католики — не только итальянцы, испанцы, поляки, и так далее. Но иудеи — только евреи! И те, кто были рождёны евреями, и те, кто обратился в иудаизм. Есть различные этнические группы евреев, но все они — е в р е и. Называют они себя по-разному, причём «иег(х)уди» (в Израиле) - ивритского происхождения, а «джу» (в Англии), «жюиф» (во Франции), «юдэ» (в Германии), «жид» (в Польше, Чехии), «жидас» (в Литве), «иудей» (в России), пр. - греческого происхождения [произношение этих слов, записанное русскими буквами - весьма приблизительное, но никакие уточняющие значки на Проза.ру не пропечатываются.]. Евреи Восточной Европы, говорившие на идиш, называли себя «идн».

Слово «еврей» исходит из латинского «юдеус» (иудей), от последнего пошло итальянское слово «джудео» (в Италии евреев называют и «ибрео», то есть, «гебреи» - из арамейского языка), которое трансформировалось в позднепраславянском языке (праязыке, из которого произошли славянские языки) в «жид».

И ещё - немного теории.

Есть в языкознании такое определение, как коннотация — дополнительное, сопутствующее значение языковой единицы. Далее следуют несколько сложные для быстрого понимания три предложения, но я их разъясню (сам уже успел в них разобраться).

Коннотации представляют собой разновидность прагматической информации, отражающей не сами предметы и явления, а определённое отношение к ним. Воздействие прагматики определяется содержанием и оформлением высказывания. В результате перевода часть прагматического значения может быть утрачена (https://ru.wikipedia.org/wiki/Прагматика).

То есть, вы читаете (в текстах царского времени) по-русски «жиды» и можете только гадать, что' автор этим словом хотел сказать об евреях: просто обозначить национальность, использовать в качестве порицающего или бранного слова, отметить присущее какой-то группе лиц (не-евреев!), назвав их так, к примеру, выраженной скупости (см. также ниже), пр. Но этот же текст, переведенный на польский язык, будет предполагать совершенно нейтральное определение людей еврейской национальности. И для придания ему того или иного оттенка уже обязательно необходимо соответствующее имя прилагательное.

Если речь пошла о времени после Октябрьского переворота, то тут уже, несомненно, слово «жид» является бранным. Таким его объявили власти и фактически превратили в непристойное, запретное (нецензурное), что касалось любых печатных изданий. Изъять же его из обихода — тут необходимы были иные подходы и длительное время. Через четверть века после Октябрьского переворота власти уже передумали, но вводить снова в печатные издания слово «жид» по каким-то соображениям не решились. Вместо этого пошли в ход для обозначения евреев прежде малоупотребительные слова «сионисты» или «космополиты» (в принципе, не имеющие сами по себе негативного оттенка) и даже «убийцы в белых халатах» (позорное «Дело кремлёвских врачей» 1952-1953 г. г.).

Поэтому ещё один термин для нас важен. Это - этнофолизмы («экспрессивные этнонимы»)— названия соседних народов с отрицательной коннотацией, элементы языка вражды («москаль», «хохол»). Так пишет «Википедия», с чем я не могу полностью согласиться. Какой язык вражды присутствует, к примеру, в рассказе гордого молодого русака о танцах в клубе: «Весь вечер проплясал с красивенькой хохлушкой!». Украинка — национальность в паспорте, а хохлушка — признак весёлого нрава, приятного акцента русского языка, мелодичности речи, чернявости. Или: «Он не здешний - москаль.» Тут намного больше географического, чем враждебного. Таково моё мнение, а вы — как хотите.

Этнофолизмы могут использоваться и с другой целью: как характеристика людей любой национальности с чертами характера, особо свойственными (на самом деле или же только в существующем представлении) той или иной национальности. Поэтому, например, очень педантичный русский человек может получить прозвище «немец», а предельно скупой украинец - «жид». Хотя (во всяком случае, для меня теперь) педантичность немцев — больше миф, чем истина: профессор тут «имеет право» опаздывать на лекцию на 15 (!) минут. Это даже получило «оправдательное» название: «профессорская четверть» (ча'са). А о присущей вроде бы особенно евреям скупости писал ещё В. Г. Короленко в рассказе «Судный день (Иом-Кипур). Там далеко не безгрешный мельник-ростовщик рассуждает следующим образом:
«Все-таки жидюга, так жидюга, не ровня же крещеному человеку. Если я и беру лихву,- ну и беру, этого нельзя сказать, что не беру,- так ведь лучше же, я думаю, отдать процент своему брату, крещеному [то есть, ему, мельнику — С. В.], чем некрещеному жиду».

Удивительно, что евреи воспринимали подобные пассажи как свидетельство антисемитизма писателя. Чепуха! Таково представление было у народа, чему способствовали власть, церковь и, конечно, сами евреи. И писатель об этом правдиво писал. А в истории с пресловутым судебным процессом о ритуальном убийстве В. Г. Короленко своим очерком «Дело Бейлиса» (1913) показал себя честным и справедливым гражданином безо всяких юдофобских отклонений.

Перед тем, как перейти к примерам из большой литературы, упомяну ещё о том, что представители одной и той же национальности, проживающие в р а з н ы х странах, могут называться по-разному.
«Ру'сини' (русин, русинка): стара назва українського населення Буковини, Галичини та Закарпатської України» — см. Академічний тлумачний словник (1970-1980). Это самоназвание - русины или руськие — на западе б у д у щ е й Украины употреблялось до первой четверти ХХ века. А в русском языке в то время украинцы именовались

малорусами и представлялись среди остальных русских лишь народностью.
Вуйки - национальная кличка галичан — жителей Западной Украины: Тернопольской, Львовской и Ивано-Франковской областей современной (2010 г.) Украины. Синонимы: галичане, галицийцы, западенцы (http://teenslang.su/id/12366).
Если название «русин» не приобрело никакого негативного оттенка, то о названии «вуйка» такого не скажешь. Ещё раз убедился в этом при недавнем телефонном разговоре с тернопольской украинской семьёй. Меня даже переспросили, понял ли я, почему одного из депутатов Рады они «наградили» этим словом.

Бывают и совершенно фантастические истории, связанные с национальностью.
На южной территории Дальнего Востока во времена Российской империи или, по-другому, на обширной территории нынешних Амурской области, Приморского и Хабаровского краёв существовала так называемая Закитайщина (Зелений Клин — укр.). Клин — это, в смысле, зе'мли, заселённые украинцами ещё в царские времена. И, представьте себе, были, при обсуждении планов национальных образований в СССР, требования считать эту территорию частью Украины. Не получилось: и доля украинцев там с 1939-го до 2010-го года снизилась с 9,1 до 2,8%.
Но это ещё не всё. Когда Сталин решил избавиться от большей части евреев на европейской части территории СССР, он «заложил» так называемую Еврейскую автономную область среди вот этого, по-украински, Зеленого Клину. Не исключено, что логика тирана была прямолинейной: где больше всего евреев? - на Украине. Значит, к украинцам их и — подальше. Доля евреев в донельзя смешно звучащей теперь Еврейской АО за указанные выше годы упала с 16,2 до 1%. Как вам нравится такая «многочисленная» титульная (то есть, определяющая название Автономной области) нация?

***

Перейдём к примерам из практики.
М. Горький в очерке о В. И Ленине упоминал слова' последнего о Л. Н. Толстом: «Какая глыба, а? Какой матёрый человечище!» Такой «глыбой» мне представляется Иван Яковлевич Франко. Посему начну с него.

В школе, в пятидесятые годы прошлого столетия, И. Я. Франко, как было принято говорить, «проходили». То есть, творчество И. Я. Франко входило в школьную программу по изучению украинского языка и литературы. Я уже писал в «Моей Виннице», что с учительницей украинского языка мне повезло. В программу входили социальный роман (повесть) «Борислав сміється», стихотворение (поэма) «Каменярі» и гимн «Вічний революціонер». Поэзия И. Я. Франко, вы это знаете, не проста: и сложноватые для чтения размеры стихосложения, и большое количество незнакомых западно-украинских слов, и - нередко - малопонятные темы. А вот повесть была доступна, об употребляемом там слове «жид» - уж оч-чень понятном, но не принятом в советской литературе, Неонила Антоновна Грицюк нас предупредила (это, мол - из

270

польского языка). Мне «Борислав сміється» настолько понравился, что несколько позднее, будучи студентом, специально обошёл эти края: Дрогобыч, Борислав, Трускавец (фото 1960-го года на опоре от бывшей нефтяной вышки - http://www.proza.ru/2011/12/31/1214). Но что я тогда знал и понимал: как в жизни, так и в творчестве И. Я. Франко? Заметил в Бориславе подобную винницкой (в центре, на улице Ленина) брусчатку — и уже радость! Хотя брусчатка такого рисунка - не винницкая, а польская.

Повесть И. Я. Франко «Борислав смеётся» была написана 25-летним галичанским русином, в котором по его словам, был «кавалочок німця» (маленький кусочек немца) в 1881 г. В 1880 г. 62 (шесть-де-сят два!) процента населения этого местечка составляли евреи (в нынешнее время — 0,00%). Они, кстати, были не только управляющими, но и представляли основную массу рабочих в начальном периоде разработки нефтегазового и озокеритного месторождения в Бориславе. Об этом и прочем можно сейчас свободно прочитать в интернете, но кто в 50-е годы прошлого столетия знал такое?! Посему, поверьте, не статистика национального состава населения Борислава конца 19-го столетия превратила меня в почитателя творчества И. Ф. Франко. Я в «Моей Виннице» упоминал, что среди строго отобранных для пересылки мне в Германию книг из моей личной библиотеки находился двухтомник И. Я. Франко на украинском языке (1986). Произошло это задолго до того, как я «открыл» (для себя) в интернете эти статистические данные.

Вернёмся к повести И. Я. Франко. Я цитирую: «Леон Гаммершляг, високий і статний я;ид з кругло підстриженою бородою, прямим носом і червоними, мов малини, устами.», несколько далее - «.. се був кагал жидівський з рабином всередині...». Этих двух цитат достаточно, чтобы показать, как, обозначая одно и то же разными словами, И. Я. Франко добавляет к характеристике персонажей прямо не указанные, но подразумевающиеся отличия. Первый богач - «яїид» (в украинских интернетовских текстах повести - вместо, скорее всего, буквы «і с двумя точками», которая не распечатывается, а заменяется, как и прочие не-русские буквы кириллицы, на точку с запятой), в русских текстах это слово часто ещё с советских времён просто выбрасывается из текста. А прочие (не богачи) — «сборище жидовское с раввином среди них». Правда, в некоторых интернетовских публикациях читаем: «Леон Гаммершляг, високий і статний жид ...». Но всё же первоначально у И. Я. Франко было написано, как мне кажется, «яїид»: иначе, откуда такому слову взяться в тексте? Находясь в ФРГ, уточнить мне это довольно хлопотно.

Вы понимаете, что я никак не могу считать И. Я. Франко антисемитом из-за употребления им слова «жид» или не очень лестных характеристик, данных им еврейским богачам того времени. Антипольских мотивов в его творчестве тоже хватало, но надо понимать, что И. Я. Франко был человеком своего времени. И стоял — в главном — намного выше и впереди большинства интеллигенции Галиции, не разделяя её националистические, реакционные и религиозные предрассудки. Поэтому

271

не считал «вражьими» языками ни немецкий (который в его ранние годы был в Галиции государственным языком), ни польский (сменивший в этой функции немецкий), ни какие-либо иные языки, включая идиш. И т в о р и л на них!

В здании тернопольского «Мещанского братства» (ныне — здание областной филармонии) в 1911 г. И. Я. Франко читал переполненному залу свою поэму «Мойсей», что отмечено на мемориальной доске, прикреплённой рядом со входом в здание постройки 1903-1904 г. г. Когда я жил в Тернополе и интересовался историей того края, из местной прессы узнал, что И. Я. Франко читал эту поэму на языке, на котором она была написана изначально, а уже затем переведена им же на украинский язык (И. Я. Франко занимался переводами своих произведений на другие языки, которых он знал более десятка; прозу он писал только на трёх языках: украинском, польском и немецком, а поэзию — ещё и на других языках). Так вот, «Мойсей» был написан сначала на идише, который столь одарённый человек просто не мог не знать. Он ведь родился и вырос в местности, где евреев было не просто много, а где они п р е о б л а д а л и.

Не могу гарантировать, что это было именно так: документов не видел. Но предпосылки для такой возможности, как я указывал, были. И - ещё одно: И. Я. Франко значился среди первых украинских литераторов, которые были в состоянии зарабатывать себе на жизнь одним лишь творческим трудом. А евреи Тернополя могли хорошо заплатить за «Мойсея» на идише. Евреям в Тернополе принадлежало многое, что вылилось в выражение «польськи ули'цы — еврэйски камьяни'цы» (здания). То, что на мемориальной доске, отлитой в советское время, об «идишском» «Мойсее» не упоминается — не удивительно.

В поэме «Мойсей» И. Я. Франко использовал следующие определения понятия «евреи»: «А на зборі Ізрайля синів ...», «Гей, гебреі!..», «Чорноокі гебрейки ...». Одним словом - «гебреі». Слова' «жид, жиды» (lud żydowski - польск.) тут были бы просто не до ладу (неуместными): их в Мойсеевы времена не существовало. Но - в поэтическом цикле «Жидовські мелодіі» ... И так далее …

Читаем у другого классика украинской литературы, у Т. Г. Шевченко: «А жид старий Ніби теє знає, Дочку свою одиноку В хаті замикає (Тарас Шевченко, II, 1953, 158). Казалось бы, всё ясно. Увы, - не так.
В 1858 году в нескольких номерах российского журнала «Иллюстрация» был помещен ряд антисемитских статей, что вызвало бурные протесты в прессе. Особенно резкую позицию занял журнал «Российский вестник». Протест против антисемитских публикаций «Иллюстрации» подписали более 100 российских писателей, ученых, актеров. Присоединились к протесту и известные украинцы Н. Костомаров, П. Кулиш, Марко Вовчок, М. Номис и Т. Шевченко. Более того, они прислали в редакцию «Русского вестника» свой отдельный протест, который также был опубликован в журнале (читайте внимательно! — С. В.):

272

„…выражая мнение о еврейском вопросе того народа (украинцев — С. В.), который больше великороссиян и поляков терпел от евреев и выразил свою ненависть к евреям, во времена оны, многими тысячами кровавых жертв. Этот народ не мог входить в причину зла, заключавшуюся не в евреях, а в религиозно-гражданском устройстве Польши… И несмотря на то, современные литературные представители этого народа, дыша иным духом, сочувствуя иным стремлениям, прикладывают свои руки к протесту «Русского вестника» против статей «Иллюстрации»“.

Как видите, речь идёт о «евреях», а не о «жидах». Ещё одно свидетельство «широкого употребления» слова «евреи». Всему (в том числе, и слову) — своё место.

Дадим слово фундатору современного русского языка А. С. Пушкину:
«Не то беда, что ты поляк:
Костюшко лях, Мицкевич лях!
Пожалуй, будь себе татарин, —
И тут не вижу я стыда;
Будь жид — и это не беда;
Беда, что ты Видок Фиглярин.»
Это — в выступлении поэта против шовинизма. Несколько подозрительно, правда?

Но вот — проза. В «Капитанской дочке» Иван Иванович Зурин, ротмистр гусарского полка, объясняет Петруше Гриневу, почему офицеру необходимо уметь играть на бильярде: «В походе, например, придешь в местечко – чем прикажешь заняться? Ведь не всё же бить жидов. Поневоле пойдешь в трактир и станешь играть на биллиарде». События эти происходят вскоре после первого раздела Польши, в результате которого польские евреи - «жиды» стали подданными Российской империи. И в многонациональную империю м а с с о в о влился ещё один народ. Так вот польское название евреев «стало русским».

А тут - цитата из «Истории села Горюхина»: «Свернув трубкою воскраия одежд, безумцы глумились над еврейским возницею и восклицали смехотворно: «Жид, жид, ешь свиное ухо!». Итак, горюхинский дьячок, ведущий Летопись, использовал слово «еврей», необразованный (ясно по дальнейшему тексту) народец — «жид». В другом месте: «Ко мне постучался презренный еврей …» («Чёрная шаль»).

Теперь — примеры из творчества других столпов русской литературы.
В рассказе И. С. Тургенева «Жид» полковник рассказывая о времени, когда он был ещё корнетом, употребляет слово «жид». А в то давнее время генерал, беседуя с этим корнетом, говорил о том же человеке («жиде») - «еврей».
А. П. Чехов в «Моей жизни» писал, что «городская и клубная библиотеки посещались только евреями-подростками». И в «Тине» у него Сусанна Моисеевна —«еврейка», а не «жидовка».

Я не могу вдаваться в более глубокий и широкий анализ текстов классиков: я привёл цитаты в доказательство существования в украинском языке — в Австро-Венгерской монархии, в русском языке — в Российской империи сло'ва «еврей», в чём у замыслившегося над этим Виктора Маслия были сомнения. Причём, слово это внедрилось задолго до начала 20-го века.

***

Какое-то время после войны евреи, разговаривая между собой в присутствии гоев (иноверцев), не употребляли слово «еврей», а заменяли его на «аид»: «Слушай, а вот тот, случайно, не аид?» «Вот тот», если это слышал и оказывался случайно (почему «случайно» - никто объяснить не мог, но именно так говорили) евреем, тут же произносил «пароль», то есть, какое-либо слово на идиш. Идиш знало всё меньше и меньше евреев, так что и слов этих было не много. И все евреи их понимали. Посему «вот тот», обращаясь к сомневающемуся с упрёком: «Шлымазл (что-то типа придурка — С. В.), ты что не видишь?!», был уверен, что таким ответом «проверку на вшивость» (тоже любимое выражение тех лет) прошёл. А если «вот тот» «случайно» евреем не был и слышал такой же вопрос, то просто задумывался: «А кого они, собственно говоря, ищут?».

Но прошли годы — и слово «аид» стало понятно и «гоям» Это слово — гой (гойка), подчёркиваю, не имело никакого негативного оттенка, а обозначало просто любого не-еврея (не-еврейку). Конечно, можно было встретить евреев, размышлявших по-другому: если девочка-еврейка «ходила» с парнем - не-евреем, то родители могли ей запретить «ходить» с «гоем». То же — с еврейским парнем и «гойкой». Но опять же, негативный оттенок — только в смысле возможных (азохн вей! - ох, горе!) в будущем зятя или невестки. Конечно, это было почти исключительно в семьях набожных евреев: иудаизм, как и многие другие религии, требовал, чтобы в семье была единая (единственная) вера.
У нас в семье эти слова (гой, гойка) не были «широко употребительны», так как и старший брат, и я женились на, соответственно, украинке и русской (на «шиксах»: «шиксе, шикса» - женщина - не-еврейка). И не мог я себе представить, чтобы родители наших жён упрекали их в мужьях-жидах.

Однажды брат, вернувшись из Одессы (середина 50-х? — точнее не вспомню), сообщил мне, что «аидов» уже нет. Вместо них появились «маланцы». Не скажу, чтобы это слово быстро вошло в оборот, но всё - таки… В художественной литературе мне известно только одно-единственное упоминание об этом слове. У В. Н. Войновича («Замысел», 1999 г.): «… А то и вовсе пытаются обойтись эвфемизмом, как, например, в Одессе, где евреев, боясь оскорбить, называют маланцами.» По-моему, наоборот: евреи, чтобы их не оскорбляли, называли себя маланцами. Именно — так.
Слово это, возможно, ещё помнят в Одессе, но в Виннице — навряд ли.

***

Рядом с Дюссельдорфом, недалеко от Кёльна расположена долина, в которой в середине 19-го века был найден череп человека глубокой древности. По месту нахождения черепа и других костей — долины Неандерталь — древний человек получил научное определение «неандерталец». Место находки хорошо обозначено, близко к нему построили музей, широко известный не только в Европе.

Одну из моих знакомых, прибывшую в гости из бывшего СССР, я когда-то спросил, не желает ли она съездить в «музей неандертальца». Ответом был вопрос: «Неандерталец — это кто?». Подобный встречный вопрос ждёт сейчас и вас, если вы попытаетесь спросить любого винничанина: «Среди твоих знакомых есть хотя бы один маланец?». Отсюда — и название этой статьи.

Видите, какой широкий круг тем пришлось затронуть, чтобы удовлетворить любознательность Виктора Маслия. Поставить вопрос в науке иногда не менее важно, чем найти на него ответ. Так что, остаётся только поблагодарить спросившего ...

P. S.

Почему-то вспомнилось ещё одно еврейское слово (из идиша) «шмок» — недалекий человек. После войны было «широко употребительно», обозначало - в Виннице - не совсем понятную и, тем самым, как бы смягчённую замену слова «дурачок», и т. п. Особенно - в тех случаях, когда характеристика «адиот» или «шлымазл» («шлимазл, шлемазл» дословно - сумасшедший) была бы преувеличением. Когда тому, кого так называли, как бы рекомендовали ещё раз подумать, взвесить, образумиться ...

А кто это слово знает теперь? Вот и не могу я сим односложным словом выстреливать в шутов гороховых типа того, что на фото - в рыжем парике с рогами на голове, из которой выскочила до смеха (или до отвратности) глупая реплика: «Всё к тому идет, что скоро ты [это ко мне запанибратски обращается Олег Левадный - С. В.] не найдешь убедительных доказательств существования немцев.» (см. - там же, где и вопрос Віктора Маслія).

Выпаливать — и выбивать одним-единственным словом «шмок», вбирающим моё целостное представление о подобных «мыслителях», желание их «покрасоваться» перед винницкой публикой любым - подходящим или же совсем не подходящим — способом.

Не получается: посему приходится мне иногда ругаться
«предпоследними»
р у с с к и м и
словами ...

Опубликовано 17.02.2017.

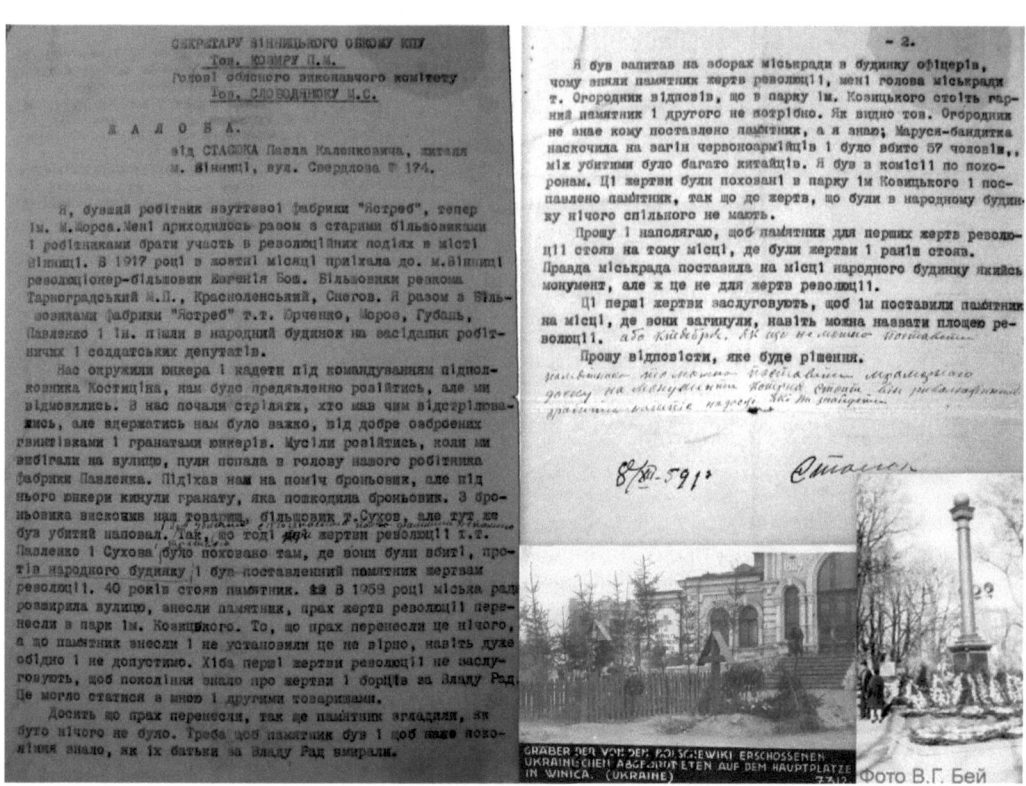

GRABER DER VON DEN BOLSCHEWIKI ERSCHOSSENEN
UKRAINISCHEN ABGEORDNETEN AUF DEM HAUPTPLATZE
IN WINICA. (UKRAINE)

Фото В.Г. Бей

Архивы юношей питают ...

> Науки юношей питают,
> отраду старцам подают ...
> М. В. Ломоносов

Андрей Рыбалка время от времени удивляет и радует любителей винницкой истории фотографиями, ранее не известными. И всегда стремится, с помощью таких же, выражаясь по-украински, аматоров (сколько ещё прекрасных значений у этого латинского слова!) выяснить, что' изображено (до малейших деталей), когда и где сделан снимок, кем, и так далее. В этот раз, 16.02.2017 А. Рыбалка обратил внимание (сайт «Історія Вінниці») на уже известную фотографию, представив её в лучшем прежнего качестве .

276

Фотография (см. коллаж) сопровождается подписью на немецком языке: «Могилы расстрелянных большевиками украинских депутатов на главной площади Винницы (Украина)». А на фотографии — построенный за несколько лет до Октябрьского переворота Народный дом и непосредственно перед главным входом в него — относительно свежая могила с деревянным крестом и еловыми ветками на осыпающемся могильном холмике. Рядом, в палисаднике — ещё одна, намного более старая могила с похожим крестом. А. Рыбалка также приводит дату — 1918-й год, но она на фотографии не заметна. На обороте — тоже. И ещё одна важная примета — одно крыло Народного дома обозначено как лазарет.

Сразу возник ряд вопросов.
Какие «украинские депутаты»?
Если не депутаты, а большевики, то кем расстреляны и почему на могиле — крест?
А, может быть, и не депутаты, и не большевики, а восставшие солдаты (октябрь 1917 г.)?
Почему захоронение прошло не на кладбище, а у Народного дома? (Что за могила рядом? — этим никто не поинтересовался).
Словом, вопросов оказалось больше, чем аргументированных ответов. И - немало догадок. Частично ряд разъяснений был близок к истине, но «железных» доводов не привёл никто.

Я не занимаюсь этим периодом истории Винницы, которому уже посвящено несколько книг, написанных без необходимости придерживаться «линии партии». Но толкование деталей всегда интересно. Особенно тогда, когда фото сделано не винничанином и, вообще, иностранцем. И — для, опять же, иностранцев, которые о Виннице, скорее всего, и не слышали: поэтому разъясняется - Winnica (Ukraine). И подпись подойдёт посему любая, а та, что в пользу идеологии Австро-Венгерской монархии, вообще — наилучшая. И бывшую Тюремную площадь превратить в Главную — тоже не повредит.

Короче — надо искать документ. Не может же быть, чтобы в Областном архиве не найдётся подходящего материала, сразу всё проясняющего.
Но я — в 1800 км от архива, да и, как неоднократно указывал, меня там особо не жаловали.

[Но то было ранее, а с начала этого года всё изменилось.
Напомню вам, о чём я сообщал в сентябре 2015-го года - http://www.proza.ru/2015/09/14/2039. Группа юных молодых людей (которых «архивы питают») во главе с генеалогом и семейным историком Сергеем Фазульяновым решила очистить «задустованные», по указанию партии и её охраны - КГБ, архивные материалы, после чего их можно было бы оцифровывать и тем самым сделать легкодоступными для всего мира. Мой вклад в бюджет для приобретения индивидуальных средств химической защиты для будущих «чистильщиков» не был больши'м, но всё же составил 1/25 всей необходимой суммы (это при 5 000 участниках группы «Історія Вінниці»!). Почти два года после получения моего взноса «чистильщики» не давали о себе знать. Но недавно — в знак позднего признания, что ли? — сообщили мне коды (пароли), воспользовавшись которыми я получил возможность проникнуть в любое место архива, где находятся уже оцифрованные материалы.
И вот впервые - в нерабочее время, чтобы никто меня там не увидел - я проник в Областной

архив. Ввёл запрос «Гадалка Рыбалка» - и буквально через пару секунд сегодня под утро получил ответ на нескольких страницах.]

Самый важный документ, переведенный мною на русский язык (его фото — в коллаже), приводится ниже. Искать этот документ, если кто мне не верит — по следующему адресу: ДАВіО, ф. п. - 138, оп. 2, спр. 60.
Документ переведен безо всякой правки.

***

СЕКРЕТАРЮ ВИННИЦКОГО ОБКОМА КПУ
Тов. Козырю П. М.
[1-го секретаря (с 1955 по 1970 г.г.) Винницкого обкома КПУ звали Павел Пантелеевич — С. В.]
Председателю областного исполнительного комитета
Тов. Слободянику М. С.

ЖАЛОБА.
от СТАСЮКА Павла Каленковича, жителя
г. Винницы, улица Свердлова, № 174

Я, бывший работник обувной фабрики «Ястреб», теперь им. Н. Щорса. Мне приходилось вместе со старыми большевиками и работниками принимать участие в революционных событиях в городе Винница. В 1917 году в октябре месяце приехала в Винницу революционер - большевик Евгения Бош. Большевики ревкома Тарноградский М. П., Красноленский, Снегов. Я вместе с Большевиками фабрики «Ястреб» т. т. Юрченко, Мороз, Губань, Павленко и др. пошли в народный дом на заседание рабочих и солдатских депутатов.

Нас окружили юнкера и кадеты под командованием полковника Костицина, нам было предъявлено разойтись, но мы отказались. В нас начали стрелять, кто имел чем отстреливались, но удержаться нам было трудно, от хорошо вооружённых винтовками и гранатами юнкеров. Вынуждены были разойтись, когда мы выбегали на улицу, пуля попала в голову нашего работника фабрики Павленко. Приехал нам в помощь броневик, но под него юнкера кинули гранату, которая повредила броневик. Из броневика выскочил наш товарищ, большевик т. Сухов, но тут же был убит наповал. [Дописано чернилами между строчками: «и были убитые из 15-го запасного полка фамилии не помню» - С. В.] Так, что тогда три жертвы революции т. т. Павленко и Сухова и третьего похоронили там же, где они были убиты, напротив народного дома и был поставлен памятник жертвам революции. 40 лет стоял памятник. В 1958 году городской совет расширил улицу, снесли памятник, прах жертв революции перенесли в парк им. Козицкого. То, что прах перенесли это ничего, а что памятник снесли и не установили это неверно, даже очень обидно и недопустимо. Разве первые жертвы революции не заслуживают чтобы поколение знало о жертвах и борцах за Власть Советов. Это могло случиться со мной и другими товарищами.

278

Достаточно, что прах перенесли, так ещё памятник згладили [выровняли место, где он был — С. В.], как будто ничего не было. Надо, чтобы памятник был и наше поколение знало, как их отцы за Власть Советов умирали.

Я спрашивал на заседании горсовета в доме офицеров, почему сняли памятник жертв революции, мне председатель горсовета т. Огородник ответил, что в парке им. Козицкого стоит красивый памятник и другого не надо. Как видно т. Огородник не знает кому поставлен памятник, а я знаю; Маруся-бандитка наскочила на отряд красноармейцев и было убито 57 человек, среди убитых было много китайцев. Я был в комиссии по похоронам. Эти жертвы были похоронены в парке им. Козицкого и поставлен памятник (см. коллаж, фото В. Г. Бей), так что с жертвами, которые были в народном доме ничего общего не имеют.

Прошу и настаиваю, чтобы памятник первым жертвам революции стоял на том месте, где были жертвы и раньше стоял. Правда горсовет поставил на месте народного дома какой-то монумент, но это же не для жертв революции.

Эти первые жертвы заслуживают, чтобы им поставили памятник на месте, где они погибли даже можно назвать площадью революции. [Дописано чернилами: «или ктября, если нельзя поставить» - С. В.]

Прошу ответить, какое будет решение. [Дописано чернилами: «памятник то можно поставить мраморную доску на монументе которая стоит он революционный сделать надпись на доске как вы найдёте» - С. В.]

8/XII - 59 г.   Подпись: Стасюк

***

Вот и всё стало на свои места.
Фотография по качеству хорошая, но подписана совсем «наоборот».
Благодарю всех, кто в процессе жаркого спора привлёк моё внимание и тем самым способствовал выяснению истины.
Ждём от Андрея Рыбалка новых головоломок.

Das Phantom des Archivs

Опубликовано 18.02.2017.

279

Винница. misinfo — II .

Написал я около года тому назад статью под названием «Винница. misinfo». Герои этого очерка помянули меня (про себя) «незлым тихим словом», а на редакционной планёрке обсудили свои ошибки. Не пожаловались никуда: я ведь и доброе словцо о них замолвил.

Совсем недавно опубликовал я литературоведческую статью (вы-то хорошо знаете, что моё творчество охватывает многие виды поэзии и прозы) "Не всё так файно": герой её уже через пять дней в своём блоге, у которого тысячи почитателей, щиро и публично поблагодарил меня за посвящённую ему короткую эпиграмму. Лучшей и более ёмкой, чем созданная мною - ему сразу стало ясно - не появиться никогда. Правда, ещё через пять дней благодарному герою стало за державу обидно и, вместе с ней, за упомянутого в литературоведческой статье экс-президента, который так много сделал для державы и для него лично. И написал он «куда следует» — и вот уже статья современного Салтыкова-Щедрина «н е о т о б р а ж а е т с я»: никто же не хочет международных скандалов. И успели пока прочитать эту статью всего четыреста человек. Ничего, в конце года войдёт она - в расширенном варианте - в книгу, предполагаемый тираж которой - десять тысяч экземпляров.

До вчерашнего дня не думал тему misinfo в винницких СМИ продолжать, хотя материал накапливается и накапливается. А импульсом явилась реплика Андрея Рыбалка (уже восьмая!) о фотоматериалах, которые выдаются за винницкие, хотя таковыми и близко не являются (https://www.facebook.com/groups/historyofvinnytsia, 24.06.2007). В данном случае - фотография Ставки фюрера в Польше подана как фотография Ставки под Винницей. «І навіщо така «реклама» Вінниці???», - резонно спрашивает А. Рыбалка. Ответа не последовало, реакция на эту знаменательную реплику трансформировалась в проблему … концертов органной музыки. То есть, НИКТО случившегося очередного позора не заметил. Добавлю, как всегда - по скромности, что обеим Ставкам и отношениям к ним я уже давал оценку (http://www.proza.ru/2015/11/17/1420).

Я назвал это «позором», но то что я прочитал в само'й газете о городе, о Ставке и прочем — это ПОЗОР (не только с большой буквы, но и — большими буквами): https://moemisto.ua/vn/blog/viznachni-pamyatki-vinnitsi... (Визначні пам'ятки Вінниці. Що варто побачити.12.06.2017)

Безымянный автор рекомендует читателям «ознайомитись з цікавинками Вінниці та з тими місцями, які обов'язково потрібно побачити!» Обратите внимание на неологизм «цікавинка», отсутствующий даже в Академических словарях украинского языка. Но автор сразу же желает быть оригинальным во всём, тем более: ну кто не поймёт, что "цікавий - цікавинка" по аналогії з "смішний - смішинка"? И ещё обращаю ваше внимание на «обязательно необходимо увидеть!». «І це не просто місця, це місця, які роблять нашу Вінницю особливим містом.»

Увидеть «места, которые делают нашу Винницу особым городом» — и тут же, в самом центре фотографии центра города (см. коллаж) — что' бы вы думали? Не угадали: не бывший Дом культуры промкооперации им. Сталина, по незнанию, именуемый Синагогой Лившица (так оскорбить память о Лившице и его супруге, купивших участок земли и вложивших деньги в Хоральную красавицу-синагогу, построенную Гр. Гр. Артыновым для еврейской общины города!). И ещё раз не угадали: не закрытый маскировочной сеткой «Савой» (фото снимали во время учений Гражданской обороны). Нет, и ни один из разукрашенных домов пятёрки, о которой я писал два года тому назад (http://www.proza.ru/2015/08/29/1297). А — единственный дом из силикатного кирпича, пять окон третьего этажа которого — окна квартиры, в которой я жил до и после войны (около 15 лет). «Молодец, автор!», - воскликнул я, тут же простив ему «цікавинку».
Да, давно пора призвать всех «відвідати пам'ятки, аналогів яким немає у всій Україні» (я ведь на Украине так долго более нигде не жил: пару дней в роддоме и пару месяцев в доме напротив, на той же Пушкинской — не в счёт, а 9 лет в Тернополе — это почти в два раза меньше).

Читаю дальше — и вываливаюсь из кресла: «Серед головних пам'яток у місті Вінниці слід відзначити як мінімум три унікальних пам'ятки, аналогів яким в інших містах України немає:
  - колишня ставка Гітлера

281

- музей-садиба Пирогова
- світломузичний фонтан Рошен.»

И это я читаю не на странице NDP — национал - демократической партии Германии, партии ультраправой, партии правоэкстремистской, неонацистской… Нет, в издании, которое позиционирует себя как демократическое, проевропейское, и прочая!

Дальше — больше: Але "окрім цих культурних пам'яток у Вінниці ше [это автора — не моё] багато чого…" Останки Ставки Гитлера — культурный памятник, однако!
Что же он (культурный памятник!) из себя представляет? «Незважаючи на те, що зараз колишня ставка Гітлера Вервольф практично зруйнована - комплекс є одним з найзагадковіших споруд в центральному регіоні України. Сюди досі влаштовують експедиції. Н и - ч е - г о, то есть, Ставка «практически разрушена» (в смысле: не поддаётся восстановлению? или в смысле: ничего от неё не осталось? — тогда пишут «практически стёрта с лица земли»). И всё же — одно из самых загадочных сооружений в центральном регионе Украины! Сюда до сих пор организуют экспедиции (начитавшись подобных рекламных статей?).

И ещё раз, для большей убедительности: «Польова ставка Гітлера «Вервольф» — одне з найзагадковіших місць в Україні часів Великої Вітчизняної війни. Чому найзагадковіших, тому що багато документів втрачено, а від самої ставки залишились лише руїни.» Какая потрясающая логика: почему - потому!
Читаю это и нижеследующее и вспоминаю Остапа Вишню: ««кому вже немає духу посміятис з власних хиб своїх, краще тому вік не сміятися». Но это - не фельетон, это, по мнению автор — зажигательная, притягивающая, завлекающая серьёзная реклама.

Читаем дальше. "Ставка Гітлера тоді і зараз дуже відрізняються". Могли ли вы себе такое представить?! Не подумайте, бога ради, что и сейчас "По всій територіх [это автора — не моё] через кожні 200 м встановлено стаціонарні спостережні пости, укріплення, кулеметні гнізда, позиції для польових гармат". Ничего этого нет: шире шаг в направлении «села пам Коло-Михайлівка» [это написание автора — не моё]!

«"Вінницький Вервольф" фактично був зменшеною копією головної ставки Гітлера "Вольфшанце" у Східній Пруссії», - это так же правдиво, как то, что эта безграмотная реклам ставки — уменьшенная копия «Войны и мира» Л. Н. Толстого.

Кстати, о войне. По словам автора, Н. И. Пирогова «вважають засновником військово-польової хірургії, а також Товариства Червоного Хреста.» Правильнее: основателем р о с с и й с к о й военно-полевой хирургии и, можно сказать, он стоял у истоков Общества Красного Креста (в период Крымской войны). Не более того. Общество Красного Креста создано Анри Дюнаном в 1863 году, а Российский Красный Крест основан в 1867-м году Государем Императором Александром II.

Переходим к не вошедшей в число призёров (в тройку) башне Винницкого водопровода.

«Візитівка Вінниці – 106-річна Башта на Європейській площі, вона була побудована в 1911 році для першого міського водопроводу, як Водонапірна вежа у Вінниці. »

Дорогие читатели, вы ещё не поняли, за кого вас принимают? Сначала пишут, что башне 106 лет, но тут же спохватываются (навряд ли вы сумеете вычесть из 2017 такое большое число, как 106?) и разъясняют — в 1911-м году. И чтобы вы не путались со временем, только что построенную башню именуют «вежа», а нынешнюю - «башта».

Далее следует очередной шедевр автора: «Дивно, але будівля пір [это автора — не моё] виглядає майже так само, як і раніше.» Для такого вывода надо стоять вплотную к башне, уткнувшись носом в выщербленный кирпич (последний, по всей вероятности - «майже»), никогда не видеть ни фотографий только что построенной башни, ни её нынешней радикально изменённой верхушки, закрытых оконцев, перемещённых вниз часов … Задача трудная, но, как оказалось, вполне достижимая.

"Висота вінницької культурною візитівки Вінниці [это «масло масляное» - автора, а не моё] - 28 метрів! З нею розкидається неймовірно гарний вид на місто!" 28 метров - для б а ш н и поистине заоблачная высота, посему без восклицательного знака ну никак нельзя. И обычная фотография тут не подходит: дадим смазанную, с неясными тенями, отражениями … (см. коллаж).

Теперь — ещё немного о неряшливости исполнения этой рекламы:
- За роки свого існування на Набережній Рошен побували чимало туристів з усіх куточків …
- А ще Вежа - це улюблене місце вінничан. [не площать у неё, а с а м а башня]
- І він найкращих для ромнатичних прогуянок уввечері.
- жив і працював видає хірург
- кафедральний собор або був зведений в XVIII як костел

Вдвойне печально, что такие фото - и просто журналистские «перлы» рождаются в городе, где проживает личность, чей «вклад в украинскую фотожурналистику вообще трудно переоценить...» (см. Поздравление супруги его со Днём журналиста на её fb от 06.06.2017).

P. S. К сожалению, полный адрес статьи в газете "Моє місто" не пропечатывается, а по неполному адресу статью "Визначні пам'ятки Вінниці. Що варто побачити." от 12-06-2017 найти невозможно (см. тогда ссылку в реплике А. Рыбалка).

Опубликовано 25.06.2017.

283

Было и прошло - грустить не надо - I?

Начну, по скромности, с самоцитирования:

«А теперь о том, по поводу чего я не увидел ни единой пролитой слезинки в обсуждениях планов винницкого градостроительства. А надо бы уже давно в рыданиях заламывать руки...

Во время этого посещения Винницы меня вдруг осенило: я понял, наконец, что' мешает мне при взгляде в сторону центра города со стороны замостянской площадки у центрального моста. Мои глаза видят навсегда поруганный силуэт города.

Силуэт - вертикальное контурное очертание застройки - для многих городов мира является их визитной карточкой. Он узнаваем, он очаровывает. Поверьте мне: ещё несколько десятилетий тому назад винницкий силуэт был весьма красив. Его главными

образующими были здания бывшего иезуитского монастыря, Собора, Костёла, верхней части гостиницы «Савой», водонапорной башни и, представьте себе, городской теплоэлектростанции. Есть фотографии центра города, сделанные со стороны Замостья под различным углом. Найдите в интернете эти старые фотографии (они есть, например, в огромном, всем доступном фотоархиве сайта Общественной организации "Сообщество «Історія Вінниці»"), переснимите их — и с такими фотографиями пойдите на точки былой фотосъёмки. И тогда вы чётко увидите, что' закрыл «Укртелеком», что' — неуклюжая громадина, которая торчит рядом с детской библиотекой, и т. д. Что' осталось в силуэте от «Савоя», что' - от башни — официальных символов города, пр. Убедитесь, что прежний силуэт закрылся или, точнее сказать, накрылся...
Вечерняя подсветка зданий, формирующая так называемый световой силуэт города, положение в целом не спасает.» (http://www.proza.ru/2015/09/16/738).

Написано и опубликовано это было 16-го сентября 2015-го года, через небольшое время после моего последнего посещения г. Винницы. Никто на это замечание внимание не обратил. Кроме, вероятней всего, завершавшего тогда обучение архитектора, который впервые неожиданно так - с упрёком, с укором - высказался о ситуации в городе: «... ні детального плану забудови, ні єдиної концепції формування силуету, ні дотримання містобудівних вимог забудови історичного центру.» (Євгеній Совінський, https://www.facebook.com/groups/historyofvinnytsia, 30 сентября 2015).

Ага - подумал я - специалист, пусть и не упоминая, меня поддерживает. Надо бурить глубже. Написал в Винницу известному краеведу, который мог бы эту тему развить получше, чем я. Во-первых, у него большой архив фотографий города различных времён. Во-вторых, он, если надо, тут же мог бы снять силуэт с той или иной точки (приблизительно с того же места, с которого снимал неизвестный фотограф прошлого времени). В-третьих, компьютерной обработкой фотографий владеет он несравненно лучше меня — и смог бы красиво наложить один силуэт на другой (для сравнения). Словом, попросил я его выложить на своей странице в ЖЖ, где ме'ста для фотографий - сколько хочешь, материал по этой теме. Он согласился, но отложил работу до лета 2016-го. И вот в разгаре уже лето 2017-го. Жду…
А пока решил сделать небольшой эскиз сам.

Именно — эскиз, предварительный набросок. Все фотографии, кроме единственной, раскопаны мною в фотоальбомах «Історії Вінниці» (https://vk.com/historyofvinnytsia). Собрание фотографий там — внушительное (по размерам) и богатое (по содержащимся в нём документальным фактам прошлого) — к сожалению, остаётся несколько небрежно рассортированным, большинство фотографий не имеет не только пояснений, но и - не датировано. Работа по приведению этого архива в должное состояние не проста: требует времени, навыков и особых знаний. Полагаю, что с организацией «Музея города Винницы» эти многие сотни фотографий будут тщательно систематизированы, детально проанализированы и описаны. Главное — есть,

285

благодаря общим усилиям участников Сообщества (ныне —членов Исторического общества), с чем работать!

Понятно, что мои предположения о времени фотофиксации видов правого берега Южного Буга по обе стороны поднимающейся от моста центральной улицы города могут быть ошибочны. И мои толкования изображённого на фотографиях, вероятнее всего, не свободны от невольных заблуждений. Но как посыл - побуждение для выяснения истины, как - пусть зыбкая - основа, стартовая площадка для дискуссии, представленные мною сравнительные описания фотографий, сделанных на протяжении столетия с четвертью, могут иметь, надеюсь, хоть какое-то значение.

[Прошу учесть, что с 1961-го года я проживал (-ю) далеко от Винницы, которую хотя и посещал за прошедшее время многократно, но - на короткие сроки. А маршруты моих перемещений по городу в течение последующих 55 лет были ограничены.]

НЕ НАДО УПУСКАТЬ ИЗ ВИДА, ЧТО ЛИШЁННАЯ КОНЦЕПТУАЛЬНОСТИ ЗАСТРОЙКА НОВОЙ ИЕРУСАЛИМКИ - ОТ УЛИЦЫ МОНАСТЫРСКОЙ (бывшей - ВОЛОДАРСКОГО) ДО БЕРЕГА ЮЖНОГО БУГА - УЖЕ НАЧАЛАСЬ. ГОРОДУ ГРОЗИТ ВОЗНИКНОВЕНИЕ НЕ РАДУЮЩЕЙ ВЗГЛЯД СО СТОРОНЫ СТАРОГО ГОРОДА ЕЩЁ ОДНОЙ ХАОТИЧЕСКОЙ ЗАСТРОЙКИ.
ЗАСТРОЙКА СТАРОЙ ИЕРУСАЛИМКИ — ТОЖЕ НЕ ЗА ГОРАМИ. И, ЕСЛИ СИТУАЦИЯ НЕ ИЗМЕНИТСЯ, ЭТА ЧАСТЬ ГОРОДА С ЗАМОСТЬЯ БУДЕТ СМОТРЕТЬСЯ НЕ ЛУЧШЕ, ЧЕМ СЕЙЧАС — СВЕРДЛОВСКИЙ МАССИВ СО СТАРОГО ГОРОДА.

Проза.ру не даёт возможности публикации к каждой статье более одной, обычного размера фотографии (одного коллажа). Лишь поэтому я растянул повествование на несколько статей.

***

САМЫЕ ПЕРВЫЕ ФОТОГРАФИИ:

Пояснения к фотографиям (сверху — вниз):

 - Скорее всего — последняя четверть XIX-го столетия.
Главные образующие силуэта — комплекс сооружений Муров, две башни Собора и Костёл.
Хибары Иерусалимки доходят до самого моста (деревянный мост чуток заметен у левого нижнего края).

 - Похоже на конец XIX-го века: Муры, такой же Собор и Костёл.
На Иерусалимке — заметно больше «крепких» домов.

Хорошо виден деревянный мост на остров Кемпа.

И где-то вдали — две вершинки уже построенного Реального училища (по краю силуэта в правой трети фотографии)?

 - На третьем снимке (время — ещё ближе к концу XIX -го века), в принципе — та же картина.

Силуэт — совсем без изменений.

На берегу Южного Буга, на месте будущей электростанции как бы расчищено место, появились какие-то (промышленные) строения и что-то, похожее на высокую цистерну (по центру фотографии).

Башенки Реального училища (?) не видны, так как фотография сделана с близкого расстояния и башенки остались за (под) линией силуэта.

 - На этом снимке (рубеж XIX - XX-го веков) нельзя не заметить значительные сдвиги в общем виде правого берега и холма у него.

Спас - Преображенский собор обрёл третью башню.

К Костёлу, в сторону реки, пристроено белое здание (с новыми кельями для монахов?).

Ниже Муров — несколько новых крупных кирпичных зданий.

Частично разрежена хаотическая и очень плотная застройка побережья, в результате чего открылось красивое белое здание. Не исключено (высокие продолговатые окна), что это — одна из существовавших тогда синагог (?).

А всю левую нижнюю часть снимка занимает «промышленная зона». Обращают на себя внимание высокая, сложенная из кирпича дымовая труба и большое кирпичное здание справа от неё. Это — зачатки вот-вот начинающей возводиться большой электростанции.

Правее — Старая Иерусалимка.

Водонапорной башни ещё нет.

Опубликовано 20.06.2017.

Из моих ответов на рецензии:

Начальник Отдела технического контроля (ОТК) нашего ООО "Всё былое" Андрей Рыбалка уточнил: "... на предыдущих фото фасадные башни находятся в створе, т. е. закрывают друг друга. Сравните с фото 1870-1880 г.г." и с акварелью " ... Наполеона Орды" того же времени. В доказательство приведены и фото, и акварель.

(http://www.facebook.com/groups/vinnichane/, 20-21.06.2017)

Значит, Собор всегда имел три башни: две боковые (фасадные) и центральную (сзади).

Полностью согласен с заключением ОТК.

21.06.2017

Заведующий фотоотделом нашего ООО "Всё былое" Сергей Бей представил увеличенное "...
фото участка Казанского рынка: длинная кирпичная стена торгового ряда и сеть хибарок вниз
к реке."
Согласен с его толкованием заснятого вида.
21.06.2017

Было и прошло — II .

ДОРЕВОЛЮЦИОННОЕ ВРЕМЯ:

- Самое начало XX-го века (или конец века предыдущего). Снимок сделан с Замковой горы. Костёл, Собор, Муры (именно в такой последовательности слева — направо из-за точки съёмки со стороны Старого города), ещё правее — возможно, базарные строения.

- Первое десятилетие XX-го века.
Железный мост через реку построен (видна часть, что между Замостьем и островом Кемпа), но силуэты Монастыря, Собора и Костёла — без изменений.

- То же первое десятилетие XX-го века.
Здание электростанции ещё не готово.
Видна часть Муров, непонятная пристройка к Собору, Костёл.
Башня почти готова (отсутствует верхушка с часами).

Опубликовано 20.06.2017.

Было и прошло — III .

ВРЕМЯ ОККУПАЦИИ ГОРОДА НАЦИСТАМИ:

- На качественно плохом снимке времени оккупации видна во всей красе Башня. И электростанция.
И ограждение с фильтровкой для забора воды для охлаждения машин электростанции.
И колонка водопровода, направленного на Замостье.. Основной фон — Старая Иерусалимка.

- Немецкий фотограф разукрасил фотографию. Тишь и благодать. Никаких разрушений не видно,
электростанция дымит. Муры, Собор (обезглавленный), Костёл, Башня. Правда, заметен как бы
провал силуэта между Костёлом и башней. Он будет в начале XXI-го века застроен, но как ужасно!
О силуэте при планировке, вообще, никто и не вспомнит.

Опубликовано 20.06.2017.

290

Было и прошло — IV .

СОВЕТСКОЕ ВРЕМЯ (1):

 - 60-е годы XX-го столетия.
В основном — нечётная сторона тогдашней улицы Ленина.
В левом углу — белого цвета здание, которое я не припомню (пере- и достроенное ПТУ — профессионально-техническое училище?).
Выше — выпирающее из ансамбля Муров здание школы.
Далее — здания бывшего Иезуитского монастыря и обезглавленного Собора.

 - Уродливый «Авангард» занял треть обзора (слева от начинающейся и идущей вверх от моста центральной улицы).
Справа — Почтамт. За ним — строящееся здание «Укртелекома».
И здание Горсовета растёт.
Но башня ещё хорошо видна.
Те же 60-е годы XX-го столетия.

Опубликовано 20.06.2017.

Было и прошло — V.

СОВЕТСКОЕ ВРЕМЯ (2):

- 60-е годы XX-го столетия, начало брежневского застоя… Привычный вид и силуэт во многих местах изменились.

Этот снимок — очень похож на второй снимок из предыдущего коллажа. То, что он — другой, видно по иному транспорту на мосту, по отсутствию кораблика у «Авангарда».

Выше спортивного зала с бассейном — пристроенное к Мурам здание (ныне - технический лицей), которое явно дисгармонирует со старинными постройками.

Ещё выше — обезглавленный (ни башен, ни шатров) Спас - Преображенский кафедральный Собор. За ним (как будто, вплотную) - ещё вроде бы не завершённое здание Городского совета, этот нерушимый уже полустолетие позор планировщиков исторического центра Винницы.

Вдали (где именно?) чётко видится нависающая над силуэтом Муров и окружающим пространством громада нового дома. Согласен: вид из окон верхних этаже того дома (на город и на Южный Буг) — такой, что жильцам можно позавидовать. Но вид со стороны моста на это взорвавшее привычный силуэт здание — тут завидовать нечему.

Справа от центральной улицы — Почтамт, полностью перекрывший дальнейший вид.

И два новых дома по улице Освобождения (рядом с улицей - горкома КПУ, далее - Госарбитража) строили, конечно, не думая об сочетаемости их с окружением и даже - друг с другом. О колосе - кинотеатре тоже вряд ли ломали голову: вписывается по размерам - уже хорошо!

Но башня ещё заметна так же, как и раньше — единственное почти в первоначальном виде (изменённая самая верхняя часть её издалека не бросается в глаза) сооружение из прежде формирующих силуэт. Причём и фонарь дома, во дворе которого — кинотеатр «Родина», ещё виден.

Осколки прежнего вида и силуэта...

- Фото датировано 1970-м годом.

Немного иной ракурс по сравнению с предыдущим снимком.

Новое — строительство чего-то впереди башни, уже перекрывшее дом (с кинотеатром во дворе) и часть башни.

На этом снимке просматривается желание проектировщиков здания почтамта создать как бы противовес Собору, что находится почти совсем напротив почтамта. И, что касается обезглавленного Собора, им это - в некоторой степени - удалось. Но когда вид Собора возвратится к естественному, будет виден примитивизм этой попытки «облагородить» роль не к месту выстроенного объекта. Этой прямолинейной громадине теперь принадлежит центральное место в открывающемся взору хаотичному ансамблю сооружений этой визуально важной части города.

Как на дрожжах (по сравнению с предыдущим снимком) подросли пирамидальные тополя перед зданием Горкома КПУ.

- Время «расцвета» брежневского застоя.

Вот уже почти вырос во всей своей уродливости «Укртелеком», испортивший фон не только своего окружения (Костёл, Собор), но и — силуэт.

Пятиэтажка, привольно раскинувшаяся на Ново - Иерусалимской скале — тоже не украшает вид, так как нарушает «ступенчатую» перспективу (слишком высока в сравнении с расположенным за ней массивом одно- и двухэтажных домиков). Но зато жильцам открывается прекрасная панорама реки и Замостья.

- Фото сделано с более высокой точки, что позволило частично скрыть истинное нелепое возвышение Гулливера - «Укртелекома» над окружением.

И здание Городского совета «почти равно» по высоте Собору, который так и стоит без башен и шатров: к чему они прежнему спортивному залу, а теперь Залу органной музыки?

Посмотрите по полукругу медленно на все здания: нагромождение строений, спроектированных каждое само по себе (исключая Иезуитский монастырь и Собор).

Кинотеатр «Россия» - тоже, мягко говоря, не привнёс никакой оптической гармонии в вид застроенного холма (см. второй и этот снимки).

А о красивом силуэте даже речи быть не может.

Говорят, что фотография — объективное отражение, но когда фотографируют специально с той точки, на которой обычный прохожий никогда не бывает, то это — преднамеренное искажение, не дающее никакого представления о том, как это видится людям.

Опубликовано 20.06.2017.

Было и прошло — VI .

 - Фото Андрея Башмакова.

Период Независимости Украины.

Ночной силуэт города.

Он мог бы - при помощи соответствующей подсветки - смягчить хаотичную застройку холма, на котором расположен эпицентр города.

Если бы ночной силуэт имел подобающие очертания.

А что мы видим? Какие силуэтообразующие здания?

Подсвеченный Свято - Преображенский кафедральный собор.

Далее — строительный кран (для высокого здания на улице Пушкина, за Горсоветом).

Махина Горсовета и слившиеся в одно здания «Укртелекома», польского Консульства, «Сельпо».

Подсвеченная самая верхняя часть Вежи.

Комплекс строений Министерства внутренних дел (в районе Парка культуры).

Ещё один высокий дом (где?).

Теле- и радиомачта.

Всё.

Электростанция (казалось бы, примечательное строение) не подсвечивается.

Из прошлого — истинно винницкого — Собор и Вежа на ныне Европейской площади.

Другими словами: силуэт есть, но он не имеет никакой эстетики.

В нём — ни формы, ни сущности прекрасного…

Опубликовано 20.06.2017.

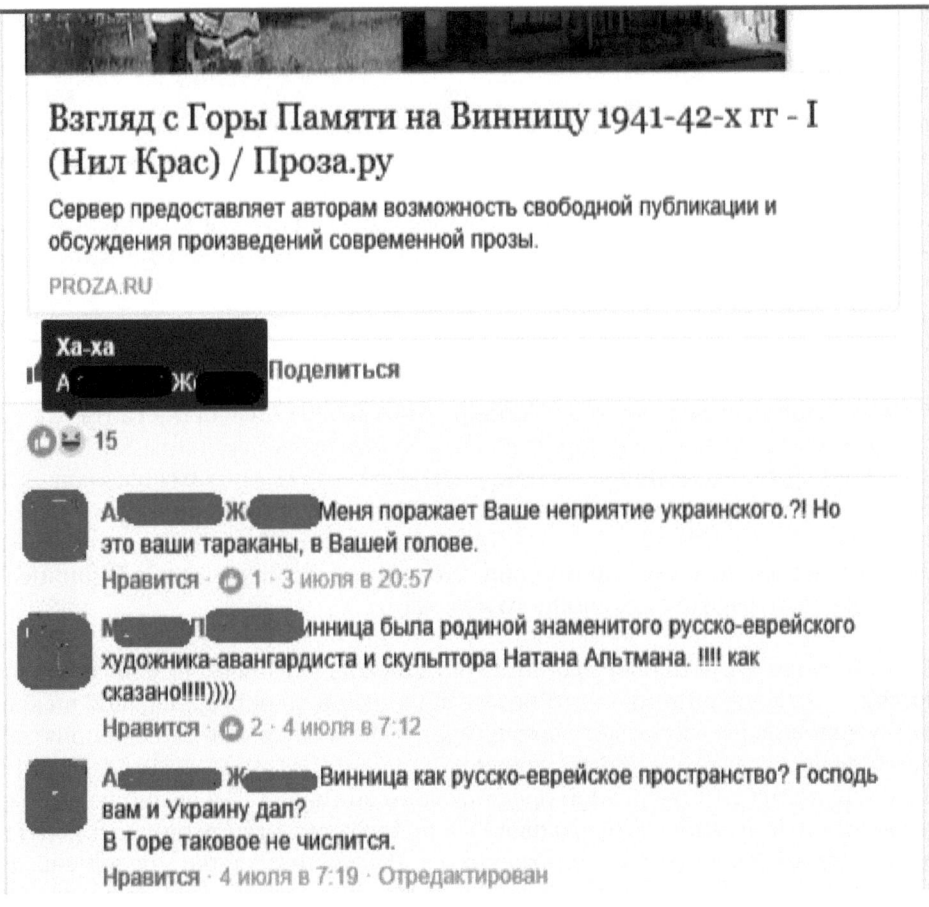

Ха-ха

А⬛⬛⬛Ж⬛⬛   Поделиться

👍😆 15

А⬛⬛⬛Ж⬛⬛Меня поражает Ваше неприятие украинского.?! Но
это ваши тараканы, в Вашей голове.
Нравится · 👍 1 · 3 июля в 20:57

М⬛⬛П⬛⬛нница была родиной знаменитого русско-еврейского
художника-авангардиста и скульптора Натана Альтмана. !!!! как
сказано!!!!))))
Нравится · 👍 2 · 4 июля в 7:12

А⬛⬛⬛Ж⬛⬛Винница как русско-еврейское пространство? Господь
вам и Украину дал?
В Торе таковое не числится.
Нравится · 4 июля в 7:19 · Отредактирован

Взгляд из Винницы-2017 на Гору Памяти в Иерусалиме.

"Не бойся врагов – в худшем случае они могут тебя убить.
Не бойся друзей – в худшем случае они могут тебя предать.
Бойся равнодушных – они не убивают и не предают,
но только с их молчаливого согласия существует на земле предательство и убийство."
Бруно Ясенский (Wiktor Zysman, 1901-1938, жертва сталинских репрессий) -
"Заговор равнодушных".

Неизвестные (в основном) читатели моих статей на Прозе.ру!

Я около года тому назад уже просил не создавать суету вокруг моих публикаций (рекорд: около 900 обращений к одной из статей за день!), не рекламировать их в винницких изданиях потому что выглядит это - в конечном счёте - оскорбительно для автора: сотни читателей (читателей в кавычках, то есть, просто щёлкнувших, или - истинных, прочитавших? — не могу знать), но ни единого дополнения, обоснованного сомнения или возражения, а только — остающиеся б е з   п о р и ц а н и я откровенно антисемитские, явно подобные нацистским реплики (http://www.proza.ru/2016/09/13/413). Счётная контора Прозы.ру, как вы могли убедиться, всё равно таких равнодушных, безучастных читателей не включает в статистику, которая выглядит по-разному: иногда два подобных читателя считаются за одного, а иногда — и целых 5-10, даже - много десятков…

Комментировать мою статью на Прозе.ру от 01.07.2017 начал (на сайте «http://www.facebook.com/groups/vinnichane/» - см. фото) винничанин, который когда-то, посещая Еврейскую общину уже в течение ряда лет (!), заявил (по поводу другой моей статьи), что евреев в Виннице вообще не расстреливали. Пришлось ему дополнительной статьёй (http://www.proza.ru/2017/04/20/1600) дать по зубам, после чего он, выплёвывая выбитые резцы, шепеляво промямлил, что … о расстрелах евреев в Виннице не знал. Сей незнайка, не поверите - пенсионного возраста.

Цього разу він написав обережніше, "чистісінькою українською мовою", та ще, як у нього це прийнято, - те, що до теми статті не має відношення (я повторюю, щоб ви краще відчули логіку колишнього військового командира): «Меня поражает Ваше неприятие украинского.?! Но это ваши тараканы, в Вашей голове.»
Я не обратил на этот очередной бред никакого внимания. Всё равно не удалось бы втолковать седлологу и хомутологу (упряжьологу), а не тараканологу (энтомологу), что тараканы ищут места', где им тепло и есть чем поживиться. Их любимое яство - не ячмень, а тёплые (то есть, работающие) мозги. Там, где мозгов, даже холодных, не сыскать, тараканы не водятся.

На его единственного поплічника- «сподоботеля» (кстати, уже который раз меняющего имя-фамилию, но хорошо узнаваемого, отслеживаемого в интернете) тоже можно было просто махнуть рукой. Но нет: я считаю обязанным вас предупредить, что ныне стоя'щая фамилия - в т о р а я н а т о м ж е с а м о м месте, а поплічник - на самом деле - тот, кто когда-то радовался, что Винница — юденфрай.

И ещё захо-хо-хотал новичок, из підпасків: «Винница была родиной знаменитого русско-еврейского художника-авангардиста и скульптора Натана Альтмана. !!!! как сказано!!!!))))». Смеялся так, что животик лопнул, потому что далее замолчал. Ну откуда ему знать, что о людях искусства, творящих в разных национальных культурах, так пишут? Не читает підпасич классиков, а ведь приводил я пример с Михаилом Светловым: «український, єврейський, європейський, російський і радянський поет…» написано о нём не где-либо, а - в Українській Вікіпедії (http://www.proza.ru/2016/09/17/1151). Отсутствие в с я ч е с к о й культуры может подвести, однако…

Остатки потрёпанного красно-чёрного флага, выпавшие из рук схватившегося за лопнувшее от гомерического гоготанья пузо борца за (одно)национальную культуру, подхватил тот, кто - не энтомолог: « Винница как русско-еврейское пространство? Господь вам и Украину дал? В Торе таковое не числится.», - поучительно зашепелявил он, довольный своими, как ему показалось, познаниями. На-те, мол, вам: «В Торе … не числится» - и всё тут!

Товаровед по конской сбруе и упряжи возомнил себя ТОРАведом, так как вот уже не первый, и не второй год по субботам слушает в Еврейской общине на Вишенке чтение Хумаша (на иврите - Пятикнижия Моисеева) - основы Торы. Но, как это не зря утверждается раввинами, Хумаш надо изучать ежедневно: только тогда удаётся соразмерять с ним все свои решения и поступки, весь ход жизни. Показушное волонтёрство в Еврейской общине разума не прибавляет.
Отсюда — такие глупые замечания. Ну откуда знать сбруеведу, что вся Тора - Письменная, Устная и комментарии - была дана Моше (Моисею) во время Синайского откровения свыше 3 300 лет тому назад. А первое заселение славянскими племенами территории нынешней Украины датируется V-м веком н. э.. И первое Украинское государство возникло всего лишь о д и н век тому назад.

А русско-еврейское пространство (черта оседлости) действительно существовало. В царской России. И охватывало оно, кроме части территории нынешней Украины, другие земли … Но для свободной от тараканов головы всё это так сложно! Какая-то Тьмутаракань, одним словом...
Посему и выразил г-н ТОРАвед своё мнение о статье про м е с т а' м а с с о в ы х р а с с т р е л о в винницких евреев двумя ехидными смешками «Ха-ха!». Казалось бы, тут и добавлять о нём более ничего не надо: злая антисемитская сущность прямо таки прёт из-под маскхалата экс-командира - Иудушки.

Но если бы читатели к тому же ещё знали, что, во-первых, Ха-хашник воспользовался моей рекомендацией, данной ему в статье от 20.04. сего года, и действительно посетил 28-го апреля городской траурный митинг на месте второго массового расстрела винницких евреев, приуроченный к 75-летию этого трагического события (зафиксирован на одном из многих фото, сделанных там). А, во-вторых, что в сети наличествует фото Ха-хашника, стоящего весной сего года со знаменем государства Израиль у памятника убиенным нацистами евреям (недалеко от Винницы), то тогда, надеюсь, они бы оценили всё ханжество и лицемерие этого ТОРАведа!

А без сего знания - просто одно лишь ха-каканье вслед за прочтением материалов Яд ва-Шема о местах расстрелов многих тысяч винницких евреев - н и к т о, как оказалось, не посчитал требующим отповеди.
Конечно, не все обратили внимание на значок смехача, не поинтересовались, кого именно тема трагедии винницких евреев развеселила. Но, допустим, всего только несколько десятков из нескольких сотен это заметили. И — п р о м о л ч а л и! Для меня это — устрашающий

признак: не тот один-единственный, оскалившийся в кривой улыбке, а н и   о д и н не открывший рот в крике возмущения!..

Поверьте, я не могу понять и объяснить происходящее.

Конечно, существует, что касается моих публикаций, высокомерное равнодушие. Мол, мы всё это давно знаем, сами об этом писали, и т. д. Лгут они, грызущиеся между собой, избегающие упоминать работы друг друга, чтобы, упаси бог, не прибавить популярности сопернику, тому, кто, по логике вещей, должен бы быть коллегой по изысканиям. Увы-увы, речь о представителях еврейского племени. Однако их, преисполненных надменности (и зависти!), гребущих под себя — единицы. И они не делают погоду. Хотя и не пропускают ни единой моей публикации: не забыл ли их упомянуть? Не забываю - никого. Ценю сделанное ими и презираю их кулацкую жизненную позицию.

Есть и невозмутимое, нарочитое, подчёркнутое равнодушие: мол, ничего тут особого нет — известны более страшные (интересные, занимательные) факты. Следовательно, нечего кипятиться. И таких - напоказ бесстрастных - тоже не много. Те также меня читают, но - чтобы тут же парировать сообщаемые им другими новые сведения из моих статей. Чтобы опроверчь, как говаривали ранее, утверждением, что знают об этом много лет. На вопрос «Откуда?» отвечают: «Уже и не вспомню...» (мол, так давно это было).

Есть равнодушие тупое, присущее недостаточно отточенным общим образованием и жизненным опытом - излишне высоко будет тут сказано - умам. Такое не «ремонтируется», запасных частей к содержимому черепной коробки пока не придумали, но, к счастью, подобные умишки не так часто встречаются в сетях (паутине) интернета, как это может показаться. Щёлкают, но навряд ли дочитывают до конца.

Наконец, безразличное равнодушие. Это - не тавтология, ибо равнодушие — апатичность, безучастие, а безразличное равнодушие — незаинтересованность, абсолютное, полнейшее, так сказать, равнодушие. Вот именно оно давно объяло, можно подозревать, основную массу клацающих мышкой по названиям моих публикаций.
 С какой только целью клацающих?
- Поддержать меня ч и с л о м (но при этом ни в коем случае не связываться с потерявшими совесть!)? — Так ведь нельзя же не заметить, что их клацанье не засчитывается.
- Поспорить со мной у м е н ь е м? — Но где они - оппоненты с аргументами?

Не знаю, что и подумать...
Остаётся лишь ломать голову:
«Скажи мені, фантазіє дивна,.. Як научить байдужих почувати?» (Леся Українка, 1890).
Удивительные слова, высказанные поэтессой в одном из сонетов!
На самом деле, как научить равнодушных воспринимать, ощущать, (по)чувствовать?..

***

Так вот, мои (в основном) неизвестные читатели. Давайте разделим сферы нашей деятельности.

Я буду изыскивать и анализировать материалы о самом трагическом периоде истории винницкого еврейства, а вы — удивляться (не утруждая себя заглядыванием в карты города), услышав, что в Виннице осталась не переименованной улица Шолом-Алейхема … (см. другие комментарии к статье).

Больше — ничему.

Договорились?

P. S. Прошу прощения у тех читателей, которых я обидел без основания. Немало из них уже доказали делом своё неравнодушие, другие, верю, сделают это в ближайшее время.

Меня критиковать - аргументированно - тоже не возбраняется.

Опубликовано 22.07.2017.

Из последних книг автора (все — в издательстве BoD, Norderstedt):

Salomon Weinstein – Meine Winniza: 2015, 368 S.
ISBN 978-3-7392-2182-3
Соломон Вайнштейн — Моя Винница.
В книге представлены уникальные воспоминания автора о пятнадцати годах винницкой жизни, последовавшей за окончанием Великой Отечественной войны.
«Моя Винница» - фактически единственный, на настоящее время, обстоятельный рассказ об этой короткой «эпохе» в многовековой истории города. Подобного повествования о любом другом периоде винницкой жизни не найти.

Salomon Weinstein – Sieben Jahre Hölle – Winniza 1937-1944: 2015, 432 S.
ISBN 978-3-7392-1222-7
Соломон Вайнштейн — Семь лет ада - Винница 1937-1944.
Кровавый террор, начатый НКВД в 1937 году, захват города армией Гитлера, полное уничтожение немцами евреев Винницы, жизнь в городе во время его оккупации в 1941-1944 годах, а также до сих пор скрываемые факты этой жизни — основное содержание книги.

Salomon Weinstein – Das Winnizaer Leben. Seine Hintergründe – ein Blick aus der Ferne: 2015, 432 S.
ISBN 978-3-7386-3950-6
Соломон Вайнштейн — Винницкая жизнь. Её подоплёка — взгляд издалёка.

Автор стремился быть предельно правдивым в приведении фактов. Автор призывает изучать, осмысливать и всегда помнить историю города. Автор убеждён в надвигающейся и почти неотвратимой утере городом последних компонентов его былого, сугубо винницкого своеобразия — духовного и материального. Автор заклинает винничан сберечь то, что ещё упасти не поздно.

Salomon Weinstein – Und dies - alles über sie, über Winniza: 2016, 288 S.
ISBN 978-3-7431-5320-2
Соломон Вайнштейн — И это - всё о ней, о Виннице.

В книгу включены опубликованные в интернете в 2016 году статьи автора о событиях в оккупированной Виннице 1941-1944 годов, об исчезнувших и исчезающих городских приметах, а также — о современной ситуации в городе.

Salomon Weinstein – In den tatarischen Hauptstadt, in Kazan: 2015, 292 S. ISBN 978-3-7392-2340-7

60-е - 70-е годы прошлого столетия.

Столица Советской Татарии — Казань.

Казанский государственный институт усовершенствования врачей (ГИДУв) им. В. И. Ленина, кафедра терапии №2 этого института.

Казанский государственный медицинский институт им. С. В. Курашова.

Дорожная больница №2 ст. Казань Горьковской железной дороги.

Санаторий «Казанский» Татарского территориального совета по управлении курортами профсоюзов.

Вот временные рамки и основные места событий, свидетелем и (или) участником которых был автор этих мемуаров. Воспоминания автора уникальны как по содержанию, так и по форме изложения. Они — памятник тому времени, так называемой «эпохе застоя», предшествовавшей недолгом «периоду перестройки» - фактической агонии «первого в мире рабоче-крестьянского государства».